純智歷史名著譯叢 5

英國工人階級的形成 下冊

The Making of the English Working Class

著／E・P・湯普森（Edward Palmer Thompson）
譯／賈士蘅

純智歷史名著譯叢 5

英國工人階級的形成(下)
THE MAKING OF THE ENGLISH WORKING CLASS

- ◉作者⋯⋯⋯⋯⋯⋯⋯⋯E・P・湯普森(E. P. Thompson)
- ◉譯者⋯⋯⋯⋯⋯⋯⋯⋯賈士蘅
- ◉編輯委員⋯⋯⋯⋯⋯⋯汪榮祖　蒲慕州　熊秉眞　虞建箏
- ◉特約編輯⋯⋯⋯⋯⋯⋯吳莉君
- ◉發行人⋯⋯⋯⋯⋯⋯⋯陳雨航
- ◉出版⋯⋯⋯⋯⋯⋯⋯⋯麥田出版
  　台北市信義路二段 251 號 6 樓
  　電話：2351-7776　傳眞：2351-9179
- ◉發行⋯⋯⋯⋯⋯⋯⋯⋯城邦文化事業股份有限公司
  　台北市信義路二段 213 號 11 樓
  　電話：2396-5698　傳眞：2357-0954
  　service@cite.com.tw.
- ◉郵撥帳號⋯⋯⋯⋯⋯⋯18966004 城邦文化事業股份有限公司
- ◉香港發行所⋯⋯⋯⋯⋯城邦(香港)出版集團有限公司
  　香港北角英皇道 310 號雲華大廈 4/F，504 室
  　電話：25086231　傳眞：25789337
- ◉馬新發行所⋯⋯⋯⋯⋯城邦(馬新)出版集團 Cite(M) Sdn. Bhd. (458372 U)
  　11, Jalan 30D/146, Desa Tasik, Sungai Besi,
  　57000 Kuala Lumpur, Malaysia
  　電話：603-9056 3833　傳眞：603-9056 2833
  　E-mail: citekl@cite.com.tw.
- ◉印刷⋯⋯⋯⋯⋯⋯⋯⋯凌晨企業有限公司
- ◉初版一刷⋯⋯⋯⋯⋯⋯2001 年 8 月 1 日

ISBN: 957-469-530-1　　　　　售價：600 元
版權代理◉博達著作權代理有限公司　　有著作權・翻印必究
Printed in Taiwan

《目錄・上》

《目錄・下》

第三部　工人階級現身

英國工人階級的形成 下冊

The Making of the English Working Class

工人階級現身

平等革命已登場，

我將返家攜槍棒，

射殺公爵威靈頓。

——貝爾波街頭歌謠——

民眾並不傾向於……志願發起叛亂

以彰顯當權者的輝煌。

——黑茲利特——

第十三章

激進的西敏

Radical Westminster

　　儘管通訊協會遭到解散、人身保護令中止、而所有的「雅各賓」示威運動也被判為非法，但是民眾的激進主義運動並未就此消滅。若干年來，檢查制度和威嚇鎮壓已讓它無法為自己發聲。它失去了報刊、失去了有組織的表達方式、也失去了方向感。但是在整個拿破崙戰爭期間，它都是一種看得到摸得著的存在。想要為一個不連貫的存在撰寫出一段連貫的歷史，幾乎是不大可能，但我們終究得試上一試。

　　就在皮特以鎮壓行動讓這個國家恢復平靜之際，葛雷(Grey)和弗克斯於 1797 年在下院提出最後一次的普選權動議。接著，弗克斯和他那群屬於輝格派「共和人」(commonwealthmen)的貴族殘黨，便以脫離國會的具體行動，來表達對中止人身保護令和戰爭的抗議。他們隱退到他們的鄉間華宅，他們的娛樂和學問世界，以及他們在荷蘭館(Holland House)和布魯克斯俱樂部(Brooks' Club)的討論天地*¹。他們既富有又深具影響力，當局無法將他們完全排除於政治之外，因為他們擁有衰敗市鎮(rotten boroughs)*²的穩固支持，雖然衰敗市鎮正是他們的譴責對象¹。1800 年後，他們紛紛回游，再

---

*¹ 荷蘭館位於今倫敦荷蘭公園，原名柯波堡(Cope Castle)，最初是由英王詹姆士一世手下的財政大臣柯波爵士所建。長久以來該館皆掌握在弗克斯家族手中，十九世紀初期，荷蘭夫人(Lady Holland)在此舉行文藝沙龍，座上賓包括赫赫有名的拜倫、華滋華斯、狄更斯以及所有反對與法國宣戰的輝格黨成員。布魯克斯俱樂部是十八到十九世紀的倫敦名流俱樂部之一。自 1778 年開業伊始，該俱樂部就是一個賭場，往來其間的名流除了吉朋、華爾波(Horace Walpole)和謝里丹(Richard Sheridan)之類的文學名家，也包括弗克斯和威爾斯親王(日後的喬治四世)這類政治浪子。

*² 指的是人口已大量流失，但仍擁有國會議員名額的自治市鎮。

¹ 這個時代最諷刺的事件之一，就是涂克在1800年當選老薩倫這個衰敗市鎮的

次取回他們的下院席次。雖然整體而言這個團體的民主信念大致是一種投機性的空論，但確實有些個別成員——如羅米里爵士、懷特布瑞(Samuel Whitbread)、班耐特(H. G. Bennet)——一次又一次地在下院為了政治自由和社會權利奮戰不懈。1797 到 1802 年間，弗克斯似乎為改革撐開了唯一一把庇護之傘。全國各地的政治團體相繼舉行集會，他們在會中向弗克斯和葛雷致敬，要求恢復政治上的各種自由權利，並為和平請願。諾威治的前雅各賓分子正是以這樣的方式召開集會，並在 1799 年肇始了所謂的「自由之友公開月會」[2]。

然而，只要這類團體有任何一點風吹草動，立刻就會招致治安法官的密切注意和反雅各賓宣傳家的猛烈砲轟——威廉·柯貝特正是這批宣傳家中最尖酸刻薄的一員。柯貝特當時是一名剛出道的新聞記者，才從美國返回英國不久，旅美期間，他曾是著名的反雅各賓辯士，為了酬庸他的愛國行為，陸軍大臣文德翰還特定幫他創辦了《政治記事週刊》(1802 年)。如果說在 1799 到 1802 年間，公然主張改革的人士遭到驅散或被迫轉入地下，但是在一般人民之間，不滿情緒卻有日益升高之勢。拿破崙的大陸政策導致英國工業停滯、失業情況嚴重、食糧價格飛漲。製造業者紛紛發起和平請願，在輿論的大力支持之下，皮特只得被迫考慮議和。全國各地的糧食騷動蜂起。並有證據顯示，當時確實有一個有組織的地下叛亂團體存在[3]。

議員。涂克後來由於一個技術上的原因——他是國教會的前牧師——而失去這個席次。

2 One of the People, *The Thirty-Sixth of a Letter to the Society which met at The Angel... to Celebrate the Birth-Day of C. J. Fox* (Norwich, 1799).

3 參見下文，頁 675-91。

短命的亞眠和約(Peace of Amiens, 1802 年 4 月到 1803 年 5 月)將歷史導入一個新的階段。皮特一度為艾丁頓(Addington, 日後的西德茂斯勳爵)所取代，艾氏是一位比較弱勢的首相，雖然他同樣堅持反雅各賓的鎮壓傳統。戰爭已經拖了將近十年，民眾爭相以張燈結綵和各種公開慶典迎接和平的到來。拿破崙的密使在眾人的簇擁之下，遊行過倫敦的大街小巷。柯貝特的辦公室遭到破壞，因為《政治記事周刊》支持繼續作戰。充滿好奇心的輝格黨員和改革者，包括弗克斯本人在內，全都群集到巴黎，想親眼見識一下法國的新共和。(曾在 1795 年把他的軍服丟給「暴民」的索頓上校，此行帶了一群獵狐用的獵犬、駿馬和一箱手槍前往巴黎，做為獻給第一執政〔按：指拿破崙〕的禮物。)

和平帶來了大選，在這次選戰中，由於雅各賓人士的支持，立場前進的候選人在六個選區贏得出人意表的勝利。在肯特——通訊協會一度在這些邁德威河畔市鎮*3 擁有強大的影響力——一位弗克斯派的候選人擊敗了現任國會議員。在科芬垂，一位激進派候選人在嚴重的暴動之後，僅以八票之差敗北。在諾威治，陸軍大臣文德翰連任失利，兩位弗克斯派的候選人在雅各賓人士的積極運作之下，雙雙上榜。在諾丁漢，情況更是教人無比興奮，因為一名改革者在弗克斯派市政當局和狂歡群眾的擁護之下成功當選。勝利遊行的隊伍演奏著法國革命歌謠《向前進》(Ça Ira)和《馬賽曲》，三色旗高舉在隊伍前方，而(根據一位反雅各賓宣傳小冊作者的說法)「整個行列中最醒目的，是一名代表『理性女神』的**全裸**女子!!!」。柯

---

*3 邁德威河(Medway)是貫穿肯特郡的主要河流，肯特郡的主要城市皆沿該河建立，故此。

貝特評論說：「顯然，諾丁漢的群眾是一群主張共和的革命暴民。」
1803 年，下院以選民受到暴民威嚇為由，取消這位當選人的資格，
這起事件給了立法機構一個介入的機會，趁勢鞏固了地方治安法官
在這個製造業市鎮的力量[4]。

不過，這場選舉進行得最轟轟烈烈的地區，要算是密得塞克斯
——韋爾克斯的老選區。在這之前三年，一連串有關艾瑞斯司令官
統治期間的醜聞相繼曝光，民眾得知倫敦通訊協會和聯合英格蘭人
這兩個組織的「人身保護令囚犯」，是如何在未經審訊的情況下就被
關進冷浴場監獄。涂克的友人柏戴特國會議員，接獲一封受害人的
請訴書，根據柯貝特日後的記載，這封請訴書是用一塊沾了血的木
片寫在一本書的蝴蝶頁上。柏戴特發現有好幾名囚犯已經瘦到「只
剩下一把骨架子」。他接受他們的請訴——尤其是德斯巴德上校的案
子——並在下院內外積極奔走。一夕之間，他成為倫敦群眾的頭號
英雄，「打倒巴士底！」的呼聲此起彼落。1802 年，他與一位現任的
國會議員在密得塞克斯選區交戰，這名現任議員是支持政府的曼華
林(Mainwaring)，他同時也是一名與艾瑞斯司令官有關係的治安法
官。選戰的焦點鎖定在鄉下地區。曾在 1794 年上過枷刑的佛洛斯特，
是柏戴特的競選幕僚之一，而其他的前雅各賓分子和未定罪囚犯，

---

[4] J. Bowles, *Thoughts on the late General Election, as demonstrative of the Progress of Jacobinism* (1802), pp. 3-4; and *Salutary Effects of Vigour* (1804), p. 141. 改革者憤怒地表示：所謂裸體婦女的說法，根本是鮑爾斯在扯謊，參見 *Ten Letters on the Late Contested Election at Nottingham* (Nottingham, 1803), pp. 24-5; Sutton, *Date-Book of Nottingham*, p. 244。這其中的內情可能是因為有份文件提到，遊行中有一名婦女「穿著鮭魚色或肉色的衣服」，參見 *Letter to John Bowles* (Nottingham, 1803), p. 9。

也挺身為他助選。當時仍是托利黨員的柯貝特嘆息道：

> 從皮卡第通往布蘭特福(Brentford)選舉造勢會場的路上，出
> 現了前所未有的混亂騷動，當時的情景只有法國大革命最可怕
> 時刻的巴黎地區可堪比擬。……沿路擠滿了來自聖蓋爾斯區的
> 骯髒傢伙，嘶喊著「支持柏戴特，打倒巴士底！」。在選舉造勢
> 會場，每天有五、六個在懲戒所服完徒刑的罪犯，以咒罵曼華
> 林先生來娛樂暴民。

為慶祝柏戴特勝選而發起的張燈結綵活動，其規模幾乎不亞於和平
慶典。柯貝特憂傷地說：「它將導致最可怕的後果，它將使這個成長
爆炸、揮霍放蕩的大都會，益發紊亂無序、欺詐橫行。」[5]

　　甚至在蘭開斯特也可看到這樣的競選畫面，一位仕女對著「雅
各賓暴民」喊道：「這是一場鞋子與木屐、綢緞與布衣、富豪與窮漢
的對抗。只要人民願意為自身權利而戰，他們就能贏得一切。」[6] 一場
比 1792-95 年更為強大的運動似乎就快醞釀成熟。如果當時能有五
年的和平歲月，英國的歷史必將全面改寫。沒想到接下來發生的事
件，卻讓整個情勢陷入一片混亂。1802 年 11 月，德斯巴德上校以叛

---

5 當選者，賓恩(Byng，輝格黨)，三千八百四十三票；柏戴特(激進黨)，三千
　二百零七票。未當選者，曼華林(托利黨)，二千九百三十六票。See Cobbett's
　Political Register, 10, 17, 24 July, 1802; J. G. Alger, Napoleon's British Visitors and
　Captives (1904); J. Dechamps, Lés Iles Britanniques et La Revolution Française
　(Brussels, 1949), Ch. V; M. W. Patterson, Sir Francis Burdett (1931), Chs, IV and
　VII.

6 J. Bowles, Thoughts on the late General Election, p. 63.

國罪名遭到逮捕,並於次年 1 月交付處決[7]。1802-03 年的那個冬天,英法之間的關係開始惡化。1803 年 5 月,兩國戰火再啓。

對許多改革者而言,這是一場迥然不同的戰爭。拿破崙在 1802 年成爲終身職的第一執政,並於 1804 年接受世襲皇帝的冠冕。沒有任何一個眞正的潘恩信徒能夠接受這個事實。強硬派的雅各賓分子爲這個事實深感痛心,就好像溫和派的改革者曾對羅伯斯比的轉變備覺沮喪一樣。不論英國的改革分子多麼努力和法國保持一定的批判距離,他們的士氣還是緊緊隨著法國的命運起伏擺盪。第一帝國對英國共和主義造成的創痛,從不曾完全復原。《人權論》曾經以最激昂的怒吼控訴君權、中世紀制度和世襲優遇;沒想到隨著戰爭的進行,拿破崙竟也開始與教廷和解、扶植一個個聽命於他的國王、並建立起一套新的貴族階級,讓法國的最後一點革命吸引力整個崩解。即使是在諾丁漢暴民的記憶之中,《向前進》也已消逝褪色。如果自由之樹想要茁壯,它必須嫁接到英國的樹幹上。

在許多人眼中,法國如今不過是個商業和帝國的競爭對手,以及西班牙和義大利人民的壓迫者。拿破崙的大軍團於 1803 到 1806 年間,穩穩地駐紮在英吉利海峽對岸,等著稱雄七海。1802 年 12 月加入艾丁頓內閣的謝里丹宣稱:「雅各賓主義已經被消滅了。是誰消滅它的?是那個不能再被稱爲雅各賓之子和雅各賓鬥士的人,是拿破崙。」而剛在諾威治嘗到敗績的文德翰,則於下院大聲疾呼,籲請全國人民團結一致地面對重新登場的戰爭:

我不是要呼籲雅各賓分子扮演社會秩序、良善政府和君主政

---

7 參見下文,頁 683-91。

體的支持者，而是要呼籲他們做一個有勇氣的人，做一個他們
所謂的自由愛好者，做一個熱血沸騰的驕傲者——我要問他們，
難道他們願意淪爲奴隸，願意被法國人擊潰？[8]

　　隨著戰火重新點燃，志願兵也在每個星期天進行一遍又一遍的
操練。他們或許不像當時的宣傳家和愛國傳奇所說的那麼深得人心。
不過無論如何，「志願兵」這個稱號確實是一個誤稱。軍官們比那群
烏合散漫、毫無紀律且無可救藥的反軍國主義民眾，更願意效死沙
場，後者失去的不過一個假日罷了。政府同時也費盡苦心地不讓武
器落入那些叛徒手中。謝里丹站在政府的立場表示：「在諸如伯明罕、
雪菲爾和諾丁漢這樣的大型城鎮，他傾向與較高階級結盟，至於在
鄉下與村落地區，結盟對象則改爲較低階級。」《泰晤士報》在 1804
年報導說：在諾威治——

　　　該城……及其鄰近地區的老百姓，對志願兵制度深覺反感。
　　星期一那天，他們，尤其是婦女，企圖阻擋諾威治兵團的志願
　　兵招募工作。他們侮辱軍官，並指控志願兵會導致遊手好閒和
　　穀物漲價。

鄉紳、律師和製造業者的子弟，非常喜歡自己的馬上英姿，並爲志
願軍官舞會陶醉不已。一種同理心開始在貴族與中產階級之間滋長，
並凝聚成一種**團體精神**，這種精神將在日後的彼得盧事件中發揮功
效。他們更同時在舞會上爲自己的姊妹擇婿，促成了土地財富和商

---

8 *Cobbett's Parliamentary Debates*, II, Supplement, 1667, 1752.

業財富的異體結合，這是英國工業革命的鮮明特徵。但是一般民眾就很少報以如此熱烈的回響：在諾森伯蘭某個擁有高比例「志願兵」的村落，「十三人投效步兵，二十五人投效騎兵，一百三十人充當嚮導，二百六十人充當運貨馬車夫，三百人充當趕牲口的。」[9]

儘管有這股潛流存在，謝里丹的說法卻是正確的。以法國爲師的雅各賓運動，幾乎已告壽終正寢。民眾的愛國情緒在 1802 到 1806 年間，出現顯著的復興跡象。就算還有人景仰「邦尼」(Boney，按：指拿破崙)，也是景仰他身爲一名「戰士」的彪炳偉業，而非把他當成人民權利的化身。宣揚愛國精神的廉價小冊、單張印刷品和其他印刷物溢滿英國各地。雖然有諾威治婦女的抗拒和諾森伯蘭村落的裝聾作啞，可是在蘭開郡確有數以千計的織工加入志願兵行列。納爾遜(Nelson)是英國繼德瑞克(Drake)之後最受民眾擁戴的戰爭英雄；大家都認爲他同情人民的權利，也記得他曾爲德斯巴德上校請命；那場悲喜交加的特拉法加(Battle of Trafalgar, 1805)勝戰，是上百首民謠歌曲的主題和每一家酒店小村的談論焦點。1806 年，弗克斯(在他死前一年)加入了全國聯合政府——「才子內閣」(Ministry of All-the-Talents)——此舉等於是默許了戰爭的繼續[10]。

再一次，激進主義並未就此銷聲匿跡。但是它的議論修辭卻變

---

9 *Cobbett's Parliamentary Debates*, IV, 1191, 1362; *The Times*, 5 November 1804. 當時人對於發生在志願兵當中的土地與商業交融情形的相關記載，參見 T. A. Ward's Sheffield diary, *Peeps into the Past*, passim。並參見珍・奧斯汀的著作。

10 關於群眾愛國主義的文獻，參見 F. Klingberg and S. Hustvedt, *The Warning Drum... Broadsides of 1803* (Univ. of California, 1994)。甚至連塞爾華也爲《追悼納爾遜勳爵的詩與講辭》(*Poem and Oration on the Death of Lord Nelson*, 1805)寫了篇文章。

得教人無法辨識。前雅各賓分子搖身成了愛國者，急切地想要公開指摘拿破崙背棄共和國的罪狀，就好像正統主義人士公開抨擊拿破崙篡奪波旁王室的王位一樣。(1808 年，倫敦通訊協會前幹事朋恩企圖藉由《理性人》〔Reasoner〕的出版重新喚醒舊日的追求目標，這份雜誌既支持戰爭，也支持許多舊日的「雅各賓」訴求[11]。) 至於其他人，例如雪菲爾的約刻，則在飽受罪惡感折磨的同時，又渴望能證明自己是無罪的，這種心境在剛面臨幻滅之痛的浪漫主義者身上極爲常見。到了 1804 年，約刻已變成充滿敵意的「反雅各賓」宣傳家，他的作爲讓柯貝特深感不齒，並因而轉身投入改革陣營。

正是這位完全出乎意料的人物，爲激進主義的新論調首開其聲。曾經驅散舊雅各賓主義的那些影響要素，連帶也使得**反**雅各賓運動失去了原有的某些力量。如果說拿破崙是因爲變成大權獨攬的專制暴君而成爲我們的敵人，那麼皮特又該怎麼說(他在 1804 年重掌政權，直到 1806 年初去世爲止)？他腐蝕了英國的自由、不經審訊就入人於獄、賄賂新聞界，並運用各種內閣影響力來提振他的權力。柯貝特是一名好鬥的托利派新聞記者，雅各賓這項罪名無論如何也扯不到他頭上，可是他的立場卻在 1804 年出現了一百八十度的大逆轉，並開始發表抨擊內閣的相關議論：

> 潮流已經轉向：從群眾狂熱主義轉回到專制主義。拿破崙榮登終身執政一事，肇始了人心的激烈轉向，這項轉變更因他最近的僭位之舉〔帝位〕而徹底完成。這項轉變不僅消除了先

---

11 這份冠冕堂皇的期刊因爲缺乏支持者而黯然收場。See *Reasoner*, 16 April 1808.

前由於自由普獲擁護所可能導致的危險，還讓我們感受到一種
淪爲奴隸的恐懼，因爲首相正在透過長期公債和貨幣制度讓已
掌握在他手中的影響力無限膨脹，我們就算在名義上還不是、
但事實上已經和奴隸相差無幾，而且我們還不是國王的奴隸，
而是當今首相的奴隸……

我們並不清楚究竟是什麼樣的邏輯思考讓他把拿破崙和皮特這
兩人的專制統治扯上關係。柯貝特的析論內容具有高度的說服力，
不過卻經常在大方向上顯得虛張聲勢。然而隨著他的發言內容越來
越有力也越來越頻繁，他想要傳達的主旨也整個明朗起來。不僅要
與國外的專制主義對抗，也要向國內的專制主義宣戰。新聞界已經
被政府收買。內閣無能腐化，養了一群暴民，一群「朝廷的阿諛諂
媚者、寄生蟲、食祿者、受賄者、官員、包商、股票經紀人和閣員
大臣」。皇室費用 (Civil List) 是一種派系賄賂的形式，是由高昂的稅
金所支付。**暴發戶**靠著戰爭腰纏萬貫，進而威脅到國王的權利和人
民的自由。唯有自由的英國才足以抵抗外國的侵略。他以托利主義
和激進主義的怪異混合提出控訴，是內閣而非改革者——

　設法在〔人民〕之間散播意見不合的種子；把他們劃分成雅
各賓派和反雅各賓派；爲強力的威逼措施捏造藉口；創造不滿
和不忠的情緒來削弱戰爭的力量，並讓我們敗倒在敵人腳下。[12]

柯貝特的談話內容和這些談話出現的場合同樣重要。在曼華林

---

[12] *Political Register*, 1 September 1804.

的請願之下,下院推翻了 1802 年的選舉結果。密得塞克斯於 1804 年進行補選,在這場選戰中,內閣使盡全力排擠柏戴特爵士,並以曼華林之子取而代之。柏戴特並不是一個足堪領導全國的改革人士。他只是一名刻意模仿韋爾克斯戰術的激進派貴族[13],並因與庫姿小姐(Miss Sophia Coutts)結婚而得到巨額財富。他在選舉造勢會上表現得慷慨激昂,可是在接下來的十到十五年間,卻只是一個軟弱無力的下院改革派領袖。不過無論如何,他畢竟是唯一一位具有全國知名度的改革代言人。他和涂克以及亞瑟·奧康納的友誼曾令他的雅各賓立場蒙上污點,不過他從不試圖和他倆劃清界線。他在 1804 年的選戰中堅守立場,群眾們「打倒巴士底」的呼聲讓他完全不把輝格和托利兩黨放在眼裡。爲期十五天的投票過程,曼華林和柏戴特的得票數一直呈現你來我往的拉鋸走勢。在每一天的投票結束之後,柏戴特都會對著爲數龐大的興奮群眾發表演說,他一再喊出「獨立」的口號,籲請密得塞克斯的自由持產人(freeholder)[*4]「積極地爲他拉票」。密得塞克斯的選民能有「自由、獨立的意見嗎」? 還是這個席次永遠只能操縱在「一群自私自利的蒸餾酒業者、酒吧老闆和釀酒商,以及治安法官和包商」手上? 在每一天的投票結束之後,曼華林都會趨前向政見發表會上的群眾講話致意,但群眾總是報以噓聲。曼華林的支持者在倫敦張貼毀謗海報,拿柏戴特和他的「雅

---

13 他在 1804 年的政見發表會上說道:「我將……盡我最大的努力讓四五和自由(45 and Liberty)的精神流傳到最久遠的後世。」按:這裡的「四五」指的是《北不列顛人》第四十五期,韋爾克斯曾在該期的內容中大肆抨擊英王喬治三世,結果遭政府逮捕入獄,並隨之引起倫敦群眾爭取自由的暴動,相關內容參見第三章頁 83-4。

*4 按:指保有某不動產或財產之永久且完整所有權的民眾。

各賓」關係大作文章；挑戰支持他的選民；並對每一個易受影響的選民進行民意調查——「西敏區的文書、唱詩班和敲鐘夫」；「警察、批發商和捉賊者」。好像就是在第十五天，也就是最後一天，柏戴特終於贏得關鍵性的一票：柏戴特，二千八百三十三票；曼華林二千八百三十二票。瀕於瘋狂的群眾擁著他在倫敦街上凱旋謝票，「整個遊行隊伍就像是一座移動的森林——馬車和馬伕都覆蓋在綠色的大樹枝之下」。樂隊演奏著《偉哉不列顛》（Rule Britannia），一面旗幟飄揚在柏戴特的馬車上方，旗上畫著赫丘力士踐踏九頭蛇的圖樣。隔天早上，郡長以更改投票結束時間的手法扭轉了選舉結果，不過無論如何，這場精神凱旋已經大功告成[14]。

柯貝特說潮流已經轉向是對的。他自己對柏戴特的支持——這在兩年前簡直不可思議——便是潮流轉向的一個記號。從這麼多自由持產人公開力挺柏戴特，就可看出在手藝人和專業人士，以及小鄉紳和工匠師傅之間，存在著一股非比尋常的騷動不安。他們有成打的委屈，有些是大公無私的——例如舊日對「自由」與「獨立」的訴求——有些則比較與私人利益有關，例如，政府往往將大型車輛、馬具和軍服的合約發包給少數幾個大公司或中間人，略過許多小雇主和工匠師傅。在 1804 到 1806 年間，柯貝特並沒有引領而只是**順應**新的改革潮流。接下來幾年，他的《政治記事周刊》零零星星地發表了一些火藥味十足的激進言論，這種做法非常難以對付，因為他是針對每一項個別弊端提出公開而詳盡的批駁。柯貝特揭露了民政和軍政的管理失當、盜用公款公物、約克公爵的情婦販售委任狀，以及盛行於軍中的殘酷鞭打。他以雷霆萬鈞之筆，迫使各黨

14 *Cobbett's Political Register*, 25 August 1804.

各派人士都不得不注意他的文章，對其中的許多人而言，1790 年代的舊陣線已失去原有的意義。**由於**柯貝特多少還算是個托利派，由他出面爲這群堅毅、獨立和直言無諱的民眾，這群輕視財富地位、卻對憲法效忠不渝的民眾，重新提出他們的感性願望，不但可免去反雅各賓的偏見，還有助於改革派的重新洗牌。

然而，柏戴特之所以勝利，是因爲有許多激進派倫敦群眾的存在。民眾的情緒在 1806 年找到另一個宣洩口，他們瘋狂地投入西敏區的選戰。儘管密得塞克斯的自由持產人已擁有選舉權，但是西敏區卻是英國南部少數幾個「開放」選區之一，該區的家戶持有人選舉權 (householder franchise) *5 讓許多工匠師傅和某些職工有權投下他們神聖的一票。打從 1780 年開始，弗克斯就一直包辦該區的兩個席次之一。涂克曾在 1790 到 1796 年間競奪另一個席次，而且贏得相當可觀的選票；然而基於心照不宣的協議，這個席次始終是由某位內閣提名人獲得。「皮特派放進一名國會議員，弗克斯派放進另一名國會議員，這兩派全都痛恨任何一種近似眞正選舉的想法。這件事情就在這兩個派系的聯合會議上拍板定案，好比是盜賊分贓……」15

弗克斯死後，原有的席次便開放給輝格黨，諾森伯蘭公爵逐行指定他自己的兒子裴西勳爵 (Lord Percy) 角逐這個席位，裴西勳爵在沒有競爭對手的情形下「當選」。當公爵的制服僕人將一大塊一大塊的麵包和乾酪，以及灑落一地的啤酒，丟給那些卑顏曲膝、你推

---

*5 按：又做戶主選舉權，戶主指合法持有或佔有某房舍以做爲私人住宅者。

15 參見柯貝特對 1806 年競選活動的描述，這份資料係寫於選後十二年，而且黨派立場鮮明，收錄於 *Political Register*, 17 January 1818。

我擠的暴民時，普雷斯正在一旁嫌惡地觀看著[16]。在大選逼近之際，柯貝特寫了四封致西敏區選民的公開信。信件的主旨非常簡明：

> 一個不明就裡的外來客在聽過一些有關西敏區選舉的言論之後，他會相信：該區的選民只是幾個世家大族的奴隸，頂多也只是些卑賤的僕役。情況……好像是，不是選民想要選擇誰，而是誰比較受到少數幾個大人物的青睞……

選民應該堅持自己的獨立性，並去除自己對權勢的順從和恐懼。

> 你們的人數將近**二萬**。你們的手藝和職位……對於你們的雇主是不可或缺的，就像他們的工作對你們也是不可或缺一般。如果某個雇主解雇你們，永遠會有另一個雇主願意雇用你們；如果你們失去某個顧客，你們一定可以得到另一個……

特別是「在西敏區選民中佔了不小比例的**職工**，照我看來應該完全是誘惑不能淫的……」企圖強迫其雇員投票給某人的雇主，應該遭「眾人唾棄」；「工坊的工匠如果接受雇主的命令前去參加某人的政見發表會，簡直和畜生沒什麼兩樣」。除非有某個獨立候選人願意投入這場大選，否則「西敏區就會……淪落到和老薩倫或加騰（Gatton）一般的地位」[17]。

托利黨提名胡德海軍上將（Admiral Hood）出馬競選。輝格黨則

---

16 參見上文，頁 95。

17 Ibid., 9 August, 20 and 27 September 1806.

提名弗克斯的老同事謝里丹爲候選人，謝氏當時在聯合政府擔任海軍大臣，年薪六千鎊。柯貝特和改革者都不曾爲他助選。到了最後一刻，有一位候選人自行參選，此人具體證明了激進派陣容的混亂情況。鮑奧(James Paull)是一名伯斯(Perth)裁縫之子，靠著白手起家在印度經商致富。他於1804年爲了協助彈劾韋爾斯萊總督(Wellesley) *6 而返回英國。他獲得弗克斯派的提攜，該派在當時擁有威爾斯王儲的支持；由於他可能會讓皮特政府陷於難堪之境，因此在1805年獲得一個衰敗市鎮的席次——懷特島的紐頓。攻擊韋爾斯萊的行動正式開打。然而在弗克斯派加入聯合政府之後，有人私下警告鮑奧最好終止這項行動，或至少「暫時休兵」。當鮑奧憤慨地表示拒絕之後，他發現自己立刻被從紐頓的席位上拉了下來，並遭到先前支持者的背叛，他天眞地以爲這些人是衷心支持他的奮鬥目標。於是他展開反擊行動，在西敏區的政見發表會上慷慨痛批。

鮑奧就這樣在激進主義的歷史上曇花一現，沒有半個人曾經費心去發掘他的種種作爲。習慣上大家都認爲他是一個喜歡爭吵的小人物，有著滿腹的個人委屈。然而，他的委屈卻不只是個人的。韋爾斯萊的傲慢無禮、粗野殘暴，以及他在與烏德(Oudh) *7 部落交涉

---

*6 按：韋爾斯萊(1760-1842)出生愛爾蘭政治世家，1784年當選英國下院議員，雖然在政治上屬於輝格黨，卻對國會改革持反對態度。1793年在皮特的任命下出任印度事務委員會委員，並於四年後出任印度總督，以外交和軍事手段強化英國在印度的統治地位，在與印度殖民政府發生一連串爭執之後，於1805年返回英國。

*7 按：烏德部落位於今天印度烏爾塔省(Uttar Pradesh)的南部丘陵地區。在最後一位蒙兀兒皇帝去世之後(1707年)，國家陷入分裂，錫克人和馬拉塔人入侵，一些小部落開始獨立，烏德便是這些獨立部落之首。韋爾斯萊曾在一連

時的背信行爲，都是不爭的事實。我們沒有理由不認爲鮑奧是被這些發生在印度的「胡亂侵略和暴虐行動」所激怒，在他看來，這些行動與「我們每天譴責的」法國人沒啥兩樣。就算這些課題對西敏區的選民太過遙遠，鮑奧還是讓大家不得不尊敬他，因爲他是一個輝格黨和托利黨都希望他閉嘴的人。柯貝特日後寫到：「我們這位仁兄在才能和知識上所欠缺的東西，

> 他能以**勤奮**和**勇氣**予以彌補。他是麻雀雖小，五臟俱全。他渾身上下都是策略，他是一隻眞正的鬥雞。

他對英國政治所知無幾，沒有舌燦蓮花的口才或剴切有力的文筆，但他同樣沒有政治上的禁忌或野心。經過三個星期喧囂熱鬧的激烈選戰之後，改革者形成了一個新的聯盟：激進派貴族柏戴特爵士在政見發表會上提名鮑奧，經驗派的改革者柯貝特負責打理他的競選活動，而倡導成年男子普選權的資深老將卡賴特少校，則出面爲鮑奧的國會改革立場背書。

　　柯貝特回憶說：「我們必須與整個衰敗市鎮派系的力量對抗，他們已經團結一致，對我們展開公然、積極和極端惡毒的攻勢。」投票的前四天鮑奧暫時領先，於是曾經譏笑他絕不可能當選的胡德和謝里丹，組成聯合陣線與他抗衡。宣傳海報、諷刺短文和選戰歌曲，充斥在倫敦的大街小巷：

串對抗馬拉塔聯盟的戰鬥中，使用各種手段促使聯盟瓦解，拿下烏德以外的大部分平原地區。烏德於 1856 年遭到英國兼併。

看呀！貪污腐敗在「自由」的喬裝下高視闊步，

自由人！振奮你們的群眾，保衛你們的豐盛戰利，

高高地搖動你們的旗幟，響應美麗的「自由」號角——

讓我們的口號響徹雲霄——**獨立！鮑奧！**

讓那些反對我們政策的獵爵者大聲叫嚷，

叫我們雅各賓、叛國者，和諸如此類的無聊抹黑；

我們決心與國王陛下共存亡——

勝利必將與我們同在——**獨立！鮑奧！**

他是窮人的朋友，人類的自由，

並將盡速減輕我們的賦稅……

鮑奧的對手恥笑他的低賤出身和他的外表：

……站在那兒的古怪小傢伙是誰？

他活似一個被拖到池塘邊的扒手。

柯貝特宣稱：一邊是「官老爺和食祿者的親戚」，是「包稅人、治安法官、警察和依賴別人維生的神職人員」，以及謝里丹的個人追隨者——「話劇演員、道具布景人員、剪燭者和從事……失德行業之人」。至於另一邊，則可看到工匠和職工第一次認真試圖建立民主的選舉組織；為了拉票而成立的教區委員會；以及來自鞋匠職工、印刷匠和裁縫等行業俱樂部的有組織支援。夜復一夜，群眾簇擁著鮑奧在倫敦街上凱旋遊行。

鮑奧最後輸掉了這個席次,但是他只落後謝里丹三百票[18],而且這次選戰還同時打破了兩黨對西敏區的把持。柯貝特宣稱:「這是一場**眞正的戰鬥**。這是自由在西敏區的**眞正勝利**。」不過,當貨眞價實的勝利在隔年降臨,鮑奧卻已經與它無涉。柏戴特在 1806 年也未能贏得密得塞克斯的席位,因爲有些自由持產人害怕他的極端做法,雖然在他的政見發表會上依然是歡呼震天,而當他失敗的消息傳來,「肯辛頓(Kensington)和騎士橋(Knightbridge)的大多數住宅依然是張燈結綵,一派勝利氣氛⋯⋯」但是他的失敗還有另一個典型的唐吉訶德式的原因。在以往的競選活動中,他一直遵循大筆灑錢的傳統競選習俗,不但大規模地宴請選民,或許還像他的對手一樣,以慷慨的酒食和金錢賄賂選民。可是這次他被賄賂的指控惹火了;而如今已成爲他的盟友的柯貝特,也在整個 1806 年間,把乾淨選舉的要求喊得震天價響。在 1806 年著名的亨尼頓補選中,柯貝特大聲呼籲應該嚴格禁止賄賂和設宴款待等行爲,並要求候選人鄭重發誓,如果當選,絕不接受任何官職和公家的金錢。於是,柏戴特採用了乾淨的選舉方式,但他並不以此爲滿,他拒絕在每天一次的政見發表之外從事任何競選活動,並呼籲「獨立的選民」自動來歸。他不拉票、不設宴、不爲年老的選民預備馬車、也不設立任何組織。他的支持者自行籌組了一個委員會,可是卻在政見發表會上遭到他的指責,他還力勸他們應該信賴「獨立自主的大眾」。這項信賴讓他的選票整整少了一半。

1807 年,另一次大選給了改革者機會。柯貝特週復一週地在《政

---

18 胡德,五千四百七十八票;謝里丹,四千七百五十八票;鮑奧,四千四百八十一票。

治記事周刊》上致函西敏區的選民，要他們進入備戰狀態。鮑奧的
支持者已經準備就緒，他們組成一個委員會，並呼籲柏戴特角逐另
一席次。但是柏戴特已經心灰意冷：

> 由於我們的腐敗者已經掌握了無所不包的貪污腐化手段，以
> 致所有的奮鬥都是徒然。我們必須靜待我們的補救和再生，直
> 到貪污腐敗用盡它所有的伎倆……在那個時刻來臨之前，我懇
> 求讓我退出所有的國會工作……

有一位代表前去造訪，並詢問他：如果他是在未經自己同意或介入
的情況下當選，他是否會接受這個席位？柏戴特不耐煩的回答說：
「如果我當選國會議員……我就必須服從召喚……但是我不會為這
樣的選舉花費任何一毛錢，或做任何努力。」更糟的事情還在後面。
在取得他的消極同意之後，西敏委員會決定提名柏戴特與鮑奧做為
這兩個席次的競選夥伴。但是柏戴特似乎想要擺脫他那位平民候選
夥伴，此舉讓「鬥雞」大為憤怒，要求和柏戴特進行決鬥。雙方都
在決鬥中負傷──鮑奧傷勢非常嚴重，他的支持者只得取消他的候
選資格。在為期十五天的投票前夕，改革者的目標似乎已經被自身
的爭吵和嘲笑判決出局[19]。一位沒沒無聞的激進派水手柯克蘭勳爵，
在最後一分鐘成為候選人，重新為眾人燃起一線希望。但是在投票
開始的那天早晨，柏戴特委員會的委員們「感到萬分沮喪，

---

[19] 關於這次事件，參見 *Annual Register*, 1807, pp. 425-8, 632-9; M. D. George, *Catalogue of Political and Personal Satires* (1947), VIII, pp. 528-9。

　　我們沒有錢，沒有表現的方法，沒有人加入我們，托利黨人輕視我們，輝格黨人愚弄我們。被人嘲笑的感覺最是不堪……我們能忍受虐待，卻無法忍受嘲笑。

然而不過短短的十四天之後，西敏區的工匠和小店主竟得以在歡聲雷動的勝利進行曲中，將柏戴特和柯克蘭高高地抬起。柏戴特在選票上遙遙領先，柯克蘭也以一千票之差擊敗謝里丹而贏得第二個席次。(投票最後一天，柯克蘭為謝里丹感到十分難過，他甚至撤銷了自己的監票員，以便謝氏可以重複登記選票，讓開票結果不致太難看。)自此以後，激進派從不曾(除了1819年那段奇怪的插曲之外)在西敏區失手。這個倫敦唯一的平民選區，同時也是國會的所在地，就這樣落入一群被整個新聞界稱之為「雅各賓派」的掌握之中[20]。

　　這項指控並不像看上去那麼誇張。1806年曾經發生一件有趣的意外。有人告鮑奧說，他的委員會裡有一名重要委員是原籍法國的著名雅各賓分子——雷馬特先生。鮑奧聞言大吃一驚，他要求雷馬特離開他的委員會辦公室，並命柯貝特去傳遞這項訊息。柯貝特試著以最委婉的方式傳達這道開除令，但是雷馬特的意志力遠超乎他的預期。雷馬特確實是一名前雅各賓分子，他是倫敦通訊協會的活躍會員和一名錶殼製造匠，曾因1794-95年的「空氣槍密謀」(Pop-

---

20 柯克蘭一直保有這個職位直到1818年，他於該年辭去這項職務，以便前往南美，支援該地的共和運動。柏戴特的西敏區議員頭銜一直保持到1837年，他在該年憑著最後一股唐吉訶德式的炫耀，穿越下院的議員席，辭去該席次，並重新以托利黨代表的身分角逐這個位子，結果勉強過關。鮑奧就沒那麼幸運，決鬥之後他只多活了一年，於1808年辭世。

Gun Plot)*8 事件遭到逮捕,1796 年二度未經審判入獄,並在 1798
到 1801 年間再次遭到扣押,「從十八到二十五歲的大半日子,他都
是在牢裡度過」。獲得釋放之後,他曾在柏戴特的密得塞克斯選戰中
出力,也因此學到相當多的經驗。當他在投票的第三天進入鮑奧的
委員會辦公室後,發現這個委員會「既沒計畫也沒有制度來處理拉
票活動」。他花了好幾天的時間從清晨工作到午夜,努力組織出一個
有效的拉票計畫。他把這項計畫展現在柯貝特面前。柯貝特驚呼:
「我以人格擔保,這是我在這個委員會所看到的唯一真正有用的東
西。」他向雷馬特致歉,而雷氏也留了下來。

　　1807 年的勝利完全是西敏委員會(Westminster Committee)
的功勞。它的幾個關鍵性委員正是前倫敦通訊協會的委員。雷馬特
很早以前就做好了挨街挨戶的掃街拉票計畫。在一家稱為「不列顛
咖啡屋的琴酒吧」三樓,普雷斯從黎明到子夜沒拿一分酬勞地工作
了三個星期,詳細的整理資料、檢核投票的結果,並為提供給總委
員會的報告預做準備。他的副手李其特(Richter),是另一名前拘留
犯。普雷斯寫道:「那時我們都是卑賤無名之輩,

　　……我們當中沒有一個知名人物,沒有任何一個人是一般選
　　民知道的,我們是一群微不足道的小人物,卻集合在一起做了
　　一件像西敏區選舉這等重要的大事,向財富、地位、名望和影
　　響力宣戰……

---

*8 按:參見第五章註 76。

他們的對手嘲笑他們是「沒沒無聞的尋常裁縫和理髮師……他們嘲笑我們的愚蠢、責難我們的冒失」。一方面是基於原則，同時也是由於短缺經費，這場選戰必須厲行簡約：

> ……不用需要付費的顧問、律師、監票員或拉票人；不買票，不付地方稅，不設宴，不用帽徽，不付錢雇用保安，除了兩名看守委員會大門的保警之外。

沒有獲得委員會投票通過，不得花費任何款項。開銷最大的項目(在為慶祝勝利之用的旗幟、樂隊和緞帶這類花費出現之前)，是傳單和海報的印刷費用。這個委員會擁有一位天才組織家——普雷斯，普氏在選戰期間總共只為了拉票離開過委員會辦公室一次[21]。

我們現在必須試圖為英國激進主義在 1807 年時的地位做番概述。首先，「激進主義」(Radicalism)一辭說明了這個運動的廣闊性和

---

[21] 本節關於 1806 和 1807 年選舉的記述，大致是根據 Cobbett's Political Register, 1806 and 1807, passim; Ibid., 17 January 1818; Flower's Political Review, May 1807; Place's reminiscences, in Wallas, op. cit., pp. 41-7, and in Cole and Filson, British Working Class Movements, pp. 79-81; Anon., History of the Westminster and Middlesex Elections (1807), pp. 15, 36-7, 145, 157, 345, 379, 437; Westminster Committee, An Exposition of the Circumstances which gave rise to the Election of Sir F. Burdett, Bart... (1807)。並請參考 M. W. Patterson, Sir F. Burdett (1931), I. Ch. X; G. D. H. Cole, Life of Cobbett, Chs. IX and X; C. Lloyd, Lord Cochrane (1947), Part II, Ch. 1; S. Maccoby, English Radicalism, 1786-1832, pp. 207-8. 柯貝特的說法雖不盡可信，卻足以矯正普雷斯的記載。以往大家都太過所當然地接受普氏的見解，然而普氏的這份記載卻忽視了 1802 和 1804 年密得塞克斯選舉的重要性；嘲笑鮑奧的荒謬；並將 1807 年的成功完全歸功於他自己的組織天才。

不精確性。1790 年代的雅各賓運動有著清楚的定位，他們全都擁護
《人權論》，並具有某些形式的公開組織。然而隨著十九世紀的不斷
推進，「激進主義」也逐漸包羅了南轅北轍的各種傾向。1807 年時，
這個名詞除了暗示出這個運動的主義信條之外，也展現出它的勇氣
和調性。它代表了永不妥協的反抗政府；瞧不起輝格黨的軟弱；反
對加諸於政治自由權的種種限制；公開揭露「皮特體系」的貪污腐
敗；以及大體支持國會改革運動。對於社會和經濟問題，激進派幾
乎沒有任何共識，儘管立場最一致的激進主義要屬倫敦平民的激進
主義，但它有時也寬大到足以包容製造業者和小鄉紳的騷動不安。

　　不論 1806 和 1807 年這兩場選戰如何的混淆不清，它們都具有
確確實實的重要性。改革的目標再次獲得明白闡釋。兩個極端的激
進分子被平民選民送進國會殿堂。一份充滿編輯巧思的周刊，讓政
府無法加以查禁，並超然於托利黨或輝格黨的影響之外。甚至連「改
革之父」卡賴特少校，也重新贏得了公眾的注意和擁戴[22]。一個新的
名字開始為人傳誦——耕讀仕紳亨利・杭特(Henry Hunt)，他呼籲
維特郡的自由持產人起而效法西敏區的榜樣。這個城市已經建立了
新的選舉組織；西敏委員會不但沒有解散，還以戰後改革組織原型
的身分持續了好幾年。在接下來的十五年間，柏戴特、卡賴特、柯
貝特、杭特和普雷斯這幾個名字，在激進主義的定位過程中都發揮
了舉足輕重的作用。有好幾年的時間，柏戴特一直是倫敦群眾的最
愛。卡賴特這個歷經滄桑的不倒翁，致力於推廣最初的漢普敦俱樂
部。柯貝特從宣揚「獨立」一步步推進到徹底而無情的抨擊「老腐

---

22 除了提供鮑奧和柏戴特支持之外，卡賴特本人也在 1806 年投入他自己的城
　　鎮波士頓的選戰，結果以五十九票對二百三十七票輸給獲勝的候選人。

敗」——甚至包括柏戴特和普雷斯這些軟弱無力的激進分子。杭特對柯貝特採取忽敵忽友的態度，致力於以他的群眾演說魅力來對抗柯貝特的辯論雄才。普雷斯則將心力投注在如何發展出一套散播改革主義的政策，以及讓工匠與中產階級進行結盟的政策，他並在邊沁派改革家以及工會和平民的辯論社團之間，扮演穿針引線的角色。

1807 年的勝利，是韋爾克斯式的貴族手法與更前進的民主組織形式的折衷妥協。這項成果非常重要。它為「獨立」的觀念賦予了新的意義。在此之前，「獨立」可說是財富和土地的同義字：輝格黨和托利黨的候選人往往是因為他們的財富而在政見發表會上贏得支持，因為人們認為財富將會是他們的「獨立」後盾，讓他們不需靠著奉承閣員或國王來取得好處。但是柯貝特所宣揚的獨立觀念，強調的是**選民**的責任，不論他們是自由持產人、手藝人或工匠，都要努力讓自己獨立於恩惠、賄賂和順從。西敏委員會甚至走得更遠，他們獨立為自己的候選人組織了成功的選戰，西敏區的**市井小民**已經靠他們自己的力量冒現為一股勢力。尤有甚者，他們還為新選舉組織的有效性做了最耀眼的示範。他們靠的不是候選人的財富和影響力，而是選民的志願付出。就這點而言，西敏區的人民覺得這次的勝利是屬於他們自己。

然而，若說西敏委員會領導了一次獨立的「民粹」運動卻是錯誤的，更遑論工人階級運動。該區的選民（1818 年時大約有一萬八千名家戶持有人[23]）包括許多獨立的手藝人和若干工匠。但是其主張卻越來越傾向由小雇主和小商人決定。這些團體的激進程度，是戰後政治生態的一項重要因素，而它對英國人民某部分自由權利的影響，

---

23 *Gorgon*, 4 July 1818.

也證明是有司百官揮之不去的難堪。大多數重要的政治和新聞審判都是在倫敦進行，陪審團也都是選自這樣的社會背景。小店主和小商人曾經在 1790 年代讓陪審團變得難以駕馭。在財政大臣律師的文件中，至今仍保有德斯巴德和奧柯格雷兩案可能的陪審員名單，這份名單顯示皇家司法官員是如何小心謹慎地不讓任何同情雅各賓的人士成爲陪審團的一員[24]。儘管他們已經預做防範，但是 1817 到 1819 年間的倫敦陪審團還是給了官方不少新的羞辱[25]。之後，陪審團變得稍爲溫馴一些，一方面是因爲官方發明了特殊陪審制度這種新的改良辦法以及其他的「籠絡」手段，一方面則是由於倫敦的激進主義(以及其代表人物，諸如市府參事魏斯曼〔Waithman〕和伍德)與平民運動的距離變得越來越遙遠。

因此，西敏區的勝利根本不屬於工匠，不論他們的貢獻有多大。而且，這場勝利也有幾分鏡花水月的味道。沒錯，財產資格限制的規定確實將候選人的資格局限於有資產人士，然而就算不考慮這項事實，普雷斯的總委員會(尤其是普雷斯本人)也從不曾想過要推他們自己的人來擔任候選人。這個席次是柏戴特的，委員會的功能只是提供支持。此外，在接下來的那幾年，委員會的表現證明它是一

---

[24] 在一張這樣的名單上，每個可能被挑選爲陪審團成員的名字旁邊，都註有好(G)、壞(B)和可疑(D)的記號。在註有「壞」記號的眾人當中，包括一名製秤者、一名賣玻璃的、數名雜貨商、一名製帆匠和數名啤酒商(一名南華克啤酒商的名字旁邊註了「十分壞」的記號)。

[25] 判處華笙在 1817 年的礦泉場暴動一案中無罪釋放的陪審團，其主席是樂透彩券處的管理員，而其他成員則包括一名製釦人，一名製錨鐵匠、一名羊毛布商、一名五金商、一名銀匠、一名綢緞商、一名鞋匠、一名馬車夫和一名藥商，參見 *People*, 21 June, 1817。

個有著嚴重缺陷的民主機構。1807 年，它是在一股新的民主衝動的情感下成立的。然而在隨後幾年，它卻變成一個基本上是自行決斷的團體──或如柯貝特所抱怨的，一個「政黨決策小組」(caucus)──部分在柏戴特的控制之下，部分則代表了諸如普雷斯這樣的小商人和小雇主。到了拿破崙戰爭結束之際，普雷斯已經和邊沁以及老穆勒成爲推心置腹的密友。他越來越仇視杭特和柯貝特，也不喜歡「成員不限」的鼓動方法。西敏委員會是一個有用的地方，冷靜認眞的工匠可以在此爲自身利益進行低調的幕後操控。當柯克蘭的席位在 1818 年出缺之際，委員會略過柯貝特提名的卡賴特少校，逕行支持邊沁派的激進人士──霍布豪斯(Hobhouse)。由於普雷斯的「自以爲是」，加上他不願看到示威和造勢活動有所發展，於是這個委員會便開始與倫敦的工人階級漸行漸遠[26]。

這種情形有部分是不得不然的結果，主要是受到 1807 年激進派面臨的情勢所逼。反雅各賓運動絕沒有停止。柯貝特幾乎是僥倖才通過新聞檢查制度，而且當時也不存在其他經常性的激進派刊物。(1810 年，柯貝特本人因爲攻擊軍中的鞭笞惡習而下獄兩年。)西敏委員會以選舉組織的身分存活下來，但是官方並無意允許新一波的民眾俱樂部成長。倫敦通訊協會的前領袖瓊斯，在科芬園旁組織了一個「英國論壇」(The British Forum)，當該論壇的辯論內容超出謹愼守節的規定，國會下院立刻將他關進新門監獄(1810 年)。柏戴特公然指責此舉乃非法迫害，結果卻是被下院打入倫敦塔。毫無疑問，幾乎所有的倫敦居民都站在柏戴特那邊。柏戴特起先是拒絕接受下

---

26 關於委員會工作的詳細情形，參見 A. Aspinall, "The Westminster Election of 1814", *Eng. Hist. Rev.* XL (1925)。

院的議處，他採取了韋爾克斯的大膽違抗政策，在他位於皮卡第的
家中設柵防守。柯克蘭勳爵乘坐出租馬車來到柏戴特的住處，從門
口送進一桶火藥，並準備在所有的入口處布雷，以武力保護柏戴特。
人民將街頭擠得水洩不通，1780年那種規模的暴亂看似無可避免。
普雷斯認為軍隊的不滿情緒相當高昂，很有可能會爆發零星的叛變
行動。然而這次事件的本質，以及它那種韋爾克斯式的誇張反應和
激進派領袖之間的混亂舉措，在在凸顯了改革者的軟弱。即使他們
趕上了一場叛變潮流，他們卻既沒有組織也拿不出一套清楚的政策。
取締通訊協會和公開政治集會的法令早已粉碎了這個運動，因此其
領袖人物的種種個人主義和爭吵不休的行為，只具有為其處境「發
聲」的功能，而不具備組織者的功能。

　　激進主義仍是一個處於守勢的運動，它是一個明確表達抗議的
運動，並得到民眾普遍不滿情緒的支持。但它還不是一股攻擊的力
量。如果我們想要了解柏戴特和柯克蘭1810年時的極端作風，只要
讀讀拜倫的作品。這些人瞧不起爭權奪利的行徑，並對自身階級的
偽善和新富人士的自命不凡充滿鄙夷。他們在沮喪之餘，偶爾也會
夢想革命爆發，一舉推翻「老腐敗」的整體結構。如果我們要想了
解柯貝特的憤怒,只要想想那些教他憤怒的事情：油水豐厚的合同、
皇室公爵的骯髒醜聞、飛漲的租金賦稅、農村勞工的赤貧、內閣提
供給新聞界的津貼，以及抑制邪惡協會的線民對大眾娛樂的破壞。
有上百個理由足以讓不滿的情緒膨脹。對拉伕隊的敵視；傷殘士兵
的委屈；工匠的委屈，他們遭到如雨後春筍般興起的戰爭合同公司
的排擠；以及在特拉法加會戰之後日益升高的反戰情緒，反對這場
漫無止境且毫無目標的戰爭。

　　一位雪菲爾的反對國教派牧師在1808年寫道：「這很可能是千

眞萬確的,

> 每當人類想要把自己組成社會以便建立王國,並在這個王國
> 裡面將**刀劍鎔鑄成犁頭**……大人物就會起而扮演這項光榮工作
> 的頭號反對者;尤其是來自**陸軍將領、海軍上將、包商、政府官員**
> 和相關人等的反對;而倡導**基督和平統治**的無數人民,勢將目睹
> 他們邪惡的雙手做出無可寬恕的惡行。

唯有在「大量反對和流血」之後,才能將「基督的王國」引進這個
世界,因為「魔鬼和它的代理人」,只准許它以這種方式到來:

> 多少次我看到貧苦的妻子和母親爲了從**卑鄙殘酷的兵販子**手
> 中贖出她們的丈夫或兒子,而典當了她們僅有的衣物!天哪!
> 窮人還注定要承受怎樣的磨難……

「喔,貧窮!你是不可原諒的罪過!……你沒有權利、沒有特許狀,
沒有豁免權,也沒有自由!」

> 到這裡來,**老撒旦**,老**謀殺者**,我將像你對待比我更好的人
> 那般對待你:這回輪到我把你帶到「一個宏偉高聳的山脈,我
> 將把這個**基督**世界的所有王國和它們的榮光顯示在你的面前」
> ……現在,老撒旦,俯視下面的**基督王國**,看看那群混雜的人們;
> 聖經、刀劍──教堂、兵營──小禮拜堂、堡壘──穿黑衣的
> 和平教士、穿紅藍衣的戰爭之子──扮演**救世主**的**少數人**、把
> 有系統毀滅人類當成唯一職志的百萬士兵……眞正的**和平之子**

受到輕蔑、遮掩、忽視和嘲弄——而 **謀殺** 和 **搶劫的英雄** 卻受到讚揚、稱頌、榮耀、恩寵和**不朽**……![27]

　　這是由屬於溫斯坦利和班揚的那個古老英國所發出的聲音，卻也是一個開始閱讀柯貝特著作的古老英國的聲音。它同時提醒我們，在雪菲爾、新堡或洛夫柏羅，西敏區的選舉是何等的遙不可及。在倫敦的酒館和咖啡屋裡，激進分子可以集會討論，可以感受到自己的人多勢眾。但是在雅各賓宣傳滲透得最為深入的外郡中心，卻只有諾威治和諾丁漢擁有足夠開放的公民投票權，讓激進分子得以運用選舉程序。伯明罕、曼徹斯特、里茲和大多數成長中的工業中心，在未經改革的下院裡面都不具任何代表權。在這些地方，以及在較小的市鎮和工業村落，教會和治安法官密切注視著任何可能的「叛亂」跡象，甚至連訂閱柯貝特《政治記事周刊》的人，都可以在黑名單上找到自己的名字。改革者覺得自己備受孤立——「遮掩、忽視和嘲弄」。西敏區的勝利，卻讓外郡籠上了更暗沉的壓迫。

　　因此，激進運動在密德蘭和北方的工業地區呈現了截然不同的形式——這種差異整整影響了長達半個世紀的事態發展。在倫敦，中產階級與工人階級改革者的溝通管道依然暢通；委員會是標準的組織形式，在委員會裡，少數幾個專業人士與自修成功的工匠並肩工作，他們往往瞧不起勞工和失德犯罪貧民的政治畏縮。隨著壓迫

---

[27] G. Beaumont, Minister of the Gospel of Peace, *The Warrior's Looking-Glass* (Sheffield, 1808). 作者可能是一名浸信會的牧師。有關激進派基督教徒抗議這場戰爭的類似記載，參見 *Cambridge Intelligencer*, and letters in the *Tyne Mercury*, e.g. 5 January 1808。

減緩，論壇、辯論社和討論小組紛紛復興。定期上演的西敏區選舉，
至少提供了一個安全閥以及對騷亂的某種認可。但是在密德蘭和北
英格蘭，激進主義卻被逐入地下，逐入非法的工會世界；它開始與
工業委屈、祕密集會和祕密盟誓相結合。在 1815 年之前，柏戴特和
柯貝特在工業革命的心臟地帶都算不上什麼重要人物。西敏委員會
也沒有為搗毀機器運動者傳來任何音訊。在春特河 (Trent) *9 以北，
我們看到的是非法傳統。

---

*9 按：密德蘭最主要河流，約克、雪菲爾等工業區皆位於春特河以北。

第十四章

糾正大軍

An Army of Redressers

一、黑燈

「看哪，叛徒的首級！」1803 年 2 月，劊子手在倫敦群眾面前高舉著德斯巴德的首級。德氏和另外六名受難者因被判處叛國罪（包括謀弒國王）而從容就義。德斯巴德宣稱他是無罪的，說他的死是因爲他是「窮人和被壓迫者的朋友」。群眾憤怒而激動。倫敦的新聞界擔心，如果這些受難者是在遊街示眾之後於泰伯恩行刑場或肯寧頓公地（Kennington Common）而非南華克進行處決，可能就會發生暴動和隨之而來的劫囚嘗試。在目擊行刑過程的群眾當中，有一個名叫布蘭雷斯的年輕工匠。十四年後，他的首級也被高舉在擠聚於德比城堡的群眾面前：「看哪！叛徒的首級！」

在德斯巴德和布蘭雷斯之間，有一個非法的傳統在延續著。這是一個永遠無法眞相大白的傳統。但是我們可以從三個不同的方向來趨近它。首先，是 1800 到 1802 年間「地下運動」所流傳下來的某些證據；其次，是史料的相關批評；第三，則是對半合法的工會傳統的某些檢視。除非我們能先做好這項預備功課，否則我們將無法了解搗毀機器運動，以及屬於潘垂吉暴動、間諜奧利佛和加圖街謀叛（Cato Street Conspiracy）的那個戰後年代。

先前我們已經談過 1790 年代晚期「聯合英格蘭人」這個隱匿會社的非法傳統起源[1]。1800 到 1801 年間，一股暴亂狂席捲了英格蘭各地。其中大多屬於糧食暴動，起因是拿破崙的大陸封鎖政策所

---

[1] 參見上文，頁 226-31。

導致的糧食缺乏和糧價高漲。不過也有證據顯示，其中有某些粗具規模的組織存在。某些暴動和消費者的「攻擊」(strikes)，事先已藉由傳單廣爲告知，其散發的規模證明它們乃出自某些有能力取得印刷機的委員會組織。1800 年 9 月，倫敦的一張傳單上寫道：

同胞們

你們還能安靜的、懦怯的、讓自己被一群唯利是圖、聽錢使喚的政府奴隸欺騙多久？讓自己爲他們挨餓多久？你們還能讓他們大剌剌地肆行壟斷，卻看著自己的孩子哭著要麵包嗎？不！讓這些人一天也不該活。我們是至高無上的權威，從你們的昏睡中躍起吧。讓我們星期一集合到穀物市場。

接著在穀物市場一連上演了六天的騷亂。到了 11 月，又出現了呼籲「小商人、工匠、職工、勞工等，到肯寧頓公地集會」的傳單——最後是政府派出軍隊，才阻止了這場集會。在樸資茅斯，造船場的「技師」決定「罷食牛油、奶油、牛奶和馬鈴薯」，直到這些食品的價格降低爲止。在諾丁漢，當一群軍官想要命令戲院中的觀眾唱出《天佑吾主》(God Save the King，按：英國國歌)的時候，被觀眾用石頭砸出戲院。同樣是在諾丁漢，這個一直到十九世紀初還依然每年舉行自由樹植樹慶典的城市，官方攔截到這樣一封信。信中描述了一次成功的糧食暴動，以無比興奮的口氣談到「人們星期二的英勇作爲，他們抵擋住義勇騎兵的砲火，這種**大無畏**的勇氣震驚了上流士紳……」但是寫這封信的人又加上一句重要評語。群眾已不再分裂成「雅各賓」與「教會和國王」這兩個派別：「最讓上流士紳害怕的，就是看到派系大團結……再也聽不見有人高唱《天佑吾主》。」

我們看到的是，民眾的態度以及對「暴民」的次政治響應，於今出現了重大逆轉[2]。

與此同時，各種緊急報告相繼湧入內政部辦公室。麻煩最嚴重的地區似乎是諾丁漢、蘭開郡工業區(據說這個地區的「聯合愛爾蘭人」和「聯合英格蘭人」依然相當活躍)以及西來丁。我們可以將後面這個地區的已知資料加以拼湊。暴動組織是由屬於雅各賓的雪菲爾向外擴張。1800 年 9 月，有人在一家工場外面公開釘了一張煽動性的傳單：「國╳、紳╳和農場主人，正忙著用刺刀戳刺窮人的空腹。」到了十二月，雪菲爾的治安法官[*1]認為有必要發表正式文告，禁止夜間在野外舉行「萬人響應」的集會。該郡的皇家軍事首長(Lord-Lieutenant)費茲威廉伯爵，收到各式各樣的報告。在一次這樣的集會上，主席呼籲眾人找出降低糧食價格的最佳方法，一名間諜在會中聽見有人談及長矛和其他武器；當有人認出這名間諜時，他立刻被眾人攆出。人民紛紛加入各個祕密會社，並鄭重立下盟誓：「當時有一種組織系統正在進行——祕密委員會——並已備好作戰武器。」雪菲爾附近經常舉行集會——

晚上十點鐘——一個頭戴面具的演說者慷慨激昂地對著民眾發言——他藉著燭光朗讀由遠處祕密協會傳來的信件，並在唸完之後立刻燒毀。

---

[2] H.O. 65. 1; J. Ashton, *Dawn of the 19th Century in England* (1906), p. 19; D. V. Erdman, *Blake, Prophet against Empire*, pp. 317-19; Hammonds, *The Town Labourer*, p. 291.

[*1] 按：參見第三章，頁 69。

無法向駐守在場外那圈哨兵說出暗語的人，就進不了會場[3]。

到了 1801 年 3 月，警報已散布到里茲和哈得茲菲。治安法官害怕「下層階級正在密謀造反」。有些人「到處奔走，想要遊說人民宣誓加入支持管制並降低所有生活必需品之價格的行列」。一封由兩位蘭開郡治安法官署名的來信稱，某種包括了約克郡、伯明罕、布里斯托和倫敦「代表」(agents)的會議，已經在 1 月間於愛西頓附近召開。同一時間，禁止煽動叛亂集會的皮特雙法案(1795 年通過)和人身保護令的暫時中止，均因屆期而告作廢。雖然個別團體之間任何形式的有組織通訊仍屬非法，但在技術層面上，召開公共集會再次成為人民的合法權益。短短幾個星期，各種抗議集會——通常是以手寫傳單發布——便在多個相距遙遠的地方各自展開。單是約克郡，召開集會的地方就包括雪菲爾、韋克菲耳、杜斯伯里和賓利(Bingley)。在賓利，號召大夥出席「自由之友協會」示威的傳單，在 4 月初祕密塞進各家門縫以及市場貨攤。這次集會的目的，是要以示威行動來反對高得離譜的糧食價格，「揭露世襲政府的欺瞞行徑和各種面目，減輕賦稅壓力，提出教養無助幼兒並給年老受苦者舒適供養的計畫……消除可怕的戰爭」：

> 你甘心讓自己受到一大群唯利是圖的傭工、政府的皮條客、穀物商人、官老爺、食祿者和寄生蟲的壓榨嗎？你甘心讓自己因為沒有麵包而挨餓嗎？別讓他們多活一天，我們是至高無上的統治者……把憲法從它的藏身之處拖出來——把它打開公諸

---

[3] Fitzwilliam Papers, F.44 (d), (e).

在大眾面前——讓這個世界撥亂反正……[4]

下院的一個祕密委員會報告說：「我們似乎正置身騷亂，突然有無數場集會將在同一天於全國各個不同地區同時召開，如果不設法加以制止，必定會危及到社會安寧。」到了 4 月底，政府重新制定煽動集會法案 (Seditious Meetings Act)，並將人身保護令的中止期限延長一年。

騷動再次轉入地下。我們也再次試圖在西來丁追蹤它的歷史。1801 年的整個夏天，集會持續舉行，主要是在夜晚；巴特雷、奧塞特 (Ossett) 和薩多渥斯也加入集會中心的行列。1801 年 7 月在哈里法克斯，似乎有某種代表委員會正在召開，出席的有來自紡織業市鎮的代表和一名來自雪菲爾的演說者。會中曾談及是否要宣誓加入或「搓進」(twisting-in) 聯合不列顛人或聯合愛爾蘭人，它們的主要活動中心可能是在本寧山另一側的博爾頓。所有參加的人，都得對下面這三個問題表示肯定的答案：(1)他們願意徹底改變這個制度嗎？ (2)他們願意為了後世子孫的自由而冒險犯難嗎？ (3)「你願意盡己所能地在自由的朋友之間創造義、誼、愛的精神，並利用一切機會取得政治情報嗎……?」8 月間有另一次代表會議的報導從里茲傳來，根據一位治安法官的說法，會議在做出下面這項決議之後宣布休會：「在法國人登陸之前，將不再有開會的必要。」一位韋克菲耳的治安法官同意說：「……他們的目的是——革命，這些不滿分子將起義的希望完全寄託在敵人對這個國家的入侵。」[5]

---

4 Ibid., F.45 (a).

5 Ibid., F.45 (a), (d).

如今集會的擴散程度已大到連《里茲信使報》都開始投以關注。這家報紙的編輯貝恩斯曾經是普雷斯頓某個「雅各賓」俱樂部的幹事，只不過現在「為了政治上的目的」，急切想和「所有的祕密會社」撇清關係。該報的社論指出：在午夜舉行政治集會的做法，已變成「家常便飯」。有充分的理由可以認定這些集會的動機是為了「圖謀不軌」，並有若干跡象可以懷疑它們與法國暗通聲息。他指控改革者像是「無法無天的土匪般縮進藏身洞裡」。貝恩斯的說法引來福勞爾的強硬回覆，福氏的《劍橋情報員》(和蒙哥馬利的《雪菲爾彩虹女神》)是最後幾份勉強存活到十九世紀末葉的外郡改革報刊。1800 年11 月，福勞爾發出一份全面呼籲，要求發起一場追求和平的公開示威。他說，人們「已意識並感覺到戰爭及稅收帶來的效應，正是讓所有消費商品的價格高漲」。這次，福勞爾指控貝恩斯是個「趨炎附勢的傢伙」，附和「教會和國王」的宣傳家，故意用「與法國暗通聲息」這樣的誹謗文字來抹黑改革者(他們除了祕密集會之外別無他途)，並安慰——

> 那個腐敗和行為不檢的制度，它已踩躪了大半的歐洲、謀殺了成百萬的人類、剝奪了英國人民最可貴的權利，並將這個王國帶到毀滅邊緣。

福勞爾等人代表的是舊式的潘恩派激進主義(他們不怕遭到檢舉，也敢冒險在不滿的群眾中發起騷亂)，貝恩斯具現的則是強調謹慎「合憲」的輝格派激進主義，這兩個派別的敵視決裂，將隨著十九世紀的推進而日漸重要[6]。

當和平草案在 10 月間獲得批准之後，整個局勢似乎鬆緩了下

來，公眾也流露出無比的喜樂。可是到了 1801-02 年的那個冬天，有關西來丁地區的「夜間」集會以及抗議麥芽稅、窗稅和自由權遭到限制的報告又再度出籠。雖然和平在 1802 年 3 月正式降臨，但是夜間集會卻不曾停止，儘管治安法官用盡一切努力，還是無法確認出任何一位領袖人物。里茲市長在 1802 年 8 月寫給費茲威廉伯爵的一封信函，為這類集會提供了最詳盡的記載：

關於夜間集會，它們依然持續進行，只不過在舉行之前外人永遠無法得知集會地點。星期五夜間或接近午夜的時候，有一場集會在距里茲大約六哩，離伯斯托約兩哩的狹谷裡舉行，該地距任何公路都有一段路程。一位非常誠實的人士向我保證他曾企圖混進去，但卻發現場地四周的一段距離之內布滿了斥候，最外圈的斥候向他走來，目的是把他引到別的方向。就在他堅持不肯離去之際，他發現另一支不規則移動的斥候，他們問他是幹什麼的，並在他繼續朝「黑燈」(Black Lamp)走去的時候，有人吹了聲口哨，他還聽到一些交談的聲音，讓他徹底打消了繼續前進的念頭。他很清楚地記得他在路上無意中聽到，某些被他們稱為紳士的特殊人物應該會出席，但是卻還沒抵達……

從另一個我信得過的消息來源，我得知委員會正在組成「黑燈」，「黑燈」可望於星期五晚上由大約二百名委員組成，包括那些曾與另外九個組織討論過這個目標、並讓他們全都宣誓加入的委員，這九個組織當中的每一個又基於同樣的理由另行變

---

6 *Leeds Mercury*, 1 August, 1801; E. Baines, *Life of Edward Baines* (1851), p. 51; *Cambridge Intelligencer*, 15 November 1800, 8 August 1801.

成一個委員會成員，如此這般無窮推衍。「廢除一切賦税和享有充分權利」是這些領袖揭櫫的目標，也是促使他們團結的黏合劑。「在聖誕節之前他們應該可以完成他們的目標，叛亂將會在某個夜晚從四面八方同時掀起。」[7]

不論這是個什麼樣的組織，它肯定是有辦法取得印刷機。1802年6月，西來丁的一位治安法官送了一份小八頁的「致聯合不列顛人書」到內政部。其中宣稱，要以「情義之鏈」將所有企圖推翻國家壓迫者的人士連成一氣：

> 一個智慧民族的獨立**自由**，卻被他們視之為**叛國**，因為他們害怕正義的制裁會降臨到他們的有罪之身……[8]

這年秋天，兩名雪菲爾男子李伊（William Lee）和朗克斯萊（William Ronkesley），因為替人執行祕密宣誓而接受審判。據說在1801年10月到1802年8月間，他倆一直是某個祕密會社的成員，這個會社在雪菲爾擁有一千名會員，曾經製造槍矛並擁有祕密的兵械庫。該組織是由「執政和指揮」（Directors & Conductors）負責統率，在夜間操練會員。該會的宗旨不明，但是（里茲市長寫信告訴費茲威廉）「他們在貧民之間傳播一項觀念——他們**不應**繳納任何賦税……有數以千計的人們秉持著他們的祕密信念，滿懷希望地認為時機已然成

---

7 H.O. 42.66，全部刊於 Aspinall, *Early English Trade Unions*, pp. 52-3。原出處為 Fitzwilliam Papers, F.45 (d)。

8 R. Walker, to H.O. 28 June 1802 (enclosure), H.O. 42.64.

熟」[9]。李伊和朗克斯萊最後被判處七年流刑[10]。

11 月間，德斯巴德和他的同僚在倫敦被捕。12 月，有更多的報告指出雪菲爾正在進行軍事準備。甚至到了 1803 年 8 月，還有一位線民告訴費茲威廉：立誓結盟和製造槍矛的活動仍持續進行。儘管費茲威廉生性猜疑，但他還是去函國務大臣，表示：祕密組織「已經滲透到這個國家製造業地區的大半人口當中」。「爲數龐大的陸軍和民兵都已立下盟誓」，這些盟誓就和德斯巴德事件中的情形一模一樣。各地區之間有特使往來傳訊，他們「很少立下書面文字，就算有，也是在看完之後立時銷毀」。「領導人從不在自己居住的城鎮聚會，如果有事需要研商，他們會選一個離家有段距離的地方。」[11] 自此以後，「黑燈」似乎是熄滅了。

在這同一段時間，也有許多類似的報告從蘭開郡南部和密德蘭的部分地區傳來。顯然當時有某種地下組織存在，致力於將對高漲物價和糧食短缺的不滿，導向革命一途。由於證據的數量實在太多，而其來源又太過分散，我們無法贊同那種已獲接受的歷史虛構說，亦即認爲所謂的「叛亂」根本是子虛烏有，完全是閣員、治安法官和間諜想像出來的。不過在這一點上，資料終究是晦澀不明。「聯合不列顚人」這個組織，眞的有任何**全國性**的規模嗎？德斯巴德上校跟它有沒有關聯，跟蘭開郡和西來丁的地下組織有沒有牽扯？他們

---

9 J. Dixon, 17 July 1802; W. Cookson, 27 July 1802; J. Lowe, 3 December 1802: all in Fitzwilliam Papers, F.45(d).

10 L. T. Rede, *York Castle in the Nineteenth Century*, pp. 198-201.

11 Fitzwilliam Papers, F.45 (e). 費茲威廉補充說：這位線民是「個穩健勤勉之人，不算年輕，我看不出有什麼理由要懷疑這項消息是一個喋喋不休者的輕率閒語……」。

和法國以及都柏林的艾米特(Robert Emmet)＊2 有聯繫嗎？地下活動在 1802 年後還持續存在嗎？

雖然德斯巴德的審判曾引發諸多聯想，但眞正揭露的事實卻非常有限。德斯巴德上校(1751-1803)出身愛爾蘭地主家庭，曾經創下輝煌的軍事戰績。在審訊中爲辯方作證的納爾遜表示：「我們一塊去到西班牙大陸，許多個夜晚我們一同和衣睡在地上；我們曾一塊翻越敵人的高牆。在那整段期間⋯⋯沒有人比德斯巴德上校更熱忱地擁戴他的國王和國家。」12 納爾遜十分敬重這位袍澤，相信他可以爬升到最顯赫的軍職。不過這已是陳年往事，自 1780 年後，他二人從未曾謀面。自 1772 年起，德斯巴德接連在西印度群島和英屬宏都拉斯服役，一直到 1790 年以半薪受召回國爲止。他似乎是那個時代非常典型的一名軍官，既沒有足夠的財富也沒有足夠的影響力可以出人頭地，升遷無門，經常被與朝廷有關係的傻瓜後來居上，動不動就被競爭對手指控爲行爲不檢，在權力的通道上枯候多年13。我們可以看出在德斯巴德心中，混合有身爲現役軍官的私人委屈以及對政治腐敗僞善的公眾憎惡——這種情感的混合，正是促使柯克蘭勳爵變成一名激進分子的原因。

但是德斯巴德同時也是一名愛爾蘭人，而且在 1796 或 1797 年，

＊2 按：艾米特(1778-1803)，愛爾蘭愛國主義者，聯合愛爾蘭人組織的一員，曾在 1798 到 1803 年間於都柏林發起多次叛變，並於 1803 年的叛變失敗之後，被捕處死。

12 Cf. *London Gazette*, 18 July 1780. 「幾乎沒有一槍不是納爾遜上尉或德斯巴德中尉所發⋯⋯」

13 關於德斯巴德的早年生涯，參見 Sir Charles Oman, *The Unfortunate Colonel Despard* (1922); J. Bannantine, *Memoirs of E. M. Despard* (1799)。

他已因為一心想要完成愛爾蘭獨立的目標，而同時加入倫敦通訊協會的委員會，以及聯合愛爾蘭人和聯合英格蘭人那個更為隱密的圈子。他是曾與奧柯格雷在福尼華酒窖進行接觸的小組成員之一[14]。1798 年早期，樞密院接獲許多有關他的活動的報告，說他正在籌組一個地下軍事組織，該組織奇異地混合了伊莉沙白時代軍事冒險者的行徑，與十九世紀革命分子的作風。雖然這個組織的目的是雅各賓式的，但是德斯巴德卻承諾每個為他做事的人，一旦成功必將賜予高官厚祿。他在 1798 到 1800 年這段人身保護令中止期間被捕下獄，這個案子並成為柏戴特爵士和倫敦群眾「打倒巴士底」騷動中的一項重要訴求。當他在 1800 年獲釋之後，似乎旋即又開始著手籌組革命軍。

1802 年 11 月的最後一個星期，他和大約四十名工人及士兵，同時在藍貝斯(Lambeth，按：倫敦泰晤士河南岸一區，與國會大廈隔河相對)的「歐克雷盾徽」(Oakley Arms) 酒吧被捕。有些事蹟在他的審訊中獲得證實。德斯巴德和他的一些同志曾在前幾個月馬不停蹄地穿梭於倫敦工人階級的酒館之間，趕赴一場接一場的集會——紐英頓區(Newington)的「飛馬」，白禮拜堂區的「雙鐘」和「馬車與馬匹」，乾草市場(Haymarket)的「火腿與風車」，以及聖蓋爾斯教堂區的「棕熊」和「黑馬」，以及哈騰園(Hatton Gardon)的「淌血的心」。在這些酒館進行聚會的包括勞工和士兵，其中有相當高比例的愛爾蘭人。確實有某種雅各賓密謀正在激盪當中。

但是對於出現在德斯巴德的審判會上以及當時報刊上的其他事實，卻必須以更批判性的角度進行觀察。譬如，據說駐守在查山和

14 參見上文，頁 226-9。

倫敦兵營的雅各賓近衛兵，已經吸收了相當數量的徒眾，他們已藉
由祕密盟誓成爲這項陰謀的一分子。在囚犯身上搜到的文件上面，
寫有該會社的「憲法」：

> 大不列顛和愛爾蘭的獨立——公民、政治和宗教權利的平等
> 化——在戰鬥中死亡的英雄，其家人應得到完善的供養。
> 慷慨地獎賞傑出功績——這些是我們的奮鬥目標，爲了達到
> 這些目標，我們立誓團結。[15]

他們邀請士兵加入這個「憲法協會」，共同「作戰並打斷奴役的鎖鏈」。
(據說)這個組織單是在南華克便有不下於七個分部和八個次分部，
在倫敦市、瑪麗勒朋、史匹塔菲和黑牆區(Blackwall)還有許多分部，
其成員主要是些「按日計酬的苦力、職工、一般士兵」、解甲水手，
和愛爾蘭碼頭工人。它是一種半軍事性的組織，「每十個人組成一連，
當他們招募到第十一個人，那個人就成爲新連隊的指揮」。每個連由
一名「上尉」指揮，每五個連構成一個「副分部」，由一名「上校」
領導。不過，如果說這是一套經過認可的模型，那麼它的施行成效
似乎不太普遍。一個目擊者表示，德斯巴德說過：

> 在倫敦成立一個正規組織對我們而言相當危險，因爲它處於
> 政府的監視之下；但是在鄉間地區成立一個正規組織卻是必須
> 的，而且我相信是普遍存在的⋯⋯

---

[15] 該文件在 1802 年發現於約克郡。Fitzwilliam Papers, F.45 (d).

這樣的組織在倫敦是「一種精神上的不可能」。但是他提到里茲、雪菲爾、伯明罕、曼徹斯特和查山，說這些地方是有這類組織存在的「鄉間」中心，並表示應該與它們保持聯絡。

審判會上還提出更進一步的指控。德斯巴德上校和他的革命軍被控正在準備一場即將發動的**政變**。屆時，他們將突襲倫敦塔和英格蘭銀行，從內部佔領兵營，打開監獄大門，暗殺國王或將他下獄。有人指稱德斯巴德曾經說過：「我會在心中衡量每一件事，天知道，我的心是冷酷無情的。」密謀分子把內閣喚做「吃人者」（the Man Eaters）。圍攻倫敦塔或捉走國王人馬，是通知倫敦群眾起事的信號；而郵車（全都是從倫敦的一個中心點——皮卡第圓環——出發）「遭到阻擋，則是告知鄉間居民他們已在城裡發動叛變的信號」。

我們沒有真憑實據可以指出德斯巴德遭到起訴一事根本是「蓄意誣陷」，不過當時人普遍相信他是無辜的[16]，而且這種說法在輝格黨裡一直相沿不絕。誠然，國王方面的證人名聲很差——尤其是前雅各賓製錶匠安布林（John Emblin）和一名近衛兵，這兩個人都倒戈到國王那邊，而且那名近衛兵還做出置他親兄弟於死地的證詞。確實，許多有關陸軍密謀的證據都只間接牽涉到德斯巴德，它們的發生若不是與他無關，就是遭他反對。而那些繪聲繪影的暗殺國王與攻佔倫敦塔等意圖，則很可能是為了這場審判刻意捏造的。可是另一方面，德斯巴德和他的律師都沒有對那些經常在倫敦的隱匿酒館

---

16 請參考 C. F. Mortimer, *A Christian Effort to Exalt the Goodness of the Divine Majesty, even in a Memento, on Edward Marcus Despard, Esq. And Six Other Citizens, undoubtedly now with God in Glory* (1803)；該書引用馬太福音第二十八章第十二節的句子：「就拿許多銀錢給兵丁。」

裡舉行的集會，提出任何解釋——像德斯巴德這樣的上流士紳，不大可能是這類酒店的顧客。一直要到死刑定讞之後，德斯巴德才打破他在自己及其密謀夥伴的審訊中一直保持的緘默立場。他的話像是某種告誡：

> 閣下責難我引誘這些人；但是我看不出在審判會上所提出的任何事件或任何用來加罪於我的證據，能夠證明我確實引誘了這些人。

根據當時的情形，這段話只能被解讀成：德斯巴德承認確實有陰謀存在，但並不是由他發動的，他只是被別人拖了進去，至於那個人是誰，他仍保持忠誠的緘默。

「德斯巴德上校，」普雷斯(他和德斯巴德曾是倫敦通訊協會委員會的同志)在三十年後為一份手稿做註時寫道，「他……是一位極其溫和的紳士型人物——一個心地異常善良的人士。」「演說家」杭特——他最早接觸到雅各賓觀念，就是在他(監禁於高等法院監獄期間)遇到德斯巴德的時候——也以類似的語氣寫道：「一個溫和的紳士型人物。」我們必須要接受下面這些常見的說法嗎？比方說他的徒眾都是些「渺小之輩」？或是「除非他頭腦不清，否則根本無法解釋這項密謀計畫怎麼會這般愚蠢」[17]？1798 年的愛爾蘭情勢，足以擾亂任何一個愛爾蘭愛國者的心情。如果我們(可以合理的)假設德斯巴德和他的圈子曾經一度和倫敦通訊協會以及英國的「聯合愛爾蘭

---

17 See Cole and Postgate, *The Common People*, p. 163; H. W. C. Davis, *The Age of Grey and Peel*, p. 95.

人」有所接觸[18]，而且他們和諸如約克郡的「黑燈」這類組織之間確實有某種鬆散的關聯[19]，那麼這次密謀可就茲事體大。此外，海軍艦隊的兵變事件也提醒我們，陸軍裡面出現一個革命組織，絕不是什麼不可思議的事。陸軍內部的委屈沸騰程度，並不下於海軍。他們對薪餉、食物和住宿，對家人照料、紀律和鞭笞，都有滿腹委屈。士兵——其中包括許多愛爾蘭人——獲准在夜間穿著便服外出，也可以在倫敦的酒館裡與勞工和工匠廝混。當時軍中幾乎沒有什麼安全措施，雅各賓的密探很容易就可以混進兵營裡的士兵宿舍——班福和米契爾(Mitchell)就曾在1817年這麼做過[20]。就我們現在的想法，一個近衛軍第一團的近衛兵應該不大可能會把他的兒子取名為「波拿巴」(按：此為拿破崙的姓氏)，但是德斯巴德的一位同事正是如此。國王方面聲稱，近衛軍第三營有超過二百名士兵，第一營也有三十到四十名士兵牽涉到這次密謀，這種說法可能太過牽強，但是與德斯巴德同時受審並同遭處決的六名受害人，的確都是近衛兵，而這個例子也說明了政府確實為了這項陰謀的牽涉範圍憂心不已。

在我們綜觀了各種證據之後，我們必須把德斯巴德事件看成是

---

18 至少有另外一名密謀者潘錐爾(Charles Pendrill)是倫敦通訊協會的領導成員。他曾在1798到1800年間與賓斯一同囚禁於格洛斯特監獄，他是一名住在倫敦圖里街(Tooley Street)的鞋匠職工。雖然他在審判中名列密謀分子的首腦之一，但是在德斯巴德及其同志遭到處決之後的大赦中，他卻獲得釋放。不過在1817年，他又以類似的密謀者身分重新現身。參見頁919-20。

19 1801年時，有數名聯合英格蘭人的成員在博爾頓被捕，其中一名——卡蘭特(Callant)——稍後因「唆使士兵謀叛」的罪名遭到處決。參見 W. Brimelaw, *Political History of Bolton* (1882), I, p. 14; G. C. Miller, op. cit. p. 404。

20 參見下文，頁917。

英國政治史上一件具有實質重要性的事故。它將愛爾蘭民族主義分子的奮鬥(德斯巴德與艾米特有過某些接觸)與倫敦勞工和英格蘭北部的修絨工與織工的委屈,繫聯在一起。它是 1790 年代舊雅各賓主義的最後迸發,並和德斯巴德一同遭受到最嚴重的失敗。這個事件似乎讓政府的「緊急」政策和中止民眾自由權的做法,變得合理而正當。在加圖街密謀事件(1820 年)發生之前,這一直是倫敦一些小團體的奮鬥目標,而以扣留郵車做為全面起義之信號的觀念,在憲章運動時期又再次出現。

德斯巴德把他的大部分祕密都帶進墳墓。就算如他所言,他不曾計畫暗殺國王和內閣,那麼他也沒有為其祕密會社的目標提供進一步解釋。有種說法指出,他曾在斷頭台上表示:

> 我知道,基於我長久以來對內閣大臣們的血腥、殘暴、威壓和違憲措施的敵視,他們已決定在他們很高興地稱之為合法的藉口下犧牲我……我祝你們,我的同胞,健康、快樂和富裕;雖然我將活不到人民福祉發生神聖轉變的那天,但是請放心,公民們,那一天**很快**就將到來,自由的光榮目標將贏得徹底勝利……

就算德斯巴德真的沒有和這件存在於近衛軍之間的陰謀計畫有所串通,想要在道義上為他辯護似乎也不太可能,因為如此一來將會牽連到其他人。不過檢方的處理也相當低調,他們把這個案子局限在某些明白可證的行為上頭,並聲稱他們手上握有來自線民的進一步資料,這些線民不會在審判會上曝光,「為了政府日後的安全……他們還不能被人懷疑」。這場審判開始之際,英國與法國仍處於

和平階段，因此有謠傳指出，法國人參與密謀的證據被壓了下來。
《晨郵報》宣稱：德斯巴德「深深同意——

> 革命的實現靠的並不是廣大的同盟……而是一小群鋌而走險
> 的志士，在這些人揮出雷霆萬鈞的一擊，例如暗殺國王，並讓
> 全城陷入驚恐之後，便可找到數以千計的支持者。

「貧民……相信他是一位烈士。」「讓德斯巴德的無頭屍體走進每一
家酒館，爲我們帶來上百倍的來歸者……」[21]

二、幽暗社會

有好些年，《晨郵報》的警告看起來似乎是有點危言聳聽。一直
要到 1811 年，地下活動才再次浮出檯面，而且這次是採取了工業衝
突的暴力形式——搗毀機器運動(Luddism)。搗毀機器分子的攻擊
行爲乃限定於特殊的工業目標：例如破壞動力織布機(蘭開郡)和剪

---

[21] 以上有關德斯巴德的敘述，係根據：J. H. Gurney, *The Trial of Edward Marcus Despard* (1803), esp. pp. 33, 36, 44-5, 72-3, 79, 115, 127, 137, 174, 269; T. S. 11.332; T. S. 11.333; "Narrative of John Oxlade" (annotated by Place) in Add. MSS. 27809; *Leeds Mercury*, 27 November 1802; *Morning Post*, 22 February 1803; State Trials at Large, *The Whole Proceedings at the Trials of Colonel Despard* (1803), p. 78。十五年後，間諜奧利佛曾就他與主要密謀者之一的潘錐爾的一次談話內容，報告如下：「他承認士兵們與這個事件的關係非常密切而且重要。」曾有一次，有兩百名士兵集合在倫敦塔附近的房舍中，企圖發動政變，而且潘錐爾「似乎信心滿滿地認爲他們可輕易拿下倫敦塔，並相信士兵們會立刻棄守，因爲他們正是爲了這個『目的』而集結的，沒想到最後到場的人數遠不如預期。」Narrative of Oliver, in H.O. 40.9.

絨架(約克郡)，或是捍衛密德蘭框架織襪工業的傳統不受破壞。我
們還需要為了解釋他們的行為，而對最直接的經濟和工業委屈進行
任何更深入的檢視嗎？

我們將提出一個不同的答案。但是不管想提出任何答案，歷史
學家都得面對資料詮釋的困難，而且這些資料還非解釋不可。因為
從 1790 年代一直到 1820 年，這類資料往往都深受黨派偏見的蒙蔽。

首先，是政府當局有意識的曲解。從皮特到西德茂斯，政府遵
循的是同一套政策，亦即不忠不滿者必須加以圈圍和孤立，為了達
到這個目的，可以為它扣上涉嫌與親拿破崙人士共謀串通或(1815
年後)意圖從事顛覆叛亂的大帽子。接連成立的國會祕密委員會
(1801、1812、1817)，相繼針對叛亂組織網絡提出許多駭人聽聞且
未經證實的報告。就某方面而言，政府需要謀叛者，如此才能為其
持續推行禁止全國性人民組織的高壓立法，找到合理的藉口。

但是，這種把所有改革者一律當成法國特務或陰謀叛變者的迷
思，卻啟動了一種古怪的邏輯。它不僅意味著改革者必然會被迫採
取祕密隱匿的活動形式。它同時意味了，為了要識破這些形式，官
方不得不僱用在以往任何時期從不曾見過的大規模間諜或線民。間
諜和臥底教唆者(agent provocateur)之間的界線並不是非常清楚。線
民的酬勞是按件計算；他的報告內容越是驚人，收入也就越豐厚。
不管是多麼荒誕不經的消息，都可能得到傳播上述迷思的有司百官
的熱切接受。到了某個階段，我們已經無法知道他們究竟被自己的
線民捏造出來的陰謀欺騙到什麼程度。為了孤立和恐嚇可能的革命
分子，有可能會採用蓄意挑釁的政策。就這點而言，正是皮特鎮壓
通訊協會的政策，觸動了導致間諜奧利佛事件和 1817 年潘垂吉起義
的思考邏輯。我們在這段期間看到一種非常可鄙的偽證、恫嚇和雙

面諜的模式，我們很可能會遺憾這個邏輯沒有盡全力地達到它理應達到的結果。如果加圖街的密謀者真的完成其暗殺內閣的目標，那麼殺死這個內閣的密謀者，正是他們自己的壓迫政策孕育出來的，並由他們自己的間諜提供武器。

因此，政府方面在 1798 到 1820 年間所提出的有關地下陰謀組織的種種證據，不但頗堪質疑而且往往毫無價值。這的確是當時的改革者所採取的主要反擊路線，包括柏戴特和懷特布瑞。在 1817 年那個充滿戲劇性的時刻，修斯伯里(Shrewsbury)所選出的國會議員班耐特，把祕密委員會的報告使勁摔到下院的地板上，聲稱它是對全民的誹謗，是一堆垃圾，「我想唯一適合它的，就是被踩碎在我的腳底」。自來的歷史學家大多都採取同樣的看法，不論他們是基於對證據法則所抱持的審慎態度，或是對改革者的同情，還是如同晚近的歷史學家，是出於一種冷靜的傲慢，認為所有立場堅定的革命行動都是非英國的。為了反駁這種雅各賓或史班斯式的陰謀虛構說，他們乃大力宣揚英式「憲制主義」(constitutionalism)的反迷思，並且萬分倚重另一個主要的資料來源，也就是由普雷斯所收集的各種檔案(手稿、回憶錄、宣傳小冊、剪報等等)。

這些檔案的確是無價之寶。但普雷斯本人絕不是那個神話虛構出來的人物——「客觀觀察家」。他的黨派立場鮮明，和這段期間(1806-32)鬧得不可開交的激進派內鬨牽連甚深，並對他的對手相當不屑——他認為柯貝特不過是個「沒有原則的懦弱土霸」，「演說家」杭特則是個「輕率、衝動和粗俗」的傢伙。他可說是功利主義者的官派調查員，專門探查工人階級問題的種種實情，在他撰寫回憶錄時，他急切地想要強調溫和主義者的貢獻，並貶低「暴民鼓動者」的重要性。此外，他對前進派的改革者深表疑懼。他曾在 1810 年擔

任孔柏蘭公爵(Duke of Cumberland)涉嫌謀殺其僕從一案的陪審團主席，該陪審團在罪證確鑿的情況下，無罪開釋了那位極不受人歡迎的公爵；很多人知道他和一些被激進派視爲討厭分子的人物密切交往；而柏戴特和杭特更是曾經公開指控他是「間諜」。這項指控當然是過於荒唐，間諜絕對是更爲卑鄙的一個等級。不過在另一方面，自從 1810 年後，普雷斯便對憲制改革的必然性抱持深信不疑的態度，只要他握有叛亂陰謀的證據，他一定會交給有關當局。因此，在我們使用普雷斯的檔案資料時，我們必須牢記：儘管他的身分背景有利於收集到大都會的改革運動和一些比較「高尚的」工會和行業俱樂部的資訊，但是在某些方面他所能得到的資訊就和官方同樣簡略：他對密德蘭和北方的情形所知有限，對非法工會組織也認識不多，就算當時眞的有任何重大的地下政治活動存在，其組織人也絕不會把他們的祕密告訴普雷斯[22]。

這就把我們帶到問題的核心所在。因爲這些資料之所以晦暗不明的第三大原因，正是工人階級**故意**讓它如此。說「故意」(intention)是太過理性了。在當時的英格蘭，事實上存在著兩種文化。在工業革命的心臟地帶，新的制度、新的態度和新的社群模式都正在浮現當中，它們的設計似乎是有意無意地爲了抗拒治安法官、雇主、教區牧師或間諜的侵犯干擾。這種新形態的團結不僅是團結**安內**，同時也團結**抗外**。對官方而言，單是如何取得「任何」可靠的資訊，就佔了他們問題的三分之二。治安法官如果從他的駐所騎馬行經大約數百碼長的擁擠街坊，他會發現街坊上的鄰人完全把他當成充滿

---

22 Add. MSS. 27809, ff. 16, 17. See also W. E. S. Thomas, "Francis Place and Working Class History", *Hist. Journal* (1962), p. 61.

敵意的外人。他們想要找到工會的會館所在，簡直比皮薩羅(Francisco Pizzarro)*3 那幫海盜想要在祕魯的村落裡找到金聖杯還要困難。

因此，內政部的記錄(我們主要的第一手資料)經常讓人讀起來像是墜入五里霧中。治安法官和軍事指揮官往往就像是一無所知的觀光客，只能任憑他們的線民帶路。對一個從來不曾想過喪葬費用對於窮人是多麼大的一筆開銷的人來說，互助會的確滿像個叛亂引擎。夸夸其談的田野宣道師也挺像是德斯巴德的密探。雇主希望能用雅各賓的故事把治安法官嚇得半死，以確保他們會對工會分子採取嚴厲的政策。治安法官緊抓住從線民(受雇或匿名)以及像是酒吧老闆、旅行推銷員和士兵這類雜七雜八的中間人那裡所得到的零星消息。我們在記錄中看到，有個人把當天早上從理髮師那裡聽來的八卦鄭重其事地報告給西來丁的皇家軍事首長。還有一項記錄是寄自 1802 年的巴恩斯來，信中寫道：「那些婦女聚在一起竊竊私語。她們都在期盼著一件她們也不太清楚的事情發生。」我們還看到一封循道宗牧師寫給波特蘭公爵的信件，主要是向公爵報告 1801 年在博爾頓舉行的革命分子「大會師」——這個故事是從一位「可信的朋友」那兒聽來的，他則是從雪菲爾一個小禮拜堂的「循道宗唱詩班班長」那兒聽到的，而這個班長又是從另外某個人那兒聽來的23。

這樣的謠言當然是不具價值。不過在此我們必須更仔細地研究

---

*3 按：皮薩羅(1475-1541)，西班牙軍人，曾征服祕魯的印加帝國。

23 Fitzwilliam Papers, F.44 (a), 45 (d); R. F. Wearmouth, *Methodism and the Working-Class Movements of England, 1800-1850*, p. 60. 比較 1795 年 12 月 20 日艾布迪(T. A. Abdy)致波特蘭公爵函，艾氏在函中傳遞的消息是得自「我自己的獵場看守人，他的身分地位可比身為治安法官的我，更容易取得資訊……」(H.O. 42.37)

一下線民這個角色。英國人喜歡自我陶醉地相信，雇用間諜進行國內偵防的行為是非英國的，是屬於「歐陸的間諜系統」。然而事實上，它卻是英國的警察操作和治國權術的一個古老成分。它存在的時間遠早於馬洛(Christopher Marlowe)*4被網羅到這行之前；而為了對抗天主教徒、共和政體和詹姆士二世黨人的間諜與反間諜活動，更是一直延續到十八世紀。不過刑事作業之所以長期倚賴間諜線民(尤以 1780 到 1830 這五十年間擴散得最為嚴重)，則是基於完全不同的原因。正規警力的嚴重不足，導致了「按結果計酬」的制度，或根據不同的量刑結果而給與不等酬勞(或所謂的泰伯恩票〔Tyburn tickets〕*5)的做法。而這個制度，又衍生出一種令人厭惡的中間人，他們藉由揭發犯罪行為而獲利，但這些犯罪行為卻是他們刻意誇大甚至是刻意製造的。我們已經在十九世紀早期一些純粹的刑事案件中看到這類駭人的誘人犯罪事例，其他未經察覺的例子肯定不在少數。政府用追捕其他犯罪團體的方式追捕搗毀機器運動者，以巨額的獎金懸賞給那些能夠提供定罪消息的人士。有人懷疑那位聲名狼藉的曼徹斯特副警官那丁，就曾靠著販售營私舞弊得來的泰伯恩票牟利。1817 年，英格蘭銀行檢舉了一百二十四個製作偽鈔或散發偽鈔的不法者，而激進派的報紙則揭露了許多賺血腥錢的線民將偽鈔

---

*4 按：馬洛(1564-93)，英國詩人及劇作家，是莎士比亞之前英國文壇首屈一指的悲劇作家。馬洛的一生曾激起人們的無限揣測，有些文件顯示，馬洛乃受雇於政府的情治單位，在他於倫敦某酒館遭人殺害之前，他曾在那兒和從事間諜活動的人密談了幾個小時。

*5 按：泰伯恩票是頒授給讓重刑犯得以定罪的有功人士，持有該票者可以免除在犯罪發生之教區從事地方性的義務勞役。

「栽」在無辜受害人身上，然後領取他們的定罪獎金[24]。

因此，不管是政治與刑事傳統都認可雇用間諜的做法，特別是在 1798 年後，這項做法更受到愛爾蘭「綏靖」(pacification)經驗的強化。但是如此雇用而來的間諜，其素質相當參差不齊。有少數案例，例如在處理激進派政治運動的時候，官方或許可以選派一些有能力且受過訓練的人士到這類運動裡面臥底：「公民葛洛福斯」就是這樣一號人物，他在 1794 年成功滲透到倫敦通訊協會的核心圈。但是絕大多數的線民，基本上更屬於為「血腥錢」賣命的傳統。最近有些人企圖洗刷長久以來加諸在奧利佛這類人物身上的污名，認為他們是憑著自己的良知在執行一項危險但光榮的「偵探」(detective)任務。然而這卻是一種時代錯置的說法[25]。這種對間諜的看法在戰爭期間很可能是正確的，甚至是在內戰期間，但卻完全不適用於皮特或西德茂斯對抗改革者的這場勢力懸殊的戰爭。再者，這樣的線民大致可分成兩類。第一類是曾經在某件事上觸犯到官府，他們之所以接下這項工作，是為了免於被起訴(或得以從監獄中獲釋)。官方最喜歡徵召這類間諜的地方，是欠債者監獄。十九世紀初年，有一個特別齷齪的線民，就是經由上述管道徵召而來，他的名字叫做巴羅(Barlow)。巴羅經常在曼徹斯特和雪菲爾的酒館裡吃喝玩樂(企圖

---

[24] 關於犯罪情報的整個系統及其濫用情形，參見 L. Radzinowicz, op. cit., I. pp. 333 ff; Southey, *Letters from England* (1808, 2nd edn.), I, p. 173; Hazlitt, "On the Spy System", *Works*, VII, pp. 208 ff. 關於那丁，參見 D. Read, *Peterloo* (Manchester, 1957), p. 65。關於偽鈔，參見 *Black Dwarf*, 1816-18, *passim*; *Duckett's Dispatch*, 9 February 1818; H. Hunt *Memoirs* (1822), III, p. 483。

[25] See, for example, A. F. Fremantle, "The Truth about Oliver the Spy", *Eng. Hist. Rev.*, XLVII (1932), p. 601; R. J. White, *From Waterloo to Peterloo*, Ch. XIII; F. C. Mather, *Public Order in the Age of the Chartists* (Manchester, 1959).

糾纏上中產階級改革者），並不時以哀怨的筆調寫信向內政部要錢，他不僅要求內政部支付他目前的花費，更要求替他償還以前的債務，根據他的說法，這筆錢是在他進入這行時內政部答應給他的。由於他的行事實在太不謹慎，因此政府當局(或許是波特蘭公爵本人)便在他的一封求錢信上批示說:「如果說還需要什麼別的命令才有辦法攆走巴羅，這封信就是了。我可以給他二十鎊，立刻開除他。」[26] 有一個爲了比較沒那麼不名譽的理由而成爲線民的蘇格蘭人，對他的行業深感羞恥，他寫道：政府和愛爾蘭行政廳與奧利佛和艾德華茲(Edwards，愛爾蘭線民，見下文)之間的關聯，「全都始於艦隊監獄(Fleet Prison)*6」[27]。

第二類線民包括許多變節背叛人士，他們曾經是積極活躍的改革者，但卻爲了免除自身的皮肉之苦或爲了賺錢而變成間諜；此外也包括一些單純想要「按件」出售其消息的臨時志願者。不管是對這兩類線民當中的哪一類，榮譽感或專業責任感都和他們一點關係也沒有[28]。不過另一方面，如果因爲這樣就認定這些人的報告毫無價

---

26 Barlow, 16 November 1799, P.C.A.164. 事實上，巴羅當時並沒有被開除，因爲(或許是體認到見風轉舵的必要性)他開始提交許多關於非法團體的詳盡報告。

*6 按：位於倫敦艦隊河旁，專門囚禁欠債者的監獄。

27 A. B. Richmond, *Narrative of the Condition of the Manufacturing Population* (1825), p. 159. 同時參看潘錐爾的證詞，收於 *Cobbett's Political Register*, 16 May 1818；並請參見下文，頁 920。

28 關於政治間諜制度的一般情形，參見 F. O. Darvall, *Popular Disturbances and Public Order in Regency England* (1934), Chs. XII and XIV; Hammonds, *The Skilled Labourer*, Ch. XII; F. W. Chandler, *Political Spies and Provocative Agents* (Sheffield, 1933); W. J. Fitzpatrick, *The Secret Service under Pitt* (1892)。

值，卻也矯枉過正。壞人可以爲了壞目標而做出有用的事[29]。如果我們想爲內政部文件、財政大臣律師文件和樞密院文件當中那一大堆敎人眼花撩亂的相關資料(書面的報告和信件、口供抄本、判罪人告白等等)歸納出幾點概論，那麼我們的結論是：

一、(如同哈蒙德夫婦和其他人指出的,)線民當然喜歡把他的報告說得聳人聽聞。他的圖利動機越強，他就越會想盡辦法提供其雇主想要購買的那類資訊。

二、但是雇主也不全是傻瓜——這點經常被人忽略。他們對這種偏見心知肚明。治安法官的目的是取得正確的資訊。他們不喜歡像個傻子般跑去找一些根本不存在的兵器庫，或是浪費時間去追捕酒館裡的煽動家。爲了謹愼起見，他們往往會同時雇用一個以上的線民(彼此互不相識)，好核對他們提供的資訊。通常治安法官在將資訊轉呈給內政部的時候,都會加上自己對這些資訊可信度的評語。

三、不過, 透過這些資訊所看到的歷史，將是遭到扭曲的歷史，這不僅是因爲大多數的間諜習慣把「無辜」的活動說成是有罪的，也跟那些他們沒有送出去的資訊有關。後者所涵蓋的當然是些比較沒什麼政治意味和比較無關緊要的利害。但它同時也涵蓋了英國的所有地區。我們不但得考慮間諜的動機，也得考慮雇用他們的治安法官的動機。根據英國檔案保存局(Public Record Office)的資料, 由1790 年代晚期到 1820 年，博爾頓似乎是英國叛亂的最大中心。但是我們永遠也弄不淸楚，這究竟是因爲博爾頓的居民**眞的**特別傾向革

---

[29] 費茲威廉在寫給裴倫(Pelham)的信中曾提到某位間諜：「……一個徹頭徹尾的惡棍，壞到頭頂生瘡，腳底流膿……不過，雖然他簡直是個人渣，卻不見得是個壞間諜，因爲我們的目的是要取得反政府人士的祕密。」(25 September 1802, Fitzwilliam Papers, F. 45(d))

命？還是因為博爾頓有兩名異常熱心的治安法官？這兩位治安法官
——班克勞福牧師（Rev. Thomas Bancroft）和福來契（Colonel Flet-
cher）上校——都雇用了無比龐大的間諜群。

這一點相當重要。因為在這段時期的大半時間，英國都是由托
利黨統治。一個勤於給內政部寫信的治安法官，大體上若不是一個
激烈的反雅各賓托利黨員，就是為了某些較私人的理由想要吸引政
府的注意。在這同一時期，許多來自約克郡的報告都比來自蘭開郡
的報告簡明扼要，不過我們沒有理由認為雪菲爾和巴恩斯來比曼徹
斯特或博爾頓更不具革命傾向。在輝格黨的皇家軍事首長（費茲威
廉）治下，約克郡有的是一個輝格派的治安體系，他不喜歡托利黨干
預他的施政。這種態度也適用於許多「老派的」治安法官，不論他
們是效忠托利黨還是輝格黨。維持治安是教區性的事務，是在地貴
族的責任，沒必要長篇累牘的寫信給內政部，那種做法不但麻煩，
而且有點屈辱。

這種對中央權威的嫉視，導致了一些異常混亂的現象。連續有
多位內政大臣特別仰仗某幾位熱誠的治安法官，連帶使得後者的權
威延伸到他們的統轄範圍之外。資深軍官和治安法官彼此打著對方
太過活躍或不夠積極的小報告。在搗毀機器危機期間，勇於任事的
斯塔克港代辯人勞埃先生（Mr. Lloyd），在政府的鼓勵下，將他的權
力伸展到約克郡，甚至還偷偷帶走本寧山另一側的檢察官證人[30]。戰
後那幾年，博爾頓的福來契上校對曼徹斯特改革者的資訊掌握，往
往比當地法院更為靈通。當西德茂斯在 1817 年直接派奧利佛進入密
德蘭和北方時，奧利佛曾不止一次差點遭到當地治安法官的拘捕，

---

[30] 參見下文，頁 819-20。

因為他們認為他是**如假包換**的革命分子。

因此，我們認為內政部文件不只是扭曲了某些特定事例，而且還扭曲了我們對整個時代的看法。我們不僅要解讀那些送進內政部的文件的言外之意，也必須解讀那些從不曾送進來的文件。

四、一般而言，我們可以說，不管在中央或地方，官方對非法政治組織的滲透強過對工業組織的滲透，對區域性團體的滲透又強過對在地性團體的滲透。其中的原因不言可喻。線民想要喬裝成雅各賓分子或激進派人士，遠比喬裝成農夫或框架織襪工容易。政治俱樂部是由來自廣大地區和不同社群的人們聚集而成；但是非法工會或搗毀機器團體，卻是興起於每個人都知名知姓的工廠和社群。間諜最容易滲透的地方，是某個市鎮或區域與另一個市鎮或區域的接壤之處。

五、在我們牢記住以上幾點之後，我們還有兩點需要反思。第一點是老生常談，亦即每一份個別的報告都必須根據標準的證據法則細細檢視。我們必須提出這點，因為現今流行的看法是，將**所有的**這類報告都視為不足採信，至少那些不適用於某種特定詮釋的報告是不足採信的。但是很少有什麼報告不會引起任何批評：有其他資料、內部證據、先天或然律(inherent probablity)或諸如此類的東西可以證實或反證。我們可以舉兩個都是發生在 1817 年的例子來說明。第一個例子是一位線民針對曼徹斯特一名改革者的演講所提出的報告：

> 他接著陳述了這個窮人和他子女的處境。孩子對父親說：給我一點麵包。父親回答說：我沒有。孩子說：一點都沒有嗎？父親說：有，多得很，但是暴君和強盜把我們的麵包拿走了。

現在得靠你們（指人民）伸出你們的手去把它拿回來。[31]

第二個例子是寫給一位檢察官的信件：

> 李奇飛先生有件事情我不確定我是否已經提過但我認爲我最
> 好還是告訴你他們在倫敦各個出入口都派了一支分遣隊以阻止
> 政府將急件公文送往英國任何一個地方因爲負責送公文的只有
> 一個騎馬士兵……這是由小華笙和西斯托伍德提案並得到大家
> 同意的。[32]

我們還需要指出其中的對比嗎？第一封信就像一個未受過訓練的報
告人所寫的任何記載一樣可信。顯然，這位線民被那段演講詞給打
動了，儘管他的身分是個線民；而且他比通常出現在激進派報紙上
的那種「文學」版本更爲生動地記錄下一位民主演說者的態度。第
二封信的作者是聲名狼藉的**臥底教唆者**卡梭（John Castle）——一名
妓女的「保護人」，該名妓女曾在 1817 年的華笙審訊中出庭作證，
但其證詞被撕成碎片。不過就算我們不知道這點，他的第一行內容
就已經讓他露出了馬腳。他根本是在用他的濫文筆想要逢迎官府。
這並不表示他所寫的每一個字都是謊話。但這的確表示，在採用它
做爲歷史討論的資料之前，卡梭信上的每一個字都必須先經過嚴格
的消毒。

---

[31] Report of speech of Bagguley, in H.O. 40.4.

[32] John Castle, 6 March 1817, T.S. 11.351. 按：原文即無標點，中文從之，以下
同。

　　另一點反思是：政府不但沒有被一連串的騙子牽著鼻子走，還以敎人印象深刻的卓越技巧，在 1792 到 1820 年間，成功地搶先遏止了嚴重的革命發展,並讓有關反叛陰謀的可靠資訊得以持續匯入。它將間諜成功地安插進倫敦通訊協會(雖然只能偶爾安置到核心圈)。他們對於聯合愛爾蘭人和聯合英格蘭人的情形也有若干發現。他們深入並解除了德斯巴德的陰謀。他們最後終於(局部並且是在費盡千辛萬苦之後)滲透到某些搗毀機器者分子的地區。我們將會看到，在戰後那幾年，政府對於那場以潘垂吉起義告終的陰謀，早在它發生之前就已知道它的每一個細節。而西斯托伍德從 1816 年起一直到 1820 年被送上斷頭台爲止，都遭到政府的祕密跟蹤。在曼徹斯特，「被我們以『B』字母代稱的那位人士」，受命擔任出納，負責籌集捐款好爲德斯巴德上校辯護；而同一個「B」，或另一個「B」，又在 1812 年被指派出任某個半搗毀機器運動的「祕密委員會」的出納，不管是他本人或其他線民，對於 1816 到 1820 年間蘭開郡的各項進展都瞭若指掌[33]。傳統上認爲英國統治階級乃愚蠢無知的觀念,只要看過內政部文件，便自然會煙消雲散。

　　事實上，我們單是用間諜活動對該運動所造成的衝擊，就可寫出一部令人信服的英國雅各賓主義和民眾激進主義的歷史。倫敦通訊協會在成立初期就已察覺到由這種典型間諜所激發的狂熱和煽動態度。1794 年，一位來自圖騰漢(Tottenham)的瓊思被(誤)指控爲間諜，因爲他所提出的激進動議，據說是爲了「**陷害**這個協會」。(那位眞正的間諜葛洛福斯，語帶諷刺地報告說)瓊思抱怨：

---

[33] T.S. 11.333，並參見下文，頁 837-8。

> 如果某位公民只要提出一個稍爲猛烈的動議，就會被大家説
> 成是政府派來的間諜；又如果某位公民靜靜地坐在某個角落一
> 言不發，就一定是在觀察他們的行動以便向上級報告……那麼
> 公民們簡直不知該如何是好。[34]

爲了要加強安全戒備，倫敦通訊協會在 1795 年提出一套新章程，其
中包括下面這條秩序法規：

> 任何假借著狂熱、勇敢的表現或其他任何動機，而試圖違反
> 規則的人，都將受到懷疑。喧鬧的個性很少是勇氣的表徵，而
> 極端的狂熱往往是奸詐行爲的掩飾。[35]

然而這樣的法規一旦通過，行動者還是可以藉由改變他們的作風而
予以規避。政治激進主義在戰後還來不及恢復元氣之前，就先遭遇
到卡梭和奧利佛的震盪。如果我們想爲戰後激進主義的分裂以及他
們寧可效忠記者而非組織的現象找出解釋，我們會發現答案就在這
裡[36]。

爲了這個原因，祕密**政治**的傳統若不想釀成一連串的災禍(德斯
巴德、潘垂吉、加圖街)，就只能進行一點一滴的宣傳，然而這種宣
傳的規模實在太小也太過祕密，又太容易受到懷疑包圍，以致除了
在一些地方造成與祕密工業傳統的接合之外，幾乎不具任何功效。

---

34 Groves, 21 July 1794, T.S. 11.3510 A(3).

35 Add. MSS. 27813.

36 見下文，特別是頁 885。

這樣的接合可見於搗毀機器運動，在諾丁漢和約克郡，搗毀機器運動者異常成功地排拒了間諜的滲透。官方在此面對的工人階級文化實在太過模糊，模糊到可以免於任何的滲透（除非是有哪個搗毀機器派的囚犯因為貪生怕死而在逼供中招認）。當兩名經驗豐富的倫敦警官奉派到諾丁漢進行調查時，他們給內政部的報告是：「不管在城裡還是鄉下，幾乎所有的下等生物都站在他們那邊。」[37]

我們在此可以提出若干明白的看法，尤其是關於搗毀機器運動的研究。如果說在這些年間確實有一種地下組織存在，那麼基於它的本質，它也不會留下什麼文字證據。它不會有期刊，不會有會議記錄，而且在官方的郵件監視下，也很少有什麼通信。我們或許可期望某些搗毀機器運動分子曾留下個人的回憶錄，但是直到今天，我們尚未發現任何確定出自搗毀機器者的第一手記載。事實上，儘管有許多活躍的搗毀機器者擁有讀寫能力，他們卻既不是讀者也不是書寫者。此外，我們必須從 1813 年往前看。搗毀機器運動是在斷頭台上結束，在接下來的四十年間，如果有人敢聲稱自己從前是一名搗毀機器煽動者，將會為自己引來不必要的官方注意，甚至可能在遭處決者的親屬還活著的社群中，引發相互指責。那些洗手不幹的搗毀機器分子，就像所有的前科犯一樣，不願舊事重提。至於那些還沒收手的，我們則必須記住：革命和密謀的小溪繼續流經了 1816-20 年、1830-32 年，一直注入到憲章運動的最後幾年。培養出 1848 年憲章運動肢體派的密德蘭和北方的工人階級文化，對於彬彬有禮的上流階級調查者而言，簡直就和戰爭期間的工人階級文化一

---

[37] Reports of Conant and Baker, 26 January 1812, in H.O. 42.119.（副本亦見於諾丁漢文獻館。）

樣難解。對於「那些保住一命和繼續留在這個國家的」搗毀機器者，
法蘭克・皮爾寫道：

> 值得注意的一個異狀是：他們之間有許多人似乎把他們所有
> 的剩餘歲月全都投注到接下來的所有政治和社會運動，而這些
> 運動在某種程度上都是於法不容的。

他們大多成爲柯貝特、杭特和費爾格斯・奧康納的追隨者。（皮爾一
一詳述）一個從不曾洩漏任何搗毀機器運動祕密的老搗毀機器者，卻
在他的老耄之年爲他的孫兒們唱著搗毀機器運動的歌謠；一個悄悄
由約克郡搬到蘭開郡的搗毀機器者，卻在日後因爲參與憲章運動而
被囚禁超過二十五年；另一個則是一直到死，都對於搗毀機器運動
擺出「一臉陰鬱、三緘其口」的態度[38]。在密德蘭的織襪工村落和西
來丁，午夜的集會、操練以及各種反叛修辭，都繼續延續了四十年。
相傳在 1812 年被搗毀機器運動者埋在地下的武器，在後來的動盪期
間又再度挖出來使用。這類緬懷往事的回憶，以祕密傳統的方式一
代代的流傳下來。

事實上，一直要到 1860 和 1870 年代，搗毀機器運動倖存者的
故事，才開始出現在印刷品上；而一個在 1811 年剛滿二十一歲的年
輕人，到 1870 年時已經是八十老翁了。西來丁有幾位這樣的倖存者，
當地的歷史學家以同情之心和相當的準確性(如果我們有辦法判斷
的話)，收集著他們的故事。由於這些著作是這個祕密口述傳統的最

---

[38] Frank Peel, *The Risings of the Luddites* (Heckmondwike, 1895 edn.), pp. 269-70.

後形式，我們必須視之爲重要史料[39]。

我們在諾丁漢碰到一種迷惑難解的情況。當地至少有一位框架織襪工的領袖，擁有不尋常的政治和文學才能。恆生(Gravener Henson, 1785-1852)這號人物一方面可以和普雷斯媲美，另一方面又可以和多爾帝相提並論。一位當時人寫道：「在本世紀前四十年，密德蘭三郡的所有行業結社……沒有一個是恆生不認識的。」1812年時，他是框架織襪工委員會(Framework-Knitter's Cimmittee)的靈魂人物，而這個委員會顯然是搗毀機器運動的表親。在接下來幾年，他先是於人身保護令中止期間(1817-18)繫獄，然後又成爲廢除結社法案運動的領袖。他是一個自修成功的人物，矮胖健壯，「短短的脖子，小而有神的眼睛，頭顱從寬闊的下巴一路削尖到異常高的額頭。」他對與工業和工會有關的法律非常嫻熟，1831年發表了《框架織襪業和蕾絲業的歷史》(History of the Framework-Knitting and Lace Trades)第一部，並爲激進派和當地的報紙撰文。在諾丁漢地區，認爲他是前搗毀機器分子的說法甚囂塵上，甚至還有人認爲他就是「盧德將軍」(General Ludd)本人。這幾乎可以確定是不實謠傳，然而無庸置疑的是，恆生**確實知道**搗毀機器運動的大部分歷史。然而一直到他故世爲止，這位文筆一流的作家，始終「斷然拒絕」討論與這個主題有關的細節。據說他把揭露搗毀機器運動祕密的珍貴手稿，留給諾丁漢市政府的一位「有力人士」，「條件是，在某些當事人的死亡

---

[39] 夏綠蒂‧勃朗特的小說《雪莉》(Shirley)──幾乎都是從「他們」那邊得來的看法──和 A‧L 的《悲傷時代》(Sad Times, Huddersfield 1870)皆保有些許記載，保存更多史料的是：D. F. E. Skyes and G. Walker, Ben o' Bill's, The Luddite (Huddersfield, n. d.); Frank Peel, The Risings of the Luddites (1st edn., 1880)。後面這兩本書都是根據倖存者的回憶寫成。

讓所有的問題不復存在之後，就可將這些手稿公諸於世。」不過這些手稿始終沒有公諸於世——也許是這位「有力人士」寧可把它們帶進自己的墳墓[40]。

恆生的「拒絕」揭露事實，非但沒有減低教人印象深刻的搗毀機器地下運動的故事價值，反而還加重了它的分量。接著，我們將把重點從史料批判轉移到建設性的臆測。從德斯巴德到西斯托伍德這一路下來，有一大片祕密歷史的空地，就像貴樂大平原(Great Plain of Gwaelod)般深埋在海底。我們必須盡可能地予以復原。

三、反結社諸法

躲在失序紊亂背後的「隱形人物」之一，也是官府最懷疑的人物，是史班斯。一般都認為 1800 到 1801 年的糧食暴動，正是由史班斯派煽動發起的，雖然表面上史班斯在 1801 年的受審和下獄，是因為他涉嫌出版煽動叛亂作品。1817 年，下院的祕密委員會再次偵察到「史班斯博愛會社」(Society of Spencean Philanthropist)的另一項陰謀。不過在另一方面，普雷斯卻說史班斯派「簡直算不上什麼」，「他們都是些簡單而無害之人」。

我們下面會再回頭談論 1816-17 年的事件。不過一直到史班斯在 1814 年故世為止，普雷斯的說法都是最接近真實的。史班斯並不

---

40 W. Felkin, *History of the Machine-Wrought Hosiery and Lace Manufactures* (1867), pp. xvii, 240-1; *Nottingham Review*, 19 November 1852; W. H. Wylie, *Old and New Nottingham* (1853), p. 234. 有種說法指出，這位有力人士是布萊德雷(Alderman John Bradley)。挖掘這些手稿將是件極有趣的事。

具備一位嚴肅密謀者所需要的謹慎明辨和運作手法。可是在另一方面，他手下的那群人卻能以鉛筆塗寫的簡陋傳單，在倫敦維持了某種程度的地下不滿情緒。更重要的是，即使處於鎮壓之下，史班斯依然不信任中央集權和紀律良好的地下組織。他的政策是**擴散**(diffusion)騷動。1801 年 3 月，史班斯派同意以最鬆散的方式將自己與「田野宣道師」組織起來。支持者應該組成會社，在小酒吧裡進行聚會，「以不拘禮法的態度，不受制於任何規範」──他們的作用是談論和散布公民史班斯的宣傳小冊。(一個名為「不拘禮法」〔Free and Easy〕的會社，於 1807 年的每個星期二在小風車街的「羊毛」酒吧聚會。)他們的目的似乎是為了模糊不滿情緒，好讓官方找不到一個有中心和有組織的主要支柱[41]。

這不是「黑燈」和搗毀機器運動所使用的方法。但是它的擴散政策正好給了我們一個提示。因為從 1800 到 1820 年間，非法傳統從來不曾有過任何一個中心組織。沒有平等派的巴貝夫密謀 (Baboeuvian Conspiracy of Equals)，也沒有將間諜布滿歐洲各地的布納羅提(Buonarrotti) [*7]，如果我們試圖要找出某個核心，就會犯了和政府當局同樣的錯誤。就在雅各賓主義失去任何全國性中心以

---

[41] O. D. Rudkin, *Thomas Spence and his Connections*, pp. 122-3, 146-7; Add. MSS. 27808.

[*7] 按：巴貝夫(1760-97)，鼓吹共產主義的法國革命家，1789 年開始投身革命，1795 年冬天，在巴黎下層階級的擁護下，成立平等派密謀團體，計畫在 1796 年春天發動叛變，推翻現制，建立共產社會。但其計畫遭到祕密警察和政府的洞悉，於準備工作的最後階段遭到逮捕，並死於斷頭台上。布納羅提 (1761-1837)，法國大革命期間的義大利政治運動者，巴貝夫的信徒，他不僅積極涉足共濟會、巴貝夫主義和燒炭黨主義，還主使了最著名的、如幽靈般的超級陰謀組織，堪稱那個時代最正宗的陰謀家。

及中產階級支持的同時，它已悄悄在工人階級社群裡生根茁壯。正是在雅各賓宣傳的古老重鎮——雪菲爾、諾丁漢、蘭開郡南部、里茲——塞爾華所謂的「蘇格拉底精神」如今已成爲工場和工廠的地方痼疾。這有部分是源自一種意識傳統。許多潘恩派的團體，他們彼此認織、相互信賴，他們祕密地聚集在一起；《人權論》在他們之間手手相傳。根據一篇精彩的記述，在梅西爾，

> 少數幾個十分讚賞他的《人權論》和《理性時代》的人，在山中的幾個祕密地方進行集會，把這些著作從大石塊下面或其他藏書地點拿出來，以無比的興味閱讀著。[42]

梅休記錄了一名倫敦老書商的說法，這名書商以前經常「偷偷販賣潘恩」：

> 如果有任何人願意買一本書而付出……相當於定價三倍的價錢，他就會給他一本《理性時代》……他的書攤是一個非常合法的書攤，他總是會擺上一兩本「反激進派評論」……雖然他的抽屜裡藏著「潘恩」。[43]

在雪菲爾，「老雅各賓」(Old Jacks) 仍然會聚在一起爲潘恩的健康乾杯，並高唱《天佑偉大的潘恩》：

---

[42] C. Wilkins, *History of Merthyr Tydfil* (1867). 根據同一份記載，「虔信者特意將他們皮靴上的釘子排成 T. P. 的形狀，如此他們就可以象徵性地將潘恩踩在腳底下。」

[43] Mayhew. op. cit., I, p. 318.

事實是煽動叛亂的東西

當它們觸犯到朝廷和國王。

　軍隊集結了。

兵營和監獄修好了，

無辜的人們被指控有罪，

血以最不義的方式噴灑，

　眾神也為之驚愕……[44]

　在德斯巴德處決之後，製造業社群中的這類潘恩派團體，已失去了所有的全國性鏈鎖。他們退縮回自己的社群，而他們的影響力也開始受到在地問題和經驗的形塑。只有在情勢最為騷動不安的時期，他們才會探出身來，以極端謹慎的態度先進行區域性的、然後全國性的接觸。然而，由於他們的退縮，他們的想法也轉而受到每個社群特殊性的模鑄。不滿的焦點轉移到經濟和工業問題；在博爾頓或里茲，為麵包價格組織一次罷工或示威，要比號召一場政治討論、政治請願或政治叛亂來得容易。雅各賓派或潘恩派已消失無蹤，但是對人權的要求卻比之前任何時期散布得更廣。高壓政策並沒有讓建立一個人人平等的英格蘭共和的美夢為之摧毀；它摧毀的只是工人與其雇主之間剩餘的忠誠紐帶，從而讓不滿的情緒擴散到一個官府無從滲透的世界。一位憤慨的治安法官牧師──柏契牧師（Rev. J. T. Becher）──談到他自己對搗毀機器運動起源的看法：

---

44 John Wilson, *The Songs of Joseph Mather* (Sheffield, 1862), pp. 56-7. Cf. B. Brierley, *Failsworth, My Native Village*, pp. 14-16.

> 我認爲……這些暴行是源自雅各賓原則，我們那些諾丁漢的
> 改革者孜孜不倦地向下層階級灌輸這些原則，這些改革者爲了
> 完成他們的派系計畫，以他們毒害人心的作爲、放蕩不羈的高
> 談闊論和煽動性的報刊，組成了祕密組織和邪惡聯盟，而下層
> 階級便成爲些組織和聯盟羅致的對象。因此，邪惡便被……引
> 進和珍視，如今它們已在所有的製造業地區**與當地的社會情狀緊
> 密融合**。[45]

在這頓脾氣後面，隱藏著複雜的宿怨。柏契是一名托利黨人（他
本人同時受到國敎會和國王的指派），他認爲諾丁漢織襪商是自作孽
不可活。他們當中有些人在 1790 年代是改革者，是反對國敎派，曾
在 1801 年發起和平請願，並在 1802 年以暴動和高唱《向前進》等
手段，把一名托利黨國會議員趕下台。（諷刺的是，這位國會議員寇
克〔Daniel Parker Coke〕，在他於 1803 年復職之後，竟比他們的輝
格黨雇主更注重框架織襪工的福利。）他們十年前於諾丁漢市集播下
的火龍牙齒，如今正從他們四周全副武裝地竄出。柏契說對了一件
事，那就是昔日一度是少數人的宣傳，現在已「與當地的社會情狀
緊密結合」。雅各賓主義的枝枒，正是嫁接在非法工會這根樹幹上。

今日幾乎沒有什麼證據可以證明潘恩信徒曾認眞決定要「滲透」
進工會和互助會[46]。但是在 1840 年代之前，如果我們把政治不滿組

---

45 Aspinall, op. cit., pp. 170, 174.

46 W. H. Reid, *The Rise and Dissolution of the Infidel Societies*, p. 20. 瑞德宣稱：
「俱樂部分子」認爲「他們的責任就是漸漸讓自己變成各式各樣的吃喝歡樂
社團，特別是互助社團」。

織和工業組織完全區隔開來，卻又是錯誤的想法。在那些雖然合法、但不許建立區域性或全國性結盟的互助會中，大家往往遵守著「不談政治」的規矩。部分歷史古老且具一定地位的行業俱樂部，也有類似的傳統。但是在大多數的製造業社群裡面，**任何**有組織的運動都是由富有積極精神的少數人發起的；而那些有勇氣組織非法工會，有能力統籌其通訊、財政，以及有知識向國會請願或向律師諮詢的人，大概對《人權論》也不會陌生。每當有年輕的工會領袖竄起，他們很快就會和雇主、治安法官，以及一個冷漠或嚴苛的下院發生衝突，並旋即被迫走上極端的激進主義之路。

皮特通過結社法案的這項不智做法，促成了雅各賓傳統和非法工會的合流。這種情形在蘭開郡和約克郡表現得尤為明顯，在這兩個地方，1799 年的法案把雅各賓分子和工會主義者全都掃進一個分布廣大的祕密結社世界，這個世界所強調的半是政治、半是工業。線民巴羅報告說：「它發源於雪菲爾，

　　那兒的共和會社——與約克郡的主要製造業市鎮有所聯繫——並與本城〔曼徹斯特〕、斯塔克港，和特別是百瑞，互通消息。

在雪菲爾，巴羅發現：「最近這個法案在每一個工匠和技工團體間都引發一股普遍的不滿情緒⋯⋯我害怕它已導致更多的**結合**，在這項法案通過之前，大家根本沒想過這種做法。」他報告說，工會主義者接獲回報，因結社法案而產生反作用的工人數目，在蘭開郡計有六萬人，約克郡五萬人，德比郡三萬人。這個新組織的祕密委員會是「在共和派的掌理之下」。接著，這點相當有趣，北方和密德蘭殘存下來的政治俱樂部也放棄了諸如「愛國」或「憲政」協會的名號，

改稱爲「聯合協會」(Union Societies)——這個字彙的模糊含意，讓他們可以同時把政治和工業的目的包括進去。這個字彙(如果不是俱樂部)一直延續到戰後年代的聯合協會和政治聯合會[47]。

在蘭開郡，對於結社法案的抗拒，是由一群熟練行業的工會主義分子所組成的委員會主導，其中包括麻紗剪裁師、棉紡紗工、鞋匠、機器製造匠和印花布印染工[48]。約克郡不斷有報告指出：布料整飾工或修絨工爲了工業和別有用心的目的，籌組了祕密組織。在1799年結社法案通過之際，一份呈交給樞密院的備忘錄單挑出修絨工，說他們尤其應該受到譴責：「他們實際上所擁有和奉行的專橫力量，幾乎令人難以置信。」[49] 1002年，西來丁那位溫和的皇家軍事首長費茲威廉伯爵，連續向內政部呈送報告，在這些報告中，修絨工的組織和比較一般性的非法結社，似乎是糾纏不清。費茲威廉最初對於嚴重的反叛陰謀的報告，往往採取保留態度。他在7月間寫道：「貨眞價實的雅各賓密謀，恐怕多少是確有其事……我相信，眞正的祕密只掌握在**極少數人**手中，其他都是些容易受騙之人……」他認爲大多數的夜間集會，只不過是「爲了提高他們的工資，不須太過憂慮」。至於是否要答應某些大製造商的要求，著手取締這類集會，他的態度相當謹愼。鎭壓煽動性集會的必要性，不應被當成藉口，以「取得更具約束性的法律，來對付職工們爲了提高工資的結社」。

47 P.C. A.161, 164. 大約在這段時間，卡賴特少校曾「受邀爲幾個新生會社的成立提供寶貴意見」，這些會社稱之爲「聯合協會」。F. D. Cartwright, op. cit., I, p. 243

48 T. Bayley to H.O., 6 November 1799, in P.C. A.164.

49 "Observations on Combinations among Workmen", in P.C. A.152. 見下文，頁 744-5。

在貿易景氣的時候，這些人有權分享他們的「豐收季」。處罰他們的
結社是不公平的：

> 我不知道我們是否不該給他們抱怨憲法的理由，是否不該逼
> 他們去爲眞正的雅各賓分子服務，以及不該因爲我們的行動，
> 而使他們的作爲更具正當性……[50]

不過不到兩個月，他的看法卻改變了。原因有三。首先，他接
到關於「黑燈」和祕密工會組織的報告，這些報告較爲詳盡，並可
清楚看出，工會的目的和謠傳的別有用心的革命目標，根本是彼此
糾結、無法分割。他得到消息：

> ……里茲有三棟房子、韋克菲耳有三棟房子，是委員會集會
> 的地方——其中一棟他們希望能找時間搜查，因爲他們的文件
> 藏在房子地板上的活門下面以及煤炭當中；每個會員每週付一
> 便士做爲經費；他們拉來許多委員，每個委員又引來十名新委
> 員……他們把他們的每週基金帶往里茲；整個國家將在同一天
> 晚上同時起義，第二天早晨什麼都將被推翻。

其次，他從內政部那兒得到敎人深信不移的證據，指出約克郡和英
國西部的修絨工或剪絨工組織往來密切，在那些地區，使用起絨機
的紡織廠近來飽受破壞。第三，他對報告中所提到的那股牽涉到許
多行業的、成功的工會主義的興起潮流，越來越感到害怕。9月初，

---

50 Aspinall, op. cit., pp. 41, 45-6.

里茲市長氣急敗壞地寫信給他，表示「幾乎在每一個階級的工人（尤其是剪絨工）之間，其結社精神所體現的巨大力量，如今已認定：

> 津貼、特權、時間、勞動方式、價格，以及誰將被雇用等等
> ——這些全都得取決於我們工人的認可，遠勝於所有訴求；所
> 有的部門都會爲分享這些新權利而奮鬥。現在可以確定的是：
> 在里茲或曼徹斯特的泥水匠、石匠、木匠、車匠等，其每週工
> 資將比他們在韋克菲耳、約克、胡爾和羅奇德爾等地的同業高
> 出三先令……

1802 年 9 月底，所有受雇於里茲最大毛織品製造商高特先生的修絨工人，爲了抗議兩名男孩在受雇爲學徒時超過公定年齡（十四歲）而舉行罷工。（這個問題是高特與修絨工全面攤牌的藉口，因此也成爲整個西來丁針對學徒問題的全面攤牌。）費茲威廉伯爵寫信給裴倫勳爵（Lord Pelham，按：當時的首相），呼籲他「進一步限制職工的結社行爲」：

> 我忍不住要強烈認爲：所有的集會以及疑似集會，都是由我
> 現在所談論的這些人，也就是剪絨工的結社所引起的。他們是
> 這個國家的暴君；他們的權力和影響力乃源於他們的高工資，
> 高工資讓他們得以享有積蓄，並無懼於行爲不檢所將導致的後
> 果。然而，他們這種人是製造業不需要的，如果商人能以堅定
> 的態度拒絕他們，他們的自大就會喪失，他們的賭本就會白費，
> 他們的結社就會瓦解，而我們將再也不會聽到任何性質的集會
> ……51

我們不知道修絨工工會內部是否有任何靈魂人物曾經是「勞動技工」(Working Mecanicks)協會的前會員，並曾在五年前寫信給倫敦通訊協會[52]。不過，我們確實知道許多小生產者曾在十九世紀初於里茲成立一個新的會館，並在那裡略過有錢的布商自由買賣布料，這個會館就是俗稱的「潘恩會館」。我們也知道，在約克郡的修絨工與英格蘭西部的剪絨工之間負責傳遞消息的主要中間人，是一名里茲的鞋匠帕瑪(George Palmer)，在他身上，我們確實能看到眾所周知的激進派補鞋匠。我們有理由認為，在這類會讀會寫、技藝熟練和精明能幹的工人當中，的確有某些潘恩派分子。

此外，1799 和 1800 年的結社法案，已迫使工會進入一個非法的世界，在這個世界，保守祕密和敵視官府是他們的生存本質。從 1799 年到結社法案廢除(1824-25)這段期間，工會的地位相當複雜。我們首先必須面對的一個矛盾現象是：結社法案實施的那幾年正好也是工會運動得到最大進展的那幾年。不但許多可以遠溯到十八世紀的工會——精梳工、製帽工、鞋匠、製革匠、造船匠、裁縫——在結社法案實施期間幾乎未受干擾地繼續發展，同時也有證據顯示，工業組織擴散到許多新的行業，並出現了首次籌組總工會的嘗試。韋布夫婦認為，一些倫敦的手藝行業，「其組織從不曾像 1800 到 1820 年間那般完備。」[53] 許多像裁縫這樣的工匠行業，都擁有他們自己的行業俱樂部分布網或集會所分布網、會員證、對於遊方會員的供養、對學徒制的管控(必須繳付一筆龐大費用做為工會基金)、福利、銀

---

51 Ibid., pp. 53-64. See also the Hammonds, *The Skilled Labourer*, pp. 174-8.

52 參見上文，頁 237。

53 S. and B. Webb, *History of Trade Unionism*, p. 83. 並參見上文，頁 350-7。

行存款，有時甚至還有和雇主共同擬定的價目表。這類證據證明結社法案幾乎是「形同具文」，而認爲在這些年間有任何「對抗自由的戰役」，也顯然是誇大其辭[54]。

此外，認爲結社法案讓以往合法的工會淪爲非法，也是一般記載中的錯誤觀念。事實上，早在 1790 年代之前，就已有足夠的立法可以讓所有可能的工會活動全面遭到檢舉——如習慣法中的陰謀叛亂、違反合約、未履行工作，或涵蓋了許多個別工業的案例法。結社法案是由一個「反雅各賓」和地主的國會所通過，它們的首要目的是在現行立法之外另行對政治改革者施以威嚇。它們也打算將現存的反工會法律條文化，簡化相關程序，並賦予兩名治安法官簡易裁判的權力。它們的新意在於：那種包羅一切的本質，禁止**所有的**結社；以及不同於早期家長制傳統的立法，它們沒有任何補償性的保護條款。雖然在技術上它們也禁止雇主結社，但是如艾斯平諾教授(Professor Aspinall)所云：它們是「一項可憎的階級立法」[55]。

就這樣，它們籠罩在所有工會分子頭上長達二十五年，並且經常使用。1802 年，一位內政部的密探由英格蘭西部來函表示：「有兩名或更多的治安法官，每天都在這個或那個製造業市鎮召開會議，由於結社法案給了他們無比方便的藉口，得以傳訊並在宣誓之後詰問任何涉嫌人，因此我總是能不斷送幾個人到他們面前。」[56] 讓他們這麼「方便」抓人的原因，正是結社法案那種一體適用的本質。歷

---

[54] See M. D. George, "The Combination Acts", *Economic History Review*, 1936, VI, pp. 172 ff. 有關結社法案施行之前和施行期間的法律地位，可參見 op. cit., pp. x-xxx，這是一份極實用的摘要。

[55] Loc. cit., p. xvii.

[56] Hammonds, *The Skilled Labourer*, p. 176.

史學家不曾仔細計算過假結社法案之名的案件總數(因為這是一項牽涉到地方出版品的耗時研究),但是沒有一個熟悉這些年歷史的人士,會懷疑它們曾發揮過全面的禁制性影響力。另一方面,結社法案之所以未如預料中那般廣泛運用,也有幾點有趣的理由。首先,儘管有立法的重壓,當時仍存在一個模糊的界域,在這個界域裡面,某些種類的工會活動在實際上是獲得許可的。一方面,行業俱樂部——例如存在於倫敦手藝業的那些——如果只強調它們做為互助會的功能,並對它們的全國性通訊和協商功能保持緘默,就可以長期平安無事,直到某次衝突或罷工惹惱了雇主或官府為止。另一方面,一個行業(或至少是個別的市鎮和地區)的職工可以偶爾合法地為他們自身的利益向國會請願,或出席下院的委員會。此外,結社法案並沒有完全取代那些較古老的和即將過時的立法,治安法官還是可以援用這些法案來仲裁工資爭議。如果要讓職工有能力向治安法官或是國會訴請保護(官方並不願意阻塞所有合乎憲法的發洩委屈的管道),就必須允許他們成立某種組織,以便選出他們的代言人並籌集所需經費。

於是這裡便出現一個遊走於合法性邊緣的爭議區域,它在通往搗毀機器運動的歷史上,佔有舉足輕重的地位。接著,雇主為了若干理由,也不願意把結社法案當成比威脅更嚴重的武器。在工匠行業內部,例如裁縫業和製鞋業,有許多幾乎沒有任何組織的小雇主。在倫敦或伯明罕,許多這樣的小雇主本身就是激進派,他們蔑視包括結社法案在內的壓制性立法,對於這些法律的使用也相當顧忌。他們和其職工的關係往往是非正式和私人性的;行業俱樂部長久以來都被視為是布景的一部分;甚至還有極少雇主依然認為學徒制度相當好用。他認為生意主要是提供他一個合理的生活,而不是為了

不斷擴張，因此他和他的工人一樣，嫉視那些少數的大雇主，因為他們不顧習俗和學徒制度，搶走最好的市場並雇用廉價勞力。因此在這類行業裡面，工匠工會得以在一個不甚明確的寬容範圍內生存下來。如果他們以罷工行動或「無理」的要求逾越了這些限制，他們就會招來雇主的檢舉或反組織對抗。他們並沒有免於結社法案的威脅，但他們已經學會如何與它和平共存。

不過在工匠行業之外——事實上，包括北方、密德蘭和西部的大部分製造業地區——情形就大不相同。在我們可以找到的所有廠外代工、工廠或大型工場工業，對於工會運動的壓制都苛刻許多。工業單位越大或所涉及的專門技術越多，資方與勞方的仇恨便越深，而雇主之間也擁有更大的同理心。我們看到那些具有特殊技藝並且企圖得到或把持特權地位的工人——例如棉紡紗工、印花布印染工、木型匠、工廠技師、造船匠、修絨工、精梳工以及某些等級的營建工——捲入一些最嚴重的衝突。我們也發現為數龐大的廠外代工(尤其是織工和框架織襪工)企圖抗拒工資和地位的下跌。

但是，即使在這類地方，結社法案也不總是能派上用場。首先，該法案將檢舉的責任歸於雇主。儘管在不同的行業內部也有些早期的雇主結社，但是每個雇主仍受到其競爭對手的妒意包圍。他的事業做得越大，這種妒意就越強，而他的敵手也越可能從他的困境中受惠。(1802 年，高特企圖擊敗修絨工的嘗試，就在里茲其他製造業者對工會要求的讓步下，宣告失敗。)其次，在所有工會勢力強大的地方，檢舉都會牽涉到種種困難。想要在工人之間找到兩個證人發誓有工會存在，是眾所周知的困難任務。雇主知道他可能會因此失去許多他最好的手藝人。就算他們沒有遭到監禁或發起罷工，他們也會三三兩兩的離開，讓他的工坊或工廠陷入停滯。再者，起訴的

結果也不一定能彌補他可能蒙受的損失。一審定罪的刑罰只是三個月的監禁，雖然多半都能得到有罪判決，但並不是鐵定如此。「有權向季審法庭(Quarter Sessions)＊8 上訴」的規定，進一步讓雇主裏足不前，「……這個法庭可能會讓他們足足等上三個月才做出決定，在這整段期間，控告者有可能做不了半點生意，因爲他的修絨工坊將被迫停業。」57

因此，檢舉人往往不喜歡援引 1799-1800 年的結社法案，而傾向訴諸先前的立法——與陰謀叛變有關的習慣法，或伊莉沙白熟練技工法規當中對於工作未完成即擅自離去的懲罰(5 Eliz. c.4)。前者的好處是它可以用來對付工會的「領袖頭目」或職員(連帶可以取走工會的文件和經費)；可以處以較重的懲罰；以及最重要的,起訴的責任在於官府而不在個別雇主。後者的好處則是，在罷工行動中，雇主可以用罷工本身的證據要求簡易裁判，而不需要找到願意證明有正式工會組織存在的證人。框架織襪工恆生寫道:「援引結社法案的起訴案例，很少能夠成功,

> 但是卻有上百件案例在這項法律之下進行著,在它修訂之前,勞工永遠無法真正自由；結社法案本身算不了什麼；它是一種和工作的完成(the finishing of work)有關的法律，雇主用它來騷擾他們的工人，壓低他們的薪水。58

＊8 按：一年召開四次的郡或自治市的地方法庭。處理的案件比治安法官經手案件略爲重大，主要由實務界的律師主持，多半是兼職，少數領有微薄薪資，採行陪審團制度。被治安庭宣布有罪的案例，可上訴至季審法庭。

57 Beckett to Fitzwilliam, 28 January 1803, Fitzwilliam Papers, F.45 (e).

58 Cited by M. D. George, op. cit., p. 175.

　　這些但書都相當重要，但我們不應就此認定：官方對工會運動有任何溫和的傾向。在工會分子看來，他們究竟是遭到結社法案或習慣法或熟練技術法規的起訴，並沒有什麼不同，除了後者比較苛刻或比較迅速。對一般大眾而言，不管其間的差異如何，這**所有的**立法都可一言蔽之地稱之爲「反對結社的法律」。這些立法的效果不應根據起訴的數目來判斷，而應由它們所導致的一般阻嚇力量來判斷。不論援引的是哪項法律，它們都能在最緊要的時刻和關鍵的發展階段，對工會分子揮出重擊：例如，英格蘭西部的紡毛紗織工（1802）、約克郡布商的「協會」（1806）、蘭開郡的棉織工（1808 及 1818）、《泰晤士報》的排字工人（1810）、格拉斯哥的織工（1813）、雪菲爾的刀剪匠（1814）、框架織襪工（1814）、印花布印染工（1818），以及巴恩斯來的亞麻織工（1822）。這些事件普遍發生於組織擴張和成功之際，或是政府本身因受困於失序「煽動」的騷亂而感到驚惶之際。內政部的通信顯示：這種整體性的考量往往凌駕於特殊的工業問題；再者，在官方（內政部或治安法官）和雇主之間，劇烈的鬥爭依然持續，官方希望雇主提出檢舉，雇主則希望把責任推給官方[59]。即使是力量較強的雇主，往往也表現出相當的疑慮。一位雪菲爾的雇主在 1814 年向對他表示抗議的未婚妻坦承：「這項法律的確苛刻，因爲除了結社一途，他們根本沒有提高工資的憑藉，如果他們不是像現在這麼不順從，我也不願動用這麼苛刻的法律。」[60] 在此，

---

59 當時的檢察總長帕西華（Spencer Percival）於 1804 年 10 月 5 日發表的意見，就是一個絕佳的例子。帕西華說：「如果政府照顧了靴鞋製造者的要求，那麼每一個其他行業都會提出類似要求，如此一來將會導致一種看法，認爲檢舉並非自覺受害之雇主的工作，而是政府的工作。」Aspinall, op. cit., pp. 90-2.

60 T. A. Ward, op. cit., pp. 216-19.

我們又看到那個不甚明確的寬容範圍，只有在工會分子過於成功或過於「不順從」的時候，寬容才會隱身。

因此，在工匠行業，尤其是在倫敦的工匠行業，有一個朦朧模糊的半合法世界存在，一個極其高度的組織在此確立，並籌措到可觀的經費。（前面曾經提過拉吉的說法：木匠工會在 1812 年擁有二萬鎊的基金；以及達文波對同年鞋匠工會的記載[61]。）第一份以工會事務爲宗旨的期刊——《蛇髮女怪》，羊毛分類工韋德負責編纂，造船匠領袖嘉斯特提供贊助——在 1818 年於倫敦的行業界現身。但是在北方和密德蘭製造業地區，由於該區的結社力量若不是分布廣遠且充滿好戰精神，就是完全沒有發揮功效，因此反對結社的法律經常能派上用場，做爲削減工資或欺詐詭騙的輔助工具。它們擊碎了新近孕生的工會，並將其他工會驅趕到地下。在紡織這行，恆生把這些結社法案視爲：

> 套在在地工匠頸子上的千斤重擔，把他整個人壓進土裡；只
> 要他試圖或採取任何行動以維持現有工資或提高現有工資，就
> 會有人告訴他那是非法的；民間的整體力量和地方上的所有影
> 響力，全都對他展開痛擊，因爲他的行動違法；治安法官會秉
> 持他們的信念和立法機關採取一致行動，他們查核並壓抑工資
> 和結社，把工匠每一次嘗試改善其境遇的企圖，都當成違法亂
> 紀和反抗政府的舉動；他們的每個委員會或其活躍分子，都被
> 視爲暴亂和危險的鼓動者，必須予以監視，並在可能的情況下

---

61 參見上文，頁 330-1 和 352-3。

予以消滅。[62]

　　1813 年, 恆生所屬的框架織襪工協會其會員證的紋徽如下: 一架織布機、一隻拿著鎚子的手臂, 以及一句座右銘:「謹守祕密」(Taisez vous)。他在 1824 年說道, 諾丁漢郡的工人認爲結社法案「太過壓迫, 他們的座右銘是:『只要你們有監牢, 我們就有團體』」[63]。韋布夫婦據以撰寫《工會運動史》(The History of Trade Unionism)的資料, 是在十九世紀末年收集的, 他們提到, 每個古老工會都有其「早年的浪漫傳奇」:「愛國者在廣場一角舉行的夜間集會、埋在地下的記錄箱、祕密盟誓, 黑牢歲月……」[64] 1810 年成立的鑄鐵工協會 (Society of Ironfounders), 據說是「在月黑風高的晚上, 於密德蘭高地的山峰、荒原和原野上進行聚會」[65]。在這類夜間集會舉行的場所, 其整體氛圍總是會激起人們的革命論調, 即使眼前的立即目標是工業性的。工會更普遍的聚會地點, 是某位同情他們的酒館老闆的私人房間。他們的組織形式讓間諜很難滲入。在有些案例中, 它是建立在「班級」(借自循道宗信徒)的基礎上, 或是對雅各賓和愛爾蘭經驗的精細修正[66]。因此, 藉由從工場到市鎮委員會再到區域委員會這套複雜的代表制度, 甚至連工會會員本身都可能不知道職員和委員們的姓名。(在某些案例中, 職員是由委員會內部祕密投票任

---

62 [G. White and Gravener Henson], A Few Remarks on the State of the Laws at present in Existence for regulating Masters and Workpeople (1823), p. 86.

63 Fourth Report... Artizans and Machinery (1824), p. 281.

64 Loc. cit., p. 64.

65 R. W. Postgate, The Builders History, p. 17.

66 See R. F. Wearmouth, op. cit., Part III, Ch. 2.

命,只有幹事和出納才知道他們是誰[67]。)於是,就算官府知道這個組織的某一部分,其他部分仍可毫髮無傷。

　　教人敬畏有加的盟誓和入會儀式可能相當普遍。我們沒有理由懷疑精梳工(或營建工?)那些著名儀式的真實性——門內門外的把風人、蒙住眼睛的規矩、在一個代表死神的圖像面前鄭重地發下祕密盟誓:

> 我在此懇請上帝見證我這最莊嚴的宣誓,希望、恐懼、獎賞、處罰,甚至是死亡,都不能引誘我直接或間接地洩漏關於這個會所,或者任何一個與這個會社有聯絡的類似會所中所保有的任何東西的任何消息。而且,除非經由這個會社的正當權威認可,我絕不在紙、木頭、沙、石或任何可能會讓字跡被辨識出來的東西上,寫下或者被誘使寫下任何訊息……[68]

這類盟誓具有悠久的歷史,部分是源自共濟會(freemasonry)制度,部分源自古老的行會傳統,部分則源自一般的民間儀式——例如自治市市民的盟誓(burgess oath)。因此,通行於十八世紀中葉的「製籃工社團的自由人」(Freemen of the Company of Basket-Makers)盟誓,便約束團員必須「謹慎且忠實地守住」這行手藝的祕密,絕不傳給「同行的自由人之外的任何人」,並要善盡「做為一個兄弟和自

67 See A. B. Richmond, op. cit ., p. 77.

68 [E. C. Tuffnell], *Character, Objects and Effects of Trades' Unions* (1834; 1933 edn.), p. 67.

由人的所有義務規矩」[69]。由福來契上校派駐在博爾頓的一名「傳教士」，挖到一份更可怕的盟誓，據說是由一個愛爾蘭絲帶會的成員帶到英國的：

> 我在你們這些兄弟和萬福瑪麗亞面前立誓：我將盡我所有的
> 能力和財產，來維護並支持我們神聖的宗教——我將誅殺所有
> 的異教徒，一個也不放過。[70]

十九世紀早期的盟誓多半是這些不同來源的混合，搗毀機器分子主要是承襲愛爾蘭傳統，工會運動分子則是師法工匠和共濟會的傳統[71]。工會的盟誓恐怕是最早在倫敦的手藝圈和大城市的工匠界遭到廢置。但是在密德蘭和北方(以及其他地方)，入會式和宣誓儀式即使在結社法案廢除之後，依然持續了好些年，不僅是做為對抗雇主壓迫的安全措施，也是因為它們已成為道義文化的一部分——團結、獻身、威嚇——是工會生存的必要條件。當「老機工」(Old Mechanics)哈得茲菲分部於 1831 年成立之際，該會買了一枝手槍、一本聖經和十碼用來製作布幕的材料，顯然，入會式的用品是會員經費的第一筆開支[72]。在 1832 到 1834 年那波工會運動的熱潮期間，似乎經歷過一場宣誓儀式的復興，尤其是如幽靈般神祕的約克郡「工

---

69 Rules in Brit. Mus. press-mark L. R. 404.a.4. (52). 有關盟誓的各種形式，參見 *The Book of Oaths* (1649)。

70 H.O. 42.119.

71 關於共濟會傳統，以及儀式與入會式的角色，參見 E. J. Hobsbawn, *Primitive Rebels*, Ch. IX。

72 參見收錄於 J. B. Jefferys, *The Story of the Engineers*, facing p. 20 的複本。

匠工會」(Trades' Union)。弔詭的是,「謹守祕密」的傳統似乎突然暴衝成誇張儀式的最後階段——絕不沉默。鄉紳們陷入一片恐慌,因為謠傳裝訂工人已立下「神聖可怕的誓言」,將要誅殺叛徒和壞雇主。有人看見煤礦工人和營建工人走進酒館,他們「發出的聲響,像是他們正在進行軍事操演……一個晚上通常會開上四、五十槍。每當一人宣誓完畢,便立刻會朝他的頭頂上方發射一槍」[73]。工會領袖波拉德(Simeon Pollard)否認有任何這類的宣誓情事,但是泰斯特(John Tester)—— 1825 年精梳工罷工運動的領袖(如今是工會運動的強烈反對者)——刻薄地描寫了工會這套複雜手續的開銷——「刀劍、死亡布景、禮袍、旗幟、戰斧和類似軍用櫃的大型空箱」。一名愛爾蘭裔的年輕工賊,在里茲附近的法斯來(Farsley)遭到身分不明人士攻擊致死,在該案偵訊過程中所發現的諸多細節,似乎是頗值信賴。該工會的一個支部在這之前每週都會在「海灣」酒館集會,每次以三便士的代價租用二樓的一間密室:

> 他們採取異常嚴密的防護措施,避免密室中的談話遭人偷聽。桁梁下方用厚板鋪上,小縫用木屑塞住,而且會議全程都有一名守衛站在門外,所有的麥酒和烈酒都由一名工會會員拿進密室。

死者的父親作證說,死者是在雇主的請求之下加入工會,企圖探知工會的計畫。他的說法似乎不假:

---

[73] MS. Diary of Anne Lister (Bankfield Museum, Halifax), 31 August, 9 September 1832.

裡面共有兩個房間，其中一間是該會所的集會地。在會員獲准進入之後，第一個動作就是把他的眼睛蒙起來；然後由兩名會員引導他進入會所；接著問他口令是什麼，那次的口令是「阿耳法」和「歐麥加」；之後他們帶著他繞室而行，同時會聽到用鐵片弄出的巨大聲響——接著有人唱讚美詩——他仍舊在房間繞圈圈，總共要走個兩三回，有人會問他動機是否純正——然後他們把蒙眼布條取下，映入他眼簾的第一個畫面，是和眞人一般大小的死者畫像，上面寫著：「記住你的末日。」畫像上方，是一柄出鞘利劍——他的眼睛再次被蒙上，有人帶著他在房裡走來走去，等到信號發出，所有的會員便用雙腳踏出震耳噪音——然後他們命令他跪在一張桌子旁邊，又把蒙他眼睛的布條拿掉，這次他看到一本大型聖經，他們已把他的手放在聖經上……接著有人朗讀詩篇第九十四章，宣誓儀式開始，盟誓的內容主要是：他將服從工會委員會的所有命令，並謹守所有祕密——宣誓儀式以一句詛咒結束，每個宣誓人都必須賭咒：如果他違反誓言，他的靈魂將在地獄的最底層遭到火焚，永世不得解脫……[74]

在一個已經忘記「戰爭之神」的時代，我們可以引述這篇讚美詩(按：「神審判萬人」)當中的幾行——這是工會分子特地選來讀給

---

[74] *Leeds Mercury*, 15 December 1832, See also ibid., 4 August, 8 December, 22 December 1832, and (for Tester) *Leeds Times*, 7 and 14 June 1832. 我之所以詳細引述這段文字，是因爲它們可以用來檢核柯爾的說法，參見 Cole, *Attempts at General Union*, Ch. VII and XVI。

新入會者聽的:

耶和華啊，你是伸冤的　神，
伸冤的　神啊，求你發出光來!
……
耶和華啊，惡人誇勝要到幾時呢?
要到幾時呢?
他們絮絮叨叨說傲慢的話;
一切作孽的人都自己誇張。
耶和華啊，他們強壓你的百姓，
苦害你的產業。
他們殺死寡婦和寄居的，
又殺害孤兒。
……
因爲耶和華必不丟棄他的百姓，
也不離棄他的產業。
審判要轉向公義，
心裡正直的，必都隨從。

誰肯爲我起來攻擊作惡的?
誰肯爲我站起抵擋作孽的?
……
那藉著律例架弄殘害、
在位上行奸惡的，豈能與你相交嗎?
他們大家聚集攻擊義人，

將無辜的人定爲死罪。

但是耶和華向來作了我的高台;

我的　神作了我投靠的磐石。

他叫他們的罪孽歸到他們身上。

他們正在行惡之中，他要剪除他們;

耶和華──我們的　神要把他們剪除。[75]

這項盟誓和這首詩篇，在一間酒館密室裡的死神畫像前面，對那些還固守迷信的人而言，可說是再嚴肅也不過──他們當中或許有些人曾信奉邵思寇或投身循道宗復興運動。更何況，他只要在工作的時候，或者在酒館或小禮拜堂裡抬起雙眼，他就會看到其他和他信守著同一份祕密誓約者的眼睛。正是這樣的盟誓，害多契斯特勞工（或「托帕朵殉道者」）在1834年遭到流放，之後，宣誓儀式很快遭到廢棄。在一次於里茲的杭斯雷荒原(Hunslet Moor)爲抗議多契斯特判決所舉行的群眾集會上，一位著名的改革者公開宣布:

> 我知道許多嚴守道德戒律、謙卑度日的人士，也曾發過同樣的誓言。他們的人數如此之多……如果把他們都挑出來送去流放，那麼西來丁幾乎就看不到人煙了。[76]

---

75 其他的盟誓多半是根據以西結書第二十一章 (見上文，頁 559)、民數記第三十章第二節以及申命記第二十三章第二十一至二十三節。See E. J. Jones, "Scotch Cattle and Early Trade Unionism in Wales", *Econ. Journal* (Supplement), 1926-9, I, pp. 389-91.

76 *Leeds Times*, 19 April 1834. 主席巴洛(Thomas Balow)補充道:「我很高興從前一陣子到現在，你們都不再舉行盟誓了。」

但是我們也不應把不合法的英雄歲月說得太過多姿多彩。在酒館密室中所做的許多事情都十分單調乏味。大多和福利及喪葬有關的桑實而溫和的工作。在平安無事的年頭，最糟糕的一些問題多半都不是來自雇主，而是來自職員們的缺乏經驗或無知。一分一毫積攢起來的經費，可以在一夜之間被職員私吞潛逃，而且還無法藉由法律追索。這種情形曾經發生在框架織襪工工會的提克斯伯里支部，該支部不慎把經費交給了一個「似乎有能力而且有宗教信仰」的幹事[77]。職員通常是無給職的，不過在委員會聚會時可以用工會的經費買些麥酒做為潤滑。工會的社交功能自然是相當重要，不過早期賬簿所留下的資料，卻足以說明泰斯特的另一項抱怨並非無中生有：

> 我曾經看過很多委員，他們似乎沒有什麼……本事，除了胃口超大之外。他們乾杯的本事真是驚人。[78]

這種祕密傳統沒有理由不屬於午夜荒原上的集會和酒吧。這兩個地方都是上流人士不會去的，而只要有陌生人踏進酒吧，馬上就會被認出來。祕密傳統絕不只是宣誓和儀式而已；在戰爭肆虐和戰後凋敝那幾年，它關係到整體的行為規範，幾乎可說是一種意識氛圍。在工作場所，沒有任何領袖或代表人需要去向雇主提出工人的要求；他們只是暗示一下，提醒提醒監工，或是留下一張未署名的便條給雇主。如果雇主不答應他們的要求，在小型工坊裡也沒有舉行正式罷工的必要——工人們會逕行離開或個別給雇主個通知。雖

---

77 Nottingham City Archives, 3984 I, 22 June 1812.

78 *Leeds Times*, 7 June 1834. 比方說，參見 Postgate, op. cit., pp. 21-2。

然可以知道工人的領袖是些什麼人，不過甭想掌握他們的活動證據。韋克菲耳一位治安法官在 1804 年寫道：「他們現在變得非常謹慎，不需要全面罷工也不必和雇主溝通；他們就是有辦法讓雇主完全明白他們的意思，但是不留下任何結社的證據。」[79] 普雷斯在二十年後寫道：「少數幾個人——

　　得到他們同事的信任，不管他們是在俱樂部、某個獨立房間、或是工坊工場，只要談到任何和這行有關的事情，而且這個事情變得越來越惡名遠播，大家就會希望他們能提供些指導，這些人也真的會這麼做，只不過是用暗示的。工人便根據這個暗示行動；如果有人被開除，大家就一致支持他。這個團體裡的人並不知道是哪些人在下指示，或許二十個工人當中沒有一個知道是誰在發布指令。他們的規矩之一是不許問問題，另一個規矩則是懂得最多的人就算有人問他問題，他要不就不回答，要不就胡扯一通。[80]

　　此外，工會分子最常見的觸法情況，是他們企圖藉助直接行動來達到不管是訴諸法律規定或公開談判無法達成的目的。這類行動的方式很多。比較溫和的方式大概只比極端的道德壓力稍稍強烈一點。接受低於工會標準工資的手藝人會遭到聯合抵制；「不法」工人會發現他的工具「不翼而飛」，或是被他的作坊同事處以「罰鍰」。在史匹塔菲，織機上的絲綢會被割斷；在毛織業地區，布匹會被割

---

79 Aspinall, op. cit., p. 93.

80 Webbs, op. cit., pp. 86-7.

裂；在框架織襪業這行，織襪機上最重要的零件（「傑克」〔the jack〕，框架織襪機內部的金屬線）會消失無蹤。工賊或壞雇主會知道有人在注視著他們；可能會有一塊磚頭從窗戶外面飛進來，或是在漆黑的小巷弄裡遭到偷襲。格洛斯特郡的工賊織工曾被迫跨騎在紡織機的桁桿上，被扔進水池。偶爾也會使用較粗暴的威嚇方式：從格拉斯哥、都柏林、曼徹斯特和雪菲爾傳來的零星報導中，都曾有過實際或意圖暗殺、倒硫酸，或將火藥扔進工場等案例。轟動社會的案件在經過四處宣揚之後，連原本持同情態度的中產階級人士，也對祕密工會的暴力作風深感恐懼[81]。

比較常見的情況是，這類直接行動會小心謹慎地控制在勞動社群的道德文化可以接受的範圍。工賊被視爲闖入者，威脅要奪走努力工作和無辜者口中的麵包。儘管沒有人會爲他們的被打或「得到教訓」浪費同情之淚，但是謀殺和殘肢卻得不到道德認可。搗毀機器運動是這種直接行動的延伸，它同樣也小心翼翼地控制在這種未曾明言的規範之下。即便是在諸如桑得蘭和北席爾茲這類比較不理會規範的礦村和海港——這些地區還處於喧鬧示威和暴動的階段，尚未出現比較穩定的組織形式——暴力行爲依然被限制在某種只能意會無法言傳的範圍之內。

弔詭的是，這種對祕密和偶一爲之的暴力的堅持，竟然助長了廢止結社法案的聲浪。普雷斯的論點是大家熟悉的：

　　禁止結社的法律……促使〔工人〕違反和漠視法律。這些法

---

[81] 關於這種根深柢固的恐懼的最佳例子，可參見嘉斯凱爾夫人（Mrs. Gaskell）在她那本極富同情心的著作《瑪麗‧巴頓》書中對於工會的處理。

律讓他們猜疑每個提供服務者的意圖。讓他們憎惡他們的雇主，這種深仇宿恨是其他任何理由都不會造成的。讓他們懷恨那些拒絕加入他們的同階級人士，恨到千方百計地想要傷害他們。[82]

而普雷斯本人對於那場要求廢止這類法律的成功騷動的記載，更是因為一再(而且是不分青紅皂白的)被人引述，而成為今日眾人噴嘆的傳奇。根據這個傳奇的說法，在拿破崙戰爭結束後不久，他就開始幾乎是單槍匹馬的、在下院的裡裡外外鼓動輿論。期間，他並沒有從工會分子那裡得到多少協助：

> 工人因為太常受騙，已不願相信任何他們不熟識的人。他們習慣以狡猾和猜疑的態度對待任何階級比他們高的人，由於他們對任何減輕痛苦的措施根本不抱期望，更別提廢止這些法規的機會，他們不相信我的談話對他們有任何價值，因此他們根本不在意我到底說了些什麼，更不願意告訴我那些他們認為有一天可能會被用來對付他們的資訊。我完完全全可以理解他們，我既不會放棄我的目標，也不會得罪他們。我決心盡我所能地為他們服務。[83]

最後，他找到一位國會議員休姆(Joseph Hume)，請他促成下院廢止結社法案。休姆很能幹，孜孜不倦，並深得內閣大臣的信任。為了這個問題所組成的特別委員會中滿是支持者。在院外，普雷斯為工

---

82 Wallas, op. cit., p. 239.

83 Ibid., p. 204.

會運動成立了一個永久性的總部，爲休姆預備最好的證人，並提供各種補充資料。1824 年，一項法案在「保守祕密」的策略下通過，即使是最堅定的支持者也受命不許放出任何風聲。這項法案不僅廢止了可憎的結社法案，同時還明確地將工會分子排除在習慣法的陰謀叛亂罪名的起訴範圍之外。接下來是一波公開的工會組織和罷工的浪潮，到了 1825 年，雇主和政府同時出手還擊，任命了一個新委員會，希望能建議恢復處罰性的立法。但是普雷斯和休姆再一次以不懈的努力，企圖抵制或緩和這類立法；全國各地的陳情書如雪片般飛來；下院大廳擠滿了要求提出證據的代表。結果是，1825 年的修正法案將法規內容緊縮到幾乎是舉凡非工會分子的任何勸誘或威嚇都被視爲犯罪行爲，不過他們還是贏得了主要訴求：工會運動和罷工並不屬這類犯罪行爲[84]。

這項記載並非不眞實。普雷斯的成就在於：他以超卓非凡的技術聰明地進行幕後操縱，並以無比的辛勤和靈通的資訊從事遊說工作。他沒有忽略任何一項有利之點或危險之處。他充分利用下面這個事實：他是在與一個淨是上流士紳的下院打交道，這些士紳有的覺得工會事務單調無趣，有的厭惡製造業的利益，有的把自由放任奉爲至高無上的圭臬，而絕大多數則是對這項議題既不清楚也不在意。然而這個故事早就應該重新檢視。以下就是我們應該重新思考的幾個重點。

首先，工會分子確實有理由懷疑普雷斯。他們的憤怒不僅是因爲結社法案，也是因爲(或許還更重要)所有可用來保護他們自身利

---

84 普雷斯的完整說法，收錄於 Wallas, op. cit., Ch. VIII; Webbs, op. cit., Ch. II; Postgate, op. cit., Ch. II。

益的立法同時遭到廢除或替代[85]。但是普雷斯和休姆兩人都是正統「政治經濟學」的奉行者，並且曾經積極協助廢除**所有**限制資金或勞力「自由」的立法。1812 年 7 月，試圖在反對勢力強大的情況下遊說國會議員通過一項保護框架織襪工法案的恆生，難過地回信給諾丁漢委員會：「休姆先生根據亞當‧斯密的理由反對我們的法案，不願干預任何行業的貿易……」普雷斯積極推動廢止伊莉沙白熟練技工法規當中的學徒條款。組織廢止活動（1813-14）的雇主／製造商委員會，其主席是蓋樂威。蓋氏以前是倫敦通訊協會的助理幹事，如今他位於史密斯菲的工坊是倫敦首屈一指的工程作坊。委員會的祕書李其特，多年來一直是普雷斯的親密同志。各工會竭盡全力地為這個問題進行抗爭，轉送過上百封陳情書，請求保留或延長學徒制的規定，其中連署者共有三十萬之多。普雷斯認為工人（以及倫敦手藝圈的許多小雇主）的反對完全是「固執盲從」──「證明職工根本不明白他們真正的利益所在。」由此可知，工會分子之所以會在 1824 年對普雷斯和休姆的動機多所懷疑，實在是不足為奇[86]。

其次，說普雷斯是在指揮一場「單槍匹馬」的戰役，絕對是不合實情。事實上，恆生（他在工會分子之間的威望高出許多，尤其是在春特河以北）早就走在普雷斯前頭，他已經草擬出一項法案，並且爭取到科芬垂選出的激進派國會議員莫爾（Peter Moore）的支持，莫爾已於 1823 年提出這項法案。普雷斯和休姆迅速採取行動，一方面

---

85 參見上文，頁 357，有關修絨工和織襪工，參見頁 772-4。

86 *Records of the Borough of Nottingham*, VIII, p. 156; Webbs, *History of Trade Unionism*, pp. 61-2; T. K. Derry, "Repeal of the Apprenticeship Clause of the Statute of Apprentices", *Econ, Hist. Rev.*, III (1931-2), pp. 77, 85.

是想要推動他們自己的法案，一方面也是為了破壞恆生的法案。普
雷斯向來看不起恆生的構想，說它們「複雜而可笑」，「一派荒唐」。
韋布夫婦就謹慎些，他們說恆生的法案「精細考究」(elaborate)，廢
除結社法案但「代之以一套複雜的機制，用以管制按件計酬的工作
並解決工業爭端」。他們接著說：「某些這樣的提議成為日後工廠立
法的先聲，很有價值，但是採用這些措施的時機尚未成熟。」他們接
著又恭維普雷斯「高明的政治睿智」，運用極其不正當的費邊式技巧，
穩穩地把恆生和莫爾推到一旁[87]。

　　事實上，普雷斯的「政治睿智」在於他深信結社法案不僅是導
致守密和暴行的原因，也是罷工和工會運動的起因。根據他自己在
小型裁縫作坊裡得到的經驗，他相信如果雇主和工人都能處於完全
自由的情形之下，那麼每一個雇主多少都可以和平地解決他和手下
工人之間的問題，供需法則將可有效調節勞工的價格，少數案例則
可以透過治安法官的仲裁來排解困難。在向休姆建議如何能智取莫
爾的時候，他說：「這件事再簡單不過，

　　廢除每一項讓人感到麻煩和困擾的法律，然後不要制定什麼

---

87 Wallas, op. cit., pp. 207-10; Webbs, op. cit., p. 100, n. 1. 莫爾(和恆生)的議案
確實拖泥帶水，而且在戰術上判斷不佳。它建議廢除將近四百項法條和部分
法案(包括惡名昭彰的主僕法案〔Master and Servants〕，該法案在結社法案廢
止之後，依然使用多年)，並採取以下措施：(1)規定雇主必須給雇工一張正式
的證明書，明確列出工資價格和工作條件；(2)限制超時工作；(3)廢除「實物
工資」；(4)協助雇工以行動向其雇主追討工資；(5)成立仲裁機關。此外還有
一些附帶的小條款，內容含括：一年一聘、材料灌水、工具等等。See *Parlia-
mentary Papers* (1823), II, pp. 253 et seq; *Hansard*, new series, VIII, 366.

替代法令。讓工人和他們的雇主盡可能在最自由的情況下用他們自己的方式討價還價。這便是防止爭執的辦法……

他在 1825 年寫信給柏戴特：

> 各種結社很快就會不復存在。工人只是因爲法律的壓迫而長期結合在一起；這些法律就將廢除，各結社也將失去促使他們凝合的黏固劑，而陷於四分五裂。一切都會井然有序，甚至向某位貴格派信徒渴望的那般。他對勞動人民一無所知，但是誰會認爲；當他們得以依照自己的意思自由行動，而不必因爲法律的壓迫而結成永久組織之後，他們還會爲了不確定和不穩固的利益，繼續出錢從事遙遠而難以預測的實驗。[88]

「這便是防止爭執的辦法……」這便是普雷斯遊說國會議員的全部主旨；而促使許多國會議員轉而支持廢止結社法案的，是「政治經濟學」派的**首席**麥卡洛克(M'Culloch)發表在《愛丁堡評論》(*Edinburgh Review*)上的一篇支持類似論點的文章。恆生當然不抱這種幻想。但是，做爲一個廠外代工，他從經驗中得知：對於織工、織襪工和其他工人而言，工會運動是不夠的；因此他的法案旨在提供正面的保護機制，當時的下院可能還未「成熟」到足以通過這項法案，但這卻是廠外代工最迫切需要的。

如此看來，工會分子對於 1824 和 1825 年事件的反應，似乎比較可以理解。他們看到恆生的法案遭到那些曾經反對工會要求、並

---

88 Wallas, op. cit., pp. 210, 217.

與政府之間具有某種共識的人排擠。因此，他們在早期不願意表態支持；即使當他們後來願意出面，到休姆的委員會上提供證詞，普雷斯也發現他們的態度非常保留：

> 工人不容易管理。一定要有極大的小心、耐心和努力，才能破除他們的偏見……他們充滿了錯誤觀念，把他們的痛苦全都歸咎於錯誤的原因……他們全都指望一旦結社法案遭到廢止，他們的工資就能立即得到大幅提升；他們當中沒有一個人對工資與人口之間的關係有任何概念……

在他們了解普雷斯的用意之後，他們給與他支持，不過不是基於熱忱，而是本著「無魚蝦也好」的原則。結社法案廢止以後，他們興高采烈地運用著新得來的自由。1825 年，眼看著這些法規又將死灰復燃之際，從各行各業颳起的抗議、陳情、集會和派遣代表的風暴，連政府都備感驚嚇。「警醒聰明的工人」紛紛從蘭開郡、格拉斯哥、約克郡和泰因河畔來到倫敦，密切觀察國會的動向。蘭開郡棉紡紗工的領袖多爾帝寫信給普雷斯說：任何想要恢復結社法案的企圖，都將引爆廣泛的革命運動[89]。

　　普雷斯是促成結社法案廢除的主要人物，因此在工會歷史上自然是永垂不朽。這點他當之無愧。但是我們不應基於這個理由（就像韋布夫婦一樣）便責怪工會「漠不關心」[90]，也不應該把當時那種欣喜

---

89 Wallas, op. cit., pp. 213-14, 228; Webbs, op. cit., pp. 106-7; *Reports of Select Committee on Artizans and Machinery* (1824), *passim.*

90 早在1824年1月，《黑矮人》便曾提出普遍呼籲，要求發起一項支持廢止該

若狂的混亂情形一筆帶過。普雷斯是一個純理論家，他之所以希望廢止結社法案，是因為它們違反好的政治經濟學（也是因為他對任何壓迫工人的行為感到氣憤）。他不具有藉由諮商和協議來「服務」工會運動的觀念。他想用操縱國會議員的方法來管理工會代表：「我知道得很清楚，如果要讓他們得到協助……就必須在沒有取得他們同意的情況下進行，不必管他們。」[91] 在工會分子那邊，他們對他的總結是，他相當熱心而且深具影響力，雖然這不是他們想要的法案，不過還是可以給他有限度的支持。普雷斯認為恆生的法案不可能在下院通過，他幾乎毫無疑問是對的，就像十年後馬克斯威和費爾登有關調節織工工資的法案一樣。不過另一方面，普雷斯對於法案廢止後所可能出現之結果的看法，大體上是自欺欺人，然而在某種程度上，正是因為這種妄想（認為廢止法案可以防止爭執），才讓休姆可以在那個令人討厭和充滿敵意的下院贏得支持。

結社法案一旦廢止，進入新自由領域的並非麥卡洛克的「法則」，而是嘉斯特、多爾蒂和恆生這些人的組織。倫敦工會分子向哈吉斯金而非普雷斯尋求他們的理論。有一小段時間，若干工會對普雷斯所宣揚的工人與雇主擁有共同利益這項福音頗有好感[92]。但是階級

法案的請願活動。1824 年的最初幾個月，由各行業俱樂部發起的類似請願活動，幾乎淹沒了全國各地。政府官員（例如哈斯基森〔Huskisson〕）為了擺脫莫爾的議案，究竟對休姆的議案做出多少讓步，是個有趣的問題。See *Black Dwarf*, 17 January 1824; *Mechanics' Magazine*, 24 January, 7 February 1824; *Journals of the House of Commons*, LXXIX, 1824; Huskisson in the debate of 27 May 1823, *Hansard*, new series, VIII (1823).

91 Wallas, op. cit., p. 204.

92 雪菲爾的刀剪工送給普雷斯一份好禮物，蘭開郡的棉紡紗作業員則為此舉行了一次餐會，並在席上向霍布豪斯、休姆和普雷斯致敬，他們同時也向「曼

合作的理論才一出現便立刻遭到抨擊，首先抨擊它的是嘉斯特的《行業報》，其次是歐文派的社會主義者[93]。除了在某些手藝工會之外，有長達十五到二十年的時間，這項理論因為遭到工人的強烈拒斥，以致對工會運動的發展幾乎沒造成任何影響。我們好奇的是，偉大的幕後操縱者普雷斯本人，最後是不是也成為工會手上的一根操縱線？

四、修絨工和織襪工

這等於是預先點出了我們的故事。因為促成結社法案廢止的最有力論點，首先是它們無法有效阻止工會運動的成長，其次是因為工會的暴力行動太過盛行，搗毀機器運動讓這類行動變得更富戲劇性。我們曾經從三個方面趨近過搗毀機器運動——某些政治「地下組織」的隱匿傳統、史料的曖昧，以及非法工會運動的強健傳統。現在我們必須更仔細地分析產生搗毀機器運動的工業脈絡。

這類分析先前已有人做過[94]，但是我們可以用最近出現的證據予以更正、補充。在 1811 到 1817 年間，搗毀機器運動本身僅限於

徹斯特棉紡織製造業者致敬，並期望他們和他們的工人之間，能長保和平與和諧」。*Trades Newspaper*, 24 July 1825.

93 參見本書第十六章。

94 有關搗毀機器運動背景的最佳記載，參見哈蒙德夫婦的《技術勞工》第四章〈棉紡織工人〉，第六章第四節「剪絨工或修絨工」，第八章〈框架織襪工〉，以及第九章和第十章中有關諾丁漢及約克郡搗毀機器運動的部分。關於這項運動最生動的地區性研究，參見 Frank Peel, *The Rising of the Luddites*（針對約克郡）。另請參考 F. O. Darvall's *Popular Disturbances and Public Order in Regency England*，這本書運用了許多內政部文件，但缺乏想像力。

三個地區的三種職業：西來丁的修絨工、蘭開郡南部的綿織工，以及以諾丁漢爲中心加上來斯特郡與德比郡部分地區的框架織襪工。

在這三個團體當中，修絨工或剪絨工是技術和特權工人[95]，屬於紡毛紗織造業的貴族階級；織工和框架織襪工則是廠外代工，擁有漫長的工匠傳統，其身分地位正在逐漸下降之中。修絨工最接近一般人想像中的搗毀機器分子。他們與機器之間有著直接衝突，他們和他們的雇主都很清楚，機器終將取代他們。1806 年，有人向毛織業調查委員會這樣形容修絨工的工作：

> 修絨工的工作，先是拿出一塊還沒加工的羊毛布料，就像它剛從市集或縮絨廠出來的樣子；他先是讓布料起毛；然後，如果它是塊好布，就把它打濕修剪；而後，使「生苔」……而後將它張於布架上陰乾。如果是塊好布，陰乾之後剪爲四段。

之後，把背面剪掉，然後檢查布料的瑕疵並修補、刷整、清洗、熨燙，有時會再剪最後一次[96]。修絨工必須負責這所有的程序。除了清洗、拉幅和熨燙之外，修絨工的技巧在於最重要的一個程序——將羊毛布表面凸起的瑕疵拉成絨毛纖維，然後把這些絨毛修掉或剪掉。拉起絨毛用的是起絨草的毯果；修絨則是用非常沉重的手剪（由握柄到刀身全長四呎，重達四十磅）。這兩種動作都需要經驗和技巧。

---

[95] 修絨工 (cropper) 和剪絨工 (shearmen) 是兩個可以互換的同義詞，不過在約克郡通用「修絨工」，西部地區則習用「剪絨工」。有時也可以用比較一般性的字眼來替代，例如「布料修整工」或「布料工人」。

[96] Loc. cit., p. 296. 關於這些過程的清楚描述，參 W. B. Crump, *The Leeds Woollen Industry, 1780-1820* (Leeds, 1931), pp. 38-51。

此外，雖然修絨工的工資習慣上是布料成品價格的百分之五左右，但是「他們有沒有用心用力，卻可以讓布料的價格上下震盪二十個百分點」。因而他們通常都擁有強大的議價優勢[97]。

到了十八世紀末，布料的最後修整工作已經成為高度專業化的程序。有些大型製造業者會在單一「工廠」裡面完成整套程序；高特就在自己家裡雇用了多達八十個修絨工。不過大多數的商人都是從小織布商那兒買進還沒經過修整的布料，然後外包給工坊進行最後加工。這樣的工坊在里茲一般是雇用「四十、五十或六十名」熟練工人和學徒，但是西來丁村落的小型修整作坊，大概只雇用五或六個人。根據 1806 年的估計，西來丁的修絨工大約介於三千到五千人（後面這個數字包括學徒在內），另有五百名修整師傅。在英格蘭西部，其數量大概是這個數字的三分之二[98]。

因此修絨工可說控制了布料修整的所有過程；而且他們和精梳工一樣，可以利用他們的優勢地位組織工會，並將非技術勞工排除在外。他們構成了西來丁布料工人當中的貴族階級；十九世紀早期在他們完全就業的情況下，每週可賺到三十先令。他們以「獨立」或「不服從」的態度、政治意識以及歡鬧消遣馳名。《里茲信使報》的一位記者寫道：「修絨工嚴格說來並不是雇工，

> 他自己不這麼認為，也不這麼自稱，他是一個布料工人，在本質上更類似於鞋匠、細木工匠、裁縫等等……像這些人一樣，他來來去去，根據工作的多寡，而決定停留得久一點或短一點。[99]

97 "Observations on Combinations", 1799, P.C. A.152.

98 *Committee on the Woollen Trade* (1806), pp. 239, 289, 297.

99 *Leeds Mercury*, 15 January 1803.

根據另一份記載:「他們在麥酒館花的錢是織工、修整工或染布工的
二到三倍」,「在這門重要的製造行業,他們是有名的難以駕馭。」[100]

不過在此同時,他們也很明白機器讓他們的地位變得不太穩固,
機器可以在一夕之間,把他們從**菁英**打成「這行製造業不需要的工
人」。起絨機(gig-mill)是一項古老的發明,事實上引發搗毀機器運動
的大多數衝突,都是源自於愛德華六世所頒布的一項禁止使用它的
法規。起絨機基本上是一種簡單的設計,利用這種機器可以取代用
手起絨的工作,只要讓布料在裝有起絨草毯果的圓筒之間穿過即可。
修絨工(以及某些修整師傅)堅持起絨機只適用於最粗的布料,因為
它會撕扯並過分伸張細緻的布料;然而這些議論本身才是過分伸張
了手工技巧的不可或缺。不過無論如何,起絨機只威脅到修絨工整
套修整程序的一個環節。比較晚近而且影響性同樣嚴重的,是剪絨
架的發明。這種架子裝有兩把或兩把以上的剪刀,可以俐落的通過
布料表面,讓熟練工匠沒有用武之地。

與起絨機的纏鬥可回溯到十八世紀。英格蘭西部有少數幾個地
方久已使用這種機器,不過布料工人對它的效用並沒有定評;而就
在少數起絨機於十八世紀末在西來丁的某些地區運轉之際,修絨工
也已做好組織工作,防堵它傳入里茲。多年來,修絨工一直來往於
約克郡與英格蘭西部之間,因為他們的技藝是可以互換的。到了
1790 年代,對於起絨機的抗拒已瀕臨危機點。1791 年,里茲的布商
發表公開宣言,表示他們有意引入這種新的機器;在接下來的十年,
不止一家里茲工廠遭到修絨工摧毀。1799 年,有人向樞密院報告,

---

100 *Manchester Exchange Herald*, 21 April 1812, cited in Darvall, op. cit., pp. 60-1,
106.

修絨工擁有總數達一千鎊左右的「公款」。他們強大到足以關閉一個作坊，而——

> 如果有工人膽敢爲了感恩而在雇主需要的時候伸出援手，他就會淪爲孤獨的放逐者。在他保證會嚴格遵守中立並繳付他們任意規定的罰金之前，他絕不可能在任何有工會分子的作坊找到工作。

如果有任何雇主試圖在布料修整程序上偷工減料，修絨工就會堅持他必須繳付罰金，充當他們的經費。如果雇主退回做得不好的成品，這類案例將由工人委員會負責裁定。一家里茲工廠的起絨機在「數以百計」的目擊者面前遭到破壞，但是不論官方的懸賞多麼誘人，依然沒有任何一個人願意出面指控：

> 這個制度的存在主要是基於他們對工會幾條簡單規則的普遍認同，而非任何紙上規定，而且爲了規避所有可能的定罪機會，他們已把自己組織成「總疾病俱樂部」(General Sick Club)。[101]

這個疾病俱樂部或許就是「協會」或「織布商共同體」(1802)的雛形。它的總部設在里茲，但是 1802 年的燒毀工廠和暴動風潮，

---

101 "Observations on Combinations", P.C. A.152. See also *Committee on the Woollen Trade* (1806), esp. pp. 235, 264-5, 369; W. B. Crump, op. cit., pp. 46, 317-18, 327; Hammonds, *The Skilled Labourer*, pp. 171-80; Aspinall, op. cit., pp. 40 ff.

卻是由維特郡扮演領導中心。這象徵的或許是絕望而非力量。在里茲，由於修絨工的組織實在太過強大，根本不可能引進任何起絨機[102]。1802年8月，里茲市長寫信給費茲威廉伯爵：

> 由於我深信：如果本市有任何商人膽敢違犯布料工人的規定，他們絕對會實現他們的恫嚇，因此在過去九個月，我已透過我個人的影響力，私下說服了有意在其工廠增設一部起絨機和一部剪絨架的一兩家商號，打消這個念頭，否則我確信我們現在已經在為發生於本市的可怕暴行深感懊悔，就像在西部已經上演過的情形。[103]

這些「可怕的暴行」在十八世紀最後幾年，於英格蘭西部達到最高潮。成群結隊的暴動者有時多達一千或二千人，他們攻擊那些可恨的工廠。1799年12月在索美塞特郡：

> 二、三百名工人塗黑了面孔，手持短棒，衝進距夫倫約三哩的……一家磨剪刀廠的庫房，毀壞了價值三十鎊的剪刀。[104]

然而在維特郡，由於該地的修絨工業相較於西來丁已漸趨沒落，因此修絨工的地位也每況愈下。隨著投效沙場的剪絨工在短暫的和平

---

102 在哈得茲菲附近曾經引進過起絨機，但是在1802年以後，由於「工人不可動搖的意志」而「完全停止運作」達二十年之久。Cookson to Fitzwilliam, 30 August 1803, Fitzwilliam Papers, F.45(d).

103 Aspinall, op. cit., p. 52; Fitzwilliam Papers, F. 45(d).

104 Bowen to Duke of Portland, 20 December 1797, H.O. 42.41.

期間解甲歸鄉，失業的問題遂變得更形嚴重。1802 年，「一名回到他妻子和哭泣的幼兒身邊的士兵」，投書給維特郡布萊福 (Bradford) 選出的國會議員：

> 我們知道，有些人曾經告訴國會中的大人物和內閣大臣，說他們的工廠雇用了許多貧民，但是他們忘記了，如果他們像以前一樣採取手工操作，他們將可雇用更多貧民。濟貧院中充斥著伺機而動的男孩⋯⋯有很多人告訴我，不久就將發生革命，而且約克郡的一家通訊協會有大約三萬名會員⋯⋯我們知道焚燒工廠和人家的產業是不對的，但是，是飢餓逼迫這些生靈去做他本來不會做的事⋯⋯105

一名格洛斯特的織布商，收到一封更教人毛骨悚然的信件：

> 我們知道你有剪絨架如果你不在兩星期內自行將它們拆除我們就會替你拆你這個該下十八層地獄的賤狗在全能的上帝面前我們將拆除所有擁有剪絨架的工廠我們將關閉你們這些黑心人存放它們的大廳我們將搗毀其他燒了它們或別的我們將以牙還牙以眼還眼。106

不論愛德華六世禁止起絨機的法規多麼過時，重要的是修絨工都知道這項規定，並據此主張：保護他們自己不被機器取代，不但

---

105 Hammonds, op. cit., pp. 172-3.
106 D. M. Hunter, op. cit., p. 21. 原文即無標點，中文從之。

是他們的「權利」，而且是**憲法**賦予他們權利。他們也知道伊莉沙白熟練技工法當中有關七年學徒任期的強制規定，以及菲利浦親王和瑪麗女王限制一名雇主可以使用之織布機總數的法規。他們不僅知道這些法律，他們還打算實踐這些法律。1802 年，他們在西來丁煽動輿論，並在對抗高特的行動中贏得廣泛同情。他們對新機器的反對並非未經思考或不分青紅皂白。他們所拋出的提議包括：分階段的漸進引入機器；為被機器取代的工人尋找其他就業機會；以機器進行修整的布料每碼課以六便士的賦稅，充做失業工人的謀職基金。修絨工似乎一直抱有幾分希望，希望這個行業能舉行一次全面性的內部協商；真正讓他們義憤填膺的，主要是少數幾個雇主的態度，這些雇主受到「報復和貪婪」的驅使，而且他們打算徹底運用自己的優勢，因為「……法律有利於讓非法結社定罪」[107]。

正是在這個地方，結社法案那種公然的階級迫害，從各方面加諸於他們身上。每當有人用陰謀叛亂的習慣法或伊莉沙白熟練技工法規來打擊工會行動，任何想要藉由判例法來支持工人權益的企圖，都會以失敗或財務損失收場。英格蘭西部的毛織業工人，他們募集經費雇用律師採取行動來抵制起絨機工廠和未受學徒訓練的工人，但是完全無法收效[108]。雇主們因為不勝其擾，乃發起請願要求廢止所有有關毛織業的保護性立法。約克郡的毛織業工人也被牽扯進這

---

107 參見「一位旁觀者」與「一名商人」的有趣信件，刊載於 Leeds Mercury, 15, 22, 29 January 1803。

108 See E. A. L. Moir, op. cit., pp. 254 and 258-9; W. E. Minchinton, "The Beginnings of Trade Unionism in the Gloucestershire Woollen Industry", *Trans. Bristol and Glos. Archaeol. Soc.*, LXX, 1951, pp. 126 et. seq.; *Rules & Articles of the Woolen-Cloth Weavers Society* (Gloucester, 1802).

場法律之爭。1802 到 1803 年，為了雇用辯護人代表他們出席下院並派人去為職工作證，他們花費了大筆金錢。1803 年，雇主的法案遭到制止，並因國會全神貫注於與法國重新開戰的事務而未獲通過。接下來幾年，一年一度的擱置法案幾乎都是未經討論便在下院快速通過，延遲了所有有利於工人權益的保護性立法，而半合法的「協會」則為了抵拒雇主的進展而陷於無盡的支出深淵。1806 年，一位修絨工的證人宣稱，單是約克郡的修絨工和織工，便在前三年籌募了一萬至一萬二千鎊，以做為法律開支和出席國會的費用。

與此同時，民眾的情緒日漸強烈，支持修絨工的力量也逐日增加。在約克郡，「協會」已變成一個令人畏懼的組織。不但是修絨工宣稱他們幾乎已百分之百的加入該組織（一位證人表示：「我不認為約克郡會有二十名布料工人不屬於這個協會」），他們還得到許許多多的小雇主和織工的捐款。我們可以從他們在 1806 年被沒收的賬簿中看出，有許多其他工人團體屬於這個「協會」或曾經接受過它的經費資助，這些團體包括：煤礦工人、泥水匠、羊毛分類工、織布商、細木匠、鋸木匠、麻布修整工、鞋匠、路稅收費員、家具精木工和造紙工；而它與曼徹斯特的棉紡紗工人之間，也有金錢上的往來。到了 1806 年，修絨工的例子確實已幾乎變成勞動群體的共同委屈和要求。對修絨工而言，他們的委屈相當明確：「如今起絨機和剪絨架眼看就要日漸普及，如果容許這種趨勢繼續下去，我們這好幾百人就等著餓肚子吧。」對織工而言，這個課題就牽涉較廣：有可能讓伊莉沙白熟練技工法規當中已遭廢置的學徒條款重新施行，並因此而阻擋無技術工人的湧入嗎？所有工匠都把它視為一項判例，其結果將意味著昔日的保護性或仲裁性的勞工法規，究竟是會重新恢復或全面揚棄。在面對削減工資和勞動稀釋的強勁衝擊之際，上述

勞工法規是支持他們採取法律對抗的唯一希望。1805 年時，有數以千計的小雇主加入那場總數三萬九千人的請願活動，要求通過一項限制織布機、打倒起絨機和強制執行學徒制的法案。對許多這樣的小雇主來說，家庭工業制度似乎已處於生死存亡關頭。1806 年，一個新獲指派的委員會受命對毛紡織業展開調查，數目可觀的代表團分別代表約克郡和西部地區毛紡織業各個部門的工人和小雇主，前來作證。所有證人眾口一致地表達了他們對工廠制度的普遍憎惡。委員會報告說：「他們坦率地承認，他們希望保留這條法令〔學徒制條款〕，因為它能阻礙工廠制度發展，從而抵銷它的成長。」起絨機的威脅，只不過是工人痛惡大雇主的原因之一，這些大雇主正致力於打破他們的勞動習慣並擾亂他們固有的生活方式[109]。

說工人們的證人在 1806 年的委員會上只得到冷淡的對待，實在是太過保守的說法。他們和他們的辯護人飽受自由放任的擁護者和反雅各賓的秩序保民官的恫嚇威脅。請願書被當成了陰謀的證據。由修絨工派往倫敦並資助其相關花費的證人們，遭到如同罪犯般的審問(一名修絨工抗議說：「我已經盡我所知的說真話，我的品格就是我的麵包」)。他們向自己這個圈子之外的人募款以及他們和西部毛織業工人的接觸，都被視為無法無天的罪行。他們被迫說出同伴職員的姓名。他們的賬本被沒收。他們的賬目被細察。這個委員會脫下司法公正的外衣，搖身變成調查法庭。它向下院報告說：「你們的委員會根本不須多言，

---

109 *Committee on the Woollen Trade*, 1806, pp. 232, 239, 277, 347, 355, Appendix 13; Hammonds, op. cit., pp. 180-6; Aspinall, op. cit., pp. 66-7.

像這樣的「協會」，到頭來，終究是政治危險性高於商業上的危害⋯⋯

它認爲修絨工的組織是「一種有系統的存在，和有組織的計畫，非常有效率也極富危險性，因爲它既擁有龐大的力量，而且這個力量還可迅速而祕密地進行動員⋯⋯」關於這點，望請「國會能給與最審慎而嚴肅的考量」[110]。

這個「協會」當然只能轉入地下。擱置法案又連續兩年獲得通過。1808 年，修絨工再次發起請願，宣稱「關於使用機器的最大問題⋯⋯已接連在國會的許多個會期中提出⋯⋯龐大的開銷讓他們深感苦惱」。最後，在 1809 年，毛紡織業的所有保護性立法全部遭到廢止——包括學徒制、起絨機，以及織布機的數目。如今，通往工廠、起絨機、剪絨架，以及雇用無技術和少年勞工的道路，已暢行無阻。而通往**任何**憲制性補救措施的道路，則全面封閉。如果說修絨工當年曾分成「憲制」和「搗毀機器」這兩個派別，那麼後者已在此刻獲得勝利。早在 1805 年，皇家交易所的保險處就收到過一封匿名信：

諸位主任大人：

本郡(也就是約克郡)所有的織布工委員會的主席們，在一場全體參與的私下聚會中做出決定，希望你們(爲了你們自身著想)不要再替任何把機器當成布料工人的工廠保險。因爲總會已經決定要再次爲了我們的權利去向國會請願；如果國會不接受

---

110 *Committee on the Woollen Trade*, 1806, p. 244, Appendix, pp. 17-8.

我們的請願，停止使用替代我們的機器，我們就決定要自力救
濟，但我們不希望你們因此而蒙受損失。

謹此
布料工人[111]

在 1806 和 1809 年的請願失敗之後，毛織業職工冀望國會通過立法
以維護其身分地位的所有希望均告落空。在緊急敕令籠罩下的那段
停滯和痛苦的年代，一些大雇主趕忙裝設新機器，希望能以廉價勞
力將僅剩下的最後一點手藝逼到死角。於是，搗毀機器運動遂變成
不得不然的手段。修絨工盧德(Ned Ludd)是古老權利的維護者，是
失落憲制的支撐者：

我們將永遠不會放棄武力，〔直到〕下院通過法案摧毀所有傷
害平民的機器，並撤回對修絨機破壞者處以絞刑的命令。但是
我們，我們將不再請願，那根本沒用，必須戰鬥。

糾正軍將軍署名
奈德‧盧德　書記

永遠的糾正者，阿門！[112]

不過，搗毀機器運動的口號最初不是發自修絨工，而是來自框
架織襪工，他們的故事很複雜，因為他們的反叛對象不只是類似起
絨機那樣的可惡機器；而且對他們而言，憲制抗爭與搗毀機器這兩

---

111 Ibid., p. 312. 這封信無疑是真的，但卻沒有任何證據可以證明，它是出自「協
　　會」的授權。

112 W. B. Crump, op. cit., p. 230.

種策略，似乎不是非此即彼的單選題，而是同時運用的兩種手段。我們先從憲制抗爭這個線頭開始拆起。

框架織襪工在拿破崙戰爭期間被打入貧困的一般過程，和織工的沒落情形非常類似。不過織襪機比起大多數的手搖織布機，可是昂貴許多。這行工業是控制在襪商手中；製造過程是由織襪工在自己家中或在織襪師傅的小工坊裡完成。雖然有些織襪工[113]擁有自己的框架織襪機，但是從 1800 年開始，這些工具越來越把持在襪商或獨立的投機商人手上——這類投機商人以多少不等的金錢投資在織襪機上，然後就像房東一樣賺取租金。因此，他們除了飽受與削減工資和工作習慣有關的共同委屈之外，還得加上由框架織襪機的租金所引發的一連串不平。事實上，襪商有兩種削減工資的辦法：一是降低付給成品的價格，二是提高織襪機的租金。而且，和手搖織布機織造業的情形一樣，那些最寡廉鮮恥的雇主，逐漸侵蝕了這整個行業的基礎。

1811 年時，這個國家有大約二萬九千架織襪機，而織襪業直接間接雇用了大約五萬名工人[114]。雖然這個行業在其十七世紀的大本營倫敦還殘留了一小部分，不過如今已大致集中在諾丁漢—來斯特—德比這個三角地帶。和在約克郡的毛織業一樣，當時正有少數的大工坊或「工廠」正在興起，不過絕大多數的織襪工還是在小型工業村落裡面那些只有三、四部織襪機的工坊裡面工作。和屬於技術性的修絨工不同的是，框架織襪工是非常容易遭受剝削的廠外代工。

---

113 織襪工 (stockinger) 和框架織襪工 (framework-knitter) 二詞可以互換使用。

114 諾丁漢檔案館的資料顯示，這一行業計有工人二萬九千三百五十五人 (Nottingham Archives 3984 II, f. 29)。費爾金則指出，1812 年時，計有二萬九千五百八十架織襪機和五萬名織襪工 (W. Felkin, op. cit., pp. 239, 437)。

和織工一樣，他們對過去的美好時光充滿緬懷。有關十八世紀後半期的記述各有不同，但是在 1785 到 1805 這段期間，就業率似乎一直維持相當高的水平，而且以一天工作十二個小時計算，一週的工資有十四到十五先令。然而到了十九世紀初，這個行業卻面臨了重新適應的困難。反雅各賓社會的樸實風氣，使得華麗長統襪的需求比起革命之前滑落許多，雖然素面長統襪的需求增加以及機器加工的蕾絲花邊的逐漸引進，多少補償了這方面的損失。織襪工眼看著自己的處境每況愈下，於是掀起了強烈反彈。和織工的例子一樣，治安法官和雇主把織襪工的違逆不從歸咎於他們先前的富裕所養成的「奢華放縱」：「這些工人在每個禮拜的頭幾天根本不務正業，不是高談政治、沉迷賭博，就是在麥酒館裡放蕩買醉，然後用剩下的三四天來賺錢償付眼前的花費。」──「這種難以置信的揮霍和墮落，幾乎讓整個下層階級全面沉淪……」[115]

織襪工的委屈十分複雜，要了解他們的苦處，就必須仔細檢視這個行業的各個細節[116]。密德蘭不僅製造素面和時髦的長統襪，也生產手套、男褲吊帶、女用露指長手套、蛛網狀罩衫、馬褲、領結和其他零星物件；而主要以精品為主的來斯特，也不像諾丁漢那樣，在搗毀機器運動期間遭受嚴重打擊。但是所有的委屈，都是因為那些寡廉鮮恥的襪商為了節省勞力和降低成本的種種手段造成的。在有些村落，「實物工資」的給付範圍幾乎已完全取代了現金工資。工資的計算是根據複雜的按件計酬制度，例如蕾絲是以支數(count,

---

115 See Hammonds, op. cit., pp. 222-6; Darvall, op. cit., pp. 28-34.

116 最清楚的摘述參見 Darvall, op. cit., Ch. II, and A. Temple Patterson, *Radical Leicester*, Ch. III。See also F. A. Wells, *History of the Midland History Trade* (1935).

按：紗線的粗細單位）做爲計價單位，工人抱怨說：他們經常因爲成品太過粗糙而拿到比較少的工資，但是雇主卻拒絕使用一種稱爲「rack」的支數測量工具。織襪工還必須從他們已不敷使用的工資當中扣除縫線、縫針、燈油和接送材料成品的花費。稱爲「提袋襪商」（bag hosiers）的無恥中間人來到村落，遊說那些失業的織襪工，或不想浪費時間把成品送到諾丁漢的大襪商倉庫的織襪工，以低於標準工資的價格爲他們工作。不過其中最嚴重的委屈，是和「裁接襪」（cut-ups）與「雇用生手」（colting）有關。

中產階級的激進派報紙《諾丁漢評論》（Nottingham Review）寫道：**「工人的報復，並不是針對諾丁漢及其附近地區的新機器。**

> 機器或**框架織襪機**……被毀，並不是因爲它們的新構造，而是因爲它們生產出來的成品，這些成品不但毫無價值、欺騙世人的眼睛，還玷污了這個行業的名聲，從而孕育了毀滅它的種子。[117]

「裁接襪」（和其他物品）是用大塊的編織布料做成，先用寬幅織布機織出大塊布料，然後把它裁成一小片一小片需要的形狀，再接縫成襪子或其他物品[118]。這種成品非常便宜，而且相較於傳統的織襪框架，它們還可以大量生產。然而基於多種原因，它們在這行深受鄙視。工人還有許多雇主，都批評它們的品質太差，而且接縫很容易綻裂。在不識貨的人看來，它們很像眞貨，因此可以用低廉的價

---

117 *Nottingham Review*, 6 December 1811.

118 反對寬幅織布機的意見，參見 *Leicester Journal*, 13 December 1811; *Derby Mercury*, 19 December 1811。

格搶走「正派手藝人」所做的襪子的銷路，而且同一時間，南美市場的崩潰和緊急敕令所導致的普遍蕭條，已經讓襪子的需求量大減。再者，「裁接襪」的低劣品質也冒犯了手藝人對其工作的驕傲，並讓這行的產品備受爭議。此外，這種委屈又直接導致「雇用生手」的委屈，或說雇用無技術勞工或太多學徒的委屈。廉價的生產技術鼓勵廉價和無技術的勞工大量湧入，框架織襪業正被貶降成一門「低賤」行業。

和修絨工一樣，織襪工為了捍衛他們的境況，也有悠久的憲制抗爭和暴力抗爭的歷史。早先，有個框架織襪工公司(Framework-Knitter' Company)曾得到國王查理二世的特許狀，雖然在十八世紀密德蘭的織襪業事實上已規避了其中的條例，讓它不再受人聞問。1778 到 1779 年間，織襪工決心要爭取法定最低工資的保障。在這項法案表決失敗之後，立即發生暴動和破壞織襪機的事件。1787 年，襪商和工人經由協商訂定出一份工資價目表，在一定的程度上，這份價目表整整通行了二十年的時間。從 1807 年開始，隨著工資的下滑，織襪工再度求助於憲制騷動。古老的框架織襪工公司重新恢復，職工們付出一鎊十三先令六便士的高昂會費取得加入資格，並開始採取若干行動。一項反對「雇用生手」的判例獲得成功，但是陪審團所裁判的一先令賠償金，並不足以嚇阻其他罪犯。工資由 1807 年的水平下跌了三分之一。1811 年，竄升為工人領袖的恆生，曾經試圖採取行動對抗雇主，這是結社法案施行期間唯一有紀錄的一次行動。他提出證據，說明某些襪商曾經聯合調降工資，並曾在諾丁漢的報刊上發表他們的決議。治安法官拒絕受理他的抱怨，市政府書記也拒絕發出令狀[119]。

正如我們在修絨工的例子裡看到的，框架織襪工也認為每一條

可能保護他們的法規不是遭到廢止就是備受漠視，而每一次企圖藉由工會行動來伸張他們「權利」的做法，則被認爲是違法亂紀。雖然在 1811 年以前有些襪商也曾希望「裁接襪」和「雇用生手」的風氣能有所抑制，但是階級內部的結盟卻是一個月強過一個月，以往存在於那些身爲政治改革者的雇主與其職工之間的友好關係，如今已消失無蹤。不過我們有充分的理由可以假定：在 1811 到 1812 年間，的確有些支付習慣工資而且不願製造「裁接襪」的襪商，就算沒有以具體的做法襄助搗毀機器分子的目標，至少是對他們寄予積極的同情。因爲諾丁漢的搗毀機器運動也和約克郡一樣，是具有高度選擇性的。只有那些製造了過低工資或「裁接襪」的框架織襪機，才會遭到摧毀的命運；而當他們對織襪機上的成品或從運貨車上截獲的襪子進行割毀處決時，受刑者也只及於「裁接襪」，凡是正當織邊的襪子全部毫髮無傷。這種差別對待，清楚表現在《盧德將軍的勝利》(General Ludds Triumph) 這首歌中：

> 罪人應該害怕，但他無意報復
> 誠實君子的生命或財產，
> 他的憤怒完全局限於寬幅織襪機
> 以及那些壓低舊行情的人。
> 這些造孽的機器被判處死刑
> 在整個行業的一致同意之下，

---

119 Hammonds, *Town Labourer*, p. 66; *Skilled Labourer*, p. 227; Darvall, op. cit., p. 43; *Committee on Framework-Knitters' Petitions* (1812); J. D. Chambers, "The Framework-Knitters' Company", *Economica*, November 1929.

而可以公然反抗一切的盧德，

被指定爲偉大的處決者。

他可以責難偉大的盧德蔑視法律

那個從不須史反思的人

單是**卑劣的欺騙**，就足以

導致這些不愉快的後果。

讓傲慢的人不再壓迫卑微的人

盧德便將收回征服之劍，

一旦他的委屈得到糾正

和平將迅速恢復。

讓聰明和偉大的人物發揮他們的協助和勸導

永遠不要撤回他們的協助

直到完全合乎舊日計價法的工作

由習慣和法律加以確定。

當這場艱苦的抗爭過去

這門行業將可重展威風、揚眉吐氣，

再沒有雇用生手、削減工資和攻擊報復

會剝奪誠實工人的麵包。[120]

　　事實上，框架織襪工宣稱，即便是搗毀織襪機也是憲制認可的行爲。在查理二世所頒布的特許狀中，有一個條款規定，框架織襪

---

[120] Copy in H.O. 42.119.

工公司有權指派代表查驗貨品，並得以將製作不良或偷工減料的成品剪成碎片。如今搗毀機器分子認爲這些都是他們的權利。對於治安法官所發布的譴責公告，他們以一紙反「宣言」做爲答覆，宣稱他們既有意也有權「打破和毀壞所有製造以假亂眞之物品的框架織襪機，以及所有沒按照雇主和工人之協議付給工資的框架織襪機」。他們還補列了一張令人討厭的框架織襪機和操作程序的清單[121]。

　　諾丁漢郡的搗毀機器運動，主要集中在 1811 年 3 月到 1812 年 2 月之間；期間有兩個高峰，分別是 3 到 4 月，以及 11 月到次年 1 月，當時搗毀織襪機的風潮甚至蔓延到來斯特郡和德比郡。在這段時期，被毀的框架織襪機大約有一千架，損失的金額估計在六千鎊到一萬鎊之間，另有不計其數的物品受損。我們回頭會再討論這些事件。但是在諾丁漢，搗毀機器和訴諸憲制這兩種抗議，呈現出一種有趣的擺盪，而且至少到 1814 年爲止，這兩者很可能都是由同一個工會組織所指導，在這個工會裡面，搗毀機器派和訴諸憲制派(也許是由恆生領導)或許各有不同的方案。搗毀機器運動的主要時期，隨著將搗毀織襪機列爲死刑重罪的法案的通過而告結束。這項法案在「奈德・盧德」的宣言中被視爲「無效」，因爲它是以「最詭詐、最自私和最操縱的方式」獲得通過。無論如何，這項法案在 1812 年 2 月的獲得通過，對框架織襪工人而言可說是莫大的警告，於是他們緊急將自己改組成一個半合法的協會——「框架織襪工聯合委員會」，該委員會的許多文件(在 1814 年遭到沒收)至今仍可看到。

　　這個諾丁漢委員會所採取的第一個步驟，是開拓與倫敦、來斯特、德比，甚至都柏林、提克斯伯里和格拉斯哥之間的通訊，並試

---

121 Conant and Baker to H.O. 42.119 部分收錄於 Darvall, op. cit., p. 170。

圖拖延這項可惡法案的通過時間，好讓他們的代表得以在下院陳述他們的心聲(但沒有成功)。從他們的通訊者那裡得到的回應顯示出：想要組織任何合法協會，簡直是難如登天。來斯特的回應是(1812 年 2 月 20 日)：

> 我們認爲必須把我們自己置於法律廣大的屏障之下並懇求自治市鎮治安法官的贊同……爲這個行業舉辦一次集體會議……

德比的來信是(1812 年 3 月 3 日)：「這個衰敗市鎮的治安法官，不會允許我們舉行行業集會。」在僅有一百來個織襪工人還在工作的倫敦，哈騰園的治安法官比較願意幫忙，但是(1812 年 3 月 4 日的通訊指出)：「有兩名警察出席我們的集會，好讓治安法官滿意我們行動的合法性。」一位提克斯伯里的通訊者回覆說(3 月 2 日)：治安法官已經阻止過一次會議的舉行，信件也遭到拆閱。拉山(Thomas Latham，他和恆生負責了大部分的通訊)給提克斯伯里的市長寫了一封尖酸刻薄的信件：

> 先生，你知不知道，那個法案，也就是一般人所謂的「言論箝制法案」，早已壽終正寢？

他最好要小心，人們「如果無法正常使用他們的**權利**，就可能會透過犯罪行爲，來達到他們實現**報復**的目的」。儘管有種種困難，委員會還是在這幾個中心城鎮組織完成，並與仍然擁有織襪工的雪菲爾、索頓、貝爾波(Belper)、西諾(Heanor)、當寧頓堡(Castle Donnington)和戈達明(Godalming)維持通訊[122]。

　　諾丁漢委員會的目的是要提出一項法案，要求國會給與織襪工救助。有幾個委員會建議舉行一次以最低工資法案為訴求的請願。諾丁漢委員會拒絕了這項提議：

　　我們都很明白，政府不會干預多少勞力**總量**應該支付多少工資**總量**這類規定，因為這樣做等於替一種應該和我們國家的繁榮和災難一樣起伏波動的物品，訂出固定的**上限**和**下限**，這是一種可鄙的做法……誠然，在很久以前，政府曾經干預過工資的管制，但是亞當‧斯密博士的著作，已經翻轉了社會文雅人士對這個課題的看法。因此，想要藉由國會的影響力來提高工資，就像企圖管制風向一般可笑。

顯然,恆生和他的同事採取了完全相反的做法。(諾丁漢委員會認為)如果他們想要如願的確保工資得以提高，就必須透過更詳細的立法來防止**間接**的工資下滑：

　　委員會的意見是……本城和其鄰近地區最近的暴行，乃源於**襪商加諸於工人身上的多種不合理要求，因為缺乏國會的管制。**

因此，他們想要草擬一項法案，其中包括下面這幾個條款：(1)以「傑克」(框架織襪機內部的金屬線)的數目來管制長統襪的大小；(2)強制在所有的長統襪上註明標記，以辨優劣；(3)強制襪商在估算機器製的蕾絲的價格時，必須使用「rack」；(4)禁止低劣品冒稱高級品；

---

122 Nottingham Archives and *Records*, VIII, p. 139.

(5)強制每家工坊遵行工資價目表；(6)授權治安法官得以管制織襪機的租金。

據此，他們草擬了一項法案：「防止框架織襪業的欺詐和弊端」，其中便含括了上述若干條款，以及對於「實物工資」的禁令。1812年3月，他們積極地散發贊成這項法案的署名單和陳情書。到了4月底，參與連署的框架織襪工已超過一萬人（「全英國從事該行業的所有男性皆可署名，但女性除外」）：

諾丁漢	2,629
諾丁漢郡	2,078
來斯特	1,100
來斯特郡	2,057
德比	239
德比郡	1,809
提克斯伯里	281
戈達明	114
倫敦	92

從連署名單上可以看出，這項法案除了織襪工本身，還得到外界的廣泛支持——捐款者包括酒吧老闆、雜貨商、麵包師、屠夫、磨坊主人、農夫、印刷工、某些織襪師傅，以及許多工匠。各疾病俱樂部也發出捐款呼籲。6月間，當這項法案在國會提出時，一名士兵自告奮勇地在駐守於大雅茅斯的民團中收集簽名，同時委員會也答謝「拜倫爵爺的慷慨樂捐」。

從4月下旬一直到7月底，恆生、拉吉、拉山和其他代表密集

地在倫敦推動這項法案。在他們傳回的報告當中，對這個大城市簡直是不敢恭維。他們不僅發現熟練技術工會的成員非常傲慢自大，也發現工會給他們的開支津貼已快用完。4月22日，他們回報說，第一天晚上他們投宿在來德巷的「雙頸天鵝」：

> 當我們得知冷牛肉飯、住宿、侍者和清理臥室的女僕加起來竟然要敲走我們二十五個先令時，小湯米〔拉吉〕簡直不敢相信，他抓著他的頭喊道：「這些魔鬼!!!」

（5月間返回諾丁漢的恆生，寫信給他的同事問道：「倫敦的臭味有沒有改善。」）這項任務的開銷甚大。單是法律和國會的花費就耗去經費的大半，此外還得支付代表們的開銷（6月中旬，恆生前往都柏林造訪），提供給代表妻子的安家津貼（每週十四先令），以及全職負責收集連署和捐款的委員成員的津貼（每日三先令）。織襪工對這項任務的反應參差不齊。來斯特的梳毛紗長襪製造業，因為其受害程度不像諾丁漢棉襪業那麼嚴重，因此顯得不甚熱中。拉吉在4月寫道：「城裡面的好人不到幾個，而且主要是些雪塢林小子（Sherwood Lads）。」[123] 5月，一名委員失望地寫信回報：從事素面（雙針）織襪業的諾丁漢郡村落不願支持，因為他們懷疑這項法案的主要受惠人是蕾絲業和絲襪業的織工：「我已經出門兩天，但是一毛錢也沒募到。」過了幾個月，有人開始詢問，代表們在倫敦的花費以及提供給他們家鄉妻子的安家費究竟有多少。（這種妒意是每個早期工會都不可避免會遇到的。）此外，雖然委員會盡量想壓制搗毀機器行動，以免影

---

[123] 也就是搗毀機器分子。按：雪塢林是傳說中羅賓漢及其同志的出沒大本營。

響到他們在國會審查中的案子，但是諾丁漢工人的情緒卻是日漸激昂，3月間，有七名搗毀機器分子分別被判處七年或十四年的流刑。委員會無疑知道是哪些人主導了前一年的搗毀機器運動，就算他們真的都不是委員會的成員。4月，發生了密德蘭騷動期間的唯一一件意圖暗殺案——一個名叫春山（William Trentham）的襪商在他住家外頭遭到槍擊受傷。攻擊行動發生前，有一封來自「首領」（the Captain）的匿名信，指摘春山支付給女工的工資過低：

> 先生，你必須了解：這些極度貧困的不幸女子，正面對著淪為娼妓的強烈誘惑。首領授權我這麼說：由於這些人不具任何抵抗能力，他認為她們是在他的直接保護之下，因為他相信她們的工資是全英國最低的。

來斯特在地委員會的幹事驚慌失措地寫信給倫敦代表：

> 我聽說諾丁漢襪商春山先生星期一晚上在他自己的家門口遭到槍擊。報告說，上個星期六他把每雙襪子的工資扣了兩便士，並教她們去告訴奈德·盧德。這項說法到底有多麼真實我不知道，不過這真的不是一個以強烈羞辱行動來刺激公眾感情的好時機。

刻在倫敦進行的任務，有一點哀婉動人的味道。織襪工人的代表——尤其是恆生——在審核這項法案的國會委員會前面，動人肺腑地陳述他們的理由[124]。他們還勤奮不懈地進行遊說，向國會議員展示偷工減料的成品和「裁接襪」，並以他們最好的產品致贈給有力

人士（由委員會經費支付）。他們送給攝政王數雙長襪、一張絲質面紗、一張絲質印花布和數條手巾。西德茂斯勳爵親切的接見代表團，並爲他的幾個女兒訂購了長襪和手絹。代表們似乎即將贏得成功。在法案交付三讀前夕，恆生以勝利的口吻寫信回諾丁漢（1812 年 6 月 30 日）：

> 我們有理由〔認爲〕攝政王也支持我們，我們只需要和亞當·斯密博士的弟子爭辯，他們的學說在王國各地都備受憎惡。

兩天之後，他們失望地寫信回家。休姆反對這項法案，接著下院宣布散會，「不到四十個出席委員，在我們的事情提出之後，立刻像火燒屁股般衝出下院。」一連幾個月的請願、連署、犧牲，和試圖成立合法組織，就這樣付諸東流。下院的委員會最後還是接受了來斯特和諾丁漢大製襪商號的陳述和請願。因此，下院決定取消法案中**所有**關於製襪業的條款，只留下關於蕾絲和實物工資這兩個沒什麼力量的條款。恆生寫信回諾丁漢報告這項消息，並附了句狠話：

> 附註：現在他們可以稱心如意的苛扣、裁接、收買，以及欺詐、強劫、偷竊和壓迫。

爲了希望能恢復部分條款，代表們拜見激進派的領袖：

---

124 See Committee on Framework-Knitters' Petitions (1812), esp. pp. 38-46. 這些工人代表當中，有一位是諾丁漢的歷史學家布萊克納（John Blackner），他自 1780 年起就是一名框架織襪工。

柏戴特爵士告訴我們，國會向來不干預雇主和工人之間的爭
執……柏戴特爵士沒有出席支持我們，反而離開了下院……在
下院支持我們法案的，竟是**內閣大臣們**。

7 月 21 日，雖然休姆發表另一場長篇演說反對這項法案，結果仍以
刪減後的版本三讀通過。「大臣們贊成這項法案。該案通過時下院中
只有十二個人，所有的『愛國者』就像平常一樣都走了。」但是不容
易理解的是，「大臣那方」究竟扮演了什麼樣的角色，因為三天後，
上院隨即拒斥了這項法案。最猛烈的反對演說（上院沒任何人贊成這
項法案）是由西德茂斯勳爵發表的；他「相信上帝再也不會允許任何
人企圖以任何法案將這樣的原則帶進上院」[125]。

框架織襪工的故事當然沒有就此結束。法案失敗之後，委員會
立刻採取措施強化工會。他們徵詢「木匠、裁縫、鞋匠和刀剪業者
如何經營他們的工會」；他們草擬了新的組織法（可能是接受羅米里
爵士的忠告）；並將工會定名為「爭取國會救助並鼓勵技工改善技巧
協會」（The Society for Obtaining Parliamentary Relief, and for the
Encouragement of Mechanics in the Improvement of Mecha-
nism）[126]。就這樣，該協會有將近兩年的時間是一個極有功效的組
織：發放各種福利以及失業和罷工救助金；成功地讓製造業者直接
雇用工會會員；而其活動也強大到足以抑制搗毀機器運動復發。可
是到了 1814 年，搗毀框架織襪機的事件再度上演。根據某種說法，

---

125 Nottingham Archives, 3984 I and II, *passim*; *Records* VIII, pp. 139-62; Ham-
   monds, op. cit., pp. 229, 270. 按：西德茂斯勳爵正是當時的內政大臣。

126 Copy of *Articles and General Regulations* (Nottingham, 1813) in Nottingham
   Archives, 3984 II, f. 126.

這違反了恆生和「憲制派」的意願，但是根據另一種說法，它是做
為工會力量的輔助形式，而小規模的搗毀機器團夥，正是由工會資
助其經費。諾丁漢某家大襪商工場的罷工行動，引發了由襪商和市
政府組成的「祕密委員會」的反擊——這個委員會長久以來便一直
雇用間諜刺探工會的行動。兩名工會職員被捕下獄，工會的文件則
遭到扣留。搗毀框架的行動零星地持續到 1817 年，不過明顯的是，
在這段期間，工會也以元氣旺盛的地下活動形式繼續存在。此後，
大規模和有紀律的公開示威以及開誠磋商，年復一年的被祕密活動
所取代[127]。

　　這段歷史大半是屬於搗毀機器運動的餘波。然而管制框架織襪
業法案的流產，卻也顯示出工會分子在搗毀機器那些年所面臨的困
境。雖然我們手邊沒有足夠的文獻可以讓我們清楚解讀織工和修絨
工領袖的想法，但是他們的經驗必然與他們在 1800 到 1810 年間，
以昂貴的代價求助於國會卻慘遭失敗一事十分類似。我們先前已經
詳述蘭開郡棉織工歷史的某些細節。但是必須一提的是：蘭開郡的
搗毀機器運動，乃起於和製襪業及毛織業完全相仿的那種介於家長
主義和自由放任之間的危機。至遲到 1800 和 1803 年，織工已經在
頻繁的騷動之後，靠著棉紡織業仲裁法案（Cotton Arbitration Acts）
取得最起碼的正式保障。他們當時已與格拉斯哥的棉織工展開通訊，

---

127 See the Hammonds, op. cit., pp. 229-54; W. Felkin, op. cit., p. 238; A. Temple
　　Patterson, op. cit., Ch. VI, VII; Darvall, op. cit., pp. 139-50, 155-9; Aspinall,
　　op. cit., pp. 169-83, 230, 234-42, 320-8. 有一小段時間，工人雇用恆生為全
　　職人員。1816 年，他採取了兩次行動，成功地制裁了違反實物工資法案的襪
　　商。1817 年，當他在倫敦替被定罪的搗毀機器分子請願時遭到逮捕，並在人
　　身保護法中止期間，未經指控下獄十八個月，參見本書頁 944。

而且（依照博爾頓的福來契上校的說法）他們的騷動「乃起源於**雅各賓會社**，並意圖做為一種持續擾動織工心情的手段」[128]。仲裁法案的勝利證明只是鏡花水月。雖然治安法官得到新的授權，可以就最低工資進行調停並強制執行，

> 但是這些治安法官由於階級和財富相當而傾向與雇主站在同一陣線，再加上雙方經常藉由歡宴場合熟識親近，因此他們對這項新職權顯得相當懈怠。[129]

以最低工資法案為訴求的騷動，在 1807 到 1808 年達到第一個危機點，慷慨激昂的陳情、示威和罷工，最後把韓森上校送進了監獄[130]。根據一位自稱是該組織領袖的蘇格蘭證人的說法，自 1809 年起一直到 1812 年底，有一個影響力遍及全國的織工工會存在，其中心位在格拉斯哥，主要根據地在蘇格蘭、蘭開郡、卡來爾和北愛爾蘭[131]。1811 年，織工發起新一波爭取最低工資法案的活動，呼籲國會保護他們抵抗無恥雇主的請願書，計有四萬名曼徹斯特織工，三萬名蘇格蘭織工和七萬名博爾頓織工參與連署。1812 年，織工會議似乎出現了某種分歧：蘭開郡織工放棄所有的保護性立法的希望，轉向支持搗毀機器運動；格拉斯哥和卡來爾的織工則在法庭上為工資管制

---

128 Hammonds, op. cit., p. 67, and (for the Arbitration Acts) pp. 62-9, 72 ff.

129 One Who Pities the Oppressed, *The Beggar's Complaint against Rack-Rent Landlords, Corn Factors, Great Farmers, Monopolizers, Paper Money Makers, and War...* (Sheffield, 1812), pp. 100 ff.

130 參見本書頁 388-9。

131 A. B. Richmond, op. cit., pp. 14-28.

和學徒制問題，進行長期而昂貴的法律抗爭。事實上，格拉斯哥的工人在以大筆費用打進高等法院之後，終於贏得了成功判決。但是製造業者旋即拒絕支付治安法官業已在季審法庭上表示同意的最低工資，結果是引發一場紀律森嚴並獲得廣泛支持的織工罷工（1812年 11 到 12 月），罷工地點從亞伯丁（Aberdeen）一路南下到卡來爾。據李奇蒙（Richmond）的說法，工人決心以一次「同步展現的道德力量」來執行法律判定的工資，也決意「為他們的社會地位抗爭到底」。格拉斯哥的領導人（「一群無比冷靜和能幹的人物」）曾經煞費苦心地針對罷工的各項事宜就教於律師，並完全依法行事，結果卻還是遭到逮捕，分別被判刑四到十八個月。兩年之後，當廢止伊莉沙白熟練技工法規學徒條款的消息傳來，一份更進一步的請願書（這次是來自蘭開郡織工）宣稱：「目前這個廢止上述法律的法案，讓請願者的心情沉到谷底，再也不抱任何希望……」[132]

對於格拉斯哥織工領袖的處分，是當時工會分子所遭受的普遍打壓中最粗暴的一個例子。我們可以把我們對搗毀機器運動的產生原因的各種分析，全都匯聚在這個例子上面。當然我們很容易拿「經濟學家」的解釋廢話來搪塞了事，把搗毀機器運動簡單歸因於緊急敕令的結果。誠然，拿破崙的大陸政策和國王的報復性敕令對英國紡織品的市場造成莫大傷害，讓蘭開郡、約克郡和密德蘭的紡織業全都叫苦連天。戰爭與農業的連年歉收，將食品價格哄抬到足以造成「饑荒」的程度。但是這些並不足以解釋搗毀機器運動；它們可

---

[132] See ibid., pp. 29-40 and Richmond's evidence, *Second Report. . . Artizans and Machinery* (1824), pp. 59 ff.; Hammonds, op. cit., pp. 85-8; Aspinall, op. cit., pp. 137-50, esp. J. J. Dillon to Sidmouth, pp. 143 ff.

能有助於解釋它的發生，但無法解釋它的性質。1811 與 1812 這兩個痛苦年份，在原有的委屈之上又新加了持續挨餓這項最嚴重的委屈。它讓無恥雇主企圖節約勞力並壓低勞力價格（動力織布機、剪絨架，或「裁接襪」）的每一種手段，變得更加可恨。但是搗毀機器運動的性質，既不是盲目抗議，也不是糧食暴動（如許多其他地區所上演的）。我們不能把搗毀機器運動形容成「原始的」（primitive）工會運動。如前所示，那些組織、庇護或寬恕搗毀機器運動的人，絕非原始質樸之輩。他們既精明又幽默；他們之間的某些人可說是「勤奮階級」當中僅次於倫敦工匠的最能言善道的一群。有幾個曾經讀過亞當・斯密的著作，更多人對工會法有所研究，修絨工、織襪工和織工都有能力管理複雜的組織；照管財務和通訊；派遣代表遠赴愛爾蘭或維持與英格蘭西部的定期往來。他們都曾透過自己的代表和國會打交道；而受過完整學徒訓練的諾丁漢織襪工，不但是自治市的市民還具有投票權。

我們必須把搗毀機器運動看成是起於這個危機點：家長制的立法遭到取消，並違反工人的意願和意識，硬將自由放任的政治經濟加諸在他們頭上。這是一個始於十四和十五世紀的故事的最後一章，其中的絕大部分都已見諸於陶尼的《宗教與資本主義的興起》（Tawney, *Religion and the Rise of Capitalism*）。無可否認的是，許多這樣的家長制立法最初不但是約束性的，而且對工人來說還是懲罰性。不過無論如何，在這些立法中都存在一個仁慈的法人國家（corporate state）的模糊形象，有對無恥製造業者或不講道義之雇主的立法和道德制裁，而且不管職工的地位多麼低下，他都是一個獲得承認的「階級」。治安法官至少在理論上是仲裁或保護的最後防線，即使工人從實際的經驗中知道自己只能期待差強人意的答案，但它依然是用來

判斷治安法官的理論根據。產業的功能是為它的受雇者提供生計；而明顯會破壞「該行業」利益的做法或發明，應該受到責難。職工以他的手藝為傲，不僅是因為手藝能增加他在勞工市場上的價值，也是因為他是一名手藝人。

這些理想很可能從來都只是理想，並沒有實現多少；而且在十八世紀末，它們很可能已顯得陳腐無趣。但是它們在**應然**這個層次的觀念中，依然具有強大的真實性，是工匠、職工和許多小雇主的訴求對象。尤有甚者，這些理想仍然活在比較傳統的製造業社群的道德制裁和習俗當中。當職工們以盛大的場合和無比的熱情慶祝他們的傳統節慶時，例如鞋匠的聖克里斯平節，普雷斯頓的「基爾特」狂歡節，或精梳工的布萊茲主教節，他們所歌頌的正是這些理想。早期的半合法工會會在他們華麗的會員證上標示出這個傳統：剪絨工的會員證上有象徵「公正」和「自由」的圖案，圖案頂端是兩把交叉的剪刀；鞋匠的紋徽上面寫著他們的座右銘：「願克里斯平之子的產品能穿在全世界的腳上」；所有工會的文告和宣言，都署有「以行業之命」。就像經常發生的那樣，隨著某個傳統的步入尾聲，人們對該傳統也充滿了濃濃的鄉愁。

此外，人們經常忘記家長制立法是以多麼快的速度消失廢除。與絲織工人關係密切的史匹塔菲法案遲至 1773 年才告制定通過，這項法案在幾經修正之後沿用達五十年之久，根據這項法案，絲織工享有法定最低工資的保障——其他織工和織襪工也努力爭取這項保障但未獲實現[133]。效果不彰的棉織業仲裁法案(1800-03)，至少仍保

---

[133] 有關史匹塔菲法案的施行，參見 M. D. George, *London Life in the Eighteenth Century*, Ch. IV; Hammonds, op. cit., pp. 209 ff.; J. H. Clapham, "The Spital-fields Acts", *Economic Journal*, December 1916。

有一絲保護法的觀念。之後，在短短的十年當中，幾乎所有的家長制法規全被剷除殆盡。1803 到 1808 年間，中止了整個毛織業的相關管制條例，1809 年正式廢除。1813 年，伊莉沙白熟練技工法規的學徒條款取消。1814 年，授權治安法官執行最低工資規定的條款走入歷史。(可是，將擅離工作崗位視為犯罪行為的條款卻獲得保留。) 1814 年，刀剪業的學徒制限制被雪菲爾刀剪業法案(Sheffield Cutlers' Bill)甩到一邊。在這十年當中，任何直接的工會行動都會受到結社法案的處罰，工人越來越常求助於法庭，冀望能繼續執行這些即將過時的立法。於是我們看到，毛織工人為了起絨機和學徒制，織襪工人為「雇用牛手」和「實物工資」，棉織工人為了學徒制和最低工資而採取行動。而在 1809 至 1813 年間，倫敦的許多行業(車匠、鎖匠、機械匠等)也為了類似的問題打了十幾場訴訟[134]。這類案子大多是以失敗收場。少數成功的幾件，不但耗盡了工會經費，還招來備受嘲弄的損失。最後，連「公開市場上的價格管制」這道最後的習俗或立法防線，也在這些年間徹底失守，而試圖重新恢復與壟斷和囤積有關的習慣法的努力，也告失敗[135]。

我們必須想像恆生和拉吉所感受到的痛苦，他們是付出如此昂貴的代價才得以出席國會，這使得他們的痛苦增加百倍。工人非常清楚當時發生了什麼。他們正腹背受敵。一方面，他們面對了既定秩序(established order)的砲火。並非所有的地方治安法官，甚至並非各郡的皇家軍事首長，都是自由放任政策的支持者。有的時候，這

---

134 See T. K. Derry, "Repeal of the Apprenticeship Clauses", loc. cit., pp. 71-2.

135 參見本書頁 75-81。

些人會打從心底對於插手反對職工的做法感到不安，甚至極端厭惡大雇主的手段伎倆。但是，在工人大聲而有效地表達其委屈的同時，他們也威脅到秩序的價值觀。一位老派的鄉紳可能會同情一個以悲情苦主身分上門的飢餓織襪工，但是他絕對不會同情祕密委員會、街頭示威、罷工，或毀壞財產。

另一方面，工人也遭受到其雇主的攻擊，後者每天都可從自由放任學說的信徒那裡，得到新的增援。1815 年的穀物法(Corn Law)＊⁹ 足以顯示貴族和鄉紳並不是真正贊同自由放任學說。但是戰時內閣認為，基於純粹的反革命機會主義，只要「自由競爭」學說妨害的是工人而非地主的利益，那麼接受這種學說倒不失為方便之舉。事實上，當西德茂斯在 1813 年提議廢除工資仲裁的時候，他幾乎不認為這件事有什麼好討論：

> 根本不需要有爵爺般的開明頭腦，就可以知道這類規定對於雇主和僕人是多麼惡毒，尤其是後者。他們必須相信，廢止這些惡毒的法規是為了他們著想。[136]

如果說修絨工和框架織襪工的代表在內閣大臣那裡碰到釘子，那麼他們從休姆乃至柏戴特這類激進派人士這邊也得不到什麼安慰。他們一方面遭到秩序價值觀的反對，一方面又受到經濟自由價值觀的抨擊。在這兩者中間，是一大堆搞不清楚狀況的國會議員，其中或

＊9 穀物法乃英國為了保護本地糧食生產、農民收益和農業租賃所立的法令規定。創始於中世紀。1815 年的修正案將准許糧食進口的價格門檻提升至每夸特八十先令，引起強烈的反對聲浪，尤其是在新興工業地區。

136 See Hammonds, op. cit., p. 87.

許有些人對這種不公正的作爲隱約感到一點罪惡感，但是他們採取了最簡單的逃避方法：「在我們的事情提出之後，他們立刻像火燒屁股般衝出下院。」

拜倫在上院發表的那篇反對判處搗毀框架織襪機死刑重罪的著名演說，並不是在賣弄華麗誇張的詞藻，他說：「當有人提出解放或解救的建議時，你們遲疑，你們商議多年，你們因循拖延，玩弄工人的感情；然而死刑法案卻必須立即通過，一點也不必考慮其後果。」工人們覺得，藉由互惠性的義務和責任讓他們與社會其他部分緊密相連的紐帶，不論理想色彩多重，如今正一條接一條地斷裂。他們正一步步被排擠到憲制的欄柵之外。委屈感最重的那些織工和織襪工，覺得他們的工匠地位正被日漸侵蝕。1811 年，德比的素面絲織工人求助於襪商師傅：

> 做爲一群受雇織造昂貴布料的巧藝工匠，我們認爲自己在社會上應享有較高地位；在報酬上，我們應該和最優秀的技工同級……在結社法案的箝制之下，我們無法以一個公開群體的身分向您們要求提高工資，不過我們可以提出下面這個**合法要求**：我們應該得到額外工作的報償。[137]

1811 年蘭開郡一個織工委員會宣稱：「當我們想到立法機關連那些沒那麼重要的事情都已經插手處理了──已經通過法令來管制**穀物**價格、規定**麵包**價格……增加**法官**和**教士**薪水……本委員會就更無法理解，究竟是爲了什麼公平的理由，立法機關不應在我們已瀕於

---

137 *Nottingham Review*, 20 December 1811.

如此貧困的情況下著手干預」:

> 如果你們擁有可以將議員送進下院寶座的七萬張選票，你們
> 的請求還會受到這麼冷淡、更別說是置之不理的對待嗎？我們
> 不信。[138]

因此，我們必須首先從這個脈絡來觀察搗毀機器運動。職工和
工匠覺得他們的憲法權利遭到侵奪，而且這種感覺已經根深柢固、
無可動搖。盧德是「糾正者」或「偉大的處決者」，（「在整個行業的
一致同意之下」），捍衛各項「由習慣和法律」所確立的權利，這些
權利是如此的根深柢固，不是少數雇主甚或國會可以拔除的:

> 不要再吟誦勇敢羅賓漢的老調，
> 他的英勇不是我所仰慕。
> 我將歌頌盧德將軍的彪炳，
> 這位現代的諾丁漢英雄……[139]

不過，其次，我們不應過分誇大織襪工或修絨工的孤立程度。在整
個搗毀機器的「暴行」期間，密德蘭和西來丁的搗毀機器分子都得
到廣大輿論的支持。大雇主和一般工廠制度，在數以千計的小雇主
之間激起深刻的敵意。1795 年，西來丁的小織布商師傅積極地進行

---

[138] H.O. 42.117. 對這份不尋常文件的更詳盡摘錄，參見 Hammonds, op. cit., pp.
84-5。

[139] *General Ludd's Triumph*, in H.O. 42.119.

宣傳拉票，希望大家能贊助一項「恢復並保全整個布料製造業行之
多年的舊日制度……」的法案：

> 直到不久之前，這個制度依然是：由居住在本郡各村落的鄉
> 人製造布料，然後在里茲的公共會館上賣給那些不製造布料的
> 商人。
>
> 最近，若干商人已變爲布料製造業者，而且，爲了改良這樣
> 的製造廠，他們興建起極其龐大的建築物，稱做工廠。他們有
> 意在這些工廠雇用織布商做爲他們的僕工，好讓這些人和我們
> 先前提過的已經離散的家人，以依附地位團聚在那些建築物裡
> 面或附近。

這項法案(旨在防止製造業商人利用在公共會館購買布料的辦法來
補充他們的訂貨)是「爲了保護一項行業制度，該項制度比王國境內
的任何其他製造業，創造了更多的獨立、繁榮和道德，以及隨之而
來的更大幸福」[140]。

「僕工」(servant)和工匠的身分差距簡直不可以道里計，前者是
受雇和領取工資的勞工，必須服從雇主的命令和紀律；後者卻可以
隨自己的高興「來來去去」。這種差別使得工人寧可流血抗爭，也不
願意讓自己被人從這邊推到那邊。而且根據社會的價值體系，抗拒
墮落的人是對的。1797 年，第一家蒸汽工廠在群眾的威脅叫囂聲中
於布拉福興建。西來丁的「小製造者」把本寧山另一側那些有著許
多煙囪的「阿克賴特後裔」，視爲是他們所從事的家庭工業的死亡判

---

[140] MS. "Heads of Proposed Bill. . .", Halifax Reference Library.

官。1802 到 1806 年間,支持「協會」或「織布商共同體」的小雇主,找到道德經濟學做為他們的理論後盾。

我們很容易忘記,新式棉紡織工廠曾經是多麼的惡名昭彰。它們是剝削的中心;禁錮兒童的恐怖監獄;敗德和工業衝突的淵藪[141];以及最重要的,它們將勤勞的工匠貶抑至「依附地位」。工人社群的生活方式瀕於破滅,因此,修絨工對於特定機器的反對,絕不只是某個特定的熟練工人團體在捍衛他們的生計,我們必須把它看成嚴重許多的大事。這些機器象徵著工廠**制度**的入侵。有些織布商的道德觀念非常強烈,強烈到故意壓制節省勞力的發明。1800 年,歐斯特勒的父親寧願賣掉一個賺錢的生意,也不肯使用機器,因為他認為機器是「富人用來壓迫窮人,讓窮人淪於墮落悲慘的工具」[142]。正是基於這種感情,才使得織布商、修整師傅、工匠、各個層級的工人,乃至部分專業人士,願意認可搗毀機器者並提供他們保護。1812 年在西來丁指揮軍隊的葛瑞將軍(General Grey),氣餒地評論道:

> 那些受人蒙騙或不懷好意的民眾,針對他們憎恨不已的起絨機和剪絨架所發表的意見和希望,即使是高尚可敬的居民也深

---

[141] 比較托利黨的柯貝特在《政治記事週刊》上的說法(1803 年 7 月 23 日):「星期天,孩子們從那些稱之為製造廠的有毒監獄裡……釋放出來,可以稍微伸展一下他們那緊縛的四肢」;以及自由派的《里茲信使報》的報導(1802 年 3 月 6 日):「本城和其他市鎮的大型製造廠,已成為各種污穢和猥褻的溫床……這項觀察的真實性不容置疑。」

[142] Driver, op. cit., pp. 17-8.

表贊同，這個情形甚至擴延到其他製造業的工廠主人……[143]

　　這種情感也存在於密德蘭，儘管當地沒有任何重大的機器改進問題正在爭議。織襪師傅、手藝人、工匠，和甚至某些襪商，全都站在框架織襪工那邊，特別是在 1812 年他們向國會請願期間。將搗毀織襪機納入死刑懲處範圍的法案，即使連那些根據其自身利益應該表示贊成的襪商，也都爲之不齒。由此看來，將這些年的搗毀機器運動視爲一種盲目的反對機器的傳統看法，已變得越來越站不住腳。這場運動的眞正重點是，資本主義的「自由」摧毀了行業的習俗慣例，不管是藉由新機器，還是工廠制度，或是漫無節制的競爭、打壓工資、削弱敵手和降低工藝品質。我們太習慣把商業在十九世紀早期從「常規限制」當中解放出來的過程，看成是不可避免的和「進步的」，因此我們需要很大的想像力，才有辦法了解那些「自由」的工廠或大襪商或棉紡織製造業者——那些藉由這類手段致富的人——不只遭到人們的忌恨，而是根本被人們視爲一群沉迷於**敗德**和**非法**伎倆的人物。合理價格和正當工資這種傳統在「下層階級」之間的存活時間，遠比一般認爲的要來得長久。他們認爲自由放任並不是「自由」，而是「邪惡不當的強迫」。他們完全無法理解「自然法則」，根據這種法則，一個人或一些人可以恣意從事那些擺明會對其同類造成傷害的作爲。

　　一篇致「我們親愛的兄弟和首領，愛德華‧盧德[*10]」的「特別宣言」，具現了這種「行業」道德經濟學的所有觀念：

---

143 Darvall, op. cit., p. 62.

*10 按：即奈德‧盧德，奈德是愛德華的暱稱。

它已向我們指出，北部諸郡的騷動將軍已完成聚集，準備糾正技術工人的委屈。諾丁漢這個英國蕾絲製造業重鎮的蕾絲查理(Charles Lacy)，已違犯諸多欺詐和壓迫法案——他讓我們七百位親愛的兄弟淪入貧窮和悲慘境地……靠著在針織品的鉤點網數上造假，足足賺進了一萬五千鎊的財富，他藉由這些手段毀了棉線蕾絲業這行，連帶毀了我們可敬和親愛的兄弟們，他們的家計和生活完全倚賴於這個行業的存續。

我們所面對的情況似乎是，上述那位蕾絲查理已經受到最殘忍動機的役使，因此我們……宣判上述的一萬五千鎊予以沒收，我們特此……命令蕾絲查理支付該筆金額，並將之平分給曾經在 1807 年製造棉線針織網的工人……[144]

從這個角度看來，搗毀機器運動可說是反對無限制工業資本主義情感的一種狂烈爆發，企圖回復正在消退中的家長制法規，並透過勞動社群的傳統力量予以支持。然而這點很容易招致「反動」的批評。儘管所有的訓誡說教(在當時和後來)都把搗毀機器分子當成新機器或「自由」企業的受益者——不管怎麼說，搗毀機器分子對於這種論調總有足夠的聰明才智可以自行衡量——但是唯有破壞機器者，而非那些小冊作者，最能確實判定這種改變的短期效果。修絨工就是一個最清楚的例子，讓我們看到一項技藝是如何走向徹底消亡：

在 1806 到 1817 年間，約克郡起絨機工廠的數量，據說已從

---

[144] 這份用銅版紙印刷的精美「宣言」，日期是 1811 年 11 月。這份宣言授權盧德得對拖欠債務者「判處死刑」，並可分給劊子手們五十鎊賞金。參見 J. Russell, "The Luddites", *Trans. Thoroton Society*, X, 1906, pp. 53-62。

原本的五家增加到七十二家；以機器運作的剪絨刀數量由一百把增加到一千四百六十二把；總數三千三百七十八位剪絨工中，有超過一千一百七十人完全沒有工作，另有一千四百四十五人只能部分就業。[145]

無技術工人和青少年取代了他們的勞力。根據一份 1841 年的記載：

> 1814 年時，里茲共有一千七百三十三名修絨工，都是全職；而現在，自從採用機器之後，所有的布料……全都由相對少數的工人負責修整，主要是些男孩，每週工資由五先令到八先令……以及少數幾個成人，每週工資從十先令到十四先令。老修絨工只能轉而從事任何他們能找到的工作，有些充當地主的管家、挑水伕、清道夫，有的則賣橘子、餅乾、蕾絲布帶、薑餅、鞋油等等。[146]

這是一個高尚行業的悲慘結局。織襪工和棉織工日後的歷史，也無法為習俗和「常規限制」的崩潰提供任何的「進步」面貌。我們先前已經詳細探討過織工的生計是如何遭到摧毀。如果說工業革命還有比手搖織布機織工更苦難的插曲，那一定就是織襪工了。據費爾金(Felkin)的說法，他們當中有很多人淪落到每天必須工作十六到十八小時，卻只有每週四到七先令的工資；唯有移民到好望角才能逃離這種苦難。1820 年代早期情況略見復甦，隨著機器蕾絲花邊（螺

---

145 E. Lipson, *The History of the Woollen and Worsted Industries* (1921), p. 191.
146 W. Dodd, *The Factory System Illustrated*, p. 15.

旋網和六角網「熱潮」)的引進，連帶為這個行業注入些許生機，然而接下來又是持續的惡化。一名工人在 1840 年告訴古柏：「我們三不五時會需要趕工一陣，但是很快又會陷入挨餓狀態。」(據說當時全職受雇者的「平均」工資，是每週四先令六便士。)一方面得繳付框架租金，一方面還得忍受各式各樣的小剝削──削減工資、「苛扣」(docking) 或罰款、實物工資──「難怪可憐的框架織襪工會這麼疲憊衰弱，就算你是在離來斯特一百哩外的地方看到他，你也可以從他那獨一無二的痛苦和沮喪神情認出他來。」而這還只是「自由競爭」的結果，不包括任何牽涉到蒸汽或水力的機器[147]。

即使我們把產品價格的持續下跌考慮進去，我們還是說什麼也無法把前二、三十年間導致這個行業的受雇工人淪落到這般田地的過程，形容成「進步的」。而且，根據這個角度，我們可以把搗毀機器運動看成是**過渡期**衝突的一個關鍵時刻。一方面，它頻頻回顧永遠無法恢復的舊日習俗和家長制立法；另一方面，它又嘗試以恢復古老的權利來確立新的先例。他們的要求根據不同時期分別包括了：立法制定最低工資；控制對童工女工的「榨取」程度；責成雇主替那些因為機器而變成「過剩勞力」的熟練工人另謀出路；禁止偷工減料；以及開放工會結社的權利。這所有的要求既是後顧的，也是前瞻的；而且隱含在其中的朦朧影像，比較不像是家長制的，而是屬於民主社會的，在這個社會裡面，工業的成長應該根據倫理道德的優先順序進行調節，而對於利潤的追求，則應附屬在人類的需要之下。

---

147 Felkin, op. cit., pp. 441 ff.; T. Cooper, *Life*, pp. 137-42. See also J. E. C. Harrison, "Chartism in Leicester", in A. Briggs, *Chartist Studies*, pp. 121-9.

　　因此，我們必須把 1811 到 1813 年視爲一個分水嶺，發源其上的溪流一邊往回流向都鐸時代，另一邊則向前流往未來一百年的工廠立法。搗毀機器分子在某種程度上是最後一批中古行會人（Guildsmen），但他們同時也是那場導致十小時運動的騷亂濫觴者。在這兩條溪流當中，都蘊含有不同於自由放任的另一種政治經濟學和道德學。在工業革命最關鍵的幾十年，工人完全暴露在有史以來最貶低人性的教條之下——不負責任和未經許可的競爭——而一代又一代的廠外代工就這樣暴露而亡。一直要到十小時法案通過，馬克思才在「光天化日之下……頭一次看到中產階級的政治經濟學屈從於工人階級的政治經濟學」[148]。那些攻擊勞福茲（Rawfolds）卡萊特（William Cartwright）工廠的工人，正是在宣告這種另類的政治經濟學，儘管是透過一場混亂的午夜衝突。

五、雪塢林小子

　　一般人通常都把搗毀機器運動看成是不識之無的手工工人的一種粗魯和沒有計畫的行動，一種盲目的反對機器。然而破壞機器其實有著悠遠的歷史。破壞原料、織布機、打穀機，給礦坑灌水或損毀礦場設備，搶劫或縱火焚燒不受歡迎的雇主住宅或財產——凡此種種和其他形式的直接暴力行動，在十八世紀和十九世紀上半葉早已不乏先例，而「搗搬」一直到 1860 年代仍盛行於雪菲爾刀剪業。這類方法有時旨在破壞敎人痛恨的機器本身。但更常見的情形，是做爲強制執行習慣法規或威嚇工賊、「非法」工人或雇主的手段，以

---

[148] K. Marx, *Selected Works* (1942), II, p. 439.

及做爲罷工或其他「工會」行動的輔助辦法(經常奏效)[149]。

盧德派的搗毀機器運動(Luddism movement)雖然與這個傳統有關，卻必須和這個傳統區分開來。第一，它有高度的組織。第二，它是盛行於一定的政治背景之下。我們可以把這些差異歸結爲一個單一特色：搗毀機器運動雖然源於特殊的行業委屈，卻是一種**準暴亂運動**，持續在隱密的革命目標邊緣震盪。這並不是說它是一種具有完整意識的革命運動，不過它確實有發展成這樣一種運動的傾向，而且這個傾向最常受到人們低估。

蘭開郡的搗毀機器運動表現出最高度的政治內涵，以及最大規模的自發性和混亂性。諾丁漢的搗毀機器運動具有最高度的組織和紀律，並嚴格局限於工業目標。約克郡的搗毀機器運動則是由工業目標逐漸移動到隱密目標。在分析這些差別以前，我們必須先對它們做番速寫。

主要的騷動是從 1811 年 3 月的諾丁漢開始。軍隊驅散了織襪工的一項大規模示威——他們「爲了工作和更慷慨的工資大聲疾呼」。這天夜晚，暴動者在阿諾德(Arnold)這個大型村落搗毀了六十架織襪機。這些暴動者非但沒有以化裝掩飾，還受到群眾的熱情鼓勵。在諾丁漢郡西北部的各織襪村落，騷動持續了數星期之久，主要發生在晚上。雖然特種警察和軍隊在這些村莊四處巡邏，但是沒有逮捕任何人。

---

[149] See E. J. Hobsbawm, "The Machine Breakers", *Past & Present*, I, February 1952, pp. 57ff. 儘管這篇文章對破壞機器的一般現象提供了精彩的研究，但是霍布斯邦博士卻忽略了盧德派的搗毀機器運動和其他時期的破壞機器行爲之間的差別。

儘管發生在 3、4 月間的這次搗毀織襪機行動,其範圍之廣超過日後三十年間的任何一次,但是這場首次引爆並未造成重大震撼。在製造業地區,各式各樣的暴動可說是家常便飯,而且很少引人注意。不過到了 1811 年 11 月初,搗毀機器運動開始以相當有紀律的形式出現。搗毀織襪機的不再是「暴動者」,而是有紀律的小型團夥,他們在夜裡迅速地從一個村落趕到另一個村落。它從諾丁漢郡向外擴散到來斯特郡和德比郡的部分地區,並不曾間斷地持續到 1812 年 2 月。11 月 10 日,在布渥 (Bulwell) 發生一次嚴重衝突,當地一位名叫豪林斯渥斯 (Hollingsworth) 的襪商起而保衛他的家產。雙方互射子彈,一名搗毀機器分子 (來自阿諾德村的織襪工威斯特來〔John Westley〕) 被殺;不過搗毀機器分子在帶著他的屍體撤退以後又捲土重來,他們破門而入,搗毀織襪機。三天之後,一大群武裝有毛瑟槍、手槍、斧頭和鐵鎚的搗毀機器分子,在索頓的一家大襪商作坊搗毀了七十架織襪機。夜復一夜,這樣的攻擊繼續了三個多月,有時還會在兩、三個距離很遠的村落同時上演。

到了 12 月底,《里茲信使報》的諾丁漢記者宣稱:「自從查理一世那段動盪時期過後,諾丁漢郡從沒經歷過像上個月那樣的騷亂。」不管是治安法官或大批支援部隊的任何行動,都不足以嚇阻搗毀機器分子。每一次攻擊都顯示出他們是有計畫和有方法的:

> 他們只搗毀那些降低工人工資的雇主的織襪機,至於那些沒有調降工資的雇主,他們的織襪機全都毫髮無傷。昨晚在一家工場,他們搗毀了六架織襪機當中的四架,另外那兩架屬於沒調降工資雇主所有的機器,他們碰都沒碰。

搗毀機器分子不是帶著面具就是化了裝；設有哨兵和通訊專差；「他
們以暗號彼此溝通，一發手槍或長槍，通常就是危險或撤退的信號。

　　暴動者突然出現，結爲武裝團體，由常規指揮官領導；不管
總指揮官究竟是誰，外號都是 **盧德將軍**，大家絕對服從他的命
令，就好像他是從國王陛下那裡得到授權一般。

一般人都相信，搗毀機器分子立有重誓，而且不服從「盧德將軍」
命令者一律處死[150]。
　　與此同時，搶劫武器和爲搗毀機器運動籌措經費的行動也日漸
普遍。來自艾學渥(Ashover)的一封信，描繪出搗毀機器分子的行事
是多麼具有威望：

　　有兩個人到這兒來，自稱是由委員會派來的視察員；他們去
　　到每一個織襪工的家中，給織襪工一張工資表，然後叫這些織
　　襪工不要爲低於這樣的工資工作……他們召集所有的織襪工，
　　其中有十二或十四名的師傅級工人，一起帶到一家酒店，他們
　　那股威風樣，就好像是從攝政王那兒受命一般。當他們把織襪
　　工帶到這兒之後，我所能知道的就是：他們是爲了向後者籌款，
　　以便接濟那些因爲他們的織襪機被搗毀，而無法賺錢糊口的家
　　庭。只要他們發現一個沒有受過正規學徒訓練的工人或是婦女
　　在操作框架織襪機，他們就會命令雇主解雇他們，如果他們保

150 Darvall, op. cit., pp. 67-70; Hammonds, op. cit., pp. 261-5; *Leeds Mercury*, 7,
　　14, 21 December 1811.

證會遵命行事，他們就會在織襪機上貼張紙條，上面寫著：「保留這架織襪機，趕走生手。」[151]

在潘垂吉村(這個村落在五年之後將因另一個事件而變得眾所周知)，「當他們通過這個村落時，他們檢查了這些框架織襪機和其持有人，並詢問他們的工作內容和他們賺取的工資，然後沒有釀成任何災害的離開……」也許是出於同情或是自衛，那些遵守織襪工開出條件的襪商，會在他們的框架織襪機上貼上印好的單子，上面寫著：「**這架織襪機織完全符合樣式的長襪，付十足的工資。**」[152]

搗毀機器分子的驚人成功，讓他們士氣大振：

現在，憑著無可征服的力量，和毫不動搖的威脅

死亡不能澆息他的熱情

大軍無法興起他的恐懼

也無能抵擋他的成功

當他征服的消息傳聞遠近

他的敵人是如何顫悸

他的勇氣、他的剛毅，讓他們畏怕不已

他們害怕他那至高全能的權力……

他的毀滅大業

不限於任何方法，

---

151 Aspinall, op. cit., p. 118.

152 *Alfred*, 9 December 1811.

　　不論火焚水淹，終必摧毀它們

　　因爲大自然會協助他的計畫。

　　不論是行走在士兵駐守的公路

　　或是安坐在熟悉的家中，

　　他都會日以繼夜地顫抖他們，

　　沒有任何東西可化解他們的劫數。[153]

他們不但提供「獎賞」給告訴他們是誰洩漏他們祕密的人，同時還威脅那些假他們之名籌措經費或搶劫孤立農場的惡棍。「盧德將軍」的紀律充分展現在一封致「無名陌生人」的信件裡面，這封信和那些在攻打克里夫頓(Clifton)時偷來的東西一併寄出，懇請務必將這些東西「歸還給它們的主人」：

　　我以十二萬分的抱歉通知你這些東西是如何落到我的手上在我和我的部下抵達時有些人混進我們當中是他們混水打劫的當我們離開克里夫頓時我的部下告訴我他們認爲那些人拿了一些不該拿的東西我因而下令搜查他們……

這封信的結尾更爲嚴厲：

　　……我們正要絞殺一名惡徒可是聽説士兵們來了我們認爲應該撤退注意：那些拿東西的人完全不知道我的規矩否則他們一樣東西也不敢碰不過他們的惡行已受到處罰每個人都被吊了三

---

153 *General Ludd's Triumph*, H.O. 42.119.

分鐘才放下來我是窮苦人的朋友和壓迫者的敵人。

盧德將軍[154]

1812 年 2 月的第一個星期,密德蘭搗毀機器運動的最重要時期就此結束。原因有三。首先,搗毀機器分子贏得了部分勝利,大多數襪商都同意支付較好的價錢,而每週的工資也普遍提高二先令。其次,這個地區如今已駐有幾千名軍隊,還有特種警察和在地守望隊擔任輔助。第三,搗毀織襪機得判處死刑的法案,如今已列入國會議程,而且(如前所述)搗毀機器運動也在一夕之間代之以訴諸憲制的騷動——這項轉變實在太過突然,不禁讓我們懷疑這個新委員會至少有部分是在前搗毀機器分子的指揮之下[155]。然而,就在諾丁漢的搗毀機器運動乍然偃旗之際,蘭開郡和約克郡的搗毀機器運動卻在它的激勵之下猛然引爆。

在約克郡,剪絨工熱切注意著來自諾丁漢的報導,據傳在各個工坊都有人高聲誦讀《里茲信使報》上的記載。積極蓬勃的搗毀機器運動在 1 月中旬已初露徵兆,當時有人在里茲橋頭無意中撞見一群面孔塗黑的團夥。接著,搗毀機器運動正式登場,該運動已經發展成形,主要是仿照諾丁漢的紀律和戰術,但是伴以更大數目的恐嚇威脅信件——這些信件並非來自同一個中心。1 月間,里茲僅有的一家起絨機工廠遭到焚毀;到了 2 月,擁有最多起絨機和剪絨架的哈得茲菲和史班谷地相繼發生了夜晚攻擊事件。在每一次成功的攻擊之後,

---

154 *Leeds Mercury*, 15 February 1812; *Nottingham Review*, 7 February 1812.

155 恆生宣稱他曾勸導工人組織行業俱樂部,以做爲搗毀機器的替代方法,參見 *Fourth Report ... Artizans and Machinery* (1824), p. 282。

　　一旦破壞的工作完成，領袖便集合他的部下進行點名，每個
人都必須回答一個特殊的號碼而非他的名字。然後他們開槍，
大叫一聲，以正規軍隊的步伐離開。

除了可恨的機器之外，其他秋毫無犯：

　　……其中有個人詢問領袖，他們該怎麼處置那些業主？他回
答不要傷他一根寒毛，不過假如他們有必要再來造訪他一次，
他們就不必對他客氣。[156]

　　西來丁似乎有許多搗毀機器的「指揮部」，以里茲、哈里法克斯、
哈得茲菲和史班河谷地的小織布村落爲中心，它們的代表（來自克雷
克希頓、海克蒙維克、戈摩索〔Gomersal〕、伯斯托、密爾菲〔Mirfield〕、
布瑞格豪斯〔Brighouse〕、艾蘭德〔Elland〕以及「更遙遠的地方」）
預計在 2 月會面，並派代表出席一、兩個星期之後在哈里法克斯召
開的進一步會議[157]。他們在里茲散發傳單，其措辭比任何諾丁漢搗
毀機器分子的用語更具叛亂性：

　　致所有的修絨工、織工和一般大眾
　　慷慨的同胞們，
　　　請你們攜帶武器前來，幫助糾正者糾正他們的錯誤，擺脫那

156 *Leeds Mercury*, 18 January, 29 February 1812; Frank Peel, op. cit., (1880 edn.),
　　p. 17.

157 Peel, op. cit., (1895 edn.), pp. 44 ff. 值得一提的是，每當有資料可進行核對
　　時，我們發現皮爾的記述總是正確的，即使細節也不例外。

個愚蠢老頭的束縛，以及他那個更加愚蠢的兒子和作惡大臣，所有的貴族和暴君都必須推翻。來，讓我們效法巴黎勇敢市民的光榮榜樣，他們在三萬名暴虐士兵的注視下打倒了一個暴君。這是最符合你們自身利益的做法。四萬多個枕戈待旦的英雄，已準備要打倒舊政府並建立新政府。

　　謹呈給糾正者大軍的指揮官盧德將軍。[158]

　　哈得茲菲的一位製造業者史密斯先生，接到一封更教人毛骨悚然的信件：

　　　根據消息來源，你就是那些可惡的剪絨架的主人，我的人要我寫信給你，給你個禮貌的警告：拆了它們……你最好注意：如果本週末之前你沒動手，我就會派我的一名副官帶著至少三百個手下去搗毀它們，而且你仔細記著：如果你敢給我們惹麻煩，我們保證把你的房子燒成灰，讓你的損失更慘。如果你膽敢向我任何一個手下開槍，他們就會奉命殺了你，並燒掉你的房子。如果你還有點顧念你的鄰居，就該告訴他們如果他們不趕快幫你把這些架子拆掉，就會和你有一樣的下場……

接著，史密斯和他的「罪惡兄弟」接獲通知：「單是哈得茲菲的軍隊裡面，就有二千七百八十二名因貧困而結合的歃血英雄，里茲的立誓者更多達兩倍，

---

[158] W. B. Crump, op. cit., p. 229.

根據我們的通訊員最新的來信，我們知道下面各地的製造業者，也就是曼徹斯特、韋克菲耳、哈里法克斯、布拉福、雪菲爾、奧爾丹、羅奇德爾以及所有的棉紡織地區，都將加入我們以糾正他們的錯誤。勇敢的韓森先生將領導他們走向勝利，格拉斯哥和蘇格蘭許多地方的織工也將加入我們的陣營，愛爾蘭的天主教徒將像個男子漢般奮起，所以他們很可能會發現，士兵們就要有別的事可做，不能再在哈得茲菲發呆，然後，他們現在駐防的地方就要倒楣了。[159]

十天後(1812 年 3 月 20 日)，哈得茲菲地區最活躍的治安法官也收到一封恐嚇信。這封信言明是來自諾丁漢雪塢林的「盧德將軍的律師」，攜有「諾丁漢盧德法庭」的判決[160]。搗毀機器者繼密德蘭之後，又在約克郡贏得勝利，這種情形加上軍隊的無能和輿論的敵視，於是小製造業者再也受不了，特別是當他們接獲教人不寒而慄的信件。他們有許多人索性停止抵抗，把自己的剪絨架毀棄或收藏起來。根據傳統，搗毀機器分子經常在夜間操演：「毛瑟槍兵，十人一排，站在最前列，後面是手槍兵……第三排是持矛和戰斧的，最後則是一幫赤手空拳者。」[161] 但是根據民間傳說，這個地區最驕傲的非鎚子手莫屬，他們揮動著稱之為「伊諾克」(Enochs)的巨大鐵鎚，打破工廠大門，搗碎框架織襪機。這些框架(和鎚子)都是由馬斯登

159 Ibid., pp. 229-30. 這位韓森先生應該就是韓森上校，他在 1808 年因爲支持織工而入獄。

160 Asa Briggs, *Private and Social Themes in "Shirley"* (Brontë Society, 1958), p. 9.

161 A. L., *Sad Times*, p. 112.

(Marsden)地方一個從鐵匠改行爲機械匠的伊諾克‧泰勒(Enoch Taylor)所製。搗毀機器分子的口號是：「伊諾克製造它們，伊諾克搗毀它們。」剪絨工的歌謠(具有道地的叫賣歌謠風格)是這麼歌頌這類攻擊：

> 夜復一夜，當萬籟俱靜，
> 月亮没入山頸，
> 我們爲實現我們的意志前進
>   帶著斧頭、矛和槍！
> 嘩！爲了我，修絨工少年
> 爲了我，英勇的少年，
> 他們以精力充沛的一擊
> 搗毀了剪絨框架機，
> 爲了我，剪絨工少年！
>
> 偉大的伊諾克仍將領頭衝鋒
> 誰敢攖其鋒！誰能攖其鋒！
> 每一個英勇的少年向前衝
>   帶著斧頭、矛和槍！
> 噢！爲了我，剪絨工少年……162

    4月中旬，在進行了六、七個星期之後，約克郡搗毀機器運動的主要階段開始面臨危機。由於那些依然使用可惡機器的小製造商已

---

162 Frank Peel, *Spen Valley: Past and Present* p. 242.

逐日減少，搗毀機器分子顯然得做出選擇，究竟是要功成休息，還是設法破壞少數那幾家還在死撐的堅固工廠。他們選擇了後者。3月的最後一個星期，他們對里茲附近的兩家工廠發動了漂亮攻擊；4月9日，佛斯特(Joseph Foster)位於韋克菲耳附近荷百瑞(Horbury)地方的「巨型」布料製造廠，在一次攻擊之後遭到搶劫焚燒，參加攻擊的分遣隊共有三百名搗毀機器分子，很可能是由好幾個指揮部集結而成[163]。接下來，一般都預料他們會攻打兩家堅固工廠當中的一家，這兩家工廠的業主因為決定要公然反抗搗毀機器分子而臭名遠播。出生於哈得茲菲附近歐提維爾(Ottiwells)地方的侯斯福(William Horsfall)，是個脾氣暴躁的傢伙，他已經等不及要迎接這場攻擊。他的人丁全都佩有武裝，還在工廠上方架了一座加農砲，砲口對準著攻擊者的來路。他曾經誇口說，他希望能在搗毀機器分子的鮮血中「滑上他的馬鞍肚」，他那著魔似的恨意，已經連街上的孩子都會對著他笑罵說：「我是盧德將軍！」史班谷地勞福茲地方的卡萊特，他的個性比較沉靜，但也有著同樣的決心。他在他的房產上(他自己也睡在那兒)部有士兵和武裝工人，每晚放哨，如果最外層的防禦工事被攻破，他的樓梯上還架有鐵釘棒做成的壁壘，樓梯頂上還放了一桶硫酸。搗毀機器分子根據傳統以抽籤方式決定他們的頭號目標。結果選中了勞福茲工廠。

攻擊勞福茲的行動已成為一則傳奇。大約有一百五十個搗毀機器分子參與其事(據說他們本來希望有更多人參加，但是里茲或哈里法克斯的分遣隊未能及時趕到)。在邁樂(George Mellor)的率領下，他是哈得茲菲附近朗格羅伊橋(Longroyd Bridge)一家小布料修整作

---

[163] *Leeds Mercury*, 11 April 1812; Darvall, op. cit., p. 114.

坊的年輕修絨工，搗毀機器分子和設防的守衛者互放了大約二十分鐘的火砲。在火砲的掩護之下，一小群持鎚拿斧的工人一再試圖攻破工廠的厚重大門。這一小群攻門者傷亡慘重，至少有五人受傷，其中兩人有生命危險。搗毀機器分子決定緊急撤退，這兩人被留在後面。據說，他們的指揮官邁樂最後一個離開戰場，但是他沒辦法幫助那兩名重傷者，因爲他正幫著把另一個人（他的堂表兄弟）抬到安全地方。工廠周圍的地上滿是毛瑟槍、斧、矛和金屬碎片。

有關這次攻擊和其後續的無數細節，同時進入了雇主和老百姓的民間傳說。針對這點，我們應該停下來問問爲什麼，並進一步察看官方的對策，1812 年 4 到 5 月的政治環境，以及蘭開郡在同一時間發生了哪些事件。

夏綠蒂‧勃朗特（Charlotte Brontë）的作品《雪莉》（Shirley），忠實地爲我們描述了部分背景。工廠主人慕爾（Gérard Moore，影射卡萊特）被正確地描寫爲一個半輝格、半激進的中產階級，以《里茲信使報》做爲傳聲筒。這份報紙對於戰爭漠不關心或說帶有敵意；急切地想要取消所有的貿易限制；激越地批評內閣政策，尤其是國王發布的緊急敕令。軍隊牧師赫斯東（Helstone，幾乎是羅勃遜牧師〔Hammond Roberson〕的翻版）是一名狂熱擁護「敎會和國王」的托利黨人，他認爲《里茲信使報》全都是些惡意攻訐的報導，工廠主人則是一群憤恨不滿和自作孽不可活的傢伙。這所有的一切都是信而可徵的。夏綠蒂‧勃朗特筆下的約克先生（Mr. Yorke），這位一方面要效忠他的階級，一方面卻又同情民眾苦況的雅各賓—輝格派鄉紳，可能也影射了不止一位的治安法官，這些人在搗毀機器暴動期間的表現，簡直是異乎尋常的消極。

對於搗毀機器分子和其同情者的處理，當然是《雪莉》這本書

的局限所在。不過這本小說依然可視爲中產階級神話的眞實表現。就在 1812 這年，傳統的階級敵對主義被抛進搗毀機器運動這只大熔鍋，接受嚴酷的考驗。在這年剛開始的時候，工廠主人和鄉紳之間還處於彼此痛惡的階段，隨著搗毀機器分子接連威嚇了一個又一個的製造業者，羅勃遜之流也就越來越瞧不起他們。然而，卡萊特在勞福茲的大膽反抗行動，贏得了軍官和托利黨鄉紳階級的崇敬和感激。短短幾個星期的時間，他已在北英格蘭成爲和威靈頓將軍齊名的英雄人物。勞福茲的砲火，點燃了大工廠主人與官方之間深刻的感情復合。經濟利益已然獲勝，而製造業者的終極效忠，也在面對工人階級的雅各賓主張時，展現在這樣一個戲劇化的插曲當中。

然而，促使有產階級感情復合的動因，卻同時加深了他們與工人階級之間的敵對。勞福茲攻擊事件的民間傳說版，特別強調搗毀機器分子的英雄主義和抵抗者的鐵石心腸。民間傳說是因爲插曲，以及特殊的冒險和角色的交互影響而顯得豐富生動。在搗毀機器分子撤退之後，相傳卡萊特拒絕給那兩個受了致命傷的工人任何飲水或協助，除非他們供出搗毀機器分子的祕密。羅勃遜對他二人所做的一切，簡直就像是一個宗教裁判所的法官而非教士。在這兩名工人奄奄一息的旅館外面，數百名群眾把街道擠得水洩不通。人們在他倆睡臥的地方發現了強酸水(可能是腐蝕用的)的污漬，大家都相信他們曾被刑求逼供。據說羅勃遜曾在其中一人——約翰‧布思(John Booth)，一位英國國教會牧師的十九歲兒子——身旁俯視，等著他的臨終懺悔。就在快嚥氣的時候，小布思對羅勃遜說：「你能守住祕密嗎?」羅勃遜急切的回答說：「能，能。」布思回答說：「我也能。」很快他就死了。

官方攔截到一封諾丁漢工人從約克郡(或許是逃難的搗毀機器

分子)寫給家鄉親人的信，我們可從中看出當時人的立即反應：

> 搗毀機器分子和軍隊之間打了一仗，搗毀機器分子輸了，因
> 爲哈里法克斯的同志沒有依約前來。十六個人猛攻那個地方，
> 有兩個人被殺，傷者全都被抬走，沒有半個人被擄。上個星期
> 四，兩名死者被埋在哈得茲菲，他們的屍體先放在一間有六個
> 燭台的黑房間，搗毀機器分子的友人跟在後面，每個哀悼者都
> 穿著一條黑色滾邊的圍裙。牧師拒絕讓他們下葬，但是搗毀機
> 器分子堅持把他們葬在教堂中，墓上有一塊大石。他在被擄以
> 後活了二十四小時，他是個教區牧師的兒子，去看他的人很多，
> 但是他拒絕洩漏任何事。[164]

在這次攻擊接下來的日子裡，也不乏可以刺激民眾想像力的事件：
有許多故事談到他們如何千鈞一髮地從軍隊中逃脫，談到受傷士兵
如何躲藏在穀倉中。駐守在卡萊特工廠的那一小隊士兵，不止一個
對他們的職務毫無熱誠，其中一人在整整二十分鐘的戰鬥中不發一
槍：「因爲我可能打死我的一些兄弟。」這名不幸的士兵(屬於孔柏蘭
民團)後來受到軍法審判，判處鞭刑三百下──這簡直就是死刑。行
刑的地方是勞福茲。卡萊特因爲向上局說情使他得以減去大半處罰，
也因此重新贏回一點民心。

不過他只贏回一點點。在中產階級的神話裡面，卡萊特和羅勃

---

[164] Radcliffe MSS., 126/32. 寫這封信的人事實上把布思的葬禮細節與埋葬在哈
里法克斯的哈特雷(Hartley)弄混了，爲了怕有大量群眾擁進布思的葬禮表
示哀悼，布思最後被草草地安葬在哈得茲菲。關於哈特雷的葬禮，參見下文
頁828-9。

遜不僅是當時的英雄，也是「邪惡圖謀者」以及來自遠方的神祕特使和煽動家的最無情追捕者，這些人四處點燃失序混亂之火。夏綠蒂‧勃朗特是這麼描寫慕爾：「他不認識那些領袖，

> 他們都是陌生客，是來自大城鎮的密使。這樣的人大多不是工人階級，他們主要是些「沉淪之徒」、破產之輩，永遠一身債務、一身酒氣。這些人沒什麼可損失的，不過可撈取的東西倒是不少──名聲、金錢和清白。慕爾像頭嗅覺靈敏的警犬般追捕這些人，他很喜歡這項工作……遠勝過織布。

然而，在民間傳說裡面，卡萊特和羅勃遜簡直就是「獵犬偵探」(bloodhound)。一般大眾無不想盡辦法的遠離他們。在攻擊勞福茲之前，約克郡的搗毀機器分子(和密德蘭的搗毀機器分子一樣)一直都嚴守著只傷機器不傷人的界線。率先導致流血事件的不是他們，而是卡萊特。有好幾個月的時間，儘管西索丁部署了四千名軍隊，又大肆雇用間諜，但是參與勞福茲事件的攻擊者沒有一個被指認出來。一定有好幾千人知道這些參與者當中的一兩個人。傳說有些反對國教派的牧師和外科醫生拒絕透露消息，小織布商庇護他們手下的搗毀機器工人，連士兵都刻意漠視相關證據。「警戒防護」法案(Watch and Ward Act)在這整個教區形同具文。搗毀機器分子的民謠反覆地唱著：

> 期盼有個行業的英格蘭英雄們
>
> 　親愛精誠、切莫恐懼
>
> 他們上了刺刀也沒用

　　　只要我們堅守盧德將軍的規矩。[165]

　　即使是在歐提維爾的侯斯福慘遭暗殺(4月27日)之後，民眾的情感反轉也沒有預期中的劇烈。促使「教會和國王」派與《里茲信使報》派，以及羅勃遜和卡萊特攜手合作的那場危機，同樣也強固了民眾對治安法官和大雇主的反感[166]。

　　再者，在1812年4月和5月，搗毀機器運動可說是一場更為廣布(也更混淆)的緊張騷亂的焦點所在。這種現象部分是導因於1811-12年間那場普遍的經濟危機、日益高漲的厭戰心理，以及反對緊急敕令的騷動。1807到1812年間，英法兩國的相互封鎖，以及美洲貿易的斷絕，已經為伯明罕、雪菲爾、利物浦和紡織業地區的許多製造業部門帶來極大的困難。農產品歉收更是雪上加霜地造成食物短缺和物價飆竄。製造業者把所有的苦況都歸罪於持續不斷的戰爭，特別是將歐洲絕大部分地區都限於封鎖狀態的緊急敕令。重要的是：搗毀機器運動乃發生於某幾個特定工業，這些工業的大雇主們利用這個經濟窮困時期引進新的作業方式或機器，從而失去公眾的支持。至於在那些整體工業已陷於部分癱瘓，而雇主本身也率先發起示威請願反對緊急敕令(在布魯厄姆以及伯明罕的艾特伍

---

165 Brief, *Rex* v. Milnes and Blakeborough, T.S. 11.2673.

166 有關搗毀機器運動的「民間傳說」，請參見 A. L., *Sad Times*; F. Peel, *Risings of the Luddites*, and *Spen Valley: Past and Present*; Sykes and Walker, *Ben o' Bill*'。這些資料我已盡可能以《里茲信使報》上的記載以及日後的審訊記錄加以核對。卡萊特對這次攻擊事件和士兵「叛逆」行為的描述，收錄於 Hammonds, op. cit., pp. 305-6; and in H. A. Cadman, *Gomersal: Past and Present* (Leeds, 1930), pp. 114-16。

〔Thomas Attwood〕的領導之下）的工業重鎮，例如雪菲爾、伯明罕和一定程度上的曼徹斯特，工人階級的不滿仍大體停留在「憲制」形式的範圍之內[167]。

事實上，到了 1812 年，舊日的鄉紳階級除非得到大雇主的支持，否則幾乎無力控制製造業地區。然而矛盾的是，在那些雇主與行政當局相互仇視的地區，秩序問題反而較不嚴重。搗毀機器運動說明的，正是這整個秩序問題。1812 年夏天，有不下於一萬二千名的軍隊駐紮在騷亂地區，這個數字超過了征戰於西班牙半島上的威靈頓將軍的所有軍力。一連好幾個月，這些數目可觀的軍隊簡直沒發揮任何效用。這或許有部分是因為許多平民士兵同情民眾，因此官方不得不持續不斷地把他們從這個地區調到另一個地區，以免「不滿情緒」在他們之間散布。這也可能是由於搗毀機器分子一流的防衛措施和通訊技巧，他們可以悄然無聲地在熟知的地形間移動，而騎兵卻總是馬蹄答答的從這個村落響到下個村落。西來丁的山脊丘巒之間，蜿蜒交錯著無數的人馬小徑和駄獸古道，讓搗毀機器分子可以安全無虞地自由往來。可是騎兵的行動卻是「眾所周知，他們的長劍撞擊聲、他們的馬蹄踐踏聲，在夜裡老遠就可聽到。搗毀機器分子很容易在他們抵達之前從灌木叢後面溜走、蹲伏在農田裡面，或是改抄小路……」[168] 搗毀機器分子的目標是一大群零星分布的村落和孤立工廠。這些村落幾乎沒任何警力，而軍方也不大願意派五、六個士兵冒險孤駐當地。總是騎馬往返的治安法官，對於工業和人

---

[167] See A. Brigges, *The Age of Improvement*, pp. 164-6; A. Prentice, *Historical Sketches of Manchester*, pp. 41-7; Chester New, *Life of Henry Brougham* (Oxford, 1961), Chs. IV and VI.

[168] D. F. E. Sykes, *History of the Colne Valley* (Slaithwaite, 1906), p. 309.

民的了解都非常有限，根本無能爲力。只有工廠主人或製造業者才有辦法有效掌控，因爲他們的產業和工資簿主宰了整個村落。因此，一旦雇主失去其工人的效忠，那麼整個秩序結構都將受到動搖，而且如果想要讓局勢穩定下來，唯有增強雇主的權威一途，就像在勞福茲那樣——在勞福茲，掌握指揮大權的不是羅勃遜而是卡萊特。但是在雪菲爾和伯明罕這類地區，由於製造業者和工人基於對權威當局的共同不滿而彼此結合，因此雇主依然握有足夠的駕馭能力，不致讓整個秩序眞正失控。

於是，搗毀機器運動不僅讓治安法官和工廠主人連成一氣，同時也逼使行政當局不得不對製造業的利益讓步。這些讓步隨著緊急敕令在 1812 年 6 月宣告撤消而大獲全勝[169]。搗毀機器運動除了助長了艾特伍和布魯厄姆的憲制騷動，很可能也加速了緊急敕令的撤除。不過這項撤除決定是發生在一個甚至更具威脅性的背景之下，因爲在那個時候，除了約克郡和密德蘭的搗毀機器運動之外，蘭開郡也陷入嚴重的混亂狀態。

我們很難認定，蘭開郡的動亂究竟在什麼程度上可以稱之爲眞正的搗毀機器運動。它有部分是自發性的暴動，有部分是非法但仍屬「憲制內的」政治改革騷動，有部分是**臥底敎唆分子**捏造的事件，還有一部分是貨眞價實的叛亂準備。在 1812 年 2 到 4 月之間，在好幾個蘭開郡市鎮中至少有兩種「祕密委員會」存在。第一種是織工的委員會，其祕密組織若干年來一直在爲最低工資進行騷動和請願。4 月初，據說有這類委員會的地方，包括曼徹斯特、斯塔克港、博爾頓、費爾渥斯、薩多渥斯、愛西頓、奧爾丹、斯塔利橋（Stalybridge）、

---

[169] 這項勝利還包括伊莉沙白熟練技工法規在 1813 和 1814 年宣告撤銷。

卓伊斯登(Droylesden)、普雷斯頓、蘭開斯特、亨德(Hendle)、紐頓、椎爾斯代(Drilsdale)、豪林伍(Hollinwood)、威林頓(Willington)和伊克里斯(Eccles)[170]。第二種是分布在曼徹斯特—斯塔克港地區，也許還有一些其他地方的初期祕密行業會議(或「行業委員會」)，包括「紡紗工、裁縫、鞋匠、泥水匠、麻紗剪裁工、細木匠，和許多其他行業。在結社法案於 1799 年首次通過時，就已經有一個這樣的委員會存在，而且無庸置疑的是，只要曼徹斯特有事發生，工會分子都會正式或非正式地與它磋商。

　　3 月 20 日在斯塔克港，一位率先使用動力織布機的製造商雷德克利夫的倉庫遭人攻擊。4 月，事情一件接一件地快速上演。4 月 8 日，曼徹斯特交易所進行了一場生氣蓬勃的暴動。這個事件是政治性的，至少間接與政治有關。長久以來，大家都認為攝政王(日後的喬治四世)支持輝格黨乃至政治改革；而且為了他自己的黨派目標，他曾經在戰爭初期鼓勵弗克斯派的反對主張。當先前種種加諸於他身上的權力限制終於在 1812 年早期宣告結束時，眾人對他的期望也跟著高漲，一個「和平與改革」的內閣眼看就要實現，葛雷勳爵和格倫維爾勳爵(Lord Grenville)將成為內閣的中堅領袖。然而，攝政王真正實現的，不過是在聯合政府裡面提供幾個位置給「一些曾經在我公共生涯早期與我培養出共同習性的人」，而且這個聯合政府的

---

170 關於這些市鎮和村落曾經派遣代表出席各種祕密會議一事，在雅伍德(Yar-wood)的陳述以及代號「B」(班特〔Bent〕)於 1812 年 4 月所做的報告中(H. O. 40.1)都曾提及。也請參見惠泰克(Thomas Whittaker)的宣誓證詞(H.O. 42.121)，惠泰克表示，在 3 月 25 日於薩爾福的「好撒馬利亞人」酒館舉行的一次會議中，方圓十五到二十哩之內的所有城鎮，都有派代表出席。關於這些報告的真實性，參見本書頁 837-45。

組成條件，是先前人們眼中的他不可能接受的。在緊接而來的改組之後，一個甚至更不得人心的政府在珀西瓦(Perceval)的領導下上台，卡斯爾雷出任外相，西德茂斯(初次)擔任內政大臣。民眾的失望之情遠超乎預期。有人甚至認為這種失望是約克郡搗毀機器運動的直接導火線[171]。曼徹斯特的「教會和國王」派嚴重誤判了公眾的情感，竟然打算在交易所召集一場公開集會，上書為攝政王留任其父親手下大臣的決定表達歡慶之意。改革者在曼徹斯特各處張貼告示，呼籲公眾出席這項集會，破壞他們的上書計畫。托利黨看苗頭不對打算讓步並取消這場集會。但是大批群眾已擠滿交易所四周，其中有許多人，主要是織工，接著去到聖安娜廣場(St. Anne's Square)，在那兒舉行他們自己的集會。與此同時，一些少年衝進交易所的報刊閱覽室，敲破窗戶，打翻家具，最後演變成一場全面暴動。這不是什麼重大事件，但卻足以說明「當下的輿論已然轉向。在這之前，『教會和國王』是大家喜歡的口號，獵捕『雅各賓分子』是一種安全的運動……」。一位年老的改革者在日後回憶說：「自此以後，我們再沒有『教會和國王』的暴民！」[172]

接下來兩個星期，在曼徹斯特、奧爾丹、愛西頓、羅奇德爾、斯塔克港和馬克茲菲，又接連發生多起更為嚴重的暴動。這些主要是糧食暴動，異常暴力而且波及甚廣，目的在於強迫降低馬鈴薯和麵包價格。與此同時，也有一些混亂的報導指出，「搗毀機器分子」或「雅各賓人士」正在積極煽動和組織騷亂。在斯塔克港，兩個穿著女人衣服，自稱是「盧德將軍妻子」的男人，帶頭發起亂事。非

---

171 參見本書頁 831-2。

172 Prentice, op. cit., pp. 48-52; Darvali, op. cit., pp. 93-5.

但是擁有動力織布機的業主，甚至連使用改良型布料修整機器的業主，都接獲恐嚇信件：

> 基於人道公平我們認爲有責任給你這個通知如果你不在七天之内撤掉那些修整布料的機器……那麼你的工廠和工廠裡面的所有東西一定會付之一炬……我們無意傷你分毫但是我們決心要把布料修整機和蒸汽織布機一起毀掉不論它們的所有者 **是誰** ……[173]

（不過，這封信的署名不是盧德而是「正義將軍」〔General Justice〕。）4 月 20 日，密德頓發生一場大暴亂，數千人攻打波頓(Daniel Burton)的動力織布機工廠。石塊像驟雨般不停朝工廠丟去，工廠守衛以毛瑟槍還擊，造成三人死亡，一些人受傷。次日清晨，群眾集結更多人手前往威嚇，到了中午又加入了：

> 多達一兩百人，他們有些攜帶著毛瑟槍，上面還裝上刺刀，有些人則是拿著煤礦工人的尖頭鋤，他們成排成排地走進村落，加入暴動者。在這群武裝土匪前面，扛著一具**稻草人**，它代表**鼎鼎大名**的盧德將軍，掌旗手搖著一面紅旗……[174]

眼看工廠怎麼都攻克不了，於是暴動者放火燒了工廠主人的房子。然後他們被軍隊堵上，雙方爆發衝突，軍隊方面至少有七人喪生，

---

[173] Anonymous letter, 19 April 1812, in H.O. 40.1.

[174] *Leeds Mercury*, report from Middleton, 25 April 1812.

多人負傷。

就直接攻擊機器而言，這次事件可說是蘭開郡搗毀機器運動的
最高潮。它顯然不止是一場織工運動——死者包括了一名烤麵包師、
兩名織工、一名玻璃匠和一名細木匠；而且在第二天的攻擊行動中，
來自荷姆菲(Holmfield)的煤礦工人顯然是扮演主角。以傷亡程度而
論，它也是全英國最嚴重的一次搗毀機器騷動。接著在 4 月 24 日，
又發生一件相當神祕的續曲——西豪夫頓的芮艾和鄧克勞夫(Wray
& Duncroff)工廠被焚。這起案件的神祕之處，並不在於工廠遭到攻
擊——它是明顯的破壞目標。該廠非但曾經連續遭受威脅，甚至也
面對過不止一次的攻擊企圖，這些行動都是由博爾頓的「祕密委員
會」教唆，該委員會的大半主導權都操縱在福來契上校所雇用的**臥
底教唆分子**手上。教人困惑不解的是，在好幾次的煽動蠱惑都不見
效果之後，這場(似乎)與教唆分子無關的獨立攻擊，竟然一舉成
功[175]。

搗毀機器運動的這段插曲是如此的詭詐迷離，我們幾乎跟不上
它那曲折紛亂的腳步。不過無論如何，認為(根據博爾頓事件)蘭開
郡搗毀機器運動不過是福來契上校和那丁煽動一群飢餓織工的結
果，絕對是不可置信的。誠然，蘭開郡工人的公開行動並沒有展現
出諾丁漢和西來丁的那種組織和紀律。但是摧毀動力織布機所面對
的問題，是和搗毀織襪機或剪絨架屬於不同層次。動力織布機是一
種昂貴的機器，一直到最近才開始引進，而且只限於極少數採用蒸
汽動力的工廠，不見於散立在鄉村各地的小工坊。因此，午夜的游

---

175 關於「老 S」和「小 S」的曲折故事，參見 Hammonds, op. cit., Ch. X; Darvall,
op. cit. Chs. V, XIV; Prentice, op. cit., pp. 52-8; and Anon. *The Blackfaces of
1812* (Bolton, 1839)。

擊式行動在蘭開郡派不上用場；每一次攻擊都必須具有勞福茲或波頓事件的規模，也可能會與軍隊直接遭遇。即使就有限的戰術來說，這也沒什麼道理。與此同時，蘭開郡的工人幾十年來早已在紡紗工作上和蒸汽工廠爲伍。當時一定有許多(而且很可能是大多數)織工懷疑這種抗拒新機器的行動會有什麼效果，這點已經可以從報告當中得到證實，許多報告指出，連織工自己的「祕密委員會」都出現嚴重的意見分歧。因此，蘭開郡的搗毀機器運動在三到四個星期之後便結束了它的搗毀機器階段。但是，就在工廠攻擊行動收兵下台的同時，關於立誓、武裝和操練的報告卻漫天襲來。攻擊動力織布機的行動在 5、6 月間讓位給更嚴重的反叛準備。1812 年 5 月底，蘭開郡和柴郡的巡迴裁判法庭雖然對 4 月的暴動者判處重刑[176]，然而騷亂還是一直持續到秋天。6 月中旬，一名消息最靈通的蘭開郡線民寫道：「超過一百人的搗毀機器團夥夜復一夜地侵入房舍奪取武器。」伴隨這些夜襲行動的是各種由槍聲、煙火和「藍光」(blue-lights)構成的信號，這些信號(就一位軍官看來)顯示出「超卓無比的一致性和組織力」。有好幾個星期，整個蘭開郡—約克郡邊界差不多都是處於戒嚴狀態。其中有個軍隊指揮部簡直是在肆行恐怖統治，任意拘捕、搜查，並野蠻地拷問和威脅，我們必須到愛爾蘭的歷史庫裡才能找到可堪比擬的事例[177]。

搗毀機器運動在夏初達到它的危機點。在發生密德頓和西豪夫

---

176 在蘭開斯特的五十八名囚犯中，二十八名判處有罪——八名死刑，十三名流刑。在柴斯特的四十七名囚犯中，二十九名判處有罪——十五人死刑(但只有兩人被絞死)，八名流刑。

177 Lloyd to H.O., 17 June 1812, H.O. 40.1; F. Raynes, *An Appeal to the Public* (1817), pp. 20-1 *et passim.*

頓事件的那個星期，英國許多地方也是警訊頻傳。嚴重的糧食暴動
在布里斯托、卡來爾、里茲、雪菲爾、巴恩斯來等地上演；康瓦耳
的礦工展開罷工，並遊行到各市集城鎮要求降低食物價格；普里茅
斯和法爾茅斯(Falmouth)也有騷亂進行。在若干這樣的地方，糧食暴
動所扮演的角色已超乎尋常的預期，演變成一種強制實行民定最高
價格的政治或社會行動。在雪菲爾，民團的彈藥庫遭人攻破，據說
兩位主要的暴亂領袖，並不是和大多數的示威者一樣屬於飢餓失業
人口，而是「城裡最聰明的兩個機工」，每週可賺取四個半金基尼的
工資[178]。4月27日，在西來丁，侯斯福遭人暗殺。5月11日，首相
珀西瓦在下院遇刺身亡。全國在一日之間陷入一片混亂。民眾毫不
掩飾他們的得意之情。在博爾頓，當消息傳來(福來契抱怨道):「**暴
民表現得欣喜若狂**。」在波特利斯地區，一名證人表示，當他聽到這
個消息的時候:

> 一名男子跑到大街上，整個人跳到半空中，拿著帽子在頭頂
> 上搖來搖去，然後高興的瘋狂大叫:「珀西瓦中彈了，萬歲! 珀
> 西瓦中彈了，萬歲!」

諾丁漢的群眾在城裡遊行慶祝，「喜出望外的敲鑼打鼓、搖旗吶喊」。
在倫敦，消息傳出之後，群眾全都蟻聚到下院外頭，當暗殺兇手白
靈漢(John Bellingham)被帶走時，「那些無知墮落的群眾不斷的歡呼
大叫。」當人們聽說白靈漢很可能是個瘋子，而且是因為私人委屈而
行兇時，全都失望不已，他們原本以為另一個更成功的德斯巴德已

---

178 *Leeds Mercury*, 2 May 1812; T.S. 11. 5480.

然出現。在白靈漢被送上絞架那刻，民眾齊聲高呼：「上帝保佑他。」柯立芝還聽到他們加上一句：「這只不過是個開始。」當時人認爲，不應該爲珀西瓦舉行公開葬禮[179]。

在英國歷史上，純粹的暴亂狂怒很少像這個時期這麼蔓延廣布。有好幾個星期，有人在西來丁的門牆上用粉筆寫著：懸賞一百個金基尼要拿攝政王的項上人頭[180]。5 月中旬，攝政王和他的私人祕書收到數十封威脅信，其中一封署名爲「人民之聲」的劈頭寫著：「讓糧食便宜一點——**沒有麵包就是流血**——告訴你的主人他是個**該死的鐵石心腸**……」[181] 但是對約克郡的人民來說，攝政王遠在天邊，而工廠主人和治安法官卻近在眼前。在勞福茲一役失敗之後，西來丁的搗毀機器運動進入一個更險惡的時期。該地的搗毀機器運動一向都比諾丁漢更富軍事紀律，也更帶有祕密和盟誓色彩，因爲它的出現時期，正好碰上政府規定搗毀機器者可判處死刑的時候。暗殺侯斯福的決定很可能是出自當地的地區指揮官邁樂，而非任何一次約克郡的代表會議。根據民間說法，牧師之子小布思是邁樂最親近的朋友和最寵愛的手下，小布思的死讓他心痛懊悔不已。華刻（Benjamin Walker）——那個供出不利證詞的共犯——宣稱，邁樂和他那些一道在朗格羅伊橋的烏德（John Wood）作坊工作的修絨工，「談論著……在卡萊特那兒被殺的工人」：

> 他們說那是件難事。邁樂説，一定要放棄搗毀剪絨架的做法，

179 H.O. 40.1; Prentice, op. cit., p. 46; *Leeds Mercury*, 16 May 1812; Peel; *Risings of the Luddites*, pp. 156-7; A. Briggs, *Age of Improvement*, p. 157.

180 Radcliffe MSS., 17 March 1812, 126/26.

181 *London Gazette*, 19 May 1812; H.O. 42.123.

取而代之的是，一定要殺了那個雇主。我聽到的就這麼多了；他們説他們失去了兩個人，因此必須射死那個雇主。

為一個遠方首相的死而感到歡欣鼓舞是一回事，但是要從一道牆後面殘忍地暗殺一個固定會騎馬路過的人卻是另一回事，這個人再怎麼不得人心，畢竟是「屬於」他們的社群。若説當時一般民眾的情感因為這次暗殺事件而發生激烈轉向，絕對是言過其實。當時必然有好幾百人曾經暗自猜想誰是暗殺者，但是幾個月過去了，並沒有任何人遭到舉發。不過在以往那些較不積極的同情者和旁觀者之間，的確出現了嫌惡之情，而就在這同一時刻，立場極端的兩派人馬也變得越來越**冷硬無情**。在侯斯福死後的第三天，羅勃遜寫信給卡萊特説：「據我所知，這附近沒有任何居民──

> 意識到這個國家的當前局勢，或許更正確的説，沒有任何居民**有能力**而且**敢於**在軍事指揮行動上採取決定性的步驟，除了我之外。如果我能把**所有的**時間都花在軍事上，我將盡我最大的努力。[182]

在另一方面，搗毀機器分子的人數開始減少，為了振作日漸衰退的紀律，他們不得不求助於各種威脅。攻擊剪絨架的行動宣告結束(如今違抗這項做法的工廠已屬鳳毛麟角)，代之而起的是四處搶劫武器和金錢。以蘭開郡為例，這類劫掠行動一直從 5 月持續到 9 月，不過有一、兩群偽裝成搗毀機器分子的打家劫匪，讓整個情況變得有

---

[182] See A. Briggs, *Private and Social Themes in "Shirley"*, p. 12.

些混沌。根據相關記載，這類劫掠很像是敵人佔領區內的游擊行動。一位治安法官在 1812 年 7 月描述了克里夫頓村(約克郡)的一次劫掠，並且評論說：

> ⋯⋯一群武裝土匪以快、狠、準的節奏定期在這個長達一哩的稠密村落蒐尋武器，他們取走了六、七件武器，但不曾碰觸其他財物，他們不斷向意圖進行任何抵抗的住宅和個人發射子彈，他們的機智敏捷和紀律昭彰，沒有任何軍隊能出其右⋯⋯[183]

約克郡的搗毀機器運動在逮捕、背叛、威脅和幻滅中逐漸減弱進而消失。這個故事以及在 1813 年 1 月的約克大審中所揭露的種種內幕，再一次透過民間傳說流諸後世。由其他地區徵募而來的間諜，發現了若干祕密。包括帽商班斯(John Baines)在內的一群潘恩黨徒，因被控主持搗毀機器分子的立誓儀式，而在哈里法克斯遭到逮捕。接著，邁樂的同事和共謀華刻，洩漏了暗殺侯斯福的祕密。有些搗毀機器分子爲了保命而出賣消息。幾個參與勞福茲事件的工人被官方循線捕獲；另有一些人在巴恩斯來和荷姆佛思(Holmfirth)落網。10 月，追捕搗毀機器分子最力的治安法官雷德克利夫(Sir Joseph Radcliffe)，接到最後一封威脅信函：「我一定會成爲另一個白靈漢，我已經準備好小子彈，就算我得在教堂下手，我也會把它射進你的胸膛。」[184] 到了 11 月，這場搜捕行動告一段落。在 1813 年 1 月的約

---

183 Fitzwilliam Papers, F.46 (g).
184 Radcliffe MSS., 126/91. 在接下來的好幾年，雷德克利夫都飽受威脅騷擾。

克特別委員會上，邁樂和他的兩位同僚以暗殺侯斯福的罪名定讞，並立即交付處決，當時其他人的審訊還在進行之中。有十五個人後來分別以參與勞福茲攻擊事件或武器劫掠而判處死刑，其中只有一個人減為流刑。另外六個人，包括哈里法克斯的老民主派班斯，則因主持非法盟誓獲判七年流刑。假如他們犯罪的時間是 1812 年 7 月底而非 7 月初，他們恐怕就難逃一死。

與這同時，諾丁漢和織襪業地區在 1812 年的春夏兩季顯得相當平靜，當時，框架織襪工委員會正在設法遊說國會通過其法案。1811 到 1812 年那場運動的領袖們，沒有一個被明確定罪。雖然 1812 到 1813 年在外表上看似風平浪靜，但是匿名信件和重新採取行動的威脅仍持續向雇主施壓，要求他們答應織襪工的條件：

〔1812 年 4 月，一封這樣的信件寫道〕喬治·羅巴頓(George Rowbottorn)這封信是通知你在阿諾德布渥哈克諾(Hucknall)或巴斯福(Basford)等地要是沒有全額工資完整式樣以及適當大小是不會有人願意工作這封信是通知你如果你敢不顧價錢式樣和大小夠不夠合理完整繼續從事生產和外包那麼你在使用這個框架的時候[185]繩索將套在你的脖子上……

在 1812 年 11 和 12 月，搗毀機器運動曾出現了小規模的復興，

1815 年 3 月，一位匿名者警告他說：「搗毀機器事件很快又會在此上演。」修絨工們「發誓他們第一個要殺的就是你，你這個他們口中的老 Bellsybub」(126/136)。

[185] 該封信件在此處畫了一座絞架，並加上教人毛骨悚然的幾個字：「這架機器貨真價實、式樣完整。」(H.O. 42.122)

不過有長達兩年的時間，織襪工人似乎十分信賴他們工會的行動。然後到了 1814 年，零星的攻擊再度展開，這次似乎是有些織襪業商號刻意想要激起搗毀框架織襪機的事件，好爲他們製造對抗工會的藉口[186]。在工會遭到解散以及兩名職員被捕之後，攻擊行動更加蔓延。1814 年 9 月，巴斯福織襪工陶爾（James Towle）因參與某次攻擊被捕，但是春季巡迴裁判庭（1815 年）宣判無罪。從 1816 年夏天一直到 1817 年的頭幾個月，是密德蘭搗毀機器運動的最後階段，並達到自 1811 年以來僅見的密集程度。其間最驚心動魄的一場攻擊，是針對洛夫柏羅（Loughborough）的奚斯可和波登（Heathcot and Boden）大工廠。攜帶喇叭槍的蒙面人制服了工廠守衛，搗毀了廠內那些昂貴的蕾絲機器，攻擊者大叫：「搗毀機器分子，好好善盡你們的職責。這是我們的滑鐵盧大業，上帝啊！」這次攻擊造成了超過六千鎊的損失。陶爾再度被捕；這一次他獲判有罪，並於 11 月中旬處決。接下來的一、兩個月，攻擊依然繼續。根據一份記載，陶爾的兄弟帶了一幫人，急切想要證明給「陶爾看，沒有他，他們還是可以做點什麼」。根據另一份記載，搗毀機器運動最後階段的工作，是一、兩個堪稱「專業的」幫夥所爲，他們是當時已潛入地下的工會花錢雇來的。在他執行處決的那天早上，陶爾宣稱他從來沒有發過任何祕密盟誓，也從來沒有聽聞任何人利用過這類盟誓：

> 他們沒有特殊經費，不過當他們打算進行某項工作，或有任何需要用錢的時候，他們就會向當時正好有工作的織襪工或蕾絲工募集……他們沒有武器貯藏所。許多幫夥分子家中都藏有

---

186 See C. Gray, *Nottingham Through 500 Years* (Nottingham, 1960), p. 165.

一、兩枝手槍……當他們打算執行某項工作，那三、四個主要
人物就會出去找人手，找那些他們知道會願意投入搗毀機器行
列的人。

但是陶爾不曾洩漏誰是「主要人物」，而且他的口供很可能是編
出來的，好把那些問供者導入歧途。1817 年初，他的幫夥中的其他
成員也陸續被查出，其中有六人於 1817 年 4 月在來斯特正法，另外
兩個人被判流刑。薩維吉(Thomas Savage)是獲判死刑的其中一人，
在處決前兩星期的一次口供中，他表示在這個最後階段，「搗毀機器
和政治活動息息相關」。他宣稱在加萊(Calais，按：法國港口，位於
英倫海峽沿岸)有一個搗毀機器分子的避難所[187]。他想要把恆生拖
下水(他對恆生的指控是：「做過相當於羅伯斯比做過的所有壞事」)，
說他是「整個事件的首腦」。不過事實上，他那些繪聲繪影但疑點重
重的說法，並沒有把恆生和破壞機器扯上任何關聯；他的指控是：
恆生在織襪工之間發起了極端激進派的騷動，這項騷動在 1816 到
1817 年那個冬天的漢普敦俱樂部運動達到最高潮，而且他曾經盼望
一場共和革命的來臨，並「談到要在諾丁漢攻擊兵營」。不論這項指
控正確與否，恆生都無法對發生於 6 月的潘垂吉「起義」表示同情。
因為，就在薩維吉對他提出指控的同一星期，諾丁漢的治安法官通
知西德茂斯：恆生(「一個聰明的傢伙，而且非常愛說話」)已搭乘郵
車前往倫敦，打算發起請願，搭救那幾個死刑定讞的工人。他在倫

---

[187] 這種說法不無可能。加萊確實有一處英國框架織襪工的殖民地。參見恆生的
證詞，收錄於 *Fourth Report ... Artizans and Machinery* (1824), p. 274; and H.
O. 79.3 f.31。

敦遭到逮捕，並在人身保護令中止的情況下，下獄十八個月。不過
在他入獄之前很久，我們在此所界定的搗毀機器運動，早已宣告落
幕[188]。

六、奉行業之名

「這些進行曲與反進行曲!」，拜倫在上院驚呼：

> 從諾丁漢傳到布渥，從布渥傳到邦福(Banford)，又從邦福傳
> 到曼斯菲德! 而且每當分遣隊以無比的「驕傲、壯盛，和榮耀
> 戰爭的排場」抵達目的地時，正好趕上那些剛剛完成的惡作劇
> ⋯⋯然後在老婦們的嘲笑和兒童們的輕蔑叫囂聲中回返營區。

無疑，在那些絞架亡魂當中確實有些搗毀機器運動的在地領袖；而
且，審判證據和民間傳說的確都顯示，邁樂和陶爾乃搗毀機器分子
的「首領」。但是一直到今天，我們還是無法知道搗毀機器運動的所
有祕密。誰是「真正的」煽動者? 有真正的煽動者嗎? 還是這個運
動是在某個地區的帶頭示範下自動於另一個地區爆發? 不同的地區
各有些什麼樣的委員會? 它們之間有任何經常性的溝通嗎? 祕密盟
誓的真實性有多少? 搗毀機器分子所抱持的隱密政治目標或說革命
目標又是什麼?

---

[188] Confession on W. Burton in H.O. 40.4; depositions of Thomas Savage, H.O.
42.163; H. W. C. Davis, *Age of Grey and Peel*, p. 172; Darvall, op. cit., pp. 144-
9, 155-9; Hammonds, op. cit., pp. 238-42.

關於這所有的問題，我們只有最暫時性的答案。然而我們必須指出的是，那些普獲接受的答案，與某些證據並不相符。研究搗毀機器運動最重要的作品有兩部，分別是哈蒙德夫婦和達爾華（Darvall）的著作。《技術勞工》是一本好書，但是其中有關搗毀機器運動的那幾章，有時讀起來像是在為輝格黨的反對立場預做提要，旨在否定官方把這個運動形容成陰謀革命的誇大說法。哈蒙德夫婦特別強調間諜和臥底教唆分子的角色，甚至還表示根本**沒有**真正的地下叛亂活動，也沒有代表們游走於各郡之間的證據。對於祕密盟誓，哈蒙德夫婦宣稱：「即使是根據最自由寬大的解釋，也沒有證據可以證明祕密盟誓的普遍性，**或是它真的舉行過**，除了在那些間諜活躍的地區。」[189] 該書認為，真正的搗毀機器運動並沒有任何隱密目的，它若不是一種自發性的暴動（蘭開郡），就是嚴格以工業為目標的行動（諾丁漢與約克郡）。

達爾華在他的《英格蘭攝政時期的民眾紛擾與公共秩序》（*Popular Disturbances and Public Order in Regency England*）書中，接受哈蒙德夫婦的大半判斷。他語氣堅硬地表示：「沒有任何證據顯示，

> 搗毀機器分子那方有任何政治動機。沒有任何一個個案可以證明，搗毀機器者的攻擊原因除了老闆與工人或雇工與雇主間的爭執外，還有任何更深刻的指導原則。沒有任何一個搗毀機器分子曾經被或可以被控以叛國之罪。雖然間諜們費盡心機想證明這類動機，但是除了少數不重要、不具代表性和不負責任的騷動者外，沒有跡象顯示搗毀機器分子有過任何宏大的或與

---

189 Loc. cit., p. 339.

政治有關的計畫。

「儘管官方做了地毯式的搜尋，卻還是無法找到間諜們所說的那種大型的臨時武器堆積站。而在一個地區與另一個地區的不滿者之間，也找不到任何關聯。」蘭開郡各市鎮的祕密委員會是一種「倏生倏滅的產物」，控制在間諜或「靠著小騷亂賺取收入者」的手上。至於較大規模的搗毀機器攻擊，「那群暴民似乎不比臨時發起校園『惡作劇』的群眾更有組織」。除了「那些未經證實的間諜證詞之外，也沒有什麼證據可以證明搗毀機器分子曾經立下祕密或非法盟誓。」[190]

如果我們淨是追逐一些每日報導之類的細節——這裡有幾個遲鈍的官員、那裡有幾個驚惶失措的治安法官、另一個地方發生了曲折離奇到難以置信的間諜故事——很可能會連搗毀機器運動的真實性都有所懷疑。然而，只要我們暫時把這些細節拋諸腦後，我們就會發現，這些權威學者的結論就和那些最聳動的陰謀論一樣靠不住。任何曾經舉辦過獎券銷售或飛鏢競賽的人都知道，你不可能在夜晚時分讓好幾十個人從數個不同地區聚集到一個指定地點，然後化了裝，帶著槍、鎚和斧頭，以縱隊的形式，點名答數，在信號燈和煙火的指引下，行軍數哩去完成一場成功的攻擊——而這所有的行動後面，只有相當於校園臨時「惡作劇」那樣的組織。任何對密德蘭和北方的地理環境有所認識的人，都很難相信這三個毗鄰相接的郡份裡的搗毀機器分子，他們彼此之間會**沒有**接觸。在這樣一個有著數以百計心懷不滿的愛爾蘭人移民到蘭開郡的時代，以及人民百姓在大街上狂歡慶祝首相遭人暗殺的時代，我們得要絞盡腦汁，才有

---

[190] Loc. cit., pp. 174-96.

辦法把搗毀機器運動和這些現象區隔開來，把它看成是純粹的「工業」運動，完全與政治無關。簡言之，唯有把官方的愚蠢、仇恨和煽動造事的能力誇大到荒謬可笑的程度，或是求助於失敗的學術想像力，這種想像力與生活隔絕而且無視於民間傳統的整體重要性，才有可能支持上面那種對搗毀機器運動的看法。

事實是，與搗毀機器運動組織有關的證據來源，**沒有**任何一個沒有受到某種程度的「污染」。正如哈蒙德夫婦和達爾華指出的：我們對於代表或盟誓的認識，都只是來自謠傳，或來自「間諜」的故事，或來自治安法官和軍隊，或來自工人的口供——這些工人不是已被判處死刑就是害怕會被處死刑，並急切地想讓自己免於一死。有關搗毀機器運動的隱密目的也是如此。但是還能有什麼其他種類的證據呢？**每一個**囚犯都會自動變成脅迫的屈從者，**每一個**密告者也會立刻變成「間諜」。

我們可以拿盟誓為例。如果說很少有證據可以證明密德蘭搗毀機器分子曾經發立盟誓，有一個原因可以解釋。密德蘭搗毀織襪機運動的主要時期結束於 1812 年 2 月，而也就是在這個月，搗毀機器開始成為死罪。約克郡和蘭開郡的搗毀機器運動，打從一開始就知道如果被發現就是死路一條，因此他們很可能會藉由發立盟誓的做法來保守祕密(就像間諜和民間傳說所堅稱的)。到了 1812 年 7 月，以犯罪為目的的立誓行為正式列入死罪範圍。謠傳約克郡的立誓活動一直持續到該年年底。但是，當搗毀機器運動再度於 1814 到 1816 年間在密德蘭復起之後，投身於這項運動的小群體，似乎已不想為了這項額外罪行而給自己加上另一個死刑風險。

1813 年 1 月，有兩組在約克郡巡迴裁判法庭接受審訊的罪人，因為主持立誓儀式而遭判罪定讞。其中一個案件——班斯和哈里法

克斯民主黨人一案——極其可疑。他們是因爲兩名職業間諜的證詞而獲判有罪，可是這兩名間諜素有惡名，是特別爲了這個目的而從曼徹斯特調派過來，我們有充分的理由相信這個案子是一樁「陰謀構陷」。哈蒙德夫婦和達爾華暗示，另一個案子——巴恩斯來一名織工的案子——也同樣可疑，應該是一位職業「間諜」的傑作[191]。然而情況並非如此。線民布勞夫頓(Thomas Broughton)是一名巴恩斯來的織工和共濟會會員，他爲了某些不甚清楚的原因志願提供消息，並於 1812 年 8 月在兩名雪菲爾治安法官面前寫下宣誓證言。根據他的說法，他是在該年年初加入一個由五名巴恩斯來織工發起的「祕密委員會」。他們在巴恩斯來「網羅」了兩百人，主要是織工，但也包括兩名酒吧老闆，一名帽商和一名花匠。(謝絕愛爾蘭人。)他的職責是出席集會、收錢，並與其他委員會聯繫。巴恩斯來(該地沒有發生搗毀機器運動)被認爲是一個新興的軟弱中心，主要的力量仍集中在雪菲爾和里茲。在搗毀機器的圈子裡有人誇口說：雪菲爾「網羅進」八千人，里茲七千人，荷姆佛思四百五十人。他們有派遣代表出席在曼徹斯特、斯塔克港和愛西頓召開的會議。在哈里法克斯，搗毀機器者「打著宗教的幌子以反對國教派的名義」進行聚會。許多搗毀機器分子同時也是民團成員。「搗毀機器分子的終極目標，是企圖藉由在這個國家內部製造革命來顛覆現有的政府體系。」布勞夫頓本人曾經出席一次在愛西頓召開的會議，有一名代表在會中告訴他：革命的第一個信號將是攻擊上下兩院，如果革命成功，卡賴特少校和柏戴特可望會加入他們。他領到十先令十便士的補助，做爲這次出席代表的費用[192]。

---

191 See Hammonds, op. cit., pp. 314, 325.

如同許多其他的這類證言，我們簡直無法從它的內容分辨眞僞。但是我們可以指出兩點。第一點是，布勞夫頓似乎是一個眞確可靠的線民，他原先是一名貨眞價實的搗毀機器分子，後來變節背叛。第二點是，當這個案子根據布勞夫頓所提供的證據而在約克巡迴法庭上提出時 —— 被起訴者是巴恩斯來委員會的委員伊當(John Eadon) —— 並沒有引用上述宣誓證言中的任何一個字。檢方只試圖提出證據證明伊當曾主持過非法盟誓：

> 我憑我自己的自由意志明確宣布並鄭重立誓：我絕不以文字符號或行動洩漏任何人的任何事，以致造成任何發現。否則我所遇到的第一位兄弟將懲罰我，把我逐出這個世界。此外，如果我們中間出現叛徒，我將懲他以死，即便他逃到法令邊緣，我也會以不懈的復仇行動追捕他。我將待我的弟兄以全副的冷靜和忠誠。願上帝助我不違誓言，阿門。[193]

表面上，這段誓詞看起來挺眞實的[194]。但我們在此需要進一步探討官方的動機何在。英國的統治者確實對工人階級冷酷無情、漠不關心，但是英國並非一個「警察國家」。當時有些治安法官和軍官，例如博爾頓的羅勃遜牧師或福來契上校，對搗毀機器運動有著根深柢固的恨意，而且這些人，例如曼徹斯特那位聲名狼藉的副警官那

---

[192] Deposition in Fitzwilliam Papers, F.46 (g).

[193] *Rex v. Eadon*, Howell's *State Trials*, XXXI, 1070.

[194] 如果是那些故意要入人於罪的敎唆者僞造的誓言，通常會凶惡許多 —— 比方說保證會割下叛徒和其家人的頭顱和雙手。

丁，會不惜一切的以暴力和詭計入他們於罪。但是，當時還有另一種輿論需要全力應付。西來丁那位輝格派的皇家軍事首長費茲威廉伯爵，是一個性情溫和的人物——日後因為公開抗議彼得盧事件而丟官——他不大可能會許可真憑實據的挑撥行為。負責審訊密德蘭數起搗毀機器案件的法官貝雷先生(Mr. Justice Bayley)，則因為過於寬大而飽受抨擊。1812 年夏天，在曼徹斯特一件比較重要的案例中，陪審團拒絕給那三十八名激進派改革者定罪，那丁曾試圖以主持搗毀機器分子立誓儀式的罪名「誣陷」他們。檢察官非常清楚的知道，案子並不必然會以有罪終結[195]。

再者，在這些年間，不僅工人階級懷恨政府，連許多中產階級也不喜歡政府。就算檢察官真的根據布勞夫頓的證詞而建議以叛國罪提起告訴，這樣做下去的結果對官府也未必有利。因為輿論可能會懷疑他們這麼做主要是出於政治動機而憤怒沸騰。因此他們應該做的，就是將起訴罪狀限制在**公然蓄意的犯罪行為**：搗毀機器和夜間攻擊、搶劫武器、發立盟誓。類似布勞夫頓這樣的宣誓證言，反正在法庭上也不會是什麼好資料，特別是當辯方雇用到像布魯厄姆這樣的律師時。它們所根據的都是些未經證實的革命言論報告；與來自其他地區的代表(他們通常不是匿名就是用假名)所進行的會議；以及一些顯然是誇大不實的揣測——比方說卡賴特、懷特布瑞或柏戴特將領導革命云云。

事實上，在地方當局和內政部之間就曾發生過最不可思議的激烈爭鬥，尤其是在 1812 年夏秋兩季的約克郡。「勞埃先生，斯塔克港一位非常活躍的代辯人，受政府雇用派遣無數間諜在全國各地收

---

195 這就是為何重要的搗毀機器分子的審訊，都是由特別調查團主持的原因。

集資訊」(如同約克郡的一位治安法官在一封寫給費茲威廉的信中所言)[196]，他是在內政大臣的直接保護下行動，試圖藉由一些可能會讓郡治安法官深惡痛絕的方法，以及把關鍵證人從本寧山的另一側拐跑，並予以祕密保護監視等手段，來拼湊出無懈可擊的案子[197]。

我們可以指出一種做法上的分歧。一方面，內政部(如今在西德茂斯的主持下)已經遵循那些曾在戰後引發奧利佛、艾德華茲和卡梭事件的挑釁政策。西德茂斯、勞埃和那丁等人，想藉由多方的逮捕和驚天動地的審訊與處決，來讓搗毀機器分子和改革者喪膽，他們一點也不在乎他們的受害人是不是「眞正的」搗毀機器分子，也不在意製造證據的手段。另一方面，像費茲威廉和雷德克利夫這類人士，雖然也同樣急於摧毀搗毀機器運動，但是他們還是相當在意手段的正當性，並決心逮獲眞正的犯罪者——例如暗殺侯斯福的兇手和攻擊卡萊特工廠的工人。最後，交付審判的主要案件(曼徹斯特那三十八人除外)，大多是些可爲**特定**犯罪提供確切無疑的「偵查、定罪和刑罰模範」的案子，至於那些比較重大的政治叛亂指控，則被牢牢地壓在檯面之下。甚至在哈里法克斯民主黨人這個案例中，雖然明知道背後有政治動機[198]，但是檢方還是盡可能把起訴重點放在公然而明確的罪行上——犯人們在某一確切地點爲某個特定人士主持了盟誓典禮——對於他們的政治主張只有間接著墨。如果有人要問爲什麼當時沒有提出叛國罪的指控，答案就是：這樣的指控不但

---

196 Fitzwilliam Papers, 9 July 1812, F.46 (g).

197 關於這個奇怪的複雜情形，參見 Hammonds, op. cit., pp. 315 ff. and Darvall, op. cit., pp. 125-33。

198 *Rex* v. *Baines*, in the Treasury Solictor's papers. 這份文件的開頭是：「老班斯是個製帽工，以不滿政府聞名。」(T.S. 11.2673)

不得人心，在法律上站不住腳，而且還可能（如曼徹斯特一案）造成無罪開釋。

　　事實上，官方也不**希望**把所有的案子像大批發一樣全都以發立盟誓罪提請審訊。他們只想要讓案子可以了結[199]。為了達到這個目的，他們希望藉由審判和流刑，找出一個最順利最適合的案例模式。基於種種原因，他們選了哈里法克斯和巴恩斯來工人這兩個案件做為模範。如果認為官方想要對每一個可能的案件追根究底，顯然是錯解了權力的本質。在約克，只要能夠讓謀殺侯斯福的犯人定罪，讓幾個人因為發立盟誓而遭到流放，並將十四個人以搶劫武器和夜間攻擊的罪名送上斷頭台，「受到傷害的法律」和秩序的價值觀便可得到滿足。如果再往前走上一步，很可能會把輿論逼過它的容忍極限，最後害得北部的每個治安法官和工廠主人一輩子都得生活在人們的詛咒聲中。官方的指控到此結束，並頒布大赦文告。這樣的報復想必已經足夠了吧？

　　因此，我們無法憑藉審判案件或檢方列舉的證據來論斷搗毀機器運動的組織情形。事實上，官方的行動通常都是根據從未出現在

---

199 參見芮恩斯的證詞（F. Raynes, *An Appeal to the Public*, 1817），關於這點是無可推翻的。芮恩斯上尉所指揮的單位負有一項特別任務，就是在蘭開郡（1812 年 6 至 9 月）和西來丁（1812 年 9 至 12 月）滲透並偵察搗毀機器煽動者。基於私人委屈的動機，他在日後出版了他的服役記載以及他與上級軍官之間的通訊記錄。在好幾個類似紐頓這樣的蘭開郡地區，發立盟誓「在製造業和下層階級之間幾乎是一種普遍現象」。不止一次，他的間諜曾經成功地滲透進他們的陰謀當中，但是搗毀機器分子只要發現到他們遭人偵察，立刻就會到最近的治安法官那裡發立效忠政府的誓詞以求「脫罪」——這種做法讓芮恩斯上尉十分惱怒。只要仔細讀過這本小冊子，就不可能會懷疑發立盟誓的普遍性。（曼徹斯特圖書館影本）

審判會上的證據和強有力的猜疑[200]。他們擁有數目龐大的有關祕密會議、操練、盟誓和代表來往的證據，這類證據有些模糊難辨，有些評價不高，大多數在法庭上都不具價值。這包括許多的匿名信，以及線民的信件和證詞，其中有些非常詳盡仔細，例如下面這封描述搗毀機器分子口令系統的信件：

> 你必須把你的右手舉到右眼上方——如果人群中有另一名搗毀機器分子，他就會把左手舉到他的左眼上方——然後，你必須把右手的食指舉到你嘴的右側——另外的那名搗毀機器分子則將他左手的小指舉到他嘴的左側，並且說：你是什麼人？答案：有決心的人。他會說，爲了什麼？你的答案：自由權。[201]

認爲這類陳述在法庭上沒什麼價值的確沒錯。但是，如果我們追隨哈蒙德夫婦和達爾華的做法，把**所有的**證據全都七折八扣[202]，那麼結果將會是把自己置於可笑的境地。我們一定會假設官方透過他們的密探實際創造了某種陰謀組織，然後又制定新的死罪（例如發

---

200 之所以要這麼詳盡的分析這點，是因爲它也有助於解釋某些環繞於德斯巴德和布蘭雷斯案件的混亂情形。從財政大臣律師文件的現存摘要中，可以看出刑事檢察官不斷設法想從他們的證據當中找出最容易證明有明顯犯罪行爲的部分。即使是奧柯格雷一案（參見本書頁 228-9），刑事檢察官也簡短附註了：「應該提到入侵愛爾蘭嗎？」(T.S. 11.333) 關於培根(Thomas Bacon)一案，參見下文，頁 936。

201 Fitzwilliam Papers, F. 46 (g).

202 內政部文件中，關於訓練代表和革命野心之類的證詞相當可觀。達爾華爲了方便他的論述，對於這些資料一件也沒引用，並在註釋中以輕蔑的口氣將所有的相關證詞全都駁斥爲線民基於自身利害的想像捏造。

立盟誓者），而這一切只存在於他們的想像之中，或只不過是他們自己間諜的煽動結果。再者，這整個推論邏輯根本不適用於搗毀機器運動據以發生的在地社群的脈絡。尤其是在諾丁漢和西來丁，搗毀機器分子的力量是來自小型的工業村落，村落居民不但彼此熟識，而且還黏附於同一張緊密交織的親屬網上。在迷信無知的老百姓看來，單是違背誓言的懲罰就已經夠可怕了，但是社群的制裁力量甚至更大。搗毀機器的領袖人物在他所屬的村落內部深得人心，例如很可能是約克郡祕密委員會成員之一的織工霍華斯（G. Howarth），他的「膚色白裡透紅，身材粗壯，在眾人中喜歡高歌，言談粗鄙，一個典型的鄉下人……」[203] 官方想要說服任何一名村人出來指認其鄰居，簡直是難如登天。這當然有部分是因為害怕搗毀機器分子的報復，但更重要的是：告密是一種破壞道德經濟學的行為，可能會遭到逐出社群的下場。甚至連當地的治安法官，都忍不住要把供出不利於邁樂之證詞的共犯華刻，看成是出賣朋友的猶大。邁樂在處決前夕表示：「他寧願接受眼前的處境，儘管它相當可怕，也不願意承擔指控他們的那個人的罪過。就算那名指控者可以無罪開釋外加賺到兩千鎊，他也不願和他交換。」那些為了保命而向官方提供證據的搗毀機器分子，其結局通常比那些被出賣的同志更慘。一名貴格派教徒在約克執行的處決結束之後前去造訪華刻，發現「他一臉……蒼白，簡直像個死人，身上的關節好像整個散掉了，連站都站不起來」。事實上，他始終沒有領到那兩千鎊的血腥錢，他繼續過著悲慘的流浪生活，最後更淪為一名乞丐。另外兩個向官方告密的諾丁漢搗毀機器分子，因為擔心性命不保，而要求國王送他們到加拿大。

---

203 F. Raynes, op. cit., pp. 114-15.

其他有告密嫌疑的人也都遭到驅離家園的命運；有位約克郡的居民拒絕和他的妻子繼續生活，因為他的妻子由於愚蠢無知而提出的證據，竟害得勞福茲攻擊隊中的一員遭到處決。若干年後，出於類似的原因，兩名約克郡的告密者也終身遭到原有社群的驅離，只要他們進入某個房間或酒吧，在那兒聚集的人們若不是立刻停止交談，就是掉頭離開[204]。

我們必須想像一下這種社群團結一致而官府極端孤立的現象。這正是夏綠蒂·勃朗特之所以認為卡萊特和羅勃遜應該被抬舉到英雄地位的原因——憲章運動期間，勃朗特本人在哈渥斯(Haworth)的牧師住宅也曾經歷過類似的孤立。在勞福茲遭到攻擊的時候，儘管它身陷砲火，但是沒有任何一個在地村民出手相救。一直要到搗毀機器分子撤退之後，才有三、四個在地人敢出面宣稱自己支持被包圍的工廠主人：他們是羅勃遜牧師、寇克希爾先生(Cockhill，大染坊師傅)、狄克森先生(Dixon，化學工廠經理)，以及一位名叫克勞夫(Clough)的**樂天知命**者。他們很快就被一群憤憤不平的居民團團圍住，這些人顯然是同情那兩個受傷的搗毀機器分子[205]。此外，審判會和喪禮也都成為公眾表露同情的場合，他們的同情有時是採

---

204 *An Historical Account of the Luddites* (Huddersfield 1862), p. 79; Peel, *Risings of the Luddites* (1895 edn.), p. 278; Peel, *Spen Valley: Past and Present*, pp. 261, 264; Hammonds, op. cit., pp. 241-2; Sykes and Walker, *Ben o' Bill's*, p. 335. 在戰後那段期間，政府經常允諾讓工人階級的告密者前往某個殖民地。See also Hammonds, *The Town Labourer*, pp. 259-61.

205 Peel, *Spen Valley*, pp. 255-6. 比較《里茲信使報》1812 年 5 月 9 日的報導：「……我們相信，這種傾向在下層階級當中非常普遍，他們對這次行動的參與者若不是深表讚許，就是滿心欣慰。這正是這類行動的力量所在和活力源頭。」

取殺氣騰騰的方式，有時則散發出強烈的宗教熱誠。諾丁漢那幾場控告搗毀機器分子的審訊，都是在威嚇和示威聲中進行，有一次，整個法庭不但擠滿群眾，而且據說其中還有武裝工人[206]。1812 年 3 月，某個諾丁漢陪審團因爲判處幾名被控參與搗毀機器攻擊的工人有罪，結果其主席一路被追打到渥克索浦（Worksop）：

先生，

　遵奉盧德將軍的特急指令，我來到渥克索浦詢查你對我們活動目標所抱持的立場，我很遺憾發現它與你最近對我們所表現的行爲相符。記住，像你這樣的人很快就會懊悔，你可能很快就會受到我們的造訪。記住──你已經被畫上記號。

受命於盧德將軍

一個眞實工人[207]

　雖然約克郡的各項審訊都是在約克城舉行，與各肇事中心相距超過三十哩，但是官方依然調來額外軍隊，以防有人企圖搭救。甚至連反對者也對被定罪者的剛毅表現欽佩不已。邁樂和他的兩名同伴拒絕招出任何口供。幾天後處死的十四個人，也拒絕吐露半句。《里茲信使報》報導說，「就算這些不幸的人知道任何祕密，這些祕密也都跟他們一起往赴黃泉。官方沒問出隻字片語。」[208]（根據民間

---

206 T. Bailey, *Annals of Nottinghamshire* (1855), IV, p. 280.

207 H.O. 42.122.

208 目睹這次處決過程的一名軍官，寫信給雷德克利夫：「我認爲其中有八名是眞正的**搗毀機器分子**……另外九人是趁火打劫的破壞分子〔亦即打家劫舍者〕。」軍中的牧師告訴他：「眞正的搗毀機器分子」絕不願意告解懺悔，「我

傳說，主審法官曾在這個場合表露出些許不穩。當有人問他這十四個死刑犯是否應該被吊死在單桿上，他想了一會兒回答說：「不，先生，我想他們被吊死在雙桿上會比較舒服一點。」)首批遭處決的七個人，在大群民眾的注視下，唱著循道宗的讚美詩走上絞架：

> 看呀！人類的救世主
>> 被釘在一株可恥的樹上；
> 他的愛是多麼浩瀚，
>> 願意爲我流血、死亡。

> 聽呀！他的呻吟！自然萬物爲之震顫，
>> 大地擎柱爲之彎曲；
> 聖殿之幕爲之撕裂，
>> 大理堅石爲之崩碎。

> 自此之後，珍貴的贖金已付，
>> 「接納我的靈魂」，他喊道；
> 看呀！他垂下神聖的頭顱，
>> 垂下他的頭顱而死。[209]

眞的相信他們的確認爲這就算是**某種**罪過，也不是**什麼大罪**」。他還說：「我認爲他們全都是循道宗教徒。」Colonel Norton to Radcliffe, January 1813, Radcliffe MSS, 126/114.

209 *Proceedings under the Special Commission at York* (Leeds, 1813), pp. 67-9; Hammonds, op. cit., p. 332; H. Clarkson, *Memories of Merry Wakefield* (Wakefield, 1887), p. 40.

　　我們從這三個郡份得到的印象是：除了暗殺之外，搗毀機器運
動的所有作爲都得到當地社群積極的道德認可。有司百官爲自己深
感哀嘆：

　　　對這類犯罪是否違反道德標準的質疑，鼓勵了這種現象；而
　　不幸存在於人口稠密地區的宗教狂熱，更使得邪惡的行爲臻於
　　高峰。[210]

正如民間傳奇把所有的告密者都比附成猶大一樣，夏綠蒂‧勃朗特
也是循著中產階級傳奇的方向，以誇張的手法將巴拉克勞夫(Moses
Barraclough)這個僞善的搗毀機器煽動者，描寫成一位「咆哮派」的
宣道師和「一位循道宗教友」；並賦予那名企圖暗殺慕爾的人一句舊
約式的措詞：「當邪惡的遭到毀滅，嘶喊之聲響起；當旋風掠過，再
沒有邪惡……」[211] 關於這點的證據就和其他各點一樣紛亂。在約克
正法處決的罪犯當中有兩、三個的確是循道宗信徒。但是，雖然有
許多人是在循道宗(或咆哮派和邵思蔻派這類邊緣偏激)的文化氛圍
中長大，然而就算是在死刑犯的小牢房裡，他們那些急切想要證明
循道宗並未共謀叛亂的牧師們，也無法對他們發揮什麼影響力。舊
約聖經的狂熱已經被階級的休戚之情同化吸收，就算是本廷親自出
馬也無法滲透。

　　搗毀機器分子的葬禮充分說明這點。1811 年 11 月在諾丁漢某
次騷動中被殺的威斯特來，其葬禮儼然成爲公眾同情的展示場。「屍

---

210 經認可的約克審判序言，收錄於 Howell, *State Trials* XXXI, 964。
211 *Shirley*, Chs. VIII, XXX.

體由死者生前幾個俱樂部的朋友擔任前導，他們背著黑色細棒，佩著黑色麻孝」。

> 那場面眞是可怕。郡長、副郡長和大約六名治安法官全都在場，與會人士還包括一隊警察和大約三十名龍騎兵⋯⋯在屍體被抬走之前，城裡有好幾個地方齊聲誦讀著暴動法案。[212]

那兩名死於勞福茲事件的負傷工人，也獲得一樣的哀榮。在哈得茲菲，由於官員們搶在預定時間之前先將布思靜靜地下葬，這才阻止了一場大規模的公開葬禮。哈特雷(Hartley)葬在哈里法克斯，遺體後面跟著數百名哀悼者，每個人的臂上都綁有白色的麻孝。他的朋友代他提出要求，希望能有一場循道宗的埋葬儀式，當哀悼者得知本廷拒絕主持這場儀式時，場面曾一度火爆。在葬禮結束後的那個星期天，大批群眾聚集在一起爲他舉行追悼禮拜。一位跛腳的在地宣道師薩維爾(Jonathan Saville)回憶說，那是「哈里法克斯禮拜堂有史以來集會人數最多的一次，

> ⋯⋯人們不辭遙遠地前來向死者致唁。他們把禮拜堂擠得滿溢出來，好幾百人只能站在門外，無法進入，警官們在教堂門前維持秩序。原定要在下午講道的宣道師已去了哈得茲菲，或許是爲了不妨礙他們⋯⋯

本廷再次拒絕主持宣道，並任令薩維爾做爲代理人。這位跛腳宣道

---

212 *Leeds Mercury*, 23 November 1811; Bailey, op. cit., IV, p. 247.

師宣講了信徒與不信者的死亡對照：

> 在那個時候，不信神的情形也許比以往任何時期都更忙碌於
> 下層階級之間……我驚呼，「不信神者，痛苦的死去吧！當死神
> 降臨你身，你絕對不得好死！」這似乎很有效。

然而，這個效果完全出乎薩維爾意料，在他離開禮拜堂時，竟然遭
到石頭丟擲。「爲無辜者所流的血復仇」寫滿門牆。在隨後的好幾個
星期，每當本廷（他也收到恐嚇信）有事下鄉，都會有武裝保鑣隨身
護衛。類似的麻煩也發生在荷姆佛思和格里特蘭（Greetland，鄰近哈
里法克斯），因爲循道宗的牧師拒絕安葬在約克遭到處決的犯人[213]。
1816 年 11 月在諾丁漢，陶爾的喪葬也出現同樣的公眾示威，因爲一
位具有神職身分的治安法官韋爾德博士（Dr. Wylde），禁止民眾朗讀
葬禮禱詞。雖然如此，還是有三千人出席典禮，而且據一名間諜的
報告指出：

> 我聽說有一位教師在散發讚美詩，六名年輕婦女從他的住處
> 一路唱到墓園……棺蓋上的一顆星星或十字架引起了多方揣
> 測，不知它意爲何指。有人說是因爲他死得勇敢，也有人說是
> 因爲他被絞死，有些人詛咒韋爾德博士不許他們朗讀葬禮禱詞。
> 拜德（Badder）說……這對陶爾無所謂，因爲他根本不願讓教區

---

213 J. U. Walker, *History of Wesleyan Methodism in Halifax* (Halifax, 1836), p. 255;
E. V. Chapman, *John Wesley & Co (Halifax)* (Halifax, 1952), p. 35; F. A. West,
Memoirs of Jonathan Saville (1844), pp. 24-5.

牧師談論他。[214]

　　如果我們對搗毀機器運動的敍述只把它局限於工業上解釋，或是用少數「性急之人」的說法一筆帶過潛在的叛亂意含，那麼這種敍述是不會令人滿意的。即使是在搗毀機器運動以最高度的紀律追求工業目標的諾丁漢，破壞機器與政治叛亂之間的關聯依然處處遭人質疑，因為在這場與襪商、軍隊和治安法官的對抗戰中，與搗毀機器分子共謀串通的不只是框架織襪工，還包括一般的「下層階級」。在蘭開郡，雖然織工是這個組織的核心中堅，但是煤礦工人、棉紡紗工和各色各樣的手藝人，也都參與滋事。在西來丁，雖然攻擊的目標是起絨機和剪絨架，然而除了修絨工外，還有「很多織工、裁縫、鞋匠，以及幾乎每一行的手藝代表」與搗毀機器運動同聲一氣。在勞福茲攻擊中被殺的牧師之子布思，是一名馬具工學徒[215]。在約克受到特別調查團提審的犯人當中，有二十八名修絨工、八名苦力、四名織工、三名鞋匠、三名煤礦工人、三名棉紡紗工、兩名裁縫、兩名織布商，以及屠夫、梳毛機製造工、木匠、地毯織工、製帽匠、沿街叫賣小販、小店主、石匠、水手和毛紡紗工各一名[216]。

　　我們現在可以冒險為搗毀機器運動的過程提出解釋。它開始於

---

214 Hammonds, op. cit., p. 239.

215 Peel, op. cit., pp. 6, 18.

216 *Report of Proceedings under Commissions of Oyer & Terminer. . . for the Country of York* (Hansard, 1813), pp. xiv-xix. 不過，應該一提的是，這些人有幾個是被控打家劫舍的偽搗毀機器分子，而製帽匠、鞋匠和梳毛機製造工三人，則是哈里法克斯的民主黨人。幾乎所有因為參與勞福茲事件而被起訴的工人，都是修絨工。See also T.S. 113.2669.

1811 年的諾丁漢，最初是直接探取「工會」壓迫的形式，並獲得工人社群的贊同。然而這種形式讓它立刻陷於非法處境，而它本身的處境更加迫使它走上叛亂一途。到了 1811-12 年的那個冬天，不管是正式或非正式的「代表」，好像確實已經在北部各地旅行[217]。約克郡的搗毀機器運動(1812 年 2 月)打從一開始就比較具有叛亂傾向。一方面，諾丁漢的榜樣引爆了修絨工長期隱忍的錐心委屈。其次，幾個民主派或潘恩派的小團體把搗毀機器運動視為更一般性的革命機會。這兩股脈衝可以從兩封搗毀機器分子的信件中看出，這兩封信的發信時間都是 1812 年 3 月。第一封可能是來自哈得茲菲，道出了修絨工的特殊委屈：

> 注意……將軍……命令我通知你哈得茲菲地區的整布工人已花了七千鎊向政府陳情要求政府立法禁止剪絨架和起絨機但是卻沒有結果因此他們現在正在試驗這個方法，而且有人告訴將軍你們是多麼的害怕但是你們不必害怕，因為只要你們討厭的機器停止使用或遭到摧毀將軍和他英勇的士兵便會立刻解散，和其他忠順臣民一樣回到工作崗位上。[218]

另一封寫於一個星期之前，而且顯然絕非出自「忠順臣民」之手。信中指出，對攝政王未能組成一個和平與改革內閣的失望之情(這也

---

[217] 參見，比方說，一封遭到攔截的由約克郡通訊者寫給一位諾丁漢兄弟的信件，信件提到一位和他們待在一起的諾丁漢工人：「我們……當他是來自你們那邊的朋友般接待他，我們相信他真的是，而且還和他一塊兒喝了一兩瓶啤酒，他還朗讀了盧德先生的詩歌。」19 April 1812, Radcliffe MSS, 126/32.

[218] Radcliffe MSS, 126/27.

是稍後的曼徹斯特交易所暴動的導火線),觸發了約克郡的搗毀機器運動:

> 我們起事的直接原因,就是攝政王寫給葛雷勳爵和格倫維爾勳爵的那封卑鄙信函,那封信讓我們完全不敢奢望事情會有任何轉機;以及攝政王竟然與那群該死的傢伙為伍!我們認為珀西瓦和他的同黨正是讓英國陷於痛苦的原因。我們希望能藉法國皇帝之助擺脫這個有史以來最腐敗、最邪惡和最暴虐的政府,然後讓漢諾威王朝的暴君以及我們所有的暴君,從最大的到最小的,全部下台,然後我們就可以由公平的共和國進行統治。這個國家數以百萬人所衷心希望和祈禱的,便是全能的上帝能讓這天早日到來……219

如果我們接受這兩封信都不是假冒的,那麼它代表的是,約克郡的搗毀機器運動在發起之初的確有各種不同的計畫。若果真如此,隨著事情一件接一件的發生,叛亂的傾向也逐漸取得上風。我們必須重視皮爾收集到的口語傳統,根據這個傳統,哈里法克斯的老製帽匠班斯,的確是一群「潘恩派」的中心人物。這個團體組成了一個「民主或共和俱樂部」,以哈里法克斯的「聖克里斯平酒館」為聚會場所。3月間,該酒館曾經開過一次重要的搗毀機器分子集會,班斯以主席的身分歡迎他們:

> 三十年來,我一直呼籲人民起而對抗這種邪惡,並……因為

---

219 W. B. Crump, op. cit., p. 230.

我的這種主張而在個人和財產上蒙受沉重損失。如今我已接近生命旅途的終點，但是我仍將一本初衷；我將把我最後僅剩的時間全都奉獻給人民的奮鬥目標。我向你們起而反抗壓迫的行為致敬，並希望你們能一直持續到再沒有任何暴君需要打倒。我等待這個即將到來的日子已經很久了，儘管我已年老若此，我可能還是有機會可以看到民主政治的勝利。

根據同一個傳統，一位名叫威特曼（Weightman）的諾丁漢代表也發言說：「我們的委員會每天都與各個不滿城鎮的會社溝通，力圖在 5 月發起一場全面起義。」[220]

我們有理由認為，這份記載雖然不是字字真實，但它所傳達的一般趨勢卻是不容懷疑。儘管官府間諜所提供的證據是那麼的站不住腳，但官方顯然已決心想讓班斯定罪處死。有一個證人表示，班斯曾經說自己「不習慣和任何人打交道，除了那些同時熟知貴族政治與民主政治這兩個字義之人」，而法官認為，單憑班斯曾經誇口說「他的眼界早已在二十三年前就已打開」這點，就可以加重他的罪名[221]。這究竟只是政府「誣陷」在地的激進黨人？或者他們真的和搗毀機器運動有關？1812 年 3 月和 4 月，由蘭開郡的關鍵證人「B」所提出的報告，有助於我們看清這點。「B」宣稱里茲一個叫做華許（Walsh）的代表曾經造訪過他，而且（4 月）該城還有個叫曼恩

220 Peel, op. cit., (1880 edn.), pp. 23-6. 在 1888 年的再版序中，皮爾詳述了這項傳統是如何保留至今。

221 *Report of Proceedings. . . under Oyer and Terminer*, pp. 124, 207. 按：二十三年前即 1789 年，這句話意指他早已受到法國大革命的啟蒙。

(Mann) 的人曾寫信向他描述過搗毀機器運動是如何的成功[222]。華許告訴他，在里茲的祕密委員會裡面，「沒有一個老雅各賓獲准採取行動，因爲近年他們頗受質疑」：

> 有些老雅各賓分子想採取行動，可是舊委員會以往的行動除了狂野之外，既沒深謀遠慮也沒獲得成功，因此他們沒有一人得以進入新委員會，只能在暗中活動。

(華許告訴「B」說) 這個約克郡的組織是由一個「行業委員會」主持，其聚會以極端祕密的方式在里茲舉行：

> 委員會從來不在酒吧集會，而是在私宅，天氣許可的話甚至會在夜晚於野外集會，不像上次那樣，搞得全城皆知。[223]

雖然在里茲「老雅各賓分子」是被擺在幕後，不過在哈里法克斯，搗毀機器分子就沒這麼縝密周到。配合現有的證據，我們可以說：在勞茲福攻擊失敗之後，約克郡的搗毀機器運動便採取了一種比較廣義的叛亂形式。到了 4 月，西來丁無疑已有某種祕密的代表制度正在運作。搗毀機器運動的組織重點已在勞福茲事件之後轉移到一般性的革命準備。從 4 月到 9 月，有關搶劫武器、籌集金錢和

---

222 有位名叫詹姆斯・曼恩的里茲修絨工，曾在 1817 年人身保護令中止期間遭到拘捕 (參見本書頁 940)，並於日後成爲里茲最重要的激進書商。如果這兩個「曼恩」是同一個人，一定十分有趣。

223 Reports of "B", 25 March, 18 April 1812, H.O. 40.1. 這裡的「舊委員會」和「上次」，指的應該是 1801 和 1802 年的密謀，參見本書頁 678-83。

發立盟誓的謠言滿天亂飛。製造子彈用的鉛塊，像暖天的雪一樣迅速消失；「幫浦和排水管經常不見」[224]；甚至連染料桶和水溝導管也會不翼而飛。在既沒有修絨工也不存在起絨機或剪絨架的雪菲爾和巴恩斯來地區，居然也受到陰謀滲透。激發搗毀機器運動的「想法非常粗略，只要他們的組織散布到英國各地，而他們又收集到足夠的武器，就可以顛覆政府」[225]。

如果約克郡的搗毀機器運動是從修絨工的委屈擴延成普遍的革命目的，那麼蘭開郡工人的各種不滿情緒，卻沒有一個單一的主題可以貫連。糧食暴動、煽動性的塗鴉、為政治改革而舉辦的祕密鼓動、祕密工會委員會、襲奪武器、攻擊動力織布機，以及間諜的挑撥造事等等，全都一古腦的同時上演，其中有些是自發性的，而且彼此之間往往沒有直接的組織性關聯。《技術勞工》書中以「蘭開郡搗毀機器運動」為主題的那章，寫得最不令人滿意。其中有些陳述根本就是錯誤的,例如它說蘭開郡和柴郡的所有騷動都已在1812年5月告一段落。其他的說法——例如來自博爾頓的幾名間諜和曼徹斯特的「B」所發揮的驚人影響力——則是把臆測和詭辯巧扮成事實敍述。該章的結論簡直荒謬可笑, 竟然想要我們相信：1812年5月，蘭開郡官府之所以發動七十一連步兵、二十七隊近衛騎兵和龍騎兵，以及數以千計的特種警察(單是在薩爾福百〔Salford Hundred〕就有一千五百人)，只是因為「老S」、「小S」和「B」這三個間諜所說的叛亂故事嚇壞了他們的老闆，外加一些自發性的糧食暴動。

哈蒙德夫婦在資料處理上最值得注意的一點是，他們在著手研

---

224 *Leeds Mercury*, 6 June 1812.

225 Peel, op. cit., (1880 edn.), p. 9.

究之**初**，就已假定工人方面任何**眞心誠意**的叛亂計畫，若不是高度不可行，就是錯誤而不值得同情，因此可直接把它們歸諸於愚妄而不負責任的偏激行爲。但是，我們很難理解爲什麼在 1812 年應該有這樣的假定。戰爭已經持續了將近二十年，中間只有一年的休兵。人民的公民自由相當有限，工會自由更是付之闕如。他們沒有預見未來歷史的能力，無法得知在未來的二十年(到那時，他們當中的許多人早已死亡)中產階級將可得到投票權，並因此感到寬慰些。1812年時，織工經歷了身分地位和生活水準的雙雙暴跌。人們已經餓到願意冒著生命危險打翻一車馬鈴薯。在這樣的環境背景下，如果說工人**從未**祕密策劃革命暴動，才眞是教人不敢置信；而且這樣的環境背景也不太可能培養出一群漸進主義的憲制改革者，企望在一個不承認他們的政治存在的憲政體制中採取行動。

最起碼，我們會以爲民主文化願意謹愼而人道地解決工人的苦境。然而事實卻很少是這樣。若干拓墾這一時期歷史研究的歷史學家(哈蒙德夫婦、韋布夫婦和華拉斯〔Graham Wallas〕)，是信仰費邊學說的先生女士，他們是從日後的改革法案以及總工會(Trade Union Congress)和工黨(Labour Party)的角度來回溯「勞工運動的早期歷史」。由於搗毀機器分子或糧食暴動者看起來不像是令人滿意的「勞工運動」「先驅」，因此他們不值得同情和密切注意。而且這種偏見又從另一個方向得到正統學院派那種更保守的傳統的加強。因此，「歷史」對托帕朵殉道者的處理是公平的，對普雷斯則太過溢美；但是除了少數專家之外，所有人的「歷史」都遺忘了數以百計因爲發立盟誓，參與雅各賓密謀，搗毀機器運動，潘垂吉和格蘭吉荒原起義，食物、圈地和過路稅暴動，1830 年的伊里暴動和勞工反叛，以及各式各樣的小型滋擾而遭到處決或流放的男男女女，就算

「歷史」記得他們，也是把他們視為笨蛋或帶有犯罪念頭的愚人。

　　然而，對於生活在其間的人們而言，歷史既不「早」也不「晚」。「先驅」也是另一個過去的承繼者。我們必須把這些人放在他們身處的脈絡中加以判斷，在這個脈絡裡面，我們可以說邁樂、陶爾和布蘭雷斯這樣的人物，都是英雄級的人物。

　　再者，偏見自有辦法鑽入到歷史研究的最微末之處。這點和蘭開郡搗毀機器運動的研究尤其有關。唯一可以讓人相信內政部文件中各種關於該項運動具有革命特徵的證言皆屬不實的理由，就是假裝所有的這類證據**一定**是假的。一旦這樣的假設確立，哈蒙德夫婦等於是駛進了歷史虛構的大海。於是，在搗毀機器運動和戰後期間，最常見的蘭開郡告密者是一個被指名為「B」的人。這個「B」可能自 1801 或 1802 年起便受雇為線民[226]，並得到曼徹斯特極端激進派的信任。他的名字叫班特（Bent），是一名小商人，1812 年時有人形容他是「一個買賣棉屑的人」[227]。由於他的經濟相對富裕，因此經常被提名擔任各個不同祕密委員會的出納——對一名間諜來說，這是一個最好的監聽站。表面看來，他的確是居於可以提供內幕消息的有利地位。

　　在《技術勞工》一書中，「B」經常以煽動者和教唆者的角色出現：

---

[226] 參見 *The Skilled Labourer*, pp. 67, 73 以及本書頁 703。不過，我們無法確定這是同一個「B」，因為也有其他的「B」曾被雇用——比方說巴羅，參見本書頁 697-8。

[227] Deposition of H. Yarwood, 22 June 1812, in H.O. 40.1. 他也曾被形容為「一位高尚的棉布商」，參見 *The Trial at Full length of the 38 Men from Manchester* (Manchester, 1812), p. 137。

內政部文件裡面有許多字句不通的信件是出自他的手筆，信
中充滿了下層階級即將暴動的恐怖暗示，並說這些暴動是受到
高層神祕人物的鼓勵。他不斷談論的主題，就是好幾千名曾在
這個國家的不同地區發立盟誓的人民，即將全面起義。

哈蒙德夫婦宣稱：蘭開郡的搗毀機器誓詞「要說是出自『B』的那顆
聰明頭腦……也不會教人懷疑」。當哈蒙德夫婦意外發現一項證據，
表示有位曼徹斯特的代表前去造訪斯塔克港織工的祕密委員會，並
企圖說服該委員會加入革命的準備工作，他們所提出的解釋是：

任何讀過這個時期內政部文件的人，一定都可以在那篇關於
曼斯特代表說了些什麼的報導中，認出「B」的聲音……

根據這項假設(哈蒙德夫婦仗著自己的學識豐富，認定讀者對這項假
設不會有疑問)，他們精心虛構了整套唆使情節。但是沒幾頁之後，
當故事的情節適合讓兩位作者相信「B」的報導中的另一部分時，他
們卻又溫和地告訴讀者:「班特不大可能曾經認真想要引誘他的任何
同事採取暴力措施，否則像奈特(John Knight)這樣的人不可能會繼
續相信他……」簡言之，他們完全是根據故事當下的需要，而任意
曲解「B」的報告[228]。

我們可以用不同的角度去解釋內政部文件。班特並不是一名唆
使者，他只是一個普通的線民，他所採取的行動，全都局限於可以
繼續贏得其激進派同僚信任的範圍。他似乎是一個愚笨但具有敏銳

---

228 Ibid., pp. 274-5, 297, 336-7.

觀察力的人物——這兩種特質的組合並不罕見。因此，我們只能相信他對於親身參與過的事件的描述，而那些有關於隱密宗旨或英國其他地區的組織報導，只不過是在轉述某些比較有自信的鼓動者的誇大之詞。認為班特就是那名想把斯塔克港委員會拉進陰謀計畫的曼徹斯特代表，這種說法絕對禁不起考驗[229]。

事實上，如果我們能放棄臥底教唆者這條錯誤的線索，單是利用哈蒙德夫婦所引用的同樣資料，我們就可以為蘭開郡的搗毀機器運動拼湊出一個更為首尾一貫的內部歷史。首先，我們必須回想，雅各賓運動曾經在蘭開郡扎下比其他地區更為深厚的根基，而且愛爾蘭移民還賦予該郡一種特別的革命氣氛。打從 1790 年代開始，蘭開郡幾乎是獨一無二的擁有一條一脈相承的公開反戰和要求改革的騷動歷史，從「聯合英格蘭人」一直到搗毀機器運動。1808 年時，有關這場騷動的報告不只來自曼徹斯特，還包括羅伊頓、博爾頓和布拉克本。幾名博爾頓的織工宣稱他們打算以兩個月的時間，在每個禮拜天於該城北方的憲章沼地（Charters Moss）舉行示威，他們問道：「真的已經沒有時間——

　　把英國憲政從它的幽暗地牢裡拉救出來，讓它以最初的無瑕原貌重見天日，讓每一個人都能看到**他的祖先們的法律?**[230]

---

[229] 在整個 1812 年早春，「B」的報告不但頻繁而且瑣碎。哈蒙德夫婦對於 2 月間的斯塔克港會議的記載，主要是根據惠泰克的供詞（H.O. 42.121）。但是「B」在 3 月 25 日報告說，他尚未打進任何祕密會議，不過他希望很快就能獲准進入（H.O. 40.1）。到了 4 月，他的確成功地出席了幾場織工會議，但是因為金錢的爭議，而被排除於 5 月的一場重要會議（雅伍德證詞，H.O. 40.1）。

在年復一年呼籲制定最低工資的訴求一無結果的情況下，織工們終於被迫走上政治騷動一途——不論是革命性的或憲制性的騷動。

其次，當搗毀機器運動在 1811 到 1812 年間展開之際，非法工會活動在蘭開郡早已根深柢固。前面已經提過曼徹斯特的工匠行業和棉紡紗工的組織和交流程度。織工的組織可能也有相當廣大和堅實的基礎。在蘭開郡的各個市鎮乃至某些村落當中，都有多少具代表性的織工「祕密委員會」，經常性地針對向國會請求、請願及籌措經費等問題彼此磋商[231]。

因此，當搗毀機器運動來到蘭開郡時，它不是進入一個真空地帶。在曼徹斯特和較大的市鎮中心，原本就存在有工匠聯合會、織工的祕密委員會，以及一些潘恩激進派的新舊團體，和一群熱情奔騰的愛爾蘭少數民族。蘭開郡之所以成為間諜和臥底教唆者的溫床，並不是因為醞釀中的事情太少，而是太多。各種報告之所以充滿矛盾，並不是因為所有的線民都在扯謊，而是因為這個運動本身就存在著諸多矛盾。在一個像蘭開郡這麼政治世故的地區，對於破壞機器的評價，一定會有很多不同的意見。工人之間的意見衝突在 1812 年 2 月到 4 月底，引發了許多摩擦。因此，似乎在 2 月間的某個時候，正宗的搗毀機器政策是受到織工代表會議的支持，該會議代表

---

230 See Aspinall, op. cit., pp. xxiii n. 2, 98-9 n. 1, 160-1 n. 2.

231 參見本章頁 769 所引用的李奇蒙證詞。在費茲威廉文件中 (Fitzwilliam Paper, F.46(g))，也有一份完整的證詞是有關某個隱晦不明的「織工工會」，據說該組織是由「倫敦延伸到諾丁漢，再由諾丁漢擴及到曼徹斯特和卡來爾」，擁有最為嚴密的祕密系統，不同的組織層級有程度不等的盟誓內容，對於文件的傳遞極其謹慎——在曠野中的夜晚轉交，或是把消息留在某個指定的荒郊野外角落裡的空棒子裡，如此等等。

了好幾個市鎮的祕密委員會。根據斯塔克港祕密委員會一位名叫雅伍德（Yarwood）的副代表的證詞，織工們紛紛加入（並透過盟誓「搓進」）一個以毀壞動力織布機、籌集武器經費，和以暴制暴爲目的的組織。該組織收取每週一便士的捐助金，並眞的聘用了一位全職的組織家，前「反對國教派牧師」卜斯（John Buckley Booth），達一兩個月之久[232]。但是在這一點上，雅伍德的說法轉趨含糊。似乎其他的行業，尤其是紡紗工、裁縫和鞋匠，在曼徹斯特和斯塔克港的祕密委員會中也派有代表，而且除了織工之外，還有許多人也被「搓進去」。但是雅伍德並不清楚各委員會的實際計畫，他只是斯塔克港某個地區的幹事，他繳錢，並聽命於卜斯。

不過根據雅伍德和其他的人的記載，可以明顯看出各委員會的意見分歧。早在 4 月 5 日，曼徹斯特的委員會便拒絕「搗毀機器分子」：

> 那天晚上他們之間除了爭吵還是爭吵。各地區繳來的錢，還不夠付祕密委員會喝掉的酒錢。

爲了派代表前往博爾頓和斯塔克港「通知他們曼徹斯特將不和他們採取一致行動」，委員會只好（在雅伍德的建議下）向班特先生借錢，「我曾經在攝政親王盾徽酒吧的祕密委員會上見過他」。4 月中旬的暴動看起來大多是自發性事件，並非由祕密委員發起（甚至支持）。到了 4 月底，許多曼徹斯特的行業（尤其是紡紗工和裁縫）已經拒絕繼續繳付經費，結果使得（包括班特在內的）曼徹斯特的代表未能出

---

232 或許是一名在地的宣道師。

席 5 月 4 日在費爾斯渥舉行的一次重要的代表會議。

從這個時候開始，蘭開郡似乎同時存在著兩種(或許還有部分重疊)組織形式。一方面，有一部分的運動是集中在重新開啓以和平和國會改革爲訴求的騷動。班特報告說，5 月 18 日曾爲了預備請願書而召開一次代表會議。出席代表來自蘭開郡和約克郡的若干市鎮。像平常一樣，他設法讓自己被任命爲出納。這就是那場與奈特和那「三十八人」有關的騷動，（由於班特的密告)這些人於 6 月在曼徹斯特遭到那丁逮捕，罪名是主持盟誓。另一方面，有一部分的運動確實是在爲叛亂做準備。早在 3 月 28 日，班特便宣稱他曾與愛爾蘭的密謀者晤面，他們是些「危險而大膽的傢伙，其中參與過愛爾蘭叛亂的不下於四人」。他在 4 月時表示，有一位愛爾蘭代表曾親自造訪他，這個人剛去過都柏林、貝爾發斯特和格拉斯哥，打算繼續前往德比、伯明罕和倫敦。他自稱曾經是愛爾蘭叛變中的一名軍官，名曰坎諾文(Patrick Cannovan)，「年約四十歲，外表文雅，穿著黑色服飾和有飾穗的長統靴」。班特的下一位訪客是伯明罕代表，他是在取道普雷斯頓和卡來爾以前往格拉斯哥的路上，途經曼徹斯特。另一位代表在 5 月中旬拜訪了某個委員會成員，他來自波特利斯地區的新城(Newcastle)，帶來一則消息：在他的那個地區，已有好幾千人發立盟誓並做好武裝，但是倫敦「非常猶豫畏縮……完全沒有預期中的精神活力」。參與倫敦密謀的分子，主要是「史匹塔菲的織工和裁縫」，或是「縫針騎士」。

這個以 1798 年的愛爾蘭難民做爲主要溝通管道的地下組織的故事，並不一定是不可能的。然而，試圖在憲制改革者和愛爾蘭叛亂分子之間劃出一條明確的楚河漢界，卻是一種錯誤的做法。很可能那些比較複雜世故的政治改革者，會認爲自己是比搗毀機器分子

更爲嚴肅的革命派[233]。班特在 5 月初寫道:「執行委員──

勸大家平靜下來,不要爲了任何事而擾亂和平──做那些事的人並不是被我們搓進來的人……

5 月 6 日,一位署名爲「湯姆·潘恩」的蘭開斯特匿名雅各賓分子寫道:「事實上,

前進派的民眾有一個固定的、一般性的和進步的組織。他們可以稱之爲漢普敦派、席德尼派或潘恩派。我受命將這幾千人團結起來。**我們**──因爲我是以眾人之名發言──我說我們完全否認與搗毀機器者、焚燒工廠者、勒索金錢者、搶劫私人財產者或暗殺者有任何關聯。我們深知任何節省人力的機器,都將造福我們身處的這個大家庭。既然請願沒用,我們打算從我們的委屈著手,我們打算**要求**並**命令**對我們的委屈進行糾正……

我們可以說,到了 1812 年 5 月,蘭開郡和約克郡的搗毀機器運動大致都已讓位給革命組織,這些組織有效地透過愛爾蘭政治犯和舊日的雅各賓分子,與許多沒有發生搗毀機器運動的重鎮(如雪菲爾、巴恩斯來、伯明罕和格拉斯哥等地)進行接觸。至於搗毀機器運動本身,則只有「將軍」的大名留了下來。粗糙的手繪木製卡片,

---

233 比較皮爾對哈里法克斯民主黨人對侯斯福遭暗殺一事的反應的評語:「老民主黨人拜恩斯,既不提倡暗殺,也不爲暗殺辯解。」Peel, op. cit., p. 164.

以及木籤、祕密指令和切口，依然是進入會場的安全程序[234]。另外還有一項更惹人聯想的文件證據，這些文件據稱是在搗毀機器分子攻擊荷百瑞(威克菲耳附近)的佛斯特工廠之後不久，有人在路上拾到的。文件中有兩篇文辭絢麗、充滿自由意志派修辭的長篇講稿，還有一篇「憲法」和「誓詞」，**其內容和在德斯巴德同事身上發現的一模一樣**，在德斯巴德受審時，這篇「憲法」和「誓言」曾被援引爲證據[235]。除非我們認爲是有人故意「置放」(不過沒有什麼理由這樣認爲)，否則這個事實千眞萬確地指出在 1802 年的地下組織與1812 年的地下組織之間，確實存在著某種聯繫[236]。

事實上，這類地下組織的證據有許多不同的出處，如果我們全都不予置信，我們就只能退而求助於那些更不可靠的假設——例如存在一個專門製造謊言的工廠，不斷編出一堆彼此相關的荒謬故事，而其唯一的目的就是要欺騙政府。於是，一個非常不一樣的線民，代號「R‧W」的織工，在 6 月上旬告訴在地的治安法官：蘭開郡的代表曾在斯塔克港舉行一次會議，與會的工人來自諾丁漢、德比和哈得茲菲。這些代表責備——

> 這兒的人民太過急躁，竟然在約定時間之前便開始暴動，那時他們的人數還不夠多，武器也配備不全。

---

234 參見本書頁 251 的例子。

235 參見本書頁 686。

236 奧利佛曾對西來丁的一場代表會議(1817 年 4 月 28 日)報告如下：「我發現他們當中有很多人毫不遲疑地表示，他們在 1802 年的時候已經做好萬全準備要和德斯巴德及其同黨一塊起事，那次任務之所以失敗，完全是因爲少數幾個人未能一直保持他們之間的密切聯繫。」Oliver's "Narrative", H.O. 40.9.

據說起事用的槍矛正在雪菲爾加緊趕工當中，在一個擁有這麼多小工坊和鐵匠鋪的地方，這是一件相當簡單的任務。有人說起義計畫定在 9 月底或 10 月初。在狄德斯伯里(Didsbury)近郊所舉行的一次午夜聚會中，一位「外表文雅的人物」代表致詞。演說中「完全沒有提及工廠或機器」，但是他呼籲眾人以**全面**起義取代「部分」起義。他的口才非常好，「是這個王國裡面最適合擔任傳教士或律師的那種人。」[237]

但是就在這個時候，我們碰到了與**全國性**組織和「文雅」領袖有關的謠言，因此我們必須非常謹慎。顯然，真正的鼓動者為了鼓舞徒眾的士氣，乃誇口說他們可以獲得全國性的支持，甚至渴望得到某些名人(卡賴特、柏戴特、柯克蘭、懷特布瑞、華鐸上校〔Colonel Wardle〕等人)的革命協助。然而，不論織工工會、「縫針騎士」或四處遊歷的愛爾蘭代表和他們建立了什麼樣的模糊聯繫，可以確知的是，搗毀機器運動並沒有全國性的領導人物或中心，而且除了共同的窮困和推翻政府的渴望之外，也不具任何全國性目標。尤其是(由班特這種人所傳述的)有關倫敦「大委員會」的說法，完全是一派胡言，只是徒然顯示出外郡革命分子對他們真正處境的誤解。

當梅特蘭將軍(General Maitland)宣稱搗毀機器運動並「沒有真正的基底」時，他很可能是對的。他說：

　　到目前為主，這所有的革命運動一般仍局限於下層階級的人民，局限於他們出現的地方；除了他們每天公然表現出來的狂

---

237 這裡有關蘭開郡搗毀機器運動的討論，大致是根班特、雅伍德、惠泰克和「R‧W」的陳述，以及治安法官的報告和內政部文件當中的幾封匿名信(H.O. 40. 1, 42.121, 42.123)。

暴行動之外，不存在任何協同步調，也沒有任何既定計畫。[238]

　　如果我們能夠更仔細地體察這段話的意思，我們就會接受梅特蘭的判斷。比梅特蘭消息不靈通的觀察者是在自己嚇自己，因為他們無法想像一個「革命運動」會沒有幾個「邪惡和陰謀人士」扮演內部核心，沒有幾個貴族或中產階級的領導人物，由他們在暗中激勵全體。當他們找不到這類陰謀家的時候，他們的看法就會出現一百八十度的大轉變：如果沒有指導者，當時根本不可能有革命運動。他們無法相信修絨工、織襪工和織工敢憑藉自己的力量企圖推翻政府[239]「似乎沒有證據可以證明有過**攻擊**，沒有證據可以證明有過**陰謀**。」於是柯貝特在 1812 年這樣評論下院祕密委員會的報告：「這種情形簡直教內閣完全不知該如何是好。他們找不到**煽動者**。這是一個由**人民自己**發起的運動。」[240]

　　然而，這個運動竟然可以在短短幾個月讓政府派出一萬二千名軍隊，並讓西來丁的皇家軍事副首長在 1812 年 6 月，宣稱這個國家正走上「通往公開叛亂的直接道路」：

　　　除了那些有士兵佔領的地方，這個國家幾乎已完全落入非法

---

238 Darvall, op. cit., p. 175. 比較貝克特(Beckett)於 1812 年 8 月 29 日致梅特蘭的信件：「在他們的行動更協調一致和更有制度之前，我們不需擔心他們會造成什麼嚴重危害。」(H.O. 79.2.)

239 「許多人認為，有些從事這類暴行的人，他們已考慮採取革命手段，並企圖推翻政府，但是這種看法似乎沒有令人滿意的證據可以支持，而且眾人一致同意，這些暴動的領袖雖然也擁有一定的影響力，但畢竟都是些勞動階級。」 *The Historical Account of the Luddites*, p. 11.

240 Cole, *Life of Cobbett*, p. 180.

之徒手中……心懷不滿者遠多於愛好和平的百姓。[241]

從某方面看，搗毀機器運動可以視之爲最接近工業工人版的「農民叛變」；他們並不劫掠**城堡大宅**，而是直接攻擊那些壓迫他們的象徵目標——起絨機工廠或動力織布機工廠。在搗毀機器運動展開之前，有將近二十年的時間，印刷機和公眾集會幾乎完全靜默，搗毀機器分子不認得任何一個他們可以信賴的全國性領袖，也沒有什麼全國性政策是他們自己的騷動可以認同的。正因如此，它總是在在地社群表現得最爲強勢，並在採取特定的工業行動時表現得最爲一致。

不過，即使是在他們攻擊這些剝削和工廠制度的象徵物時，他們也逐漸認識到更大的目標，而零星存在於各地的少數「潘恩派」，則可引導他們邁向下一個目標。但是在這裡，那種足以摧毀一座工廠或框架織襪機的緊密組織已不管用，他們的社區裡面沒有可以拆除的老薩倫，而國會兩院又是他們鞭長莫及的。無疑，不同地區的搗毀機器分子必然有所接觸；同樣無疑的是，在約克郡和諾丁漢，顯然已建立了某種地區領導體系——只有像陶爾和邁樂這類少數「首領」才知道。然而，就算在愛西頓、斯塔克港和哈里法克斯召開的代表會議眞的確有其事，那也是搗毀機器運動最弱的罩門所在——最容易遭到間諜滲透，也最容易沉溺於法國人、愛爾蘭人或蘇格蘭人將會起而協助叛亂之類的空談。一直要到 1812 年仲夏，似乎才眞的有一個嚴肅的陰謀組織正在浮現，它脫離了特定的工業委屈，並進而拓展到新的地區。到了 8 月(根據芮恩斯上尉〔Captain Raynes〕的說法)，搗毀機器分子已面臨抉擇關頭：是要「孤注一擲

---

241 Darvall, op. cit., p. 310.

地全體奮起」，或是讓這個運動就此解體[242]。有兩個原因使它走向死亡。其一是緊急敕令的廢止和貿易的迅速復甦。其二是來自官方的壓力越來越大：更多的軍隊，更多的間諜，更多的拘捕，以及柴斯特和蘭開斯特的處決儀式。

如果換個角度，我們可以把搗毀機器運動看成一種過渡。我們必須穿透搗毀機器的表象，深入探索那些揮動大鎚子的工人的動機。做為「一個由**人民自己**發起的運動」，我們印象最深刻的不是它的落伍，而是它的日漸成熟。它的表現絕不能歸於「原始」之列，在諾丁漢和約克郡，它都示範了高度的紀律和自制。搗毀機器運動可說是一種工人階級文化的展現，比十八世紀任何已知的工人階級文化都更為獨立和複雜。1811年之前的二十年間，可說是這個非法傳統的豐富年代——雖然當時的盛景我們只能用猜想的——尤其是在工會運動、新實驗、日漸提升的經驗和閱讀織字能力，以及更深刻的政治認知這幾方面。搗毀機器運動必然是成長於這樣的文化當中——一個屬於互助會、祕密儀式和盟誓、半合法的國會請願，以及在職工會館召開的匠人會議的世界。在這個過渡時期，自信滿滿的工會主義浪潮，在結社法案的防堵之下潰堤而出，漫淹成一片明顯而公開的汪洋。它同時也是介於德斯巴德和「黑燈」，以及彼得盧事件之間的過渡時刻。1812年5月1日，一名(恐怕未經認可的[243])「盧

---

[242] F. Raynes, op. cit., p. 58.

[243] 除了可能是由真正的搗毀機器團體發出的信件之外，這個時期還出現大量書寫信件的自由企業。我個人注意到的作者就包括：「手槍先生」、「盧德夫人」、「奢侈彼得」、「正義將軍」、「湯姆‧潘恩」、「一個真實工人」、「伊莉沙‧盧德」、「打倒國王」、「盧德國王」和「縱火者喬」，發信的地址則是些「羅賓漢洞穴」和「雪塢林」之類。

德將軍的祕書」從諾丁漢寫信給哈得茲菲:「我得到授權來告訴你們,

> 我們的將軍和工人認為只要那個稱為攝政王的粗鄙醉漢和宿
> 妓的傢伙和他的僕人一日在朝我們這些被他們踩在腳底下的人
> 就只有受苦一途。我也奉命提醒你們希望你們記住你們和任何
> 高貴人物都是由同一種素材做成的穀物和美酒是為他們而設也
> 是為你們而設。

在這三個郡份,當搗毀機器運動挫敗退場之際,正是國會改革騷動開始登場之時。在哈里法克斯,甚至早在班斯受審之前,最初的國會改革聯盟(Unions for Parliamentary Reform)就已成立。邁樂在約克郡城堡等待審訊期間,寫了一封信給他的友人:「我聽說你正在進行一場國會改革的請願活動,我希望你能將下面這些人的姓名列進去⋯⋯」他附了同時遭到囚禁的三十九個人的姓名。(他加了一句:「請記住,靈魂比成果或黃金更有價值。」)如果我們依循這條思路一直走到結論,我們就會相信某位德比郡治安法官在 1817 年所發表的憤怒評語:

> 搗毀機器分子如今主要是致力於政治和偷獵。他們是漢普敦
> 俱樂部的主要領袖,在介於來斯特、德比和紐華克之間的這個
> 三角地帶,幾乎每一個村落如今都可看到漢普敦俱樂部的身
> 影。[244]

---

244 Radcliffe MSS., 126/46 and 126/127A; *An Appeal to the Nation* (Halifax, 1812); Lockett to Beckett, 12 January 1817, H.O. 40.3.

第十五章

群眾領袖與烈士

Demagogues and Martyrs

一、不滿情緒

戰爭在暴動聲中結束。除了一次休戰，這場戰爭整整打了二十三年。在穀物法通過之際(1815 年)，國會兩院是在軍隊的保護之下才躲過群眾的攻擊。數千名解甲歸田的士兵和水手，回到故鄉之後全成了失業人口。接下來的四年，是民眾激進運動的英雄年代。

這次的激進運動不再是(像 1790 年代那樣)只有少數幾個組織和作家參與的小型宣傳活動。1815 年後，《人權論》的種種主張已不再是新觀念，而是**理所當然之事**。激進派將他們言論和報導火力集中在揭露「販賣自治市鎮的國會席次」(borough-mongering)和「公債持有」(fund-holding)制度的浮濫——稅收、財政舞弊、貪污賄賂、尸位素餐、教士兼職——他們認為這所有的弊端都是由那些貪贓枉法、營私結黨的地主、朝臣和官吏所造成，然後他們提出自己的補救辦法——進行一場徹頭徹尾的國會改革。這就是由激進派掀起的宣傳巨浪，其最堅定的新聞界發言人是柯貝特，最教人佩服的選舉造勢會代言人則是杭特。柯貝特在他那篇著名的「致職工和勞工書」中寫道(1816 年 11 月 2 日)：「至於我們目前痛苦的**原因**，是因為**龐大的稅金**，政府強迫我們繳稅，以便養活它的軍隊、它的官吏、它的食祿者，並支付它的債務利息。」

「演說家」杭特也針對同樣的主題發表評論。在 1816 年底於倫敦礦泉場舉行的一次盛大示威中，他宣稱：

> 失業的原因是什麼？稅收。稅收的原因是什麼？腐敗。正是腐敗讓那些市鎮販賣者得以挑起血淋淋的戰爭，以便達到他們

摧毀所有國家的自由權，尤其是我們自己的自由權的目的……舉凡與人民生計和舒適有關的東西都要抽稅。他們的麵包不用抽稅嗎？他們的啤酒不用抽稅嗎？他們吃的、喝的、穿的、戴的乃至說的，有哪一樣不用抽稅嗎？它們〔稅收〕全都是由那群販賣市鎮黨的官員強徵暴斂的，這些人除了壓迫人民之外什麼也不會，並靠著壓榨人民的悲慘來供養自己。[1]

　　激進主義是一個概括性的自由派用語，是人民與未經改革的下院之間的一場持續戰鬥，在這場戰鬥當中，問題一個接一個地顯現出來。以這場戰鬥為核心，發展出(或許應該說是，柯貝特創造了)一部激進派的殉道列傳，以及更重要的，一份誓不兩立的妖魔名單：攝政王、卡斯爾雷、西德茂斯、間諜(如奧利佛、卡梭和艾德華茲)、曼徹斯特義勇軍、羅伯‧皮爾和紙幣，以及諸如布魯厄姆這類不熱心的或模稜兩可的改革者，全都榜上有名。其他一些激進派的意見有時甚至比柯貝特或杭特更具影響力，例如伍勒的《黑矮人》、霍恩的諷刺作品，以及卡萊爾的《共和分子》(Republican)。不過廣義的激進派一詞把這些人全都包括在內，並在緊接而來的戰後時期，從它最複雜世故的代表──拜倫、黑茲利特，亨利‧懷特(Henry White)的《獨立輝格》(Independent Whig)、韓特兄弟(John and Leigh Hunt)的《檢查者》(Examiner)──延伸到極端激進的一些期刊，例如《梅杜莎》(Medusa)和《自由之帽》(The Cap of Liberty)。

　　這個修辭反映了倫敦、各大城市和製造業地區的性格，也得到這種性格的支持。倫敦群眾擁有悠久的反獨裁傳統，打從韋爾克斯

---

[1] *Examiner*, 17 November 1816.

的時代,歷經 1795 年倫敦通訊協會所號召的大規模示威運動,到「支持柏戴特打倒巴士底」的騷動,乃至戰後激進主義的盛大集會,幾乎不曾間斷。甚至在 1802 到 1803 年,這種性格不僅表現在對德斯巴德的同情上,也見於華爾總督(Governor Wall)遭處決時此起彼落的咒罵聲中——他是因為下令鞭笞一名無辜士兵致死而遭處決[2]。十年之後,當年邁的自然神派出版家義頓,以《理性時代》「第三部」為名出版了一本潘恩小冊,並因此被判處枷刑的消息傳出,倫敦甚至爆發了更為激烈的示威運動。柯貝特在若干年後回憶說:「我看到義頓先生套在枷鎖中,

> 前一天在同一地方,有個犯人因為做偽證而判處枷刑,圍觀者爭相用腐壞的雞蛋砸他,還從屠宰場拿來一堆血啊腸的往他臉上猛丟,差點讓他窒息。可是義頓先生受到的待遇卻有天壤之別! 在那整整一個鐘頭裡,無數的群眾向他歡呼,有的人高舉著餅乾像是要拿給他,另有些人舉起一杯杯的葡萄酒,還有一些人拿著勝利的小旗幟和一束束的鮮花。執刑人和法官不斷被民眾飽以噓聲。**這才是廢止枷刑的真正原因**!

柯貝特說,這些群眾包括「形形色色的倫敦人」——「紳士、商人、各類小店主、工匠和勞工,以及相當高比例的婦女」:

---

2 Cobbett's *Political Register*, 6 February 1802. 鞭笞或許是舊英國體制最教人痛恨的制度之一,僅次於拉伕。1801 年時,柯貝特因公開抨擊這種虐待而遭下獄,不過也因此奠定了他在平民之間的高度聲譽。關於華爾,參見 Southey, *Letters from England*, Letter IX。

他們不是不知道他被判處枷刑的原因……然而，他們無法同意一個人因爲**意見這種問題**遭受處罰。[3]

因此，倫敦群眾的激進主義並不是一種新現象，只是在戰後那段期間，它表現得更有意識、更有組織、也更複雜世故。比較新奇的是，外郡民眾的次政治態度的轉向，尤其是在戰爭期間的密德蘭和北方。在 1790 年代的官方眼中，只有諾威治和雪菲爾稱得上是不可救藥的雅各賓中心；十九世紀初，諾丁漢、科芬垂和博爾頓也躋身名單之列；到了搗毀機器運動期間，大多數的蘭開郡和西來丁地區以及許多的密德蘭市鎮，也都「心生叛意」；等到戰爭結束，從卡來爾到柯契斯特(Colchester)以及從新堡到布里斯托的這塊廣大地區，「暴民」全都倒向激進派那邊。此外，我們也可以從戰爭期間大規模的兵營建造計畫中看出相關跡象——在 1792 到 1815 年間，一共建造了一百五十五處兵營，其中有許多是故意建在密德蘭和北方這類「不滿」地區[4]。1792 年時，統治英格蘭的是人民的同意和順從，另外輔之以絞架與「教會和國王」的暴民。到了 1816 年，英格蘭的人民已經得動用武力才有辦法壓制。

因此，戰後的激進主義不再是一個有組織的少數人的運動，而是整個社會的反應。我們可以舉兩個都是發生在 1817 年的例子。第一個例子是水手凱希曼(Cashman)的處決，罪名是他在 1816 年 12 月 2 日的礦泉場集會結束後，參與一起攻擊製槍匠作坊的行動[5]。凱

---

3 Ibid., 27 January 1820.

4 See Halévy, *England in 1815* (Penguin edn.), I, p. 104; Hammonds, *The Town Labourer*, p. 85.

5 參見本書頁 895-6。

希曼原是一名愛爾蘭漁夫，曾在海戰中服役「多年」，並九次負傷。據他自己的說法，海軍積欠他五年的薪餉，以及相當數目的作戰獎金。他的從軍合約中規定要付給他那位貧困的愛爾蘭母親每月一鎊的金額，可是他母親從未領到一分半毫。戰爭結束時他根本身無分文，在追討欠款的過程中，他被各個機構單位當成皮球般踢來踢去，始終沒有結果。暴動當天早上，他又去了一次海軍部，在回家途中，他碰到「一名水手袍澤，是位准尉」，這名袍澤說服他出席礦泉場的集會，一路上還請他喝了不少烈酒和啤酒。他事先對這次集會的目的不甚了解，很可能事後也想不起這究竟是怎麼一回事。

官方簡直不可能找到比凱希曼更有群眾魅力的受害人，沒有人比他更容易激發倫敦群眾的所有同情和潛在的激進主義。英國的「水手」(tar，有許多曾出席礦泉場集會)素以性情暴亂著稱：「他們總是第一個**出動**⋯⋯不論是打架、喝酒、跳舞，或**找亂子**」。他們是以這場戰爭為主題的無數民謠中深受人們歡迎的英雄。凱希曼所得到的吝嗇待遇，和提供給那些乾薪冗員與內閣大臣和指揮官家屬的慷慨津貼、賞賜給威靈頓購買豪宅地產的四十萬英鎊(外加其他報酬)，以及提撥給不在地的港口調查員或海軍部辦事員的補助比起來，怎能不教人憤恨不平。凱希曼最氣不過的，是他的案子遭到不公平的對待，他們竟把他關在囚車上，「像個普通強盜般示眾」遊街。他大呼：「這絕不是膽小怯懦，

我不是因為搶劫才落此下場⋯⋯如果我還在軍中，我絕對會死得**轟轟烈烈**，而不會畏畏縮縮。我不但沒有做任何對不起我的國王和國家的事，反而還為了它們奮不顧身。

這場處決簡直就是一次大規模的民眾示威，官方得動用「無數的」警察和層層拒馬來保衛絞架：

> 當行政司法官走向前時，暴民的憤怒整個沸騰起來：哼聲噓聲四起，有人試圖要衝上前去……凱希曼……似乎和旁觀者融為一體，跟著他們一塊兒嘶喊狂叫……「加油！夥伴們！繼續！別氣餒！」

在絞架上，凱希曼拒絕了兩名英國國教士讓他告解和懺悔的巨大誘惑：「別想困惑我——這是沒有用的——我只求上帝的憐憫。」他對群眾說：「現在，你們這些傢伙，在我倒下來的時候給我三聲歡呼」，凱希曼接著告訴劊子手：「放開第二桿桄吧」，然後「那塊致命的板子就在他的大笑聲中從他的腳下掉落」。幾分鐘的死寂之後，群眾「再度對參與這場可怕展示的每一個人表達他們的厭惡和憤怒」，他們大叫著「謀殺！」、「可恥！」。一直到幾個小時之後人們才逐漸散去[6]。

另一個例子也是在同一個月發生於蘭開郡。班福——密德頓的織工和他那個地區的漢普敦俱樂部幹事——在他的出生村落遭到那丁和一隊士兵逮捕。群眾立刻圍住了那丁和其他士兵，並揚言要搭救班福。逮捕班福的人把他押進一輛驛馬車，在龍騎兵的護衛下，他們打算取道查德頓(Chadderton)進行另一波逮捕行動：

> 在前往查德頓衙門的路上，我建議隊長掉頭轉回曼徹斯特，

---

6 *Courier*, 12 March 1817; Cobbett's *Weekly Political Pamphlet*, 15 March 1817; *Black Dwarf*, 19 March 1817.

我告訴他那天他不可能再逮到任何人。爲了證實我說的沒錯，我把查德頓高地和附近鄉村指給他看，那裡有一大群民眾跑得飛快，簡直就像獵人似的，好像打算在羅伊附近攔截我們的馬車。我說，整個地區都動員起來了，任何一個他想抓的人早已得到通報。他大聲罵了句幹！說他以前從來沒看過這種情形；隨騎在驛馬車一旁的龍騎兵指揮官表示，他在愛爾蘭看過類似情形，不過在別的地方這還是頭一回。[7]

二、領導難題

漢普敦俱樂部在 1812 年成立於倫敦。它本身是一個不甚重要的團體：一個輝格黨改革者的菁英組織，每位成員的土地年收入都超過三百鎊。不過，它給了卡賴特少校一個發表演說的舞台和基地，他便是從這裡開始他的密德蘭和北部國會改革宣傳之旅。「英國紳士總是不斷在旅行，」他回覆那些批評他的宣傳口號的人，「有些人是爲了欣賞湖光山色。難道以旅行的方式去看看一個挨餓民族的實際處境不行嗎？」[8]

卡賴特在 1812、1813 和 1815 年所進行的福音之旅，其重要性簡直無法估量。在過去的十五年，孤立於英國各地的國會改革者，除了柏戴特的西敏委員會或柯貝特的《政治記事周刊》之外，沒有任何全國性的領導中心或策略。卡賴特和柯貝特都認爲搗毀機器運

---

7 S. Bamford, *Passages in the Life of a Radical* (1893 edn.), p. 77.

8 F. D. Cartwright, *Life and Correspondence of Major Cartwright* (1826), II, p. 45; E. Halévy, *The Liberal Awakening* (1949 edn.), pp. 11 ff.

動的叛亂階段和他們的目標背道而馳而且徒勞無益。不過他們兩人
卻因此對騷動日增的北方和密德蘭再度發生興趣。柯貝特要到 1816
年才戲劇性地轉向「職工和勞工」那邊。率先決定進入搗毀機器諸
郡的，是當時已年過七十但仍堅定不屈的卡賴特少校。

　　卡賴特的本意並不是要組織一個「工人階級」的激進運動。事
實上，他認爲他的責任是反對——

　　　　任何想要刺激窮人去侵略富人財產的企圖。窮人的處境不應
　　　該以侵略富人的財產來補救，而應該透過……**平等的法律**……

要求改革的壓力最好是「主要來自中產階級」。他希望將叛亂的不滿
情緒疏通到憲政體制的渠道之內[9]，並奠定一個全國性的運動基礎，
繼續不斷地向國會陳情。在倫敦的漢普敦俱樂部，他曾被迫暫時將
他對成年男子普選權和國會每年改選的信念放在一旁，向納稅人選
舉權的要求妥協。然而即使如此，俱樂部的貴族改革者還是抱怨他
的意見太過激進，以及他居然沒有出席俱樂部的年度餐宴。卡賴特
少校本人也看不起那些怯懦的輝格派改革者。他依然相信「成員資
格沒有限制」的那種騷動。他比較在乎的是共事者所抱持的原則，
而非他們的收入或職業。

　　在這方面，他表現了他的勇氣。1812 年 5 月他寫道：「我最近和

9　卡賴特致哈代書，1801 年 1 月 5 日：「我不同意許多人的想法，他們認爲如今
　　想要讓公眾心情鎮靜下來已經太晚了，因此應該停止**改革**，並以加速**革命**取而
　　代之……法國大革命的榜樣，應該足以讓我們打消將所有事物重新建立在一
　　個全新基礎上的企圖。」F. D. Carwright, op. cit., pp. 292-3.

騷亂地區的相關人士聯絡，談到如何將不滿情緒導向支持國會改革的合法管道，他們非常渴望能從**我們的協會**得到建議和鼓勵。」早在1812 年 1 月，他便曾造訪德比和來斯特，並曾試圖在搗毀機器運動的高潮時期，於諾丁漢舉行一次公開的改革會議。他在致《諾丁漢評論》的公開信中，針對那些不願支持他的紳士改革者的怯懦提出勸戒：「先生，當此貿易失敗而工人又**沒麵包可吃**的時候……不正是集會的**最佳時機**?」1812 年夏天，當約翰·奈特和那「三十八人」一被關進曼徹斯特大牢，卡賴特立刻就寫信去鼓勵他們，並答應提供他們辯護協助。那年秋天，他決定再次深入那個「騷亂地區」。

　　1812 年的巡迴之旅，他曾在來斯特、洛夫柏羅(六百人出席)、曼徹斯特、雪菲爾、哈里法克斯、利物浦和諾丁漢等地舉行集會。1813 年 1 月和 2 月，他進行了第二次的巡迴之旅，在不到三十天的時間，先後於密德蘭、北方和西部的三十五個地方召開集會[10]。(這次旅行——以及奧利佛在 1817 年的幾次旅行——提醒我們，我們總是太過誇大鐵路出現以前的交通困難度。)在每一個這樣的集會中心，都有一群核心改革者，負責集會的各項事宜。卡賴特盡心為他們服務，不論他們是紳士、小商人、工匠或織工，然而對那些不具熱誠的鄉紳和輝格黨的大雇主，他卻表現得非常冷漠。他們痛恨那

---

10 盧特渥斯(Lutterworth)、星克利(Hinckley)、來斯特、洛夫柏羅、柴斯特菲(Chesterfield)、雪菲爾、哈得茲菲、布拉福、韋克菲耳、里茲、普雷斯頓、威干、利物浦、博爾頓、曼徹斯特、里斯(Lees)、斯塔克港、新堡、伯明罕、渥塞特(Worcester)、杜斯伯里、格洛斯特、史楚德(Stroud)、巴斯、謝普登(Shepton)、馬雷特(Mallet)、布里基威特、陶頓、威林頓(Wellington)、布里斯托、卡恩(Calne)、馬堡(Marlborough)、紐堡、杭格佛(Hungerford)、阿賓頓、里丁(Reading)。

群與他爲伍的強盜，甚至連他的老同事韋威爾，也在一本以筆名發表的小册子裡公開指責他，說他鼓勵搗毀機器分子和煽動者。「國會改革之友社」（Friends of Parliamentary Reform）在雪菲爾舉行餐會時曾向他舉杯致敬，此舉讓一位自認是改革者的製造商十分憤怒，因爲「餐會的門票訂價太低，以致出席的人，除了少數例外，都是最下等的百姓」。這場餐會是由「支持每年改選國會和成年男子普選權的人士」主導，主席則是「我們這些粗暴傢伙中的一個」[11]。

卡賴特宣稱，這幾趟旅行讓他收集到二十萬個支持改革請願者的簽名。（他在 1815 年還去了趟蘇格蘭。）這些集會並非沒有碰到阻力，1813 年 1 月 22 日在哈得茲菲（當時距離十四名搗毀機器分子遭到處決不過一個禮拜），軍隊闖入他的集會，沒收了文件和請願書，還逮捕了卡賴特和當地的改革者（主要是「勞動技工」），所幸卡賴特通曉憲法，他們才沒遭受進一步迫害。可是在博爾頓、羅奇德爾和薩爾福，爲他收集請願簽名的改革者，卻沒逃過監禁或受害的下場。我們可以想像，當卡賴特從這個市鎮匆匆趕往另一個市鎮之後，由他遺留下來的那些剛剛成立的俱樂部，的確很難維持。一直要到 1816 年，他們才眞正在製造業地區扎穩根基[12]。

雅各賓主義的根據地原本是在各個工匠中心，可是 1815 年後，情形開始變得有點模糊。在 1815 到 1832 年的不同時期，反對特定弊端——所得稅、什一稅、穀物法、冗員——的騷動席捲了許許多

---

[11] F. D. Cartwright, op. cit., I, p. 243, II, pp. 17, 21, 31-5, 110; H.O. 42.119; *Nottingham Review*, 27 December 1811, 3 and 17 January 1812; T. A. Ward, *Peeps into the Past*, p. 191.

[12] F. D. Cartwright, op. cit., pp. 47-55; Fitzwilliam Papers, F.46 (g); Radcliffe MSS., 126/117.

多不同階級和職業的人民。製造業者、農人、小鄉紳、專業人士以及工匠和勞工，全都要求某種程度的國會改革。但是改革運動背後最堅實一貫的推力，卻是來自「勤奮階級」——織襪工、手搖織布機織工、棉紡紗工、工匠，以及與他們有關的小雇主、小商人、酒吧老闆、書商和專業人士——在地政府的機關職員，經常是拔擢自這些團體。

改革運動的情況發展因地而異，主要是與各個地區的策略和強調重點有關。在布里斯托——亨利‧杭特曾在戰爭結束前擔任該地一次大規模騷動的發言人——工匠的勢力最為突出，尤其是皮匠和玻璃匠[13]。在蘭開郡南部——該地的大製造業者和工人間的鴻溝最深——工人階級的改革運動最為「獨立」，即使是和曼徹斯特最活躍的中產階級改革者，也都保持一定距離。在西來丁，由於該地經濟的懸殊情況不甚嚴重，手搖織布機織工一直要到1820年代晚期才進入最糟糕的危機階段。在里茲，工匠與中產階級改革者建立了某種合作關係。在伯明罕，社會階級的變化坡度較緩，工匠還有希望可以升格為小師傅，在當地異常活躍的激進運動，不但得到許多雇主的支持，而且在某種程度上是由中產階級所領導。

曼徹斯特、伯明罕或里茲的激進運動，都與該地的社群結構直接相關。但是，若要說有個名副其實的倫敦激進運動是源自它的工業結構或社群模式，就比較沒那麼容易。每一個想要取得激進派領導權或影響力的人，都得有他自己的倫敦徒眾——柯貝特、柏戴特、卡萊爾、西斯托伍德、邊沁學派、杭特以及其他許多人。大量的激進派文件和書籍也不斷從倫敦的各個出版社湧出。但是在1832年

---

13 Henry Hunt, *Memoirs* (1822), III, pp. 7-12.

之前，倫敦本身很少是民眾改革組織的焦點。

問題的原因所在，有部分是倫敦的幅員遼闊和它的職業繁多。在製造業中心，享有社會名望並能鞏固其支持力量的人士，便有可能成為在地領袖。倫敦有好幾個勢力強大的激進派地區——例如伯斯納綠地、藍貝斯、南華克、芬斯百利、伊斯林頓——並有不少領袖是崛起於這類地區。「史班斯派」和加圖街的密謀者，深信自己可以得到一般百姓的支持，尤其是營建工人、碼頭工人和挖掘帕丁頓運河(Paddington Canal)的「濬河工人」。在大多數的情況下，激進派都可以指望史匹塔菲的絲織工人會加入他們的示威運動，而傾向憲政思考的國會改革者，也總是能得到工匠行業俱樂部的支持。然而倫敦的實際領導權往往是疊加在這類支持之上，而非這類支持的直接延伸。在倫敦，聰明工匠的社會流動機會比在巴恩斯來或洛夫柏羅來得大。不像在工業村落和小型市鎮，同一位激進派領袖可以在不改變職業或身分的情況下，保有他們的領袖地位長達二十年乃至四十年。

倫敦的領導權就沒這麼固定。全國性的知名人物、演說家、幕後操控者、新聞記者或酒店煽動家，經常得在大庭廣眾之下進行你死我活的廝殺辯論，而民眾的青睞對象也是一個換過一個。此外，浮現於戰爭期間的倫敦激進主義，此時已變得四分五裂。舊日的西敏委員會顯然想角逐領導權的寶座，但是這個委員會如今已確定其聯合工匠與中產階級改革者的走向。激進熱情逐漸降溫的柏戴特，在 1816 年 4 月展開一項「凡繳付直接稅者皆有選舉權」的運動。他得到西敏委員會的支持，該委員會以一紙反對所得稅的請願書揭開它戰後騷動的序幕(這項請願乃直接訴諸於有產階級的支持，尤其是由魏斯曼代言的倫敦市改革者)。帶有拜倫式貴族革命分子興味的柯

克蘭勳爵，雖然當時還保有西敏區另一個國會議員的席次，但是他的聲望已受到證券交易所的醜聞玷污。柯克蘭勳爵原本就沒有什麼政治領袖的天賦，在他辭去議員席次(以便在南美洲的戰爭中加入「民主海盜」之列)之後，終於被邊沁派的霍布豪斯所取代，柏戴特和普雷斯都比較喜歡霍布豪斯，而不喜歡主張成年男子普選權的卡賴特或杭特[14]。

　　西敏區的這項舉動並非偶然。普雷斯和他的工匠同志以及小雇主們(其中有一些，比如說蓋樂威，如今已成爲大雇主)，已經放棄了他們的雅各賓信念，放棄成年男子普選權和無限制民眾騷動的信念。他們看不起倫敦的下層民眾，可是又對他們的暴動和叛亂因子恐懼不已。他們如今已很少和酒店世界有所接觸，新一代的騷動者正在其中積極運作。普雷斯日後表示：柯貝特「太過無知……看不出一般老百姓如果沒有受到有錢有勢者的鼓勵，在這方面〔也就是政治組織〕的表現一定十分低能。」普雷斯本人直接受到邊沁和老穆勒的影響。儘管在鄙視貴族政府的沒有效率和沒有理性，以及對穀物法或任何壓迫性立法的痛恨上，他依然是個不折不扣的激進派，但是他對任何公開的民眾騷動和組織策略都抱持強烈的敵視態度。1817 年 1 月 30 日，漢普敦俱樂部的代表在倫敦進行協商，普雷斯爲霍恩的《改革者記事》(*Reformist's Register*)草擬了一篇宣傳文字，該篇文章的目的擺明是要把改革運動從成年男子普選權的影響中搭救出來。文中宣稱：「**此刻**就像**其他**時候一樣，應該把這項拯救英國人民理應珍視之一切的任務，交付給**中產**階級……任何可能得到的好

---

[14] 幾乎所有激進派的先鋒都反對這項選擇。See Wallas, op. cit., p. 138.

處，都必須……由**這個**階級率先進行。」[15]

1817 年，柯貝特已經把西敏委員會稱為「殘餘委員會」(the Rump)。到了 1820 年，他更譴責它是「一個干涉西敏區偉大政治事務的小團體」，一個「舒舒服服的小法人組織，非常仁慈的……把選舉倫敦的國會代表……視爲己任」，一個「可悲的派系……他們已經在實際層面上使西敏區淪爲像加騰和老薩倫一樣的衰敗市鎮」[16]。花時間去描述柏戴特和普雷斯以及柯貝特和杭特這兩方在這些年間的口舌之爭，根本沒什麼意義。比較值得注意的是：倫敦所有激進派中組織最爲完善的這個團體，在 1816 年所採行的策略是，讓這個國家的運動脫離杭特和柯貝特的影響，並讓工人階級依附於一個新的國會領導圈子，這個圈子的明日之星包括休姆、霍布豪斯和布魯厄姆。

這樣的策略對於雅各賓傳統中比較熱忱的改革者幾乎不具吸引力，對於倫敦群眾中最激進的一派亦然。可是在 1816 年時，除了西敏委員會外，他們唯一可以依附的領導中心就只有小規模的「史班斯博愛會社」。史班斯本人在 1814 年 9 月逝世，由創立該組織的「大約四十個門徒」，給了他一個「頗爲隆重的葬禮」。該派的領導成員據說包括了華笙父子[17]、西斯托伍德、普瑞斯頓(Thomas Preston)、達文波和伊文斯父子。拜普雷斯的回憶錄之賜，大多數的歷史書都把他們描寫成行爲古怪和無足輕重之輩：老華笙是「一個舉止散漫

---

15 Add. MSS. 27809 ff. 16, 17, 51. 值得一提的是，霍恩並沒有追隨普雷斯的編輯方向。

16 *Political Register*, 9, 16 December 1820.

17 切勿把這兩位華笙和詹姆斯‧華森(James Watson)弄混了。詹姆斯是一名激進派書商，也是卡萊爾和赫瑟林頓的同志。

……一貧如洗的人」，他的兒子「是個放蕩不羈的傢伙」，該會的圖書館員伊文斯性情怪異，「習慣在臂下夾著一本舊聖經，從他的住處大步走到**會社**集會的酒吧。」[18]

史班斯派除了「無足輕重和無關緊要之外」，普雷斯繼續寫道，他們可說「無害而且單純」。但是，由於在 1816 到 1817 年間，他們是和普雷斯及西敏委員會競爭倫敦激進運動領導權的主要對手，因此普雷斯並不是一個不具利害關係的見證人。在一個邊沁派眼中，湯姆斯・伊文斯的《以基督徒政策拯救帝國》必定是荒謬可笑。但是我們可以說，伊文斯的農業社會主義比邊沁的「幸福微積分」(Felicific Calculus)更合理也更具發展性。史班斯派所提倡的主張已經得到許多行業俱樂部的支持，尤其是在鞋匠之間。他們主張「土地上的所有封建制度和地主制度都應予以廢除，並宣布所有的領土都是人民的公共農田」，這種想法已預先為工匠接受歐文的《新社會觀》(New View of Society)鋪好道路[19]。

史班斯派並沒那麼「單純」，而且在 1816 年時，他們還頗有一點影響力。普雷斯的那句「無足輕重和無關緊要」，意思是說他們在國會和有權有勢的中產階級當中完全吃不開。可是普瑞斯頓和西斯托伍德當然都比普雷斯更熟悉倫敦的酒店世界。在整個戰爭期間，史班斯派一直提倡「不拘禮儀」(free and easy)的政策，並在蘭貝斯和伯斯納綠地召開非正式聚會。1817 年 2 月，祕密委員會報告說，在戰爭結束後的那幾年，史班斯派的會社在機械和製造業者以及解甲歸田的士兵和水手之間的蔓延情況，可能不像一般人想像的只是

---

18 Ibid., ff. 72, 99.

19 關於伊文斯的《以基督教政策拯救帝國》，參見本書頁 216。

危言聳聽。有證據證明,到了 1816 年底,史班斯派已經根據倫敦通訊協會的舊計畫,重新以小組和分部的方式組織他們的工作[20]。

此外,「史班斯派」這個名稱本身或許也有些含糊。伊文斯無疑是史班斯的門徒,官方以超乎常理的惡毒不斷地追捕他和他的兒子,因爲他竟然膽敢出書呼籲剝奪地主的所有權——由地主所組成的國會,簡直想不出比這更嚴重的滔天大罪。1816 到 1817 年間,他和他那個圈子的朋友還爲農業社會主義辦了一連串小規模的哲學性宣傳[21]。不過倫敦一些更具影響力的政治領袖,例如詹姆斯•華笙醫生、亞瑟•西斯托伍德和湯姆斯•普瑞斯頓,也許更適合稱之爲共和派,或秉持昔日潘恩派傳統的雅各賓分子,他們在戰後失業情況居高不下的那幾年,也贊同以回歸小農場和「以鋤耕種」等補救方法,做爲解決飢餓問題的一種方案[22]。我們很難找到更多有關華笙醫生的事蹟。1816 年時他約莫五十歲,在他的審訊會上被描述爲一名「醫師兼藥劑師」,貧窮,並曾涉足地下政治工作達若干年之久[23]。他是

20 See O. D. Rudkin, *Thomas Spence and his Contemporaries*, pp. 146-9; A. W. Waters, *Spence and his Political Works*; A. Davenport, *The Life, Writings and Principles of Thomas Spence*; W. M. Gurney, *Trial of James Watson* (1817), I, p. 45; *Address of the Spencean Philanthropists* (1816), p.4.

21 參見由魏德本(Robert Wedderburn)編輯的小期刊《無望之望》(The "Forlorn Horp")和《除根之斧》(The Axe Laid to the Root),兩者皆出版於 1817 年,魏德本是位混血兒(一位蘇格蘭紳士和牙買加黑奴的兒子)和一名「燧石」裁縫。伊文斯在 1817 至 1818 年人身保護令中止期間入獄(第二次),他們的案例贏得各方同情。

22 參見華笙醫生的礦泉場講詞摘要,本書頁 316。

23 參見 1816 年 12 月 4 日普瑞斯頓在倫敦市長面前陳述的證詞:「我始終相信這兩位華笙是英格蘭最勇敢的人物……我想他倆都是外科醫生。」(T.S. 11. 203.) See also entry in *D. N. B.*

另一名雅各賓外科醫生瓊斯的友人，後者曾在好幾場由華笙擔任主席的集會上致詞。西斯托伍德原是一名陸軍軍官和鄉紳，1790 年代晚期人在法國，並（根據一項記載）曾服役於革命軍。普瑞斯頓雖然有時被人稱爲鞋匠，不過他應該是一名從事皮革業的小雇主。他在 1816 年 12 月的時候告訴倫敦市長：「我在史匹塔菲看過無數慘絕人寰的苦難，

> 我眞的希望上帝能讓我就此消失──我曾見過一個相當標緻的年輕婦女，有整整九個月的時間不曾上床睡覺──我已經毀了我自己，我連一鎊錢都沒有，可是我手下卻有四十個工人……

這些人構成倫敦極端激進主義的核心，不論他們是史班斯派還是德斯巴德密謀傳統中的「老雅各賓」。他們的煽動戰場是行業俱樂部和酒店[24]。1817 年的頭幾個月，班福和其他來自北方漢普敦俱樂部的代表，在停留於倫敦期間曾出席過幾場這樣的集會[25]。很可能這個團體中的大多數人都承續了德斯巴德的觀念，認爲倫敦必須成爲英國大革命的巴黎，不論是藉由直接在倫敦塔、監獄和國會下院展開暴動進而掀起全面叛亂，或是透過政變推翻政府。我們不該斷言，在 1817 或 1819 年時，叛亂運動──如果得到足夠的衝力──一點成功的機會都沒有，即使是暫時性的。然而，就算這個團體當中有

---

[24] 「普瑞斯頓曾提過一個不拘禮儀俱樂部（Free and Easy Club），認爲那是（在史匹塔菲）將工人聚集在一起的最佳方法。」Deposition of J. Williamson, 24 September 1817, T.S. 11.197.

[25] Bamford, op. cit., pp. 25-6.

若干人不幸有機會可以展現他們的勇氣，也絲毫無法使他們免於業餘、外行的指控。他們因為自己的誇大修辭而受害；他們用土製手榴彈和槍矛起事，可是卻未能在倫敦街頭豎起任何一道壁壘；他們不只一次以浪漫英雄的姿勢被捕。西德茂斯的間諜輕而易舉就可滲透到他們那個虛張聲勢的酒店地下世界。奧利佛就是從這兒取得憑證，讓他有辦法接觸到密德蘭和北方改革者的決策計畫。而我們也永遠會猜疑：倫敦那兩場貨真價實的密謀企圖(礦泉場暴動和加圖街密謀)，可能有一半是卡梭和艾德華茲這兩名政府**教唆者**的傑作。

因此，倫敦的改革運動打從一開始，便分成謹慎的憲制主義派和密謀派這兩個極端，在這兩個極端中間，是卡賴特、杭特和柯貝特等人的地盤。然而，除非我們把目光放到倫敦以外的地方，看看那些依然生活在煽動會社法案(Seditious Societies Act，1799年各通訊協會就是因為這項法案而飽受迫害)之下的改革者的處境，我們才能完全理解激進派組織和領導權這個問題的真正複雜性。

在這項法案之下，沒有任何全國性的政治組織是合法的。此外，如果某個在地會社隸屬於某個全國性組織的分部，或是該會社透過通訊和代表的互訪而與某個全國性的中心有所聯繫，也都是違法的。(這項立法對1841年的全國憲章聯盟〔National Charter Association〕依然是個妨礙。)改革者僅有的兩項不致引起爭議的權利，一是成立在地的而且獨立的俱樂部或討論小組[26]；二是向國會或國王請願，

---

26 在某些外郡治安法官眼中，這根本不是民眾的「權利」，他們把這項權利掌握在自己手上，以便干預或破壞聚會。里茲的漢普敦俱樂部便是在治安法官的干預下宣告瓦解。

以及為了這項目的所召開的集會[27]。

非正式的俱樂部和酒店集會是民主過程的一部分，不管在外郡或倫敦，它們都熬過了 1796 到 1806 年的鎮壓而倖存了下來。1802年，《里茲信使報》的一名記者在談到「會社和俱樂部」的時候指出，手藝人——

> 每晚都在酒店或酒吧裡碰面。幾乎是每個大城鎮的每條街上，都有一個這樣的小評議會；生而自由的英國人長久以來都認為自己有出席集會、喝一壺黑啤酒並討論國家大事的特權，而且這項特權是所有行政當局認可的。[28]

畢維克和他手下的激進派手藝人，就是在戰爭期間的新堡於這樣的「會社」裡面聚會商議。1812 年選舉期間，布魯厄姆從利物浦寫信給葛雷勳爵：

> 你一定想像不到利物浦的選舉情形……你得每天晚上前往不同的俱樂部和互助會之類的，有人在那裡聚會並發表演說……除了每天固定在投票結束時發表一場演講之外，我還有九場俱樂部之夜。我已經講了一百六十多場演說……[29]

---

27 即使是在鎮壓政策最雷厲風行的那幾年，政府對於這項「不可侵犯的」權利，還是會給予口頭上的敷衍。See also P. Fraser, "Public Petitioning and Parliament before 1832", *History*, XLVI, 158, October 1961.

28 *Leeds Mercury*, 6 March 1802.

29 Brougham, *Life and Times* (1871), II, p. 62.

到了 1817 年，柯貝特已經可以說：

> 我們有皮特俱樂部、輝格俱樂部、壓制邪惡俱樂部、偵察和
> 處罰竊賊俱樂部、聖經俱樂部、學校俱樂部、互助俱樂部、循
> 道宗俱樂部、漢普敦俱樂部、史班斯俱樂部、軍事俱樂部、海
> 軍俱樂部、賭博俱樂部、吃喝俱樂部、飲酒俱樂部、雇主俱樂
> 部、職工俱樂部，以及上千種各式各樣的俱樂部和協會。30

但是，從非正式的酒店團體到公開承認的激進俱樂部——漢普
敦俱樂部或政治聯合會——卻是一段漫長的路程。我們今天還保有
一些有趣的討論記錄，內容是有關蘭開郡第一個漢普敦俱樂部的成
立始末。其中有一份線民的報告，這位線民於 1816 年 11 月，出席
在小博爾頓的「狗標」酒吧舉行的「改革委員會集會」：

> 約翰・凱伊一開始就問我們是否已經在心中仔細衡量過一切
> 後果。他說，你們願意為了改革這項偉大目標，而忍受個別的
> 人身迫害嗎？……我們的任務非常艱難而且危險。你們這些聚
> 集在這裡的人願意擔負這樣的任務嗎？
> 羅伯遜・布萊德雷說，我知道我們都將受苦，照目前的情形
> 看來，**我怕苦難的日子在冬天過去以前就會到來**。他說是那些壓迫
> 者把我們逼上絕路，讓我們連犧牲生命和自由都在所不惜……
> 凱伊說以改革的方式尋求糾正是合法的。但是只要國會開會，
> **他們就可以讓它變成非法**，而且他們不太可能乖乖放棄諸如閒差、

---

30 Cobbett's *Weekly Political Pamphlet*, 1 March 1817.

恩俸這些他們已享有多年的好處。他說那些惡棍寧可犧牲這個
國家的半數人口，也不願意和平的放棄這些特權；想要他們放
棄非得動用武力，而且在他們塌台的時候，他們還會壓死我們
數千條人命⋯⋯

大家同意寫信給奈特先生(1812 年「三十八人」審訊中的那位奧爾丹
老戰士)，同時也寫信到「柯貝特先生的住所」，「希望他們能告訴我
們，收取入場費以支付租金、通訊費用和政治宣傳小冊的印製開銷
是否合法⋯⋯」約翰・奈特的回信也一併保留至今：

> 先生，我剛才收到你的來信，我的答覆是：你可以找一個房
> 間讓大家在裡面討論政治或其他問題(房間不必申請)，只要你
> 不收入場費，而且在討論期間不把外門上鎖，讓大家可以隨意
> 進出。我昨天接到一封從倫敦寄來的信件，發信者建議我們：
> 以公開預告的方式進行這類集會，開會前先行通知治安法官，
> 盡量避免祕密集會，參加集會的人數越多越好──使用的言詞
> 盡可能溫和合法，但要堅定清晰。我們在此地〔也就是曼徹斯
> 特〕訂了一個可以容納一千人的房間。我們本來想在**下個星期一
> 開會**，但是為了爭取數量可觀的所謂上層階級，我們同意延後一
> 個禮拜⋯⋯31

奈特很可能是接受了卡賴特少校或他的副官克里瑞(Thomas

---

31 H.O. 40.3, cited in H. W. C. Davis, *Lancashire Reformers, 1816-17* (Manchester, 1926), pp. 21-2.

Cleary)的勸告。1816-17 年的那個冬天，蘭開郡和來斯特郡的各個俱樂部，都和自己郡內的其他俱樂部自由通訊，甚至還召開了人數踴躍的代表會議或郡委員會。1817 年 1 月 6 日，來斯特俱樂部的一名線民報告說：

> 他們派了一個代表團到曼徹斯特。葛拉翰(Graham)和華布頓
> (Warburton)去了。葛拉翰陳述了他們在蘭開郡的慘況。絕大多
> 數的貧民只能吃到一點水、鹽和燕麥──有的人一天只吃一餐，
> 有的人三天才有一頓。然後他讀了一封由德比寄來的信，說一
> 個來自曼徹斯特的人，會在前往伯明罕和布里斯比的路上，順
> 道造訪來斯特俱樂部。接著他又唸了一封卡賴特少校的來信，
> 說他已收到十四個不同會社的消息，表示他們將派代表出席 1
> 月 22 日在倫敦召開的一個委員會……[32]

幾個星期之前，蘭開郡的改革者甚至採取了更進一步的行動。在密德頓舉行的一次代表會議，參加者包括蘭開郡以及「來自柴郡和西來丁的代表」，會議指派了四位「宣傳特使」──兩位取道波特利斯前往伯明罕，兩位在約克郡召開會議。會中甚至決定，「全聯合王國的所有請願團體，都應派……一個或多個代表前往曼徹斯特……協助聯合會的各團體達成一致的意見。」[33]

因此，在 1816 年的最後幾個月，外郡的漢普敦俱樂部或聯合會，

---

[32] H. W. C. Davis, *The Age of Grey and Peel*, p. 181.

[33] H. W. C. Davis, *Lancashire Reformers*, pp. 27-8.

有著非常驚人的快速成長[34]；這些俱樂部在成立後不到幾個星期，便開始向外發展，並在違犯煽動會社法案的情況下，從事區域性和全國性的接觸。有一度，曼徹斯特似乎眼看就要確立它的全國性領導地位。不過，最後還是由卡賴特和倫敦的漢普敦俱樂部出面召開一次全國各俱樂部的代表大會，大會於 1817 年 1 月在「王冠與錨」(Crown and Anchor) 酒吧舉行。共有七十名代表出席這場大會，為了避免觸犯煽動會社法案，他們採行公開集會的方式，並聲稱這場會議是由代表「各個請願城市、市鎮和其他社群的人們會聚一堂……希望能找出實踐憲政改革的最佳辦法」。整個過程都沒有受到官府干擾；如果我們拿這次的情形和 1793 年的愛丁堡「英國公會」的下場做比較，確實可看到一點些微的進步。不過，這次會議同時也彰顯出這場全國性運動的支離破碎。

這次會議的直接背景，是柯貝特與日俱增的群眾影響力，以及在 1816 年 11 和 12 月登場的礦泉場大集會——亨利・杭特是這場集會的演說者。班福的記載相當有名：

> 這段期間，柯貝特的著作忽然變得極富權威性；在蘭開郡南部、來斯特、德比和諾丁漢的製造業地區，幾乎每一個小屋家庭都在閱讀柯貝特的作品；在許多蘇格蘭的製造業城鎮亦然……他直接告訴他的讀者，他們苦難的真正原因是治理不善，而最正當的糾正辦法就是國會改革。暴動迅即變得十分罕見……漢普敦俱樂部紛紛成立……勞工……在採取行動的時候變

---

34 蘭開郡和來斯特郡除外，漢普敦俱樂部的主要中心包括：諾丁漢郡、德比郡、伯明罕、諾威治和西來丁的一部分。

得深思熟慮而且有條不紊……35

1820 年時,一位曼徹斯特的改革者寫道:「任何政治知識或固定的政治原則,要到非常晚近才存在於這附近的貧民當中。」他同時將這項轉變歸功於「柯貝特先生的傑出論文,這些論文指出英國的財務情況和稅收是如何讓勞工的安適程度每況愈下」:

> 這些出版品的價格低廉使它們得以廣泛流傳;而作者那種強烈、清晰、簡練和論辯性的文體,也很適合他大多數讀者的閱讀能力。36

好幾年來,柯貝特的《政治記事周刊》——由於沉重的印花稅的緣故,售價為一先令半便士——在北方的銷路一直節節上升37。這種情形一直到 1816 年 11 月才出現重大轉變,當時柯貝特在印花稅的律法中找到一個漏洞,開始另外以售價二便士的《每週政治小冊》(Weekly Political Pamphlet,「二便士垃圾」〔Twopenny Trash〕)發表他的主要論文。第一本這樣的小冊是他著名的〈致職工和勞工書〉:

> 朋友和同胞們:
>
> 不論階級或財富或學問的驕傲會讓某些人怎麼想……一個國

---

35 Bamford, op. cit., pp. 11-12.

36 [J. E. Taylor], *Notes and Observations ... on the Papers relative to the Internal State of the Country* (1820). 也參見上文,頁 605。

37 See T. A. Ward, op. cit., p. 163.(有關 1810 年雪菲爾「吸收柯貝特記事俱樂部」——「柯貝特俱樂部」——的參考資料。)

家的真正力量和所有資源，始終是也必定是來自其人民的**勞力**……典雅的衣著、高級的家具、堂皇的建築、良好的道路和運河、迅捷的馬匹和馬車、無數堅固的船隻、溢滿貨物的倉庫，這所有的一切……都象徵著這個國家的財富和資源。但是這所有的一切都來自**勞力**。沒有職工和勞工，這一切都不可能存在……

「那些厚顏無恥的金錢奴隸把你們叫做**暴民、賤民、人渣和豬眾**，還說你們的意見根本不算數，說你們不該參加公共集會……」柯貝特以簡潔的措辭，說明間接稅帶給人民的負擔；「**領乾薪的官老爺和食祿者**」的巨額開銷；以及稅收和代議權之間的憲政關聯。他攻擊馬爾薩斯把窮人的痛苦歸咎於早婚和多產的說法（「這麼說，就好像一個年輕的男子與一個面頰紅潤的少女挽臂而行，必然是不祥的預兆一樣！」），以及他認為解決失業的唯一辦法就是向外移民的論調。「你們這些納稅養活他們的人，和他們一樣有權利留在英國！你們和他們一樣有父親、母親、兄弟姊妹、子女和朋友……」唯一有效的解決方法就是一個改革過的國會：「我們必須**先有它**，否則什麼好事也不會有。」

我勸告你們要以和平及合法的態度進行，但同時也必須具備不達目標絕不放棄的熱誠和決心。如果**逃避責任的人**不肯參加你們的活動，如果「體面人家」的鄉紳依然躲得遠遠的，那麼你們就自己動手。任何人都可以草擬請願書，任何人都可以把它**帶到**倫敦……[38]

---

[38] 這份講詞的絕大部分重新收錄於 G. D. H. and M. Cole, *The Opinions of*

　　截至 1816 年 11 月底,這本小冊子已銷售了四萬四千本——「如果腐敗**可以擦掉它**, 就讓她擦吧。」到了 1817 年底, 據稱已賣出二十萬本[39]。自從《人權論》以來, 還沒有任何著作能對民眾造成這般影響力。之後每週都有小冊子陸續推出, 全都採取公開信件的方式——致「漢普郡的善良忠實人士」、致「所有真心真意的英國人」, 或致個別的政治家——銷路也都很好。然而, 柯貝特不肯採取任何步驟協助改革運動以有組織的方式表達他們的意見;而儘管各地的漢普敦俱樂部確實是因他的著作而茁壯, 但這並不是他的本意。分別於 1816 年 11 月 15 日、12 月 2 日和 12 月 10 日在礦泉場盛大舉行的倫敦改革示威, 是由一個以史班斯派(華笙醫生、西斯托伍德、普瑞斯頓、胡波〔Hooper〕)為主要影響力的委員會所發起。事實上, 柯貝特甚至拒絕受邀在第一次示威中發表演說, 而這三場集會的主要演說者都是亨利‧杭特。

　　杭特是一個有錢的鄉紳, 有十年的時間他一直是位帶有柯貝特傾向的改革者, 1812 年他以激進派的身分在布里斯托打了一場漂亮的選戰, 並因此成為全國性的知名人物。班福在 1817 年回憶到他的時候, 形容他是一位英俊的男子, 「舉止衣著一派紳士風範, 身高超過六呎」:

> 他的嘴唇纖薄而且微微後傾……他的雙眼是藍色或淺灰色——不很清澈也不很靈活, 而是比較沉重的那種, 不過根據我

William Cobbett (1944), pp. 207-17。

[39] See W. H. Wickwar, *The Struggle for the Freedom of the Press, 1819-1832* (1928), pp. 52-4.

後來的觀察，當他說話說到興奮的時候，他的雙眼會突然變大突起，而如果他大發雷霆……他的眼睛就會布滿血絲，幾乎要奪眶而出。接著應該觀察的是他嘴唇的表情——仁慈的微笑會轉變成輕蔑的一撇或憤怒的咒詛。他的聲音像雷鳴怒吼，他的臉腫漲發紅，他緊握的雙手狠狠捶打像是要把什麼東西敲碎一般，而他整個人像是痛苦萬分地掙扎著要說出他的看法。

杭特的虛榮自負很難與這位密德頓織工同樣強烈的自尊心相契合，因此班福給他的最後評語相當苛刻。但是班福也做出了一項重要判斷：杭特「不斷……讓自己置身於最艱困的處境……他始終在對抗由他自己或別人創造出來的狂暴情勢。因此他比他那個時代和那個地位的人士更有擔當，而我們應該根據這點來評斷他」[40]。這話是對的。從戰爭結束一直到改革法案通過為止，除了 1820 年代中期的若干年外，杭特始終是改革運動最重要的公開演講人。1816 年他在礦泉場演講。1817 年當柯貝特精明地退隱美洲之際，他依然在人身保護令中止期間繼續活動。他是彼得盧的主要演說人，並因參與這項集會被捕入獄。1830 年他當選普雷斯頓「攤派稅金」(scot and lot) 選區的國會議員，而且是未經改革的國會下院裡面，唯一一個支持工人階級改革運動的議員。從 1830 到 1832 年，他始終堅持成年男子普選權的要求，並攻擊 1832 年的改革法案背叛了平民改革者。正是因為他的堅持不懈和好戰精神，使他成為爭議的中心和辱罵的目標。

不過，對他的辱罵並不是無的放矢，因為杭特同時具有煽動政

40 Bamford, op. cit., pp. 19-20.

治家的優點和缺點。這些特質在這個時期的許多領袖身上都可看到，因此我們必須把它們視為這個運動的時代特徵。首先，是舊日的韋爾克斯派傳統，這個傳統在當時才剛剛開始崩壞，根據這個傳統，即使是民主運動也應該追隨貴族或上流社會的領袖。只有上流士紳，例如柏戴特、柯克蘭、杭特、費爾格斯‧奧康納等，才懂得高層政治的形式和語言，才可以在政見發表會上展現英勇的形象，或者以內閣大臣自己的口氣來嘲弄他們。改革運動可以大玩平等修辭，但是許多昔日的服從反應依然存在，即使是在高喊萬歲的群眾之間。每當一名工人在改革運動陣營眼看就要上升到「高於他自己」地位的時候，他馬上就會招來許多同階級工人的妒忌。其次，是鼓勵完全不具建設性的指摘謾罵的煽動性特質，在一個沒有權力也沒有希望得到權力的民眾運動當中，這種特質是不可避免的。激進運動除了有它的烈士和大無畏的志願組織人，同時也有它的醉漢、捲款潛逃的出納，以及朝生暮死、爭吵不休的新聞記者——而且這些人的誇耀程度一點也不遜色。平民運動——只能以數以千計無權無勢的百姓去對抗一個擁有武備的既定政權——的挫折感只能藉由這類誇張修辭加以宣洩；而身為一名大型改革集會的演說者的杭特，非常知道該如何去挑動這種反應。他的演說風格是拜他那些沮喪的聽眾所賜。

但是促使煽動政治家大唱高調的，還有其他因素。在全國性的層次，激進運動始終不具備政治組織應有的自律。既然任何黨派或通訊中心都是非法的，再加上沒有經選舉產生的執行委員可以決定政策和策略，於是領導權自然落在個別的演說家和新聞記者身上。對於政策事務的意見不一，溢散成對個人的猜忌妒恨；而贏得民眾讚賞的領袖，也由此滋長了個人的虛榮。騷動的情況更助長了問題

的私人化。大場面的群眾集會需要多彩多姿的名義領袖。戴著白色高頂絲質禮帽的杭特，喜歡別人叫他「自由的鬥士」或（在他因彼得盧事件繫獄期間）「伊爾奇斯特〔Ilchester〕的聖亨利」*1，就像歐斯特勒日後喜歡自稱為「工廠兒童之王」，而奧康納喜歡自稱為「自由之獅」一樣。

　　再者，民眾的激進運動和憲章運動有將近半個世紀的時間都處於進退兩難的困境當中，這個困境也曾深深困擾過塞爾華、瓊斯和1790年代的雅各賓「護民官」。「精神」與「肢體」這兩派改革者之間的衝突，有時實在表現得太過決絕，彷彿可以在他們之間劃出一條清楚的界線，一邊是像華笙醫生和西斯托伍德這類立意謀叛者，另一邊則是諸如普雷斯或班福之流的完美憲制主義者41。然而事實上，激進主義和憲章運動都是位於這兩個極端中間。1839年之前，認真準備叛亂的改革者原本就沒幾個，但是願意完全否認人民在面對暴政時有訴諸反叛之終極權利的改革者，甚至更少。「和平，如果我們可以；動武，如果我們必須」這句憲章運動的口號，同樣表達了1816-20年以及1830-32年間的激進派共同想法。卡賴特少校堅持公民擁有持有武器的權利。立場溫和的《獨立輝格》的主編懷特，也和許多激進派新聞記者一樣，以1688年光榮革命的先例來提醒讀者：

---

*1 按：伊爾奇斯特是亨利·杭特在彼得盧事件之後遭到囚禁的監獄所在地。

41 儘管班福在他寫於1839年的《一個激進分子的人生轉折》裡面，把自己塑造成一位謹慎的憲政改革者，但是有許多跡象顯示，這位作者（他已經背離他自己的騷動生涯甚遠，遠到他願意充當一名反憲章派的特種警察）刻意掩飾了他和這項運動的密謀派之間的關聯。

因爲革命，他們才得以享有公民和宗教自由的每一部分，那是他們之前未曾獲允的……如果糾正苦況的所有合法手段全都遭到否決，**革命**將成爲他們終極的解決手段……[42]

漢普敦俱樂部的名稱讓我們憶起一個甚至更極端的先例[*2]，而柯貝特則是費盡心力地強調革命乃一種有益的輝格黨原則。以武力反抗壓迫的權利（他寫道），「已由英國的法律和慣例做過明確的宣示和確立」：

我不是説，這項權利應該在此刻加以運用　　針對這點，我將引述布萊克斯東法官説過的話，那就是，反抗壓迫的權利永遠存在，**但是不管在任何時候，組成國家的人民都必須自行判斷壓迫是否已到達可以正當使用這項權利的激烈程度。**

更有甚者，柯貝特還願意挺身爲潘垂吉起義辯護：「布蘭瑞斯所做的，哪一項超過了輝格黨在那場革命期間的所作所爲？」[43]

柯貝特刻意挑出這個模糊點：人民有權反叛，但只有在壓迫超過了某個沒有明確說明的限度之後。伍勒的《黑矮人》也採取同樣的立場：「人民**反抗壓迫的權利**永遠存在……而這麼做的**必要權力**永遠取決於人民的**普遍意志**。」[44]卡萊爾在彼得盧事件過後，進一步在

---

42 *Independent Whig*, 27 July 1817.

*2 按：參見第五章註 * 5，頁 180。

43 *Political Register*, 4 April 6 and 20 June, 26 December 1818.

44 *Black Dwarf*, 30 December 1818.

《共和分子》雜誌裡倡議誅殺暴君[45]。每一份激進派的雜誌和每一位激進派的演說家，全都曾或迂迴或直接的提到過反叛的權利。它是這項運動的基本修辭的一部分，因為這項運動幾乎無法藉由選舉權以取得合法的糾正，只能透過暗示、警告或恫嚇，來強調人民還有最後一道撒手鐧，那就是訴諸武力。當杭特在第一次礦泉場大集會中致辭時(1816年11月15日)，他的講演內容並沒有超過其他的演說者：

> 他知道精神的力量凌駕肢體的力量；在前者宣告無效以前，他不會勸人使用後者。在使用武力以前，他們有責任請願、抗議，並大聲要求適時的改革。那些抗拒人民合理要求的人，是混亂和流血的真朋友……但是如果那決死的日子注定到來，他向他們保證，只要他還有自知之明，他絕不會躲在櫃子後面或藏在後方。[46]

「決死的日子」，或「算總賬的日子」這樣的說法，最能引起群眾的瘋狂回應。我們不應掩飾這種風格的缺點。它同時養育了廉價酒館的煽動政治家，這些人的激進主義大半是空談多於實際；甚至還滋長了有給職的巡迴演說者(也就是班福最不贊成的那群人)，「他們以高聲演說為業」，用「最狂野最無度的荒謬言論」，彼此競奪群眾的喝采[47]。全國性的領袖——例如靠文筆的柯貝特和伍勒，以及靠

---

45 見下文，頁1075。Also Sherwin's *Political Register*, 23 May 1818.

46 *Examiner*, 16 Novemver 1816.

47 Bamford, op. cit., p. 36.

聲音的杭特——非常擅於讓他們的修辭遊走於叛國罪的安全邊緣，但是他們(以及繼他們之後的歐斯特勒和奧康納)卻無法免於鼓勵他人採取非法或叛國行動的指控，害他們去承受自己巧妙閃避掉的後果。

這是激進派領導階級發生爭吵的原因之一。另一個引發長期不合的因素，則是金錢問題。柯貝特和杭特都知道，當一名激進派領袖是很花錢的事。除了演講、發表文章、旅行和通訊等開銷之外，司法辯護和競選更是沉重的花費。柯貝特和尤其是杭特，兩人都有非常奢侈的嗜好——柯貝特喜歡從事農業投機，杭特酷愛奢華的生活方式。他們兩人在財務處理上都很漫不經心。激進運動本身的各自為政，加上沒有推選產生的執行委員和可以信賴的出納，讓它永遠超脫不了各**特別**委員會不斷以各種緊急理由要求經費補助的宿命。柯貝特靠著出版的利潤彌補了他的損失，杭特則是企圖藉由販賣「激進派早餐粉」(這種早餐粉是以烘烤的穀物為基礎，當做茶或咖啡的代替品出售，他建議激進派把它當成抵制物品稅的手段)，將宣傳兌現成他的利益。在他們私人事業的利害與激進運動的財務之間，並沒有清楚的界線。有關激進派經費的使用和信託，以及公私利益含混不清等問題，已成為大眾反控他們的焦點——這種情形也發生在奧康納和瓊斯身上[48]。

但是激進派無法調協的最大原因，卻是單純的虛榮心。由於虛

---

[48] 比方說，在彼得盧事件過後，杭特和他的一名改革派夥伴——曼徹斯特的姜生，展開了一場長期的公開爭辯，在這場口水戰中，兩人相互酬祚的花費、洗衣賬單、餵養杭特馬匹的費用，以及投宿旅店時付給(或沒付給)房間女僕的小費，都全攤在大眾面前。See J. Johnson, *A Letter to Henry Hunt* (Manchester, 1822).

榮幾乎是激進派領袖的普遍毛病，因此與其把它看成無法協調的原因，不如說它是缺乏凝聚性之組織的普遍病徵。幾乎所有的改革領袖，只要發現有一點意見不同的端倪，立刻就會指責別的領袖動機不良。諸如卡梭、奧利佛和艾德華茲這類臥底教唆者的身分暴露，更是引起多般猜疑。打從 1817 年開始，整個氣氛變得益發混濁，許多互有積怨的人士競相指控對方是「間諜」。

由於缺乏民主政治的組織，激進派的政治始終是個人化的。這個運動在 1816 年以後出現了許多 1790 年代運動的優點，但是獨缺與**平等**有關的那些。柯貝特已經奠下一種新風尚，根據這種風尚，幾乎沒有什麼正當的理由可以批評他。一個獨立自主的激進派新聞界得以在戰後浮現，大抵是他個人的功勞。他本人(在 1817 與 1819 年)對於這項成就的記載，相當接近事實：

> 許多年前……我以一種個體政治家(self-dependent politician)的身分起步。我的意見就是我自己的。我打倒了所有的偏見。在與意見有關的事物上，我不屑聽從任何人。在我之前，每一位有才華的作家全都依附於某個黨派、大臣或其他勢力的旗幟之下。我完全不去搭建這類關係……因此，許多年來，我一直是當權者或想要攫取權力者懷恨的目標……

到了戰爭結束之際(黑茲利特描寫說)，他已成為「這個國家政壇上的**第四階級**」以及「當今無疑最具影響力的政論家」。「當他是托利黨的時候改革派讀他，如今他成為改革派又換成托利黨讀他。」一連串提高報紙和雜誌的賦稅以及加強煽動性誹謗法律的制裁行動，大多是衝著柯貝特而來。柯貝特公開宣稱：「我說這話並沒有**自負**的意

思」，而他的結論也是完全指向他個人：

　　這個人不可能犯下自負之罪，爲了打壓其作品的進展，這個偉大王國正掀起一場全面的法律革命。這樣的人物必然會成爲討論和記載的一大主題，他所有的行動、舉止、生活習慣，甚至是身材高矮和頭髮的顏色，都將成爲這個王國人民的某種興趣目標。

　　事實上，柯貝特最喜歡的主題正是他自己——波特來（Botley）的威廉・柯貝特。《政治記事週刊》充斥著一頁又一頁他的個人事蹟、自我辯白、議論、感情、偶然的印象和遭遇。改革的目標已經被私人化，成爲威廉・柯貝特和「老腐敗」之間的對抗。卡斯爾雷、「博爾頓的福來契」、韋伯福斯、馬爾薩斯、布魯厄姆和柏戴特等人，都是——或變成是——他**私人**的敵人。其他的改革者則在他迅即冷卻的私人讚許中不自在地移動著；黑茲利特相當公平地指出：「一旦他的文字把他們送進小流行圈——或送進監獄——他立刻就會開始挑剔這些他一手創造出來的人物。」

　　我們必須承認柯貝特的邪惡是他天才的黑暗一面。這份天才使他比英國歷史上任何一個新聞記者都發揮了更大的影響力，一週復一週，長達三十年之久。少了他的天才，這些邪惡就顯得沒那麼親切。柯貝特所創立的文體，無可避免地成爲其同僚和競爭對手爭相仿效的對象，例如杭特連續發表自伊爾奇斯特監獄的《回憶錄》，卡萊爾在《共和分子》中的寫作，以及其他十幾個比較不重要的人物。介於戰爭結束到「改革法案」通過的這段期間，是屬於「個體政治家」的時代。每一個激進分子都是一個政治抗議者；每一位領袖都

公開承認自己是一個個人主義者，除了服從他自己的判斷和良知之外，不服從任何權威。黑茲利特在 1819 年寫道：「改革者在習慣上是由一種矛盾的精神所統治，

> 他是一個不聽使喚的工具；是一部機器裡面永遠不對勁的那個部分；你無法訓練他遵守紀律，因爲……他心中的第一原則是良知的至高無上，以及個人判斷的獨立權利……除非先滿足他的理解，否則他不會退讓分毫；他絕不會爲了這個世界而放棄他的任何原則或屈從於任何黨派。他寧願要奴役也不要自由，除非這個自由正好合他的意……

改革派領袖(黑茲利特繼續說)「總是和所有爲了同一目標努力不懈的同志爭吵不休……並認爲自己的作爲對目標深有貢獻，由於他過分發揮了他的壞脾氣和自我意志，使他誤以爲這就是對自由的愛好和對眞理的熱誠！」

> 其他人……進入專爲某個黨派首腦而成立的……各個委員會，以便與另一個黨派爲敵；他們以種種方法彼此辱罵、中傷、揭露、背叛、對抗和暗槓，從而讓他們的共同敵人坐收漁翁之利……[49]

這種難駕馭的個人主義的優點，可見於卡萊爾的長期挑戰權威[50]。但是，不論就杭特或卡萊爾而言，其缺點除了引人反感之外，

---

[49] W. Hazlitt, Preface to *Political Essays* (1819), *Works*, VII, pp. 13-17.

[50] 見下文，頁 1013-24。

更徹底損害了改革運動。在洶湧沸騰的人民騷動中，大小領袖的虛榮心像蒸氣一樣冒升。普雷斯認爲除了他自己和少數的邊沁派，其他每個人都是傻瓜，必須妥善操弄。班福則示範了自修成功者的自尊自滿；他的原則確實是威武不能屈，但是卻抵擋不住西德茂斯勳爵的一句好話或某個紳士對他詩作的一聲恭維。卡萊爾是位極端的個人主義者，他對自己的判斷非常有自信，有自信到否定所有的政治商議或政治組織的觀念。杭特(如果我們只採納諸如班福和姜生這類同僚對他的指控)則經常虛榮得可鄙。有一次，杭特和他彼得盧事件的共同被告，在等待審判期間，公開行經蘭開郡的幾個棉業市鎮。班福回憶說：「我對發生在我周圍的事情感到好笑，也有一點屈辱。

> 杭特坐在駕車人的座位上……摩爾豪斯(Moorhouse)站在車頂上，用一條兩邊以鐵環扣緊的繩索繫著。打從自博爾頓出發，他一路都保持那個姿勢……杭特不斷的脫帽致敬，慢慢的揮動帽子，優雅的鞠躬，不時對人們說幾句好話；可是，如果過了五分鐘或十分鐘都沒聽到一、兩聲歡呼，或可以讓他更高興的聲音，比方說「杭特萬歲」……他就會從座位上站起來，轉身用手勢、表情或眼神咒罵可憐的摩爾豪斯……他會說：「你爲什麼不對他們叫？爲什麼不叫？給他們一點刺激——你，難道你沒有看見他們已經疲乏了嗎？」[51]

當我們想到杭特或柏戴特或歐斯特勒或奧康納時，我們必須記住：他們的這種旅程很像最受歡迎的皇親國戚的出巡，而他們的姿

---

[51] Loc. cit., p. 200.

態則像是不可一世的歌劇名伶。有個蘭開郡村落在 1819 年以夾道鮮花的隆重儀式歡迎杭特。在「支持柏戴特！打倒巴士底！」以及「杭特！自由！」這類口號之外，還加上這樣的一首歌謠：

> 追隨杭特我們走，我們走，
>> 我們追隨杭特向前走；
> 我們舉起自由帽，
>> 管他那丁喬。[52]

在曼徹斯特的激進派主日學，班長脖子上掛的不是十字架而是有杭特畫像的小相片盒[53]。一直要到主要演說人乘坐的馬車的馬給放了，並由群眾擁著他凱旋遊街，集會才算完成。大型示威都有一定的儀式特質，演說者會透過雄辯和修辭疑問，引導出預期中的熱烈回應[54]。最有魅力的演說家是那些喜歡自我表演的人。從兩萬人口中發出的讚賞吼聲，會讓大多數人的自尊大增。隨著虛榮心越滾越大，演說家對台下群眾的歡呼場面和聲音也會日漸上癮。「他的胃口，」普林提斯注意到杭特，「越養越大」。他變得越來越在意競爭，不斷找機會擺出戲劇性的姿勢，對比較不重要的同僚顯得漫不經心和不客氣，而這些人的虛榮心又因為公眾的忽略而受傷——為什麼

---

52 J. Harland, *Ballads and Songs of Lancashire*, p. 262. 按：那丁喬指的是曼徹斯特副警官約瑟·那丁，喬是約瑟的暱稱，這裡爲押韻而倒置，中文隨之。

53 D. Read, *Peterloo* (Manchester, 1957), p. 54.

54 例如薩克斯登(Saxton)在羅奇德爾的例子：「整個國家只有**團結一致**……並**要求**他們生爲注定自由之人的權利，否則就只有在奮戰中光榮死去——(**熱烈鼓掌**)。」Sherwin's *Weekly Political Register*, 7 August 1819.

不是「姜生！自由！」或「班福！自由！」？

煽動政治家是壞領袖或無用的領袖。杭特所高喊的，既不是原則也不是條理清晰的激進派策略，而是這個運動的情緒。他絞盡腦汁所想的，永遠是能夠激起最響亮歡呼的修辭，他不是領袖，而是最不穩定的那部分群眾的俘虜。根據普雷斯的說法，

> 杭特說他的行動模式是盡量撞擊好的想法，而不在意任何人；他不參加任何委員會或任何黨派；他只照自己的意思行動；他無意冒犯任何人，但也不在意誰被他冒犯了。

不過，在杭特的受歡迎程度於彼得盧事件過後達到顛峰、並在倫敦贏得凱旋式的歡迎之後，普雷斯(在寫給霍布豪斯的信中)對他的措辭也變得寬大一些：

> 是的，他當之(也就是倫敦的歡迎)無愧，甚至應該得到更多。如果人民——我的意思是勞動人民——只要一個人，他們起碼會，就像他們應該的那樣，用叫聲來支持這個人。而且在許多情況下，他們也會與他並肩作戰，或為他而戰。如果沒有更好的人來到人民當中，是誰的錯呢？錯不在他們；他們會緊緊依附於與他們有著共同目標的最佳人選。我還記得當我是一名工人時的想法……如果除了杭特之外沒有別人出線，那麼杭特必然是他們想要的人。[55]

---

55 Wallas, op. cit., pp. 120, 146.

三、漢普敦俱樂部

　　如果我們沒有把這些性格和領導權的問題謹記在心，我們就無法理解戰後的激進運動爲什麼會雜亂無章到那種程度。它是民眾激進運動的英雄時代，但是，從全國的角度來看，它的領袖非但沒什麼英雄氣槪，有時還顯得十分可笑。從 1815 年一直到憲章運動期間，這個運動總是在基層顯得最有活力、最一貫、也最健全，尤其是在諸如巴恩斯來、哈里法克斯、洛夫柏羅和羅奇德爾這樣的外郡中心。眞正的英雄是在地的書商報販、工會組織人，以及漢普敦俱樂部和政治聯合會的幹事和在地演講人——這些人不會期望變成這個運動的終身榮譽恩俸者，以做爲他們苦牢歲月的報償；而且在大多數的情形下，他們都是默默的奉獻心力，頂多是在當地的報紙或內政部的文件中留下一點活動的蛛絲馬跡。是這些人提供了講台，如果沒有這些講台，他們那些好爭吵、好抗議的領袖將會一籌莫展——他們領袖間的爭吵經常把他們嚇得目瞪口呆。

　　1816-17 年那個冬天和春天的種種混亂情形，具體彰顯出一個不斷茁長卻始終未能找到全國性領導中心的運動，會出現哪些問題。在卡賴特少校的提議下，各地的漢普敦俱樂部代表於 1817 年 1 月在「王冠與錨」酒吧召開全國大會，這次集會可說是這場全國性請願活動的最高峰，連署改革請願(大多數人都贊成每年改選國會、成年男子普選權和祕密投票)的人數估計差異甚大，從五十萬至一百五十萬都有。

　　但是，在卡賴特寄出他的開會通知信(1816 年 9 月)到大會正式召開之間，發生了多起與 12 月 2 日的第二次礦泉場大型集會有關的

暴動。這些暴動的起因和影響直到今天都未曾釐清。早在 1816 年 3 月，倫敦就出現了某種針對欠債人監獄的極端派雅各賓騷動。官方截獲一封寫給「我們遭監禁之同胞」的信件，署名是「三色委員會」，宣稱將在 3 月 2 日舉起「三色旗幟」。那天，「監獄的大門將被撞開，而你們巍然的巴士底將化為灰燼」：

> 請求你們將這項計畫告知倫敦的每一所監獄——高等法庭監獄、艦隊監獄、馬夏西(Marshalsea)監獄、馬販巷監獄等等——以便大家可以同時行動。[56]

這樣的騷動並非完全不可能。倫敦和伯明罕的小雇主之前一直是靠戰爭合同做生意，在這段戰後蕭條時期，他們的損失可說最為慘重。倒閉破產的行號不勝枚舉。戰爭期間，許多這類小雇主都是替大代理商從事分包與轉包的工作，利潤大半都進了大代理商的荷包。如今，他們眼看著這些中間人因為他們的勞動而過著舒適穩固的生活，可是自己卻得負擔受災最重地區的稅收和濟貧開支[57]，這種遭遇使他們憤而走上極端激進主義一途——拜倫敦通訊協會和一連串西敏區選舉宣傳之賜，他們早已做好上路的準備。如果說欠債人

---

56 T.S. 11.203; H.O. 40.7/8.

57 這是倫敦東城必須支付濟貧稅的小雇主和工匠的長期委屈。在(1790 年代)年頭不好的時候，史匹塔菲和邁爾區(Mile End)的濟貧稅率從五先令上升到十先令，但是西城的濟貧稅率卻只從二先令上升到二先令六便士。See A Magistrate, *An Account of a Meat and Soup Charity in the Metropolis* (1797); W. Hale, *Letter to S. Whitbread on the Distresses of the Poor in Spitalfields* (1806); T. F. Buxton, *The Distress in Spitalfields* (1816); *Trades Newspaper*, 15 October, 1826.

監獄是偶爾可以募集間諜的地方，那麼它們更是激進分子的重要養成所，在這兒，因違犯負債法而遭受嚴厲折磨的受難者，可以乘機閱讀、辯論和擴大他們的交友圈[58]。

3 月 2 日的威脅並沒有成真。不過攻擊監獄的主題在 12 月的礦泉場集會中再度復活。關於這次事件，我們必須從至少三種矛盾的敘述中理出我們的頭緒：第一種敘述是在隨後的華笙醫師審判會上由檢方提出的；第二種是亨利・杭特在他 1822 年的「回憶錄」中提出的；第三種則是爲華笙辯護的律師或華笙本人提出的。這三種敘述沒一種可信。官方的起訴大致是根據卡梭這位當時已變節爲政府密探的共犯所提供的證據，卡梭根本是一個信用破產的證人，一個僞證專家，和一個妓院「女士」的保護人[59]。杭特的回憶錄是在加圖街密謀的餘波盪漾期間——而且是在他和華笙大吵一架之後——於伊爾奇斯特的監獄中寫成，他的目的是想要盡可能減低自己在這起事件中的參與程度。至於華笙在 1819 年秋天與杭特所進行的報紙論戰中，依然拒絕透露他自己的故事版本，說是時機尚未成熟。

眞實的故事可能如下。1816 年秋天是一段極其悲慘的戰後失業時期，影響的範圍廣及蘭開郡、約克郡、伯明罕諸行業以及倫敦。在倫敦，有兩種主要的工業同時陷於蕭條：鐘錶業和絲織業。據說單是在史匹塔菲，就有四萬五千人因爲糧食匱乏而於 11 月間吵鬧著

---

58 雖然破產法案（Act of Insolvency）已在 1797 和 1801 年通過，但這些法案還是無法拯救小負債人，這些人依然遭到強制拘禁，而他們拘留期間的花費，更加重了他們的負債。See J. Neild, *Account of the Society for the Relief of Small Debtors* (1802), pp. 301, 335-7. 在 1816 和 1817 年的內政部文件中，就有許多來自小負債人的悲慘請願。

59 見上文，頁 702。

要進入濟貧院[60]。同一時間，倫敦街頭也擠滿了解甲歸田的士兵和水手。不過情勢越來越明顯，西敏委員會一直百般拖延，遲遲不肯在倫敦群眾間掀起騷動。自 1795 年後，除了選舉期間的西敏區造勢會（以及倫敦市的選舉，期間會有大批群眾聚集在行會廳前面），倫敦從未舉行過任何具有激進派色彩的「無限制」示威。於是，一個極端雅各賓派（或說「史班斯派」）的小委員會應運成立，其中最活躍的分子包括華笙父子、普瑞斯頓、西斯托伍德、胡波和間諜卡梭。這個委員會號召群眾於 1816 年 11 月 15 日在礦泉場舉行示威，並邀請數位激進派領袖出席。柯貝特置身事外，只有杭特同意發表演說。杭特一直到集會前夕才與籌劃者見面，而且提出一份比委員會的原初提議來得溫和的解決辦法。至於集會本身，甚至連像樣的講台也沒準備妥當，但是參與民眾相當踴躍，遠超乎籌劃者的預期，最後，杭特是從一扇可俯視活動場的窗子向群眾發表演說。

隨後這次集會一直「休會」到 12 月 2 日。依照杭特的說法，籌劃者對他們的成功志得意滿，他們陪他返回到下榻旅店，並在餐桌上滔滔不絕地發表革命狂言。席間有人提議乾杯，「願最後一任國王被最後一名僧侶的腸子絞死」，說這話的不是別人，正是卡梭。（隔天，華笙和西斯托伍德謁見杭特，為卡梭的行為致歉！）大約就在同時，倫敦又組織了一個「行業委員會」，普瑞斯頓和這個委員會的關係匪淺，而另一名間諜（湯馬斯〔T. Thomas〕）則獲選為主席。據湯馬斯的說法，普瑞斯頓成功地組織了史匹塔菲的織工，他在私底下的談話中曾經表示要打倒所有的地主和公債持有人，並提議發動起

---

60 See especially the *People*, 19 April 1817; T. F. Buxton, *The Distress in Spitalfields* (1816).

義，攻擊英格蘭銀行、倫敦塔和各個監獄。卡梭熱烈地附和這些提議，並眞的在一部預定於 12 月 2 日要駛往礦泉場的貨車上放了幾件武器。這次集會的參加群眾比上次更多，其中有許多士兵和水手。謠傳說在集會上會有「事情發生」，而且這個謠言一直傳到英國北部[61]。在普瑞斯頓看來，軍隊已瀕於叛變邊緣，不僅是因爲士兵有滿腹委屈，也是因爲他們普遍同情老百姓[62]。在礦泉場的旗幟當中，有一面寫著：「英勇的士兵是我們的友人，要善待他們。」

礦泉場事件過後，據說在華笙醫生家裡發現一張爲軍隊草擬的傳單：「肚子吃不飽引起腦子發燒……」。但是在 12 月 2 日，最值得注意的發燒頭腦，似乎不屬於士兵，而屬於華笙醫師的兒子。華笙父子(普瑞斯頓說)在集會前都曾喝酒，而且小華笙還喝了相當不少。他很早就到了會場，向部分群眾訓話，群眾當中有很多人(如凱希曼)也和他一樣喝得醉醺醺的。接著，他從運貨車上跳下來，衝進群眾之間，然後帶了一支分遣隊朝倫敦塔走去。其他民眾也一小群一小群地向四面八方散去。好幾個製造槍砲的作坊遭到洗劫。部分暴民抵達了倫敦塔，然後有一名男子(或許是普瑞斯頓或西斯托伍德)爬上牆頭號召軍隊加入人民的行列。在倫敦塔外的修女院遺址上，暴動持續了數小時，其規模會教人聯想起戈登暴動，而且同樣有一個人(官府和謀叛者都不知道他是誰)騎在馬上引導暴民。由於政府事

---

[61] 12 月 3 日，來自鄰近漢普敦俱樂部的代表團，滿心期盼地在曼徹斯特等待來自倫敦的消息。類似的引頸期盼也出現在雪菲爾。

[62] 普瑞斯頓宣稱：「他們的情況比技工們來得舒適，但是他們朋友與親戚的悲慘處境卻沉沉地壓在他們心頭。」(T.S. 11.203)事實上，在 1815 年軍隊受命鎮壓穀物法暴動時，他們就已表現出明顯的缺乏鬥志(Hammonds, *The Town Labourer*, p. 86)。

先已得到通報，並預做了防範，所以杭特才會非常意外的發現，「有大量的警官和警察」駐守在冷浴場監獄前方。但是暴動始終只波及廣大群眾中的一小部分，沒有繼續擴延。絕大多數的群眾都留在原地聆聽杭特的演講[63]，並在一致同意再度「休會」到12月9日之後和平散去。

事實上，第三次礦泉場集會的參與人數甚至比前兩次更多[64]。很難找到單一的解釋可以釐清這所有的混亂。這些暴動並非單純的醉酒鬧事，也不是精心設計的挑撥行為，或刻意想要模擬攻陷巴士底獄，但是在某種程度上，它們卻是這三者的混合。華笙醫師可能只想利用示威本身的效果，並沒有進一步的打算。然而同樣可能的是，西斯托伍德和小華笙(在卡梭的慫恿下)的確動了點念頭，想要引爆一場「自發性」暴動，好為民眾政變開路。小華笙在事後躲了起來，隔了幾個月被偷偷送上一艘由泰晤士河開往美洲的船隻。他假扮成一名貴格派信徒，並用腐蝕劑毀去原來容貌[65]。杭特確實沒有參與任何叛亂陰謀，但是他願意挺身相助，擔任華笙醫師的辯方證人，證

---

63 華笙醫生也指出，他當時留在後面並試圖讓群眾平靜下來。See *Independent Whig*, 3 August 1817.

64 1817年2月和3月(在雙法案通過之後及人身保護法中止期間)曾企圖在礦泉場發起進一步的示威，但未能成功。上述記載乃根據 W. M. Gurney, *Trial of James Watson* (1817), esp. I, pp. 45-51, 56-61, 73, 531, II, p. 190; *Memoirs of H. Hunt* (1822), III, pp. 329, 344, 369-72, 447; examination of Preston by the Lord Mayor, 4 and 5 December 1816, in T.S. 11.203; T. Thomas to Sir N. Conant, 9 and 27 November 1816, in H.O. 40.4; papers in H.O. 40.3 and 7; *D. N. B.*。

65 *Independent Whig*, 27 July, 12 October 1817.

明華笙的作爲溫和有節[66]，而且之後他還和華笙醫師密切合作了兩
年。

普雷斯稱礦泉場暴動者是「一群可鄙的傻瓜和惡棍」。但是我們
沒理由認爲大多數的倫敦人也這麼想。如果說他們是敗在業餘和裝
腔作勢的領導者手上，那也有部分是因爲西敏委員會未能忠於先前
的雅各賓原則。不過礦泉場事件至少造成了三項重大後果。第一，
它給了官府一個必要的藉口來對付改革者。第二，在戰後騷動剛剛
登場之際，它就嚇壞了溫和的中產階級改革者，令他們不敢參與民
眾的激進運動[67]。第三，在漢普敦俱樂部代表集會前夕，讓改革領袖
亂了陣腳。柏戴特曾在卡賴特最初的代表大會召開文告上簽名，但
是如今他卻躲回他位於來斯特的家中，沒有出席「王冠與錨」酒吧
的會議。依照柯貝特自己的記載，他一直拖延到開會前夕；他認爲
「這樣的一場集會，在這麼危險的情況下，一定會成爲『老腐敗』
求之不得的攻擊目標」，代表們就算能逃過被捕的命運，至少也會引
起政府間諜的注意[68]。他對於政府的挑撥體系，以及政府想藉由激使
極端激進分子採取注定會失敗的叛亂行動來分裂這項運動的策略，
比大多數改革者的認知更爲透徹。他在 1816 年 12 月寫道：「他們多
麼盼望來場陰謀，他們眞的非常盼望！他們坐立不定焦躁不安；他

---

66 在慶祝華笙醫生被控叛國一案無罪開釋的宴會上，杭特也擔任主席，參見
　　ibid., 3 August 1817。

67 See Halévy, op. cit., pp. 18-22.

68 *Political Register*, 11 April 1818. 同時參見《政治記事周刊》1818 年 4 月 18 日
　　的內容：「我一直告訴〔柏戴特〕，其結果只是讓一群沒有抵抗力的人暴露在
　　腐敗者的尖牙利爪之下。」

們滿身是汗;他們絕對是在熱切地渴望一場陰謀!」[69]

在最後一分鐘,柯貝特決定出席(以西敏區「代表」的身分),杭特也現身會場(布里斯托和巴斯的代表)。卡賴特少校鎮靜地登上主席之位,「他身著棕色的緊身長外套,頭戴樸素的棕色假髮,走進房間,安靜地坐上首席」[70]。但是來自蘭開郡和來斯特郡的幾個活躍俱樂部的代表,卻驚惶不已地發現,這場集會打從一開始就爭議不斷。在柯貝特的支持下,有人想遵從缺席的柏戴特的希望,將改革者的要求限制在家戶持有人選舉制的範圍內。杭特則主張成年男子普選權,並得到外郡代表的支持。基於典型的實用理由,柯貝特隨後也宣稱他決定倒戈。他解釋說,他先前之所以支持家戶持有人選舉制,是因為他不了解「那些沒有固定和既有之住所需要關心的人……如何能正確的投票」:

> 我以前不了解有什麼方法可以防止一大群人從這個教區移往另一個教區,並因此在一天之內投下兩、三次票,並投給五、六個議員。

最後,「一位非常明智和謙遜的先生,我很抱歉忘了他的姓名,他是來自蘭開郡的**密德頓**」,化解了他的異議。這位人士指出:在民團法的規定之下,每個教區都保有全體男性居民的點召名冊,同樣的方法也可用來草擬選舉名冊。「這就去除了我的疑惑。我以前從沒想到

---

69 *Political Register*, 14 December 1816. See also Cole, *Life of Cobbett*, p. 216.

70 Bamford, op. cit., p. 20.

這點……」[71]

　　這位「來自密德頓的明智和謙遜的先生」正是班福，一名織工以及——不論批評者怎麼說——十九世紀早期激進主義的最偉大記錄人。事實上，真正讓柯貝特改變心意決定支持成年男子普選權的原因，除了民團名冊之外，班福這種人給他留下的良好印象可能是更重要的關鍵。就實際層面而言，家戶持有人與成年男子選舉權之間的鴻溝，有好幾年的時間正好也是中產階級與工人階級改革運動的分界線，因此柯貝特的轉而支持後者，具有非常重要的意義。不過他的轉向對於解決當時漢普敦俱樂部所面臨的組織和領導問題，可說一點幫助也沒有。柯貝特既不喜歡柏戴特和西敏殘餘委員會的妥協政策，也不贊同倫敦酒店俱樂部的地下叛亂活動。柯氏公開表示支持的，是由卡賴特少校所提議的另一種鼓動路線。但是卡賴特的觀念在許多方面依然是屬於韋威爾的年代和小紳士改革者的郡協會。如果鄉紳們不肯挺身而出，這個少校也樂於和工匠或小師傅為伍。但是他相信的依然是舊日的活動方式：請願和郡集會。儘管祕密委員會來了又走，人身保護令中止屆滿又再度中止，卡賴特少校依然堅守他的崗位，不斷挑戰官府敢不敢把他送進監牢，不斷演說，並不斷找尋可以讓法令朝正面解釋的古代憲政先例和權宜(因為他還活在以盎格魯撒克遜為榜樣的時代)。坎寧(Canning)不懷好意地把他推崇為「倫敦的老心臟，供應全英國的叛亂血脈」[72]。但是，站在一位鄉間激進派分子的立場，班福的稱讚卻更為準確：在 1817 年人身保護令中止期間(他寫道)，「這位可敬的老少校守著他的崗

---

71 Cobbett's *Weekly Political Pamphlet*, 22 February 1817.

72 See R. J. White, *Waterloo to Peterloo* (1957), p. 134.

位，像獅子般勇敢，像沒有知覺的嬰兒般安祥，也像以往那樣不受人注意，在那樣一個風聲鶴唳的時代。」[73]

不能再對他有更多要求了。但是當柯貝特在 1817 年接下卡賴特過時的組織觀念之後，他幾乎沒做任何添加，除了對自己作品影響力的無限信心之外。在他去世之前，他對雅各賓會社的恐懼始終揮之不去；他討厭任何不乖乖聽從他影響的運動。他誇大了文字對「公眾」的影響力，從而低估了組織的重要性，少了這些組織的幹旋，輿論根本無法生效。此外，在 1817 年初，不管於公於私，他都有理由必須極度謹愼。他已在戰爭期間的囚禁歲月吃過夠多苦頭。此時他又陷入週期性的財務窘境，因此他私下決定要避免官府的進一步注意。

以上所有因素，不論是性格上的或意識形態上的，都有助於我們了解：爲什麼在 1817 年 1 月底於倫敦召開的漢普敦俱樂部大會結束不到一個禮拜，激進運動就在混亂中四分五裂。這次大會根本沒做出任何重要的組織決定。在辯論了一個週末之後宣告破裂，只取得柯克蘭勳爵保證爲他們呈遞請願書的承諾。1 月 28 日，攝政王在國會開幕式結束後的返家途中遇襲，馬車窗子遭人擊破。政府立刻啓動它從皮特政府和 1795 年事件繼承而來的「警戒」機制，並指派了祕密委員會。當這些委員正使盡全力想從「綠袋子」(Green Bags) [*3] 裡找出叛國證據的時候，改革者已發起一場大規模的示威，把柯克蘭勳爵高高地抬進下院，勳爵手上抱著(來自布里斯托)「差

---

73 Bamford, op. cit., p. 44.

*3 按：指律師的公文包，早期的英國律師習慣以綠色布袋充當今日的公事包，因此綠袋子也引申爲律師的代稱。

不多可塞滿一個大桶子」的請願書。2 月中旬，上院的委員會提出報告，以最聳人聽聞的措辭描述史班斯派、礦泉場暴動者和漢普敦俱樂部的活動。委員會發現有證據證明：

> ……一項叛國陰謀已在倫敦形成，其目的是透過一場普遍騷亂，推翻英國既有的政府、法律和憲政，並達到全面搶劫和瓜分財產的目的……而且這類計畫……已擴及到某些人口最多的製造業地區。[74]

　　國會在 2 月底和 3 月，通過一連串措施對付改革者，並重新搬出 1790 年代壓迫性立法的全套戲碼。人身保護令一直中止到 1817 年 7 月 1 日[75]。煽動集會法案(有效期限持續到 1818 年 7 月 24 日)是設計來確保所有的改革「協會和俱樂部……都將被視為非法團體和結社而予以絕對的壓制和禁止」。未先告知治安法官不得舉行任何超過五十人的集會，而地方官有權(根據他們自己的判斷)以具有煽動傾向之由解散任何一場這樣的集會。與此同時，西德茂斯從內政

---

[74] Report of House of Lords Committee, Hansard, 1817, XXXV, p. 411. 西德茂斯認為漢普敦俱樂部只不過是「一些戴著國會改革面具，事實上是想要掀起公眾騷動和革命的團體」(Sidmouth to Fitzwilliam, 10 December 1816, Fitzwilliam Papers, F.45 (g))。

[75] 人身保護令中止法案在 1817 年 3 月 4 日通過，7 月重新制定，並一直到 1818 年 1 月才告失效。普雷斯估計，在 1817 年秋天，英格蘭地區因叛國罪而遭拘禁的人數共有九十六人，蘇格蘭地區則有三十七人──其中大多在未經審訊的情況下於隨後無罪獲釋。但是內政部文件的相關報告顯示，只有四十三人遭到拘禁(H.O. 42.172)。關於這個階段的壓迫概要，參見 H. Jephson, The Platform, I. pp. 399-434。

部發出一份通告，提醒治安法官他們有權拘捕任何涉嫌散播煽動誹謗之徒。

就在這個節骨眼上，柯貝特變節叛逃。他的叛逃是雙重的。首先，他選擇在官府動手抵制漢普敦俱樂部的當兒，公開表示他本人拒斥**所有的**改革會社：

> 我勸告我的同胞不要理會任何 **政治俱樂部**、任何祕密 **陰謀組織**、任何 **通訊團體**，而應信賴 **個人的努力** 和 **公開的集會**……這類俱樂部確實有些非常值得尊敬和充滿熱誠的人士，但是我很難相信，他們所採用的是最好和最為有效的辦法。

這篇警告文章發表於 2 月中旬，繼之而來的，是兩個星期之後的一篇措詞更強烈的否認聲明：「我**一直**非常努力的想說服公眾，告訴他們所有的俱樂部普遍都具有**害人傾向，**而且**絕不可能做出什麼好事**」：

> 我曾說過……如果完成某項目的的手段不是經由公眾意志的普遍、自由、無包袱和無偏見的感知和表達，那麼它將永遠不能，也永遠不應該達成。[76]

這篇與民眾組織徹底決裂的聲明，正好發表於人身保護令再度中止的那個星期，它深深激怒了伍勒，後者在《黑矮人》中抗議道：「先生，看著老天爺的份上，不要用只會造成傷害的勸告來背叛我

---

[76] *Weekly Political Pamphlet*, 15 February, 1 March 1817.

們，把我們送進敵人的虎口」：

> 我們的敵人在我們的四面八方**集結俱樂部**。難道陸軍俱樂部、海軍俱樂部，以及販賣市鎮者的俱樂部，對於腐化這項目標一點貢獻都沒有？……我一直認為每一種性質的俱樂部都是收集和濃縮你所謂的「普遍、自由、無包袱和無偏見的」公眾意見的最重要方法……先生，你這麼做是在大肆傷害改革的目標，你竟然認可它的敵人，並對它嚴詞抨擊……要想**分化**公眾之人，事實上正是**摧毀**公眾意志之人。[77]

到了 3 月底，我們看到柯貝特的第二重叛逃。他說政府的壓迫性立法主要是為了對付他，因此他志願放逐美國[78]。數十種其他雜誌爭相想要填補他留下的空位，尤其是《黑矮人》、霍恩的《改革者記事》和薛文的《政治記事》（Sherwin's *Political Register*），由於它們成功地抗拒了政府的迫害，遂使得柯貝特的叛逃顯得更加可鄙。然而他的離開還是造成了立即性的驚惶失措和士氣低落，在緊接而來的混亂期間，改革運動連一個全國性的中心也沒有。

這種迫害與混亂的同時出現，正是毛毯織工大進軍（March of

---

77 *Black Dwarf*, 5 March 1817.

78 柯貝特一直到 1819 年底才回返英國。不過在經過一段沉潛之後，他重新出版《政治記事周刊》，以遠距離的方式評論英國時事，通常是在事件發生之後五到六個月。例如，他對德比處決事件（1817 年 11 月 7 日）的評論，一直到 1818 年 4 月 11 日才出現在《政治記事周刊》上。儘管如此，他的評論一般而言都是消息靈通、內容充實，這得歸功於他的通訊網絡以及從逃往美國避難的改革者那裡得到的報告。

the Blanketeers) *4、阿德維克陰謀和潘垂吉起義這一糾纏不清的故事的背景。在密德蘭和北方的許多地區,在地改革運動發展得十分蓬勃。前一年的秋冬兩季曾舉行過不少教人印象深刻的公共集會[79]。該年早春的政治危機正好逢上極端困乏的經濟慘況,紡織業和鐵工業地區的嚴重失業,以及物價的飛速飆漲──這所有的一切一直持續到 1817 年夏末。1816-17 年的那個冬天,政治集會和閱讀討論的習慣已擴散到大部分的製造業地區。從諸如來斯特、曼徹斯特、諾丁漢、德比、雪菲爾和伯明罕這樣的中心,向外輻射出一個個連結工業村落改革團體的網絡。在扮演焦點組織的大型中心,改革者通常包括一定數量的工匠和小手藝人、少數一些勞工,和幾個極端「杭特派」的中產階級。這些人不但在自己的都會中心受人擁護,也得到周圍地區的工匠和手工業工人的支持。一旦改革的目標在框架織襪、製陶、製釘或手搖織布機織工的村落扎下根基,在地的鄉鎮或村落俱樂部便隨之成立,這些俱樂部的性質幾乎清一色是屬於無產階級,並和搗毀機器運動一樣,備受在地社群的同情。

我們對來斯特郡和蘭開郡的運動發展知之最詳。來斯特俱樂部成立於 1816 年 10 月。它的主席是一名染工和木材商人,副主席是一名補鞋匠,最活躍的成員包括一名印刷工人、一名鑄框匠,以及數名在地框架織襪工的領袖。短短一個月的時間,其會員(每週須繳

---

*4 按:每位參與者都必須攜帶毛毯一條,一方面供夜晚禦寒,一方面做為他們織工身分的象徵。

79 比方說,1816 年 9 月和 10 月在諾丁漢、博爾頓和雪菲爾(八千人出席)都曾舉行過改革會議,伯明罕則是在 1817 年 1 月召開,參見 *Nottingham Review*, 27 September, 4 and 11 October 1816; Langford, *A Century of Birmingham Life*, II, pp. 414-6。

一便士的會費)人數已超過五百人。一名間諜曾就 1816 年 11 月底的一次大會提出報告。出席大會的人數超過兩百人，他們花了一個多鐘頭的時間喝酒、交談和收集會費。然後指定了當天晚上的主席——史考脫(William Scott)，他是一名鑄框匠和 1790 年代的潘恩派老將。他向與會者致詞，拿出一份宮廷記錄，宣讀一長串食祿者的姓名，聽眾則發出或憎惡或反對的噓聲和評語。

> 有人說，我們的集會就是為了排除這些人。另一個人回答說：「讓他們死在自己的吊襪帶下。」「把他們送進倫敦塔。」另一個人說。「只要再等**兩年**」……他們大聲譴責常備軍……一個名叫萊利(Riley)的人提議每週購買一百本柯貝特的《政治記事周刊》……大家舉手通過。

為了感謝大家的支持，史考脫唱了一首歌：

> 他說這首歌他在大約十八年前也唱過，當時有幾名惡棍衝進「三王冠」酒吧，歌名是：《萬人自由！》。大家大聲叫好。他唱了一首革命歌曲。

到了 1816 年底，據說來斯特郡的市鎮和村落總共成立了三十多個漢普敦俱樂部。有人說這些俱樂部紛紛成立的時機正好和框架織襪工的工會組織相吻合，而且有不止一名憂心忡忡的治安法官認為這些俱樂部是「想要把國會改革嫁接到搗毀機器運動之上」。官員們以無比焦慮的心情看著政治激進主義滲透進各個村落，他們說這些織襪工「獨獨鍾情於以革命為目標的信念，他們最感興趣的，就是做好

萬全的準備，以便在必要時大打一仗」。隨著人身保護令的中止，來斯特漢普敦俱樂部的公開活動也立時停止，這些官員(不無道理的)認為，改革者已隱身到祕密組織體系，關於這方面的經驗，搗毀機器運動早已幫他們做好預習[80]。

蘭開郡的情形也很類似。曼徹斯特當然是這場偉大改革的大都會，不過，其他諸如奧爾丹、斯塔克港、博爾頓、羅奇德爾等中心，也大到足以提供其他的選擇模式，並可以在曼徹斯特的改革者吵得昏天暗地之際，讓這項運動穩定下來。班福的回憶錄一開始就是1816年底「蘭開郡主要改革者」的點將錄：

> 這些人是曼徹斯特棉織品製造業者奈特、曼徹斯特文字印刷匠奧格登(William Ogden)、曼徹斯特鞋匠班保(William Benbow)、曼徹斯特採石匠布拉柏里(Bradbury)、愛西頓織工查理·華可(Charles Walker)、摩斯來(Mossley)的木屐工渥森(Joseph Watson)、摩斯來的羊毛織工蘭姆斯登(Joseph Ramsden)、里斯(Lees)的文字印刷匠尼可森(William Nicholson)、奧爾丹絲織工海伊(John Haigh)、奧爾丹製帽匠約瑟·泰勒(Joseph Taylor)、羅伊頓棉布製造業者凱義(John Kay)、羅伊頓外科學生費登(William Fitton)、百瑞的棉織工畢金頓(Robert Pilkington)、密德頓的絲織工奧格頓(Amos Ogden)、密德頓的棉織工約翰生(Caleb Johnson)，以及密德頓的絲織工班福。不久，曼徹斯特的裁縫強士頓(John Johnston)和利物浦的布商米契爾，也加入

---

80 H.O. 40.3; A. T. Patterson, *Radical Leicester*, pp. 107 et. seq.; H. W. C. Davis, *The Age of Grey and Peel*, pp. 180-3.

了我們的陣營。[81]

我們還可以在這張名單上加上其他姓名，他們是些 1816 到 1819 年間的著名人物：布勞厄（John Browe），奧爾丹的機器製造職工以及循道宗神位一體派的平信徒宣道師；希雷（Joseph Healey），班福的滑稽友人，是位理髮師兼「庸」醫；僕人巴古雷（John Bagguley）；斯塔克港的德拉蒙，毛毯織工大進軍的主要策劃人；姜生（Joseph Johnson），曼徹斯特的小刷製造商；以及成立於 1819 年初的激進派《曼徹斯特觀察者報》（*Manchester Observer*）周圍的一小群人，尤其是華鐸、羅艾和薩克斯登（J. T. Saxton）。此外，因為涉嫌阿德維克陰謀而遭拘捕的包括一名磨刀匠、一名箍桶匠和一名漂布匠。

關於蘭開郡運動最初幾個月的記載，是米契爾所寫，不過這位印刷匠的文字卻有些靠不住。1816 年早期，他是利物浦同心協會（Liverpool Concentric Society）的會員，這個協會大體上是個中產階級組織，米契爾對於該會的拒絕從事公開宣傳深感不滿：

> 他們會飲酒、唱歌、抽菸、舉杯祝頌健康、說些俏皮話、高聲演說、並在吃完一頓豐盛的晚餐，以及喝完一瓶好酒之後，大肆吹捧布魯厄姆這樣的人物……但是他們不會採取任何有利

---

[81] Bamford, op. cit., (3rd edition, Heywood, n.d.), p. 9. 1816 年時，一位治安法官在筆記裡將奈特形容成「一個無產、無品之人」，把凱義和費登形容為織工（H. W. C. Davis, *Lancashire Reformers*, p.24）。米契爾是印刷職工，他的妻子則經營布匹生意。

於人民目標的行動。[82]

米契爾旅行到蘭開郡南部去找工作，一路上遇到許多「光說」不練的改革者，於是他決定「混跡人群，散播道德和政治訊息」。他成爲第一個自我任命的政治宣傳特使，造訪了一個又一個市鎮，並靠著出售卡賴特的小册子和他自己的《與人民談話：或政治入門》(Address to the People: or A. B. C. of Politics)來維持生活。1816 年 11 月初，他在倫敦會見了卡賴特，並與柯貝特晤面，柯貝特授權他代理經銷蘭開郡的《政治記事周刊》(他似乎是與班保分享同一份代理權)。自此以後，他的故事便與漢普敦俱樂部合流[83]。

雖然蘭開郡改革圈子不乏一小撮活躍的小製造業者和專業人士，但是這些人絕不能和曼徹斯特那一小群積極的中產階級改革者混爲一談。後者擁有自己的書報刊物以及獨樹一格的邊沁派意識形態，而且他們盡可能與杭特派保持距離，即使是在和該派從事共同騷動或(在彼得盧事件之後)提供他們重要的協助時亦然[84]。奇怪的是，在激進派的在地領袖中，完全看不到棉紡紗工或工廠雇工的身影。紡紗工無疑是同情激進派的。曼徹斯特官員曾在 1817 年 2 月時談到，改革者的聚會「從附近紡紗工廠下工的那刻起，立刻人數大增——這種情形證明不滿情緒不只局限於處境悲慘的人們，紡紗工的各項待遇都相當不錯。這群人最近還以經費資助改革者」[85]。這些

---

82 關於同心協會，參見 B. Whittingham-Jones, "Liverpool's Political Clubs", *Trans. Lancs. Cheshire Hist. Soc.*, 1959, p. 129。

83 *Blanketteer*, 27 November 1819; *Address to the People* (1816) in H.O. 40.9.

84 關於中產階級改革者，參見 A. Prentice, op. cit., 73-4; D. Read, *Peterloo*, Ch. V。

85 H. W. C. Davis, *Lancashire Reformers*, p. 30.

年來工資一日不如一日的紡紗工人，此刻已快要達到其工會力量的第一個高峰期。1818 年發生了大規模的紡紗工罷工，並首次展現出籌組「行業總工會」(General Union of Trades)的強烈企圖心。在罷工期間呈致內政部的治安法官信函，有許多都曾抱怨諸如巴古雷和德拉蒙之類的激進派鼓動者，對紡紗工和織工造成的影響[86]。

因此，蘭開郡的紡紗工可說是北方工會運動的核心，事實上，他們當時正在開拓一種全國性的新組織方式。那麼，他們爲什麼沒有培養出著名的改革領袖？其中的原因部分是由於環境，部分是與政治和意識形態有關。紡紗工的工會(在結社法案的規定下)是一個半合法的團體。幾年下來，工人已習慣讓他們的實際領袖藏身幕後。他們比織工或工匠更容易成爲雇主的犧牲品，而蘭開郡的工廠主人又有把政治騷動者列入黑名單的傳統[87]。在這一點上，工廠工人的「獨立性」是比不上織工，即使後者很可能生活在飢餓邊緣。再者，我們必須記住棉紡織工廠漫長的工作時間。班福所形容的那種生活方式——在騷動的高潮時期，半受雇的織工和工匠可以抽出時間徒步走上好哩去參加代表會議，或者到改革者的集會上高談闊論——是成年的棉紡紗工無緣企及的。

但是，我們不難舉出更多的理由，來說明爲什麼紡紗工人會對

---

[86] See the Hammonds, *The Skilled Labourer*, Ch. V; Aspinall, *Early English Trade Unions*, Ch. VII; Cole, *Attempts at General Union*, Ch. II. 關於 1818 年《黑矮人》上所刊載的一封由棉紡紗工人所寫的重要來函，見上文，頁 268-72。

[87] 1800 年代早期，政府鼓勵蘭開郡的工廠業主開除可疑的雅各賓分子 (Aspinall, op. cit., p.xxiii)；1816 年 10 月，「暴虐的業主」解雇了參加激進派集會的工人 (H.O. 40.9)。1830 年代，歐文派工人遭到整肅 (G. Simmons, *The Working Classes*, 1849, p. 70)。

於改革領導人這個位子裏足不前。柯貝特和杭特的激進主義都特別強調經濟獨立的價值觀，它在感情上敵視工廠制度，並以過去那種相互依存和經濟互惠的理想模式來批評現狀，完全沒有為工廠工人的困苦發言。雖然有證據顯示，有些零星的紡紗工團體喜歡伍勒和卡萊爾那種比較緊張和比較功利主義的訴求甚於柯貝特《政治記事周刊》的道德說教，但是一直到 1820 年代歐文主義與工會運動開始合流之前，我們很難指出有哪種激進主義特別契合棉紡紗工廠的經驗。杭特的激進主義很少談論工廠改革，或一般的社會問題。1816到 1820 年間，工廠工人的主要精力都發洩在他們自己的工會組織內部。在這裡，結果是立即的，而問題則是實質的。大多數的棉紡紗工人都是激進分子，但是官方不怕他們起義，也不怕他們進軍倫敦。

我們可以再加上一點，這個時候的曼徹斯特已經有了屬於大都會的力量和某些缺點。它那龐大的面積、五花八門的職業、不斷蔓延的貧民窟，以及川流不息的移民，在在使它缺乏高地鄉鎮的凝聚感。該城為數眾多的愛爾蘭人口，雖然同情 1816 到 1820 年間的騷動，卻沒有和這個運動進行整合。此外，就算某些棉紡織市鎮(尤其是博爾頓)有些狂熱「效忠政府」的治安法官，但是許多小型的棉紡織市鎮幾乎在性質上清一色是屬於無產階級，而且幾乎不存在所謂的警力[88]。曼徹斯特那位萬年副警官那丁，在搗毀機器那些年已經練就了一身獵殺激進分子的本事。已知的激進派領袖遭到列管監視，間諜則持續滲透曼徹斯特憲政學會和政治聯合會。那丁的手下和改

---

[88] 派特森(A. T. Patterson)也曾對來斯特郡提出同樣的看法，當時洛夫柏羅只有一位常駐的保安官；他還把來斯特區分成秉持「肢體」傳統的北部村落，和(相對上)以守法著稱的來斯特市。See "Luddism, Hampden Clubs, and Trades Unions in Leicestershire", *English Historical Review*, LXIII (1948), p.172.

革者領袖曾在 1817 和 1819 年的曼徹斯特爆發小型的街頭巷戰，另外有幾次只止於彼此叫罵、威脅。1817 年 3 月遭到逮捕的奧格登作證說：「那個聲名狼藉的那丁……在六個星期以前就不斷向我保證：如果我不停止出席公共集會，他就要逮我下獄。」[89] 爲了鼓舞他的一名犯人的士氣，他有一次說道：「我們有普通長的一段路要走，但是在你們回到瑞頓之前的路甚至更長，我們一定會吊死你。」[90] 不過他那野蠻的注意力，要很久才會落到「鄉下人」身上一次。

因此，「鄉下愛國者」成爲這些年改革運動的中間骨幹。他們自己也這麼認爲。在 1816 年 10 月底於曼徹斯特召開的一次露天集會之後，一位線民回報說：「一大群費爾斯渥的改革者──

> 對曼徹斯特人民，主要是較高階級的人士，發出咒罵和責備。他們自我安慰說，曼徹斯特人民之所以老是缺席，是因爲雇主的威逼……報導人認爲有半數的出席者是來自鄉間。[91]

帶著請願書和毛毯從曼徹斯特向倫敦進軍的成員（1817 年 3 月），大多是鄉下織工[92]。

---

89 Cobbett's *Political Register*, 16 May 1818.

90 Bamford (3rd edn. Heywood), p. 174.

91 H. W. C. Davis, *Lancashire Reformers*, p. 24. 值得一提的是，曼徹斯特的中產階級改革者，屢次拒絕會議的請求，不肯出任該會主席。

92 被捕名單顯示(H.O. 42.172)，參與者大半都是織工。在一批總數四十八人的囚犯中，計有二十九名織工、兩名紡紗工、兩名苦力，和以下職業者各一名：家具工、鋸木工、裝幀匠、細木工、機器製造工、製燭工、染工、鞋匠、製繩工、「日曆人」(calander man)。在另一批一百七十三人的囚犯中，有比較多的紡紗工、梳毛工、漂布工和鑽孔工，不過織工還是佔了絕大多數。

　　雖然在哈利森牧師——原是一名循道宗牧師，後來成爲激進派演說家和教師——的領導下，斯塔克港在 1818 年樹立了一種迥然不同的都市改革運動的重要典範[93]，但是到了 1819 年，這些「鄉下」人再次取得主導權。是這些人的每晚操練——對此，班福爲我們留下一幅充滿牧歌情調和過於天眞的描述——爲彼得盧事件譜出序曲。(曼徹斯特的工廠勞工既沒有時間做這類準備，也沒有僻靜的荒野可以操練。)也是這些人井然有序的浩大隊伍(來自里斯和薩多渥斯、密德頓和羅奇德爾、奧爾丹和百瑞)，在 1819 年 8 月 16 日塡滿了聖彼得場的一大部分。而且，就像一些比較極端的外郡「肢體」派殷殷期盼倫敦的開戰信號一樣，許多高地織工也滿心不耐地等候著曼徹斯特帶頭叛亂。憤怒，不僅是對官府的憤怒，也包括(有人懷疑)對這個奉行工廠制度的冷漠巴比倫的憤怒，孕育了 1817 年和 1819 年的兩次會談，準備以「讓曼徹斯特淪爲莫斯科」來掀起叛亂行動。到了 1819 年底，當曼徹斯特運動開始在個人紛爭和派系惡鬥的泥沼中逐漸走向崩解之際，一名間諜對曼徹斯特聯合會(Manchester Union)所舉行的一次駭人聽聞的惡毒和紊亂集會，做了一篇有趣的報導，他的結尾是：

　　……在這個時候來了兩名鄉下人。其中一個站起來想知道這是不是「聯合會」——好一會兒沒人作聲——最後有人說應該是——這位陌生人說他來自福力克斯登(Flixton)，想看看「改革」進行得如何——有人大喊：「是正義萊特(Justice Wright)派你來的嗎？」老人沒有注意他，只是繼續說在他們鄉下，有好幾

---

93 關於斯塔克港的聯合會，參見 D. Read, op. cit., pp. 47 ff.和下文，頁 1010。

百人每天加入他們的小組，如果他把這天晚上所看到的情形告訴他們，他們再也不會相信曼徹斯特聯合會——好幾個領袖走到這兩名陌生人身邊，勸他們不要把今晚看到的種種說出去。[94]

　　當然，這些人主要是手搖織布機織工，我們已在上一章探討過他們的困難和生活方式。到了1819年，蘭開郡的全體織工社群都已皈依改革目標，而且從這個時候起一直到憲章運動最後幾年，織工和織襪工一直是改革運動最堅強和最極端的擁護者。訴請國會保護的騷動連接失敗，逼使他們直接面對改革——或推翻——政府本身這個問題。單靠工會行動是無法改善他們的境遇，1818年的織工大罷工未能取得任何持久性的收穫，更加凸顯出這個教訓。如果說柯貝特和杭特所倡導的經濟「獨立」和強硬的政治個人主義這種意識形態與工廠工人的經驗不符，它卻與織工的經驗完全吻合。織工和柯貝特一樣不喜歡工廠的喧聲；和他一樣強調每一個人有權藉由自己的辛勤工作而享有豐衣足食和健康安寧；和他一樣猜疑倫敦、紙幣和「當權者」；和他一樣喜歡道德性而非功利性的議論；一樣懷戀消逝中的農村價值觀。事實上，除了柯貝特否認政治會社和俱樂部這點之外，他們在1817年可說是熱烈響應柯氏的大多數看法。

　　因此，極端改革派的實力是蘊藏於密德蘭和北方的手工業工人村落。我們希望已經去除了大家把工業村落的居民視為「鄉巴佬」或「土包子」以及最「落後」鄉民的錯誤觀念。當工匠在城市（倫敦、伯明罕、諾威治、雪菲爾、新堡）裡的根據地，為卡萊爾的自然神論與歐文的社會主義供應最早的徒眾時，手工業工人的才智與閱

---

94 H.O. 42.198, quoted in full in D. Read, op. cit., Appendix B, p. 221.

讀書寫能力可能僅次於他們，而勝過其他的工業團體──鐵匠和礦工、城市窮人、體力勞動者，和許多工廠工人[95]。在工業革命早年，拜機器棉紗的產量激增所帶動的相對繁榮，不僅提升了物質水準，也提升了文化價值觀的水平。而正是因為這種生活方式的逐日受損，才讓手工業工人不惜以任何力量從事抗爭。如果說激進派的「陰謀」中心有三十年的時間是位於諸如潘垂吉、洛夫柏羅和巴恩斯來這樣的地方，又如果說他們的起事討論地點是密德頓的一座小禮拜堂、刺山里斯(Thornhill Lees)的一家酒吧和海克蒙維克的一座墳坑，並不是因為這些地方接近荒野，而是因為這些鎮區和村落中的人民，正是身處在未經規劃的經濟個人主義與較古老的生活方式的衝突核心。織工和織襪工是自由放任政策的最大受害人，因此他們也得到西德茂斯勳爵和奧利佛最密切的注意。他們不是工業革命這個階段的最落後工人，而是其最典型的工人。

四、布蘭雷斯和奧利佛

但是所有手工業工人的重鎮，都離倫敦有一、二百哩之遙。如果紡織業的中心是在艾塞克斯，製釘業的村落是在索塞克斯，而織工是把他們的旗幟舉到礦泉場而非聖彼得場，那麼英國的歷史就不會是現在這個面貌。當時的情形是，每當叛亂情緒在本寧山或渥立克郡開始悶燒，眼前卻總是缺乏明顯的可燃目標。到了 1817 年，人

---

95 關於 1840 年代手搖織布機織工的識字水準較其他工人團體為高的證據(雖然一直有日漸衰退的抱怨)，參見 R. K. Webb, "Working-Class Readers in Early Victorian England", *English Historical Review*, LXV (1950), pp. 333 ff.。

們對搗毀機器運動大致已不再寄望。要怎麼樣才能將外郡的情感重量直接壓在英國政府身上？毛毯織工大進軍（在這項計畫的早期階段，卡賴特和柯貝特很可能知情並予以鼓勵）就是想施展這樣的壓力。蘭開郡的工人原本是打算和平地帶著請願書向倫敦進軍，並在一路上舉行集會、爭取支持。他們預期可以從約克郡和密德蘭那裡得到支持，而且據說有一位曼徹斯特的領袖表示：「如果我們可以把你們順利帶到伯明罕，那麼事情一定會成功，因為我一點也不懷疑你們到那時會有十萬人的實力。」[96] 至於到了倫敦之後準備做些什麼，有好幾種不同的版本在謠傳。策劃者宣稱他們只不過是想向攝政王呈遞請願書，不過他們預期倫敦百姓會盛大歡迎他們，甚至期望這次進軍能發揮 1792 年馬賽工人在巴黎[*5] 所發揮的類似作用。

但是我們還得問一個問題。這個問題不只是打算**做什麼**，還包括是**誰**做的打算？手工業工人的地理環境不但讓他們與權力中心隔絕，也為他們的溝通和組織帶來嚴重缺陷。我們已經提過小型工業社群的凝聚力，以及它們比較不容易遭到官府監視。他們組織上的弱點始終是他們與區域中心的**聯繫**，以及更重要的，這些中心與倫敦之間的**聯繫**。官方比較容易讓間諜滲透進曼徹斯特乃至雪菲爾和諾丁漢的組織，而這些間諜由於熱心敏捷再加上比較可以從工作中抽出時間，於是經常被選為區域委員會的出席代表。最容易安置間

---

96 H. W. C. Davis, *Lancashire Reformers*, p. 31. 斯塔福郡的礦工曾在 1816 年率先試圖發起「飢餓大進軍」。「毛毯織工大進軍」事實上遭到了軍隊阻止，超過兩百人被捕，很少有人走到比里克(Leek)更遠的地方。

*5 按：1792 年 6 月底，主張廢除王權、建立共和的馬賽工人，派了五百名義勇兵進軍巴黎，沿途並高唱《馬賽曲》，此舉使得原本已民情激昂的巴黎更加沸騰，並促成了法國第一共和的建立。

謀的地方，莫過於倫敦酒店極端派的圈子。

對於 1817 年春夏事件的記載，最普獲接受的說法如下：

> 在 3 月以及 6 月，治安法官兩度攻擊工人階級代表的集會，
> 並把他們全數逮捕。這些人據說是在商討全面叛亂的計畫，但
> 是除了支薪的間諜和線民所提供的證據之外，沒有任何跡象顯
> 示有任何這類運動存在。揚言叛亂的情形無疑是有的，至於組
> 織性的陰謀，找不到任何未經渲染的證據。[97]

這是輝格黨在1817年提出的標準解釋，也是當時改革者的自我辯護。
哈蒙德夫婦的《技術勞工》（第十二章）從學術上支持這項解釋，
對於那位聲名狼藉的奧利佛生平的描寫，仍以這本書最具權威[98]。

　　然而，輝格黨的說法顯然是嚴重的過度簡化。我們不必再重複
討論一次我們認爲什麼樣的證據叫做「未經渲染」。但是我們有絕對
的理由可以認爲，在 1817 年時，確實有某種「肢體派」陰謀正在醞
釀，而且這項陰謀和政府**臥底敎唆者**所主導的反陰謀糾結難分。早
在 1816 年 12 月，倫敦的「雅各賓派」和外郡的極端改革者之間已
有鬆散的接觸。在同一個月，奉蘭開郡代表會議之命前往約克郡和
密德蘭造訪的宣傳特使當中，至少有兩人屬於「肢體」派——班保
和米契爾。從這個時候開始，米契爾（一位消息靈通的蘭開郡治安法

---

97 Cole and Postgate, *The Common People*, p. 217.

98 懷特在其近作《從滑鐵盧到彼得盧》（R. J. White, *From Waterloo to Peterloo*）
第八章中有關潘垂吉起義的解釋，主要是援引自 A. F. Fremantle's article,
"The Truth about Oliver the Spy", *Eng. Hist. Review* XLVII (1932), pp. 601 ff.
不過上述這兩種記載都比不上哈蒙德夫婦的作品。

官將他形容成「好像是英國這個地區所有人的某種首領」[99]）便經常
往來於倫敦、密德蘭和北方之間。當班福在 1817 年 1 月出席漢普敦
俱樂部的「大會」時，米契爾和班保兩人已經和倫敦進行了多次接
觸。班保的一舉一動「簡直像是宴禮的主人」，米契爾則陪同班福造
訪了工寮棚屋，（依照班福的不誠實記載）他們還在那兒散發了許多
宣傳小冊。由於卡賴特、柯貝特和杭特都沒有負起認真且有組織的
領導責任，於是有些外郡的代表便在格拉夫頓街(Grafton-Street)的
「公雞」酒吧與華笙醫師和他那夥人舉行了進一步的會談，商討有
關全國性的通訊以及(或許)祕密組織等計畫[100]。

　　因此，當人身保護令在 3 月的第一個星期宣布中止的時候，某
種粗略的全國性組織體系已然存在。官方聲稱當時有四個由「祕密
委員會」控制的組織中心：(1)諾丁漢、德比和來斯特；(2)伯明罕地
區；(3)蘭開郡；(4)約克郡。各地之間的代表無疑有相當頻繁的往來，
同時也和激進派相互通訊。米契爾對於這幾個月的發展留下了一點
記載，他和班保以及奈特在這幾個月為了躲避官府，「很少在同一地
方停留兩個晚上」[101]。班福也描寫了他和希雷「跑路」的那段日子，
當時，有些蘭開郡的改革者根本不敢在白天外出，「只能像隻夜晚活
動的貓頭鷹」，其他人則是「假借各種名目聚會」：

　　　　有的時候它們稱為「互助會」，有的時候稱為「植物會議」、
　　　「救助入獄改革者家人的集會」，或「救助逃亡國外之改革者的

---

99 See H. W. C. Davis, *Lancashire Reformers*, p. 28.
100 Bamford (1893 edn.), pp. 21, 32-3; H. Hunt, *The Green Bag Plot* (1819), p. 9.
101 *Blanketteer*, 23 October 1819.

集會」。但是他們的真正目的只向經由正式管道介紹加入的成員
洩漏，那就是要完成夜襲曼徹斯特的計畫⋯⋯

有位線民針對一次這樣的集會(3月的查德頓集會)提出報告，報告
中的措辭在搗毀機器到憲章運動期間，可說再熟悉也不過：

> 那個查德頓工人表示，大多數人都已擁有武器。他説他認爲
> 他們可召集到大約七十名燧發槍兵⋯⋯
>
> 大家同意於星期五下午三點前往曼徹斯特，在阿德維克橋的
> 「皇家橡樹」酒吧集合，等待預期會從伯明罕、雪菲爾和其他
> 地方傳來的消息。那名查德頓工人説他曾看見百瑞的代表，他
> 也去過哈得茲菲和里茲，相信那兒的人隨時都可起事，因爲他
> 們已經把許多在搗毀機器時代就貯藏好的武器拿了出來。[102]

「他們在信號火箭發射之後立即前進⋯⋯」在 1839 和 1848 年
間，幾乎可以在內政部文件中看到一模一樣的的句子。「肢體」派一
直在「等待消息傳來」，也許是從伯明罕⋯⋯從倫敦⋯⋯或從新港。
從某個角度看，這個故事相當可悲。到了 3 月底，由五、六個這樣
的集會發展而成的「阿德維克謀叛」事件，給了官方一個藉口，將
最活躍的幾名蘭開郡領袖逮捕下獄。然而換個面向，這起事件卻嚴
重許多。在十幾個地方的十幾個場合，密德蘭和北方村落的工人們，
帶著幾枝長槍和土製武器整編集結，而且造成他們猶豫不決的原因

---

102 Bamford, op. cit., p. 44; H. W. C. Davis, op. cit., p. 35.

並非膽怯，而是擔心被出賣的心理以及他們在地理上的孤絕感。如果在任何一場這樣的危機中**真的**有「消息」傳來，又如果某個主要中心當真被革命分子拿下，那麼叛亂很可能會迅速延燒到其他地區。

到了 5 月，革命情緒在幾個地區逐漸升溫，它們彼此之間有零星的聯絡，但是卻沒有負責指揮的組織中心。鄉間靜候倫敦的指示，可是與他們偶有接觸的倫敦人，卻又不如鄉下人那麼有本事發起叛亂行動。威廉‧史蒂芬斯(William Stevens)是一名諾丁漢的製釘人，他是這起叛謀事件的要角之一，後來逃亡到美洲，他在日後作證說：在人身保護令中止之後，「他相信當時有幾百人乃至幾千人說過……**反抗**的時刻已經到了」：

> 在 1817 年的 3 月、4 月和 5 月，在他住的那個鎮區，大多數人都這麼認爲……

然而，「儘管他們急切地想要找出反抗的方法……但是一直要到 5 月的某個時候，才擬出了反抗計畫」。第一次的商討是在 4 月間，當「米契爾先生取道諾丁漢……前往倫敦的時候」[103]。

班福說，米契爾的「行動全憑自己的意思，他究竟到了多少地方只有他自己知道」。4 月的時候，他在倫敦造訪了潘錐爾，潘氏是一名雅各賓鞋匠，曾經和德斯巴德有所往來，當時他正在進行逃亡美洲的準備。潘錐爾最近才幫助過一個叫做奧利佛的友人離開欠債人監獄，不久，這個奧利佛「開始激昂地表白他的愛國思想，並且

---

103 Deposition in Cobbett's *Political Register*, 16 May 1818.

異常焦急地想要知道，有沒有任何政治協會是他可以加入的」[104]。奧利佛的表白得到了信任，而且到了 3 月，他已打進倫敦改革者的核心圈。3 月 28 日，他要求謁見西德茂斯勳爵。4 月，潘錐爾和其他改革者將他介紹給米契爾。米氏在他的住所會見他，並因他的壁爐架上放著拿破崙的全身銅像以及柏戴特、柯貝特、涂克和弗克斯的畫像而深受感動。

> 他告訴我說倫敦的朋友很想和鄉間的朋友建立關係。我說……這也是鄉下地方的期望。

但是當米契爾請求與倫敦委員見面時，奧利佛卻表示在這個時刻召集他們太過危險[105]。

奧利佛說服米契爾讓他在米契爾下一次巡行外郡時陪伴他。他們兩人在 4 月 23 日出發，奧利佛一共旅行了二十三天，並在米契爾的介紹下，結識了密德蘭和北方改革中心的主要領袖[106]。這是一招

---

104 參見潘錐爾在柯貝特《政治記事周刊》中的證詞（1818 年 5 月 16 日）。潘錐爾早在 1811 年就認識奧利佛，那時他是一名木匠的工頭。各項記載對奧利佛職業的說法不一，有營建工、木匠和會計師，事實上，他是一名優秀的書記或簿記員以及土地測量員。

105 *Blanketteer*, 23 October 1819.

106 奧利佛於 4 月 24 日離開倫敦；25 日到伯明罕；26 日經德比抵達雪菲爾；27 和 28 日前往韋克菲耳和杜斯伯里；29 日到里茲；30 日到曼徹斯特；5 月 1 日和 2 日在利物浦；3 日到曼徹斯特；5 日到韋克菲耳；6 日哈得茲菲；7 日韋克菲耳；8 日哈得茲菲；9 日巴恩斯來；10 日奧塞特；11 日史班谷地；12 日布拉福；13 日里茲；15 日倫敦。在從伯明罕到里茲途中，米契爾曾「趁馬車換馬的時候」，介紹奧利佛認識一位傑出的德比改革者。H.

絕佳的間諜活動策略，奧利佛的報告對西德茂斯非常有用。5 月 5 日，他報告說他參加了一次在韋克菲耳舉行的中央代表會議，出席的有來自伯明罕、雪菲爾、哈得茲菲、巴恩斯來和里茲的工人，以及北密德蘭地區的培根。在會議上，每一個地區都承諾會召集大量人民參與起義。起義的日期訂在 5 月 26 日，奧利佛承諾倫敦「一切都會準備妥當」。私底下，他報告說：這是一個「薄弱和不切實際的計畫，只要加以拖延，它就會自行毀滅」[107]。

但是——或許是因為判斷錯誤——米契爾在 5 月 4 日被捕，而奧利佛則以「倫敦代表」的身分靠自己的力量行事[108]。接下來的情勢變得超乎尋常，叛亂的準備在好幾個地區緊鑼籌備，但是他們與倫敦之間的唯一聯絡人，卻是一名貨真價實的政府間諜。在倫敦，華笙、西斯托伍德、普瑞斯頓和胡波還在等待審判，他們因為參與礦泉場事件而以叛國罪名起訴，一般預料他們會遭到定罪。有些重要的改革者躲了起來；有些追隨柯貝特去了美洲；還有一些則身陷囹圄。到目前為止，事情似乎很清楚。但是自此之後，相關資料都籠罩在不見天日的黨派陰霾之下。改革者和批評政府的輝格黨員(例如下院的班耐特和《里茲信使報》的貝恩斯)，費盡心力想提出證據，證明奧利佛是 6 月 9 日事件的煽動者和策劃者。另一方面，官府則聲稱奧利佛的角色只是一位線民，而且就算他真的干預過革命計畫，

Hunt, *The Green Bag Plot*. See also paper headed "O's Tour" in T.S. 11.351, and Oliver's "Narrative" (H.O. 40.9) and letters (H.O. 40.10).

107 杭特前引書以及史蒂芬斯的證詞。

108 有種說法表示，米契爾是以化名旅行，「他穿著麻布衫，裏著一條圍裙，像名織工」。T. W. Tattie to Fitzwilliam, 22 January 1820, Fitzwilliam Papers, F. 52 (c).

那也只是爲了延緩和擾亂它們，這項危險的叛亂之所以能夠避免，還得感謝他們的機警。

眞實的情形或許比這兩種說法都要複雜。奧利佛並非這個祕密組織的唯一間諜。蘭開郡和諾丁漢的治安法官也從他們自己的在地線民那裡掌握了靈通的消息。但是同時，間諜也不是革命的唯一煽動者。在 5 月前往密德頓造訪班福的不是奧利佛，而是來自德比的代表——培根和透納（William Turner），他二人都涉入潘垂吉起義。史蒂芬斯宣誓作證說：當培根把 5 月 5 日參加韋克菲耳集會的報告帶回北密德頓委員會時，

> 布蘭雷斯、透納和勒德蘭（Ludlam），以及其他許多人都在場……在 5 月 26 日之前的五、六天，一封來自我們雪菲爾友人的信件傳到了諾丁漢，通知我們暴動延期到 6 月 9 日，這是奧利佛提議的……因爲屆時的夜色會比較黑，而且屆時整個英國也將進入最完美的起義狀態……於是，一直到暴動當天，諾丁漢及其附近地區都持續在做準備。

與此同時，奧利佛已回到倫敦去向他的主子報告，他也沒有忘了去冷浴場監獄看看他的老同事米契爾（因此長久以來一直有人懷疑米氏也是一名間諜）[109]。5 月 23 日（根據權威消息透露），密德蘭和北方

---

[109] 在《里茲信使報》上揭露奧利佛身分的貝恩斯，也率先攻擊米契爾。米契爾雖然是個業餘和愚笨的謀叛者，但他並非間諜。由柏戴特所領導的一個前激進派調查團，證明了他的清白。班福也在書中花了一章的篇幅爲他辯白，包括用大寫字母所寫的：「如果他眞是一名間諜，他就會出賣那些事實上沒有被出賣的人。」這等於是表示，即使連奧利佛，也不曉得這項陰謀的所有內

的治安法官通知西德茂斯，不論有沒有倫敦的支持，叛亂都將在 6 月 9 日發動。「他立刻用郵車把奧利佛送到鄉下。」[110]

　　但是在這第二趟旅行中，奧利佛的行爲簡直像是奉有截然不同的命令。他這次的談話充滿各式承諾。從前，他偶爾會說自己是柏戴特、柯克蘭、杭特或卡賴特少校委派的「代表」[111]。如今，他會主動談到渥維安普敦（Wolverhampton）改革者攻取威當兵營（Weedon Barracks）的計畫；說《黑矮人》的編輯正在倫敦印刷「臨時政府」將要頒布的「文告」；還說其他任何地方的準備都比他所在的這個地方來得完善就緒。他尤其把注意力集中在西來丁和諾丁漢[112]。

幕。當米契爾刑滿出獄之後，他不肯聽從卡賴特少校的勸告（如果他是一個誠實的人，就應該退出公共生活），重新捲入激進派政治圈，並反擊貝恩斯在他的《毛毯織工》中的指控，以維護自己的名聲。他在里茲遭人丟擲石塊、扔進運河；並在 1820 年因觸犯煽動誹謗法而入獄。See Bamford, op. cit., Chs. XII, XXVI; *Life of Edward Baines*, p. 109; *Blanketteer*, 23 Ocotber to 20 November 1819; Fitzwilliam Papers, F.52 (c); L. T. Rede, *Yoke Castle in the Nineteenth Century*, p. 630.

110 See H. Hunt, op. cit.

111 See, for example, the deposition of Scholes in *Leeds Mercury*, 21 June 1817; W. Cliff (of Derby) in *Duckett's Dispatch*, 9 December 1818.

112 以「O 的旅行」爲題的文件（T.S. 11.351）記載了如下的旅行路線：5 月 23 日離開倫敦；24 日到伯明罕；25 日到德比；26 日留在德比；27 日到諾丁漢；28 日前往諾丁漢附近村落；29 日由雪菲爾前往韋克菲耳；30 日到布拉福及哈里法克斯；31 日曼徹斯特；6 月 1 日利物浦；2 日從曼徹斯特到韋克菲耳；3 日韋克菲耳；4 日在坎普斯山（Camps Mount, 賓恩將軍的總部，韋克菲耳附近）；5 日里茲；6 日刺山里斯，杜斯伯里附近，搭乘郵車前往諾丁漢；7 日諾丁漢，乘駛往倫敦的郵車離去。根據班福和普林提斯的說法，中產階級和工人階級的改革者都已對他心生懷疑，並發出了警告，要同志們提防他的陰謀。See also Sherwin's *Political Register*, 15 November 1817,

　　奧利佛特別著重這兩個在當年曾經擁有最強大的搗毀機器祕密組織的地區，確實有其意義。再者，這兩個地區也都是一個甚至更古老的革命傳統的中心。薛文曾經寫道：「諾丁漢人民……對壓迫的恆久恨意，很可能不輸給這個世界上的任何城市。」[113] 早在 1816 年 12 月，班保便曾在潘垂吉舉行一次集會。這個地區的改革領袖培根，是一名年紀四十多歲的「老雅各賓」，他曾在巴特利鐵工廠（Butterly Iron Works）做了幾年的維修工人或鑄鐵處理工人。（他因為從事政治活動的關係遭到迫害，只得在 1817 年退而從事框架織襪業。）根據王座法庭刑事部檢察官為他準備的起訴書（這份起訴書從未使用），他自 1791 年起就是「自由和平等學說的積極支持者，以及潘恩的狂熱信徒」。他主張財產應該「平分」、廢除土地所有權，以及每個人分地八英畝。在培根看來，柯貝特的《政治記事周刊》和漢普敦俱樂部「走得還不夠遠」[114]。

　　在另一個革命中心西來丁，情勢就比較混亂，因為費茲威廉的輝格黨治安體系與西德茂斯勳爵經常是目的相左。（似乎沒有人告訴這位皇家軍事首長奧利佛的真實身分和目的。）在 5 月的最後一個星期，積極的雪菲爾治安法官根據自己的消息來源，出其不意地衝進在「錢德樂先生磨臼」裡召開的「小組領袖」夜間會議。「與會者一片驚惶，紛紛奪門窗而出，衝進樹林。」一位在地領袖渥斯登荷姆（Wolstenholme）和另外三人被捕，雪菲爾的運動從此陷入盲亂狀

---

　　14 February 1818; Oliver's "Narrative" and letters, in H.O. 40.9/10; evidence of Bradley and Dickenson, H.O. 42.165 and 167.

113 Sherwin's *Political Register*, 21 June 1817.

114 *Rex v. Thomas Bacon*; brief in T. S. 11.351.

態[115]。

關於這段期間的發展，我們可以比較兩份來自諾丁漢的獨立資料，這兩份資料的偏見可想而知是帶有對立傾向。在第一份資料中，一位在地線民(他不知道奧利佛的真實身分)向一名在地治安法官報告說：

> 我……今晚六點多去到布蘭雷斯家……我們離開他家之後……在監獄前面和〔史蒂芬斯〕相會。我們走到沙巷……史蒂芬斯說我上個星期一晚上應該在這兒的……他說上星期一有一位倫敦代表報告說：倫敦大約有七萬人隨時可以和我們共同採取行動；伯明罕的時機也很成熟……他沒說他住在哪兒，但他是一位可靠的朋友，而且……他在星期三或星期四還會出席，而且會帶來經過決定的叛亂時間。[116]

第二份資料是史蒂芬斯在大約一年之後所提出的說法：

> ……在6月1日或2日，奧利佛來到諾丁漢……到了本證人家中。他說，倫敦將在6月9日一切準備就緒……奧利佛當時和我們進行集會，與會的還有布蘭雷斯和透納以及其他人士多名。在這次集會中，他在我們面前攤開一張文件，並稱這張文件為「作戰計畫」……

---

115 Parker to Fitzwilliam, 29 May 1817, Fitzwilliam Papers, F.45 (i).

116 告密者(布威爾的山普森〔H. Sampson〕?)於恩菲爾(Enfield)致西德茂斯函(1 June 1817, H.O. 40.6)。

　　當奧利佛把事情跟我們交代清楚之後，他便準備前往約克郡籌劃，以便倫敦的號聲一起全國都能立刻響應。他告訴我們倫敦有五千人已備好武器，他們會攻下倫敦塔⋯⋯

6月7日，北方的代表將在雪菲爾召開「大會」，敲定最後事宜：

　　待會議結束，與會代表將分別前往幾個大城，為了建立相互的信任，以及交換真正的資訊，這些代表將不前往他們自己居住的地方，而前往他處⋯⋯

史蒂芬斯果然在6月7日出發前往雪菲爾，但是「很快就被一個騎馬的男孩追上，於是他回到了諾丁漢：

　　他在自己的家裡看到奧利佛，他說約克郡發生了背叛情事，不過由於倫敦一切已準備就緒，事情可照原計畫進行，只要他們能堅守他們在諾丁漢和德比的承諾。於是大家開會，奧利佛也出席⋯⋯

這次集會之後，奧利佛立刻趕赴倫敦，他解釋說他必須「去向倫敦的起義者保證他們可以得到全國的竭誠合作」[117]。

---

117 史蒂芬斯在1818年5月16日於柯貝特《政治記事周刊》上的證詞。這份證詞與福利曼托（A. F. Fremantle）和懷德（R. J. White）二人的說法相反，後者認為奧利佛從來沒和布蘭雷斯有過任何接觸。也參看 *Nottingham Review*, 7 November 1817。

　　關於奧利佛 6 月 2 日到 6 日間在約克郡的活動，如今有很多部分已真相大白。他迅速地趕過一鎮又一鎮，以便參加 6 月 6 日在杜斯伯里附近的刺山里斯所舉行的一次代表會議。在這之前兩天，他曾私下會晤指揮北方軍隊的賓恩少將。結果會議當天，賓恩少將親自領軍包圍了刺山里斯的會場，並拘捕了與會代表[118]。奧利佛獲准「逃脫」，但是幾小時後，一位改革者看到他在一家韋克菲耳的旅館（在他坐上雪菲爾驛馬車離去前不久）與賓恩將軍的一名僕人談話。於是真相曝光。等到奧利佛於 7 日晚上抵達諾丁漢的時候，有關他是叛徒的謠言已在城裡傳開。在史蒂芬斯所謂的最後一場會議上，曾對這名間諜進行嚴厲盤詰，結果他幸運躲過一劫。（奧利佛報告說）有位身材高大的代表說：「他們諾丁漢的人不像蘭開郡人那麼喜歡無緣無故的被吊死，如果我不就此打住，他們不知道會對我怎麼想。」[119]

　　但是「傑瑞」‧布蘭雷斯並沒有出席這場最後會議。早在 6 月 5 日，諾丁漢市政府書記自己的線民就已經知會他：

　　　　我在傑瑞家裡看到他……我問他除了那位倫敦代表之外，他們還有跟其他任何人聯絡嗎——他說他們沒有，但有一些小伙子有……他告訴我他將要去潘垂吉長住，去指揮那裡的起義者，他還說他會把他們帶到這兒來……而且會沿途號召加入者……

---

[118] 這些拘捕行動並非西德茂斯或賓恩的意思，而是由一名熱心的治安法官強使的。See Hammonds, op. cit., p. 358.

[119] See H.O. 40.9 and *Leeds Mercury*, esp. 21 June 1817.

那天稍晚布蘭雷斯的妻子告訴這位線民，他已經走了：「她認爲在舉事前他不會回來。」[120] 這所有的事件，西德茂斯勳爵都一淸二楚。從 6 月 7 日起，政府、陸軍和治安法官全都做好了萬全準備，只等潘垂吉叛變爆發。6 月 7 日，諾丁漢的市政府書記和治安法官開了一整天的會，討論如何「防止和鎭壓本城及其附近地區一次預期中的民眾叛亂」。9 日，市政府書記寫道：「我的機要人員在潘垂吉附近警戒觀察，隨時注視著老培根威脅的那場運動的結果……我們上半夜一直坐在會場等待結果傳來。」[121]

「奧利佛往倫敦走去，一路上不斷把他的受害人推進他爲他們準備好的陷阱……奧利佛的老闆可以在一個鐘頭之內打斷奧利佛的所有準備，讓所有的陷阱化爲烏有……〔他們〕不但不想阻止這些行動，還想製造它們……」[122] 這是柯貝特的解釋，而且從現有證據看來，也很難提出其他說法。最近有人說奧利佛並不是臥底教唆者，就算他是，他的作爲也超過了西德茂斯的授權[123]，但是這項說法是不能成立的。我們也沒有理由認爲，利物浦勳爵的內閣對於流血一事會比較審愼或比較有罪惡感。利物浦勳爵在拒絕爲奈依(Marshal Ney)的死罪求情時就曾寫道：「唯有敢讓叛徒濺血，才能確保國王安坐其位。」[124] 卡斯爾雷在鎭壓愛爾蘭反叛時已學會整套本領。

---

[120] H.O. 40.6.

[121] D. Gray, *Nottingham Through 500 Years* (Nottingham, 1960), p. 169; S. Maccoby, op. cit., p. 352.

[122] Cobbett's *Political Register*, 16 May 1818.

[123] See A. F. Fremantle and R. J. White, *ubi supra*.

[124] See R. J. White, op. cit., p. 95; E. P. Thompson, "God and King and Law", *New Reasoner*, 3, 1957-8. 按：利物浦勳爵是當時的首相。

皇家大法官艾爾頓(Eldon)則為了維護死刑，而與羅米里和刑法改革者打過一場後衛戰[125]。當時，政府正準備以叛國罪審訊華笙醫師和他的同志，以及雪菲爾和格拉斯哥的改革者[126]。《安那其假面》(*The Masque of Anarchy*)所指控的「野蠻的不義」(ignorant injustice) [127] 不僅是雪萊本人的裁判，也是其大多數同胞的共同感受。政府要的是流血——不需要大屠殺，但要足以殺一儆百。

不久就傳出了潘垂吉起義的故事。「諾丁漢首領」布蘭雷斯善盡了他的職責。在 6 月 9 日的前兩、三天，他公開進行籌備工作，在潘垂吉的一家旅館招募人員並舉行會議。9 號夜晚，有兩百，或者最多三百人，從德比峰(Derby Peak)山腳各村落——潘垂吉、南文菲(South Wingfield)、瑞普來(Ripley)——會合在一起。他們是些織襪工、採石工、鐵匠(來自巴特利鐵工廠)和苦力，帶著幾枝槍，以及數量稍多的矛、鐮刀和短棒。他們當中有許多人——例如姓勒德蘭的、威特曼的和透納的——是親戚。他們在雨中出發，朝十四哩外的諾丁漢走去，沿途造訪農場和住家，要求供應武器和支援。在一處農場，發生這次起義的唯一流血事件，布蘭雷斯太過急切地想要進入一戶他認為應該擁有槍枝的人家，於是由窗戶向屋裡開了一槍，打死一名農場僕人。布氏以堅毅的決心帶領著這支越來越沮喪(也越

125 例如，1813 年時，他試圖保留中世紀時對叛國罪的懲處。See L. Radzinowicz, op. cit., I, pp. 519-20.

126 5 月底被捕的六名雪菲爾工人被控叛國，但是始終沒有舉行審判——這部分是受到約克郡民意的影響，包括許多鄉紳的意見，他們仍因奧利佛身分曝光一事處於氣頭上。2 月間，有幾名格拉斯哥的改革者被捕，但由於檢方一名主要證人所展現的勇氣，使得他們在 7 月無罪開釋。

127 R. J. White, op. cit., p. 70.

來越稀少)的隊伍。他反覆背誦一些契合當夜氛圍的詩歌:

> 每個人的身手都必須試,
> 他必須挺身勿辭;
> 他不應害怕那該死的兵,
> 他必須挺身爲麵包拚。
> 時機已經來臨你清楚知道:
> 必須反抗政府的時刻已經到。

他的一位副官向一名追隨者保證:

> 他相信全國起義的日期和時刻已經決定;他也相信在星期三
> 以前,將會有幾十萬人備好武裝⋯⋯全國各地都將派出義士⋯⋯

布蘭雷斯給了他們更多的許諾,以配合當時的士氣或他的聽眾:「在
他們抵達之前,政府就會放棄諾丁漢」,「他們將從諾丁漢前進倫敦,
一舉消滅國債」,「早晨一到,支援隊伍就會像雲彩般從約克郡湧來」,
而且:

> ⋯⋯根據他昨天收到的一封來自倫敦的信件,就算他們無法
> 及時拿到倫敦塔的鑰匙,鑰匙也會交給漢普敦俱樂部黨人。

對於一些勉強加入的應募者,他承諾了「烤牛肉和麥酒」、蘭姆酒,
甚至一趟春特河上的歡樂之旅。「臨時政府」將會成立,它將派人到
鄉下接濟舉事者的妻子兒女。他一直保證「北方的群眾」將會到來,

「來自北方的人們將……在他們之前掃平一切，凡是拒絕接受他們的人都將就地槍殺」。整整一個晚上，周圍村落備受「槍聲、號角、吶喊和其他各種喧聲的騷擾」。當這支縱隊在第二天抵達諾丁漢並發現沒有任何支援者在等待他們，這些工人變得越發沮喪並開始脫逃，而布蘭雷斯則變得越來越專橫，威脅要射殺脫隊者。最後，他們看到一小隊輕騎兵逼近他們。這起叛亂在恐慌中結束，工人丟下武器躲了起來，軍隊則在後面追趕，並在幾天之內將他們逮捕到案[128]。

在 6 月 8 日到 9 日的那個夜晚，不只潘垂吉一個村落揭竿而起。雖然約克郡的代表在刺山里斯被捕[129]，幾百名主要是來自荷姆佛思谷地的製衣工人，依然向哈得茲菲挺進。他們的首領告訴他們：「我的夥伴們，此刻全英國都已武裝起來——我們的自由權有保障了——富人將會變窮，而窮人將會致富。」兩名起義者的口供說明了為什麼約克郡人明明知道奧利佛的詭計，還有人試圖起事。根據其中一人的說法，有一名在地領袖讀了《里茲信使報》之後「大叫，一切都完了，所有的計畫全部洩漏了，他說我們若不立刻起事，就只好等著被吊死……」。根據另一人的說法，一位領袖表示：「我們必須去，夥伴們，因為躲避是沒有用的，今晚就必須成功」——「他

---

[128] W. B. Gurney, *Trials of Jeremiah Brandreth & c.* (1817), I, 87, 152, II, 398, 420, 443, 450. 叛徒曾行經一個名為伊斯特伍(Eastwood)的村落—— D. H. 勞倫斯筆下的「古老荒野的英格蘭」。

[129] 這些來自里茲、韋克菲耳、杜斯伯里、荷姆佛思、哈得茲菲、布拉福和史班谷地的代表，**可能**只是受到奧利佛引誘而前來參加集會的工人階級改革者。但是他們當中至少有一人，里茲的修絨工詹姆斯·曼恩，是一名在地的改革派領袖，他於日後成為里茲重要的改革派書商。比較可能的情況是，他們事實上是某種「代表」。See *Leeds Mercury*, 14 and 21 June 1817.

認爲我們願意爲自由而戰……」。這起事件在許多細節上都和潘垂吉事件不謀而合，但是在「福來館」(Folley Hall)起義的叛亂者卻比他們德比郡的同志幸運許多。他們和一小隊士兵對開了幾槍，但是沒有人喪命。當軍方帶著援兵回返時，起事者(可能是因爲發現哈得茲菲沒有革命黨負責指揮而氣餒)已遁入夜色之中，兩名領袖也躲了起來。那些不幸被捕的起事者，拜《里茲信使報》揭發奧利佛的身分並導致輿論大譁之賜，在 7 月的審判中，陪審團拒絕給他們定罪[130]。

我們這麼詳細地訴說奧利佛的故事，是因爲它是英國歷史上幾乎帶有幾分神話性質的偉大故事之一。奧利佛是激進派猶大的原型，而他的傳奇角色，在整個十九世紀的歷史上一直佔有一定的影響力。我們可以把他的影響分成立即的和長遠的。在搗毀機器運動那幾年，雇用線民幾乎是大型工業中心治安法官的慣常手段；而且自 1790 年代以後，政府還固定撥發一部分經費供這類特務工作之用。然而廣大的輿論卻認爲，這種做法完全違逆英國法律的精神。「防預性」警察行動的想法，單是用在刑事案件上就已經夠教人痛惡了，更何況是擴延到「國內」政治信仰的相關事務，這簡直是冒犯了生而自由的英國人的所有成見。《里茲信使報》揭露了奧利佛身爲臥底間諜的眞實身分，此事著實震驚了整個輿論界。今日的史學家在閱讀內政部文件中的奧利佛報告時，可能只會把他看成是一堆線民當中最勤勞和大膽的一個，而不會有什麼意外之感，但是在 1817 年，數以千計的小店主、鄉紳、反對國教派的牧師以及專業人士，卻是作夢

---

130 *Leeds Mercury*, 19 and 26 July 1817; D. F. E. Sykes, *History of Huddersfield* (1908), pp. 292-4; depositions of John Buckley and John Langley, in Fitzwilliam Papers, F.45 (k); T.S. 11.3336 and 4134 (2).

也想不到這種事情竟然會發生在英國。

因此,《里茲信使報》在起義後不到一個星期就加以披露的這項消息,對政府的聲望造成莫大的打擊。就在潘垂吉事件爆發的那個星期,華笙醫師因叛國罪就審。辯護律師把檢方的主要證人卡梭攻擊得體無完膚,而陪審團又在判決之前聽到奧利佛事件的最初真相。於是他們判定華笙醫師「無罪」。這只是一連串的法庭失敗中的一件,其他還包括:格拉斯哥與福來館「謀叛者」無罪開釋,以及被控以煽動毀謗罪名的伍勒與霍恩(12月)無罪開釋。雖然 1817 這整年有許多改革者在人身保護令中止期間繫獄,但是英國各地反對「歐陸間諜制度」的呼聲也甚囂塵上。由這場反奧利佛行動所引發的興情轉向,不但沒有孤立「肢體派」改革者,反倒為極端派和溫和派的團體帶來團結的契機。韋德在《蛇髮女怪》上寫道:「這是有史以來最卑鄙的手段。」十年後,普雷斯也寫道:「我恨自己找不到最貼切的字眼來形容這樣的卑鄙絕倫和無恥至極,以及他們那些同樣卑劣凶殘的作為」:

> 那些在 1817 年通過箝制言論法案(Gagging Acts)以及在 1819 年通過六法案(Six Acts)的,就是這樣的惡棍,如果他們是在一個秩序井然的社會裡這麼做,他們早就被吊死了……[131]

柯貝特(在美國)的反應無可避免的來得較遲,但是打從他發表於 1818 年的第一篇評論開始,他就立志不讓人們忘記布蘭雷斯或奧利佛的名字。政府不僅觸怒了改革者,也冒犯了那些珍視思想行動自

---

[131] Gorgon, 27 June 1818; Wallas, op. cit., p. 123. 按:六法案參見頁 983。

由的憲政主義者，他們認爲政府存在的根本目的，就是要保衛個人的權利。

　　這種深刻的情感異化，又因隨後的德比暴動者的審訊和處決而益形加深。雖然布蘭雷斯的結局無可挽回(因爲他曾殺了一個人)，然而他的徒眾大可只以暴動結案。然而政府決心要讓他們付出一定的血債。三十五個人被控以叛國罪。法庭小心翼翼地挑選最溫順的陪審團[132]。代表檢方的十名律師對抗指派給辯方的兩名律師。審判一直拖延到 10 月才在恐怖的氣氛中開庭。這些囚犯已過了好幾個星期只有麵包和水的牢獄生活，而且不許接見訪客。(德比萬聖教堂的牆上，用粉筆寫著「吊死所有的雅各賓」。)此外，審判本身的過程也非常奇怪。當時舉國都在談論奧利佛，大家都認爲辯方會設法證明他犯了教唆之罪，但是從頭到尾都沒有人提起這個間諜。檢方(把奧利佛**隱姓埋名**地藏匿在德比)舉出充分的證據證明被告的罪行。而布蘭雷斯一案的辯方則以「反訴律師」的身分宣稱，被告是受到——不是奧利佛——**柯貝特**和激進派新聞界「陰險狡詐的出版品」的煽動和欺騙：

> 我無法不指出……英國新聞界有史以來最凶殘和惡毒的一部
> 出版品……它的名稱是「致職工和勞工書」……

這些是「人類有史以來最有害的出版品」[133]。在布蘭雷斯定罪之後，辯方開始轉移重點，辯稱他的手下是惑於他們領袖的奇里斯馬特質

---

132 See Hammonds, op. cit., p. 366-8.

133 W. B. Gurney, *Trials*, I, pp. 198-200.

——丹曼（Denman）把這位諾丁漢領袖比附成拜倫筆下的**海盜**（Corsair）*6：

> 幾乎無人敢公然
> 直視他銳利的眼神；
> 他的譏誚中有冷笑的魔鬼，
> 激起盛怒和恐懼之情……

這樣的說辭不管在法院中如何提升了丹曼的聲譽，但是對德比陪審團裡的農夫而言，卻構不成充分的減刑抗辯。透納、勒德蘭和威特曼都被判處死刑，而其他囚犯，包括改革老將培根在內，則在了解他們可以保住一命的情況下提出認罪。至於奧利佛的部分，則始終「晦深莫測」[134]。

這場審判非常怪異，尤其是當時還有不少改革者寧可冒著被牽連的危險志願前往德比為奧利佛的奸行作證[135]。我們無法接受辯方之所以不提奧利佛，是因為奧利佛事實上和布蘭雷斯無關。首先，我們知道他和布蘭雷斯明明有關。其次，丹曼也很清楚這點。在開庭之前，他曾寫信給一位朋友，說他有理由相信奧利佛是「這整件事」的根源。1820 年當丹曼在下院為自己的行為辯護時，他表示：「根據他身為囚犯律師時所得到的消息，加上他日後的打探」，他「一

---

*6 按：《海盜》是拜倫 1814 年的作品，以東方的希臘為背景，主角康拉德是一位孤獨而神祕的人物。

134 威特曼被判緩刑，並和其他十三個人一起流放。

135 See Sherwin's *Political Register*, 15 November 1817.

點也不懷疑」這次叛亂是由奧利佛鼓動起來的。然而他當時認為，傳喚間諜做辯方證人是不智的，因為根據法律程序的規定，他不能交叉詢問自己的證人：「當無法進行交叉詢問時，他們會全力做出不利於囚犯的證詞。」還有一項更深一層（或許也更重要）的考慮：「讓奧利佛說出他和布蘭雷斯的對話，只會證明造反計畫比囚犯們所說的更精心籌擘。」事實上，我們如今知道，在囚犯們的答辯要旨上附註了這麼一條：想要證明此事為奧利佛煽動所致，「是不會被接受的，就算被接受了，也無法減輕這項犯罪的罪大惡極……」[136]

這是似乎是一種合理的解釋。但是我們很難相信當時竟找不到任何程序上的方法，可以暴露如此窮凶極惡的煽動行為。雖然證明奧利佛的教唆之實也許無法構成被告行為正當的根據，但是倫敦和約克郡的陪審團都曾以事實證明，這樣的嫌疑可以造成多麼強有力的效果。因此，其中應該另有隱情。官方急切想要以定罪結案。（西德茂斯勳爵在 10 月間臥病，但是「德比審判終結帶給他的療效，遠甚於所有醫師。」他們也願意採取所有不尋常的措施來防止奧利佛的名字被人提及。從財政大臣律師的文件摘要看來，顯然王座法庭刑事部最初想要以叛國和造反的罪名提審培根（他並未參與實際起事）。但是，儘管王座法庭刑事部（如同摘要所示）不必傳訊奧利佛作證也能將培根定罪，然而這位改革老將必然會以某種方式引發訴訟爭論，甚至可能會自行辯護。於是在最後一刻，王座法庭刑事部改變策略：「我們決定不提出任何涉及〔奧利佛〕姓名的起訴」。以布蘭雷斯為首要被告的這個案子，可以把罪名局限在明顯的反叛行為

---

136 J. Arnould, *Memoir of ... Lord Denman* (1873), I, p. 116; *Hansard* (new series) I, 267; R. J. White, op. cit., p. 173. See also *Nottingham Review*, 8 August 1817.

之上。

此外，由於這些囚犯在提審之前受到完全的孤立，可能並不知道奧利佛這號人物的全部故事。雖然他們的親戚把連床在內的所有家當都賣了，想籌錢為他們辯護，但一直要到秋天才有一名叫做衞斯特（West）的倫敦激進派金屬絲工人組成一個辯護委員會（並在最後一刻說服杭特前往德比），揭開了全國性支援活動的序幕。事實上，政府不無可能會向辯方施壓。政府甚至還想盡辦法不讓受害者在絞刑台上行使他們「發表遺言」的習慣權利，獄中牧師站在受刑人與群眾之間以隔開雙方。激進派報刊以略帶渲染的口氣表示辯方與檢方之間有某種默契，要把最糟糕的動機歸咎給「反訴律師」。布蘭雷斯的案子原本就完全無望。王座法庭刑事部是否曾經暗示：如果辯方不提奧利佛的作為，布氏的某些或全部同夥就可逃過死劫？或是檢方可能威脅說，如果要奧利佛出庭作證，他將會扯出更多的改革者[137]？

不過在進行這些推測的同時，我們很容易忘了那些囚犯。布蘭雷斯到底**是**誰？哈蒙德夫婦以他們特有的筆法將他形容成一名「半飢餓、不識字和失業的框架織襪工」、「隨時準備……推動任何建議，不論這樣的建議有多狂妄」。這是一種侮蔑的說法。我們知道布蘭雷斯並非不識之無。如果說他是半飢餓和失業，那麼數以百計的其他織襪工人也一樣，尤其是在他受雇的「德比郡稜紋」（Derbyshire Ribs）業這行。我們知道他在諾丁漢有一棟房子，而且在他被捕之後，

---

[137] T. S. 11.351; H. Hunt, *Memoirs*, III, pp. 499-502; *Black Dwarf*, 12 November 1817; Cobbett's *Political Register*, 25 April 1818; Hammonds, op. cit., p. 368; R. J. White, op. cit., p. 172; E. P. Thompson, op. cit., pp. 73-4.

他的妻子以貧民的身分被送到她的索頓(Sutton-in-Ashfield)居留地。當她從她丈夫那裡得知判決結果之後，她寫信給他：

> 如果(如輿論所說)你真是被那個該死的奧利佛拉進去的，原諒他，把他交給上帝和他自己的良知。上帝會給每一個人公平的報償。不過在我把他稱之為人的時候，我幾乎不認為他是(雖然他具有人的形體)。喔！如果我能挽回這一切並救你的命該有多好！

(即使連這封信都遭到獄卒扣留，不曾交給布蘭雷斯。)一貧如洗的安·布蘭雷斯，從索頓一路走到德比，去和她的丈夫訣別。他給她的最後一封信，文筆清楚、坦誠而穩定：

> 我不害怕通過陰暗的死亡抵達永生；所以我希望妳能像我一樣信守對上帝的承諾，信守妳的靈魂，因為我們可能會在天堂重逢……我的摯愛……這是我寄給你的一切——一只工作袋、兩球絨線、一球棉線、一方手帕、一雙舊長襪和一件襯衫，以及我由我親愛的姊妹那兒收到的一封信……[138]

我們必須根據這類細節和這次審訊，來恢復布蘭雷斯這個人的真實面目，而且這麼做還有一個有趣的理由。一直到他死前，他都不肯「吐露他是在哪裡出生，一生做了些什麼，以及他的家世有任

---

138 Hammonds, op. cit., p. 358; Arnould, op. cit., p. 116; Cobbett's *Political Register*, 25 April 1818.

何值得特別注意的地方」。謠傳他幹過很多不同的行業，而且是來自艾克斯特（Exeter）。在獄中，他宣稱自己是「浸信會的信徒」。丹曼告訴一位朋友：「許多人曾談到他的堅毅性格和無可轉圜的愛國情操。」對一名前往探監並希望他能招供的治安法官，他會迸出「一連串辱罵嘲弄的字眼」，但其他時候他又出奇的安靜和堅決[139]。

事實上，這些謀叛者不全是某些歷史學家所說的文盲鄉巴佬[140]。我們不可因為他們的一名追隨者認為「臨時政府」（provisional government）與「飲食」（provisions）有關，就認定他們全都是粗鄙之人。他們之中有一些曾當過兵，並在服役期間到過許多地方。在布蘭雷斯的夥伴中，透納是一名石匠，四十七歲，曾在埃及等地的民團服務[141]。威特曼是一名鋸木匠，「一個非常有禮貌的正派人」、「一個謹愼平和的工人」。勒德蘭「有一點小財產，是德比附近一座採石場的合夥老闆之一」，也是「方圓數哩之內一位相當知名的循道宗宣道師」[142]，在受監期間，他以閱讀白克斯特的《未改宗者的召喚》（*Call to the Unconverted*）自我安慰。被捕的約克郡代表主要是些技藝高超的工匠[143]，而因福來館叛變事件被控犯罪的二十四人當中，

---

139 *Leeds Mercury*, 8 and 15 November 1817; Arnould, op. cit., p. 115.

140 德比審訊所提審的三十五人當中，有十三人是框架織襪工，七名苦力，五名煤礦工，兩名採石工，兩名農夫，以及石匠、鑄模匠、鐵匠、工程師、鋸木匠和裁縫各一名（T.S. 11.351）。

141 *Independent Whig*, 23 October 1817.

142 *Leeds Mercury*, 30 October 1817. 這段話在隔週「應人要求」而撤回，不過勒德蘭可能曾屬於某個循道宗分離教派——新宗會或原始循道宗。也請參看格列高里的證詞，見上文，頁562。

143 兩名修絨工、三名衣商、一名鞋匠、一名木匠、一名織工、一名製刷工和一名酒店老闆。Ibid., 14 June 1817.

有九個是修絨工。

這表示我們可以從另一個角度來看待這些起事者。有一項流傳不絕的說法指出，布蘭雷斯曾是一名搗毀機器分子——甚至是一名搗毀機器者的「首領」[144]。「福來館」的起事者來自荷姆佛思谷地，這個地區一直與 1812 年搗毀機器分子的盟誓有關。至少有一名起事者拿了「一柄他說在搗毀機器那幾年用過的舊戟」。一位警察注意到，叛亂發起時小山上閃有信號燈隨後並有人發射信號槍，「這套手法似乎和搗毀機器時代一模一樣」。里茲修絨工詹姆斯·曼恩可能曾經是里茲搗毀機器運動的一名領袖，而另一名在刺山里斯被捕的代表（斯摩勒〔Smaller〕），據說「在 1812 年是一位聲名狼藉的武器偷兒」。一位里茲的治安法官報告說：「8 日或 9 日的起義，一直是這兩三個星期修絨作坊的共同話題。」[145]

因此，我們有理由認為某些涉案人士並不是無知易騙的老實人，而是有經驗的革命分子。在布蘭雷斯的長期緘默中，有一種很少為人了解的英雄氣概。他之所以對奧利佛的事三緘其口，或許是希望以自己的死來減輕夥伴們的罪責，同時不要把其他改革者牽連進來。有種說法表示：「據說布蘭雷斯宣稱他應該流血，因為他曾使人流血，但是他希望他是唯一的受害者。」但是與此同時，他卻「不後悔」他所犯下的謀殺罪。雖然他「隨時願意參加任何的宗教行動」，可是他「毫無悔意，也毫不害怕」。他在信中告訴妻子：「上帝賦予我無比

---

[144] See e.g. *Legislator*, 1 March 1818, and Lord G. Cavendish to Fitzwilliam, 25 August 1817, Fitzwilliam Papers, F.45(k). 。

[145] 伍德致費茲威廉書，1817 年 6 月 6-7 日和 9 日；巴克萊（John Buckley）的證詞；阿米塔吉上尉致費茲威廉書（Fitzwilliam Papers, F. 45 (i) and (k)）。關於曼恩，參見上文，頁 834。

的剛毅，讓我可以在審訊中鼓起勇氣。」[146]

我們可以把潘垂吉起義視爲有史以來最早的一次徹頭徹尾的、沒有任何中產階級支持的無產階級叛亂。最足以用來說明這場革命運動之特徵的，或許莫過於傳唱在貝爾波街頭的歌謠──「平等革命已登場……」[147]。

這次起義企圖彰顯了北方和密德蘭的工人在戰爭期間被置於如何極端的孤立狀態，它同時也是搗毀機器運動以及「民粹派」激進主義(1818-20，1830-32)的過渡時刻。即使沒有奧利佛的公然煽動，還是會有人嘗試發動某種叛亂，甚至還可能更爲成功[148]。事實上，照王座法庭刑事部看來，最主要的反叛煽動者既不是奧利佛也不是米契爾，而是曾經在諾丁漢、德比、約克郡、蘭開郡和伯明罕之間穿梭的培根[149]。

這種看法，就**現實政治**(realpolitik)而論，讓西德茂斯和政府的行動勉強找到合理的藉口。他們相信某種暴動是不可避免的，因此決定立下一個如此恐怖和嚴懲的先例，以便一舉消除「下等階級」的駭人叛亂。但這並不表示在 1817 年時工人階級的叛亂有任何成功的希望。這個故事的每一個細節，在在說明了革命組織的脆弱和缺

---

146 *Independent Whig*, 9 November 1817; *Nottingham Review*, 24 October 1817.

147 B. Gregory, *Autobiographical Recollections*, p. 129. 潘垂吉起義的參與者，自稱爲「更新者」(the Regenerators)。

148 參見與此事關聯甚深的白京(James Birkin)的證詞，白京表示，就算沒有奧利佛的干預，「諾丁漢、約克郡、蘭開郡和斯塔福郡的許多地方」無疑也會爆發叛亂(H.O. 42.172)。

149 *The King v. Thomas Bacon*, brief in T. S. 11.351; Lord G. Cavendish to Fitzwilliam, 25 August 1817, Fitzwilliam Papers, F.45 (k).

乏有經驗的領導。一位顯然也受雇擔任臥底教唆者的諾丁漢線民(市政府書記和西德茂斯都知道他)的證詞，描繪出許多工業村落改革者的處境。6月6日，他到阿諾德(一個重要的前搗毀機器中心)造訪查理・史密士(Charles Smith)，「然後開始和他談起這項工作，並問他有沒有召集到立即可以行動的人」：

> 他說如果有成功的可能，那麼全城都準備好了，但是他不認為有成功的機會——他說，除非他們有完善的組織和一名好領袖，否則什麼事也做不成。他還勸我小心不要陷入法網，因為這項嘗試的結果只會讓許多人被吊死……150

五、彼得盧

在接下來的幾個月，有上千個像查理・史密士這樣的人在為布蘭雷斯哀悼。除了凱希曼外，這是這場對抗中的第一次流血。此事的精神影響甚巨，因為自此之後，政府和改革者都把這項議題視為純粹的力量競賽。不過奧利佛事件的長期影響，反倒是加強了改革運動中的憲制派並削弱了革命派。一場**沒有**奧利佛的起義，原本會讓中產階級因為害怕而支持政府。然而一場**有**奧利佛的起義，卻使輝格黨和中產階級的改革者開始提高警覺。有長達三年的時間，最重要的政治爭論焦點都集中在捍衛公民自由以及新聞出版等權利，

---

150 H.O. 40.6. 一星期前，史密士曾告訴這位線民：「他讀過許多關於革命的作品，他知道如果沒有某些大人物的通力合作，任何革命都不可能成功，而他認為目前的情況正是沒有任何大人物的援助……」

而這些正是中產階級最敏感的課題。奧利佛事件給了 1817 年後的工人階級改革運動一個堅定但屬於憲制主義的觀點看法。「和平，如果我們可以」的想法，凌駕了「動武，如果我們必須」。伍勒、霍恩和福來館起事者的無罪開釋，以及費茲威廉和諾福克的寇克這些人（還有大半的新聞界）對「間諜制度」的抗議，在在強調了尚存權利與憲制主義傳統的重要性。潘垂吉起義的失敗，凸顯了謀叛的極端危險性。一直要到 1819 年的彼得盧震撼，才又讓這個運動部分走回革命路線；而 1820 年 2 月的加圖街密謀，再度加強了奧利佛與潘垂吉教訓的重要性。從 1817 年 2 月到憲章運動時代，工人階級的中心傳統是，盡可能利用每一種騷動和抗議手段，只差沒有積極準備叛亂。

此外，溫和派的改革者和輝格黨人也立刻利用奧利佛的教訓來為自己謀利。事實上，《里茲信使報》也從這次披露事件中導出一個課題，那就是工人階級必須依靠輝格黨和中產階級改革者的指導和保護。在該報針對德比審訊所發表的社論中，論者勸告改革者：

> ……規避任何想要向他們灌輸致命反叛思想的政治宣傳人員，把他當成敵人……從此以後，任何不談理性只談武力的人，都應該懷疑他是不是間諜、告密者或煽動者……[151]

在倫敦，柏戴特派的《獨立輝格》也得出同樣的教訓：德比審判的一位受害人，在 1817 年初就停止訂閱《獨立輝格》，並宣稱他有意訂閱《政治記事周刊》，因此這次起義遂被視為是受到柯貝特「有毒

---

[151] *Leeds Mercury*, 30 October 1817.

學說」的影響[152]。在柯貝特這廂,他認為他先前針對所有「俱樂部和通訊團體」的警告如今得到驗證,而杭特則在日後不止一次地對像華笙、克里瑞(Cleary)和西斯托伍德這樣的批評家大喊「奧利佛」,要他們閉嘴。在這之後的四十多年,奧利佛這個名字不停迴盪在「肢體派」改革者和憲章運動者的記憶之中,並讓他們在從事準備之際顯得異常猶豫,舉棋不定。

在某種意義上,彼得盧可說是直接而且必然會隨著潘垂吉出現。它是一種異常有力且堅決的「憲政主義派的」騷動產物,大致是屬於工人階級的性質,而且存在於一個潛在的革命脈絡之中。1819 年所展現的,並非英國舊體制的力量,而是其日益明顯的軟弱趨勢。1818 年的大半時間,改革運動由於四分五裂、備受威嚇,加上許多在地領袖紛紛被捕,因此沒有什麼有組織的行動。然而奇怪的是,官方竟然也一副無能為力的樣子。政府碰上了充滿敵意的倫敦,這裡的陪審團拒絕判伍勒和霍恩有罪,窗子上貼滿了嘲弄畫片和諷刺文章,而被官方視為煽動叛亂的出版品,則是毫無顧忌地四處散布。官員們被迫逐一釋放 1817 年因涉嫌被捕的改革者——伊文斯、恆生、奈特、班福、姜生、巴古雷、米契爾等等。這些被釋放者不肯就此罷休:他們在集會上發表演說,出席向他們致敬的餐會,並打算控告政府非法拘捕他們。蘭開郡和密德蘭舉行了大規模罷工,許多政府眼中的非法工會在大街上公然遊行。1790 年代的鎮壓活動不僅讓許多地主和雇主叫好,連中產階級和工人階級的輿論也足以教雅各賓分子閉嘴。反之,1817 年的鎮壓不但讓激進派改革者的力量大增,大半的中產階級輿論也不支持政府。1795 年時,皮特尚可以

將自己打扮成英國憲法的捍衛者，以對抗法國的新制度。然而到了1819年，利物浦勳爵、西德茂斯、艾爾頓和卡斯爾雷卻被視爲有意以專制的「歐陸式」統治來取代憲法權利之人。

1819年可說是1832年的排練。這兩個年頭都有發生革命的可能（1832年更是一觸即發），當時的政府都陷於孤立狀態，而統治階級之間又有著尖銳的歧見。1819年的改革者，似乎比先前任何時期**更**爲強大，**因爲**他們是以憲政主義者的角色挺身而出。他們要求許多權利，其中有些在法律上是很難否認的，但是政府從來都無意將它們延伸到「較低階級」。一旦他們取得這些權利，舊體制的結束就只是遲早的問題。無數的治安法官紛紛致函內政部，以極其類似的措詞表示，如果集會、工會或煽動小冊獲得允准，**那麼這條界線將來要停在哪裡？** 因爲沒有人認爲權力的結構只是建立在皮特的兵營之上。在鄉間或在法人組織的自治市鎮，權力的外殼是由順服和恐懼所組成。如果間或性的暴動或罷工避免不了，那麼在暴動領袖遭到處罰的同時，還必須以這兩項必要手段來威嚇反抗者。

這樣的世界在1817年正處於消逝當中。到了1819年，英格蘭的所有地區都已不見它的蹤影。「順服」這重防衛已受到反對國教派和循道宗（不論它本意爲何）的削弱，並受到搗毀機器運動和漢普敦俱樂部的挑戰。1817年5月，薛文將塞爾華的見解進一步引申爲製造業對工人的影響。「他的職業的本質，迫使他進入一個淨是同僚工人的社會。」在製造業地區，政治討論根本是無法避免的，而工人也有他們匯聚涓細的組織方法。他們的數量龐大，讓順服不復存在：

> 如果一位貴族在街上與一名織工不期而遇，而且後者決定**不脫帽致敬**，那位大人物也無法傷害他。於是，工人便對講究尊卑

形式的專制主義起了輕視之心，這種情形在所有的製造業市鎮都可看到。這種輕視進一步衍生爲……根深柢固的恨意，當我們聽到一個帶有貴族思想的人談論到這個國家的製造業和政治資訊欣欣向榮的那些部分時，就可看到這種恨意。[153]

改革者在 1819 年所要求的，是政治組織、新聞出版自由，以及公共集會自由等權利；除此之外，還有投票的權利。我們接著就依序討論。關於第一點，英國的工人階級在此之前已是歐洲最具「結社能力」的工人階級——在這之後的一百年間依然如此。英國工人在十九世紀早期組織會社的能力相當驚人。循道宗和反對國教派小禮拜堂的影響；互助會和工會逐漸累積的經驗；在政見發表會上觀察到的或由中產階級和自修成功的改革者傳遞給工人階級運動的國會憲政主義形式——凡此種種影響，都已擴散成對於組織性的規章主義 (organisational constitutionalism) 的形式和規矩的普遍熱中。好像只要有六個工人同坐在一個房間，就不能不指定一位主席，提出某些議事程序的問題，或是就先前的問題提出動議：

> ……有人提出一項動議，「除了小組長外没有人具有投票權」——一位先生站了起來並説——「主席先生！主席先生！！主席先生！！！我希望你能善盡維持秩序的責任。」——他一直重複這句話，我開始擔心他的肺是不是負荷得了，主席大叫：肅靜！肅靜！！他的聲音教我忍不住顫抖……他隨後提出——主席先生，我把**我們**這些聚在這兒的人，看成是被派到**這兒**來處理改

---

153 Sherwin's *Political Register*, 24 May 1817.

革事務的人，因此我們的進行方式應與國會處理我們事務的方
式一致，我拿我們聚在這兒的人和國會相比……這時有另外兩
或三個人站了起來，他於是坐回自己的位子上……他們當中有
一個說他只有幾句反對這位先生的話，這位先生把他們這個地
方比成下院，可是柯貝特說得好，下院根本是個「腐敗院」、是
個「賊窟」，如果這位先生認爲他們和那些下院議員是一樣的，
他最好以後再也不要來這兒……154

這份記載來自曼徹斯特。如果另一名線民的報告可信，那麼當加圖
街的密謀者在一間閣樓上計畫暗殺內閣成員的時候，也認爲有必要
指定他們當中的一人出任主席(以一枝長矛做爲該職位的象徵)，以
合乎程序的形式討論將卡斯爾雷斬首和火燒倫敦塔等問題，並針對
這項實質動議進行投票。

這種仿擬國會的做法只是新創立的組織傳統的可笑一面。在面
對剝削或壓迫時團結一致，幾乎已成爲織工和煤礦工這類工人的直
覺反應。他們逐漸了解到只有通過組織，他們才能將自己從暴民轉
化成政治運動。此外，雖然皮特所促成的那些反對**全國性**代表或各
種通訊協會的立法依然載於法令全書，但是當「箝制言論法案」在
1818 年宣告過時之後，籌組在地組織的權利已很難從法律上加以詰
難。從 1818 年最後幾個月到 1819 年最初幾個月，出現了好幾個地
方改革協會的模型，例如斯塔克港政治聯合會、胡耳政治抗議者
(Hull Political Protestants)，以及位於倫敦的英國論壇。與通訊協會
或漢普敦俱樂部相較，它們的特色是**公開**。它們最主要的功能，是

---

154 H.O. 42.198, reprinted in full in D. Read, op. cit., pp. 219-20.

做爲辯論和政治討論的中心(在新堡，它們稱爲「政治讀書會」)，以
及銷售激進派出版品的所在。這種性質使它們不容易受到間諜煽動。
間諜可以進來，但是他們還能做些什麼[155]？

在缺乏全國性組織的情況下，在地會社只能以激進派新聞出版
界馬首是瞻。這是因爲新聞出版界提供了這個運動不可或缺的存在
要素，而新聞出版的徹底自由，也是激進派最主要的要求之一。特
別是在 1816 到 1820 年間，民眾激進主義藉由手工印刷品和周刊發
展出自己的風格。此時宣傳方法正處於其最平等的階段。蒸汽印刷
尚未成功(1814 年始用於《泰晤士報》)，而平民激進團體與教會和國
王一樣容易接觸到手工印刷機。交通的遲緩，使得全國性(或倫敦)
的報刊不足以削弱外郡報刊的地位；但是它又快到足以讓每週出版
一次的《政治記事周刊》或《黑矮人》得以維持新聞評論的「即時
性」。由於印刷紙的生產方法相當廉價，不大需要資金或廣告收益的
挹注；而成功的激進派刊物，不僅爲編者，也爲區域性的代理商、
書商和沿街叫賣的小販提供了生計，使得激進運動第一次成爲一個
可以養活其全職騷動者的專業。在比較好的情況下，除了少數幾種
地位穩固的雜誌之外，柯貝特、卡萊爾、伍勒和韋德的出版物的銷
售量，可以和其他所有雜誌的總量相競爭，甚或遙遙領先[156]。

自柯貝特叛逃開始，《黑矮人》便繼任爲擁有最多激進派讀者的
刊物。它的編輯伍勒，是出生於約克郡的印刷業者，在蕭爾迪奇度

---

155 關於敎人印象深刻的斯塔克港模式的說法之一，參見下文，頁 1010；關於
「政治抗議者」，參見 Wearmouth, op. cit., pp. 88 ff., and Halévy, op. cit., pp.
59-60。

156 以上所有論點，見下文，頁 1011 以降。

過學徒生涯，並透過小型辯論會社(例如在哈克尼的「美人魚酒店」集會的蘇格拉底聯合會〔Socratic Union〕)和戰爭那幾年的期刊完成了他的政治學徒訓練[157]。1815 年，他創辦了《舞台》(*The Stage*)，那種混合了拙劣諷刺與自由派修辭的調調，也決定了《黑矮人》的風格。他得到卡賴特少校的精神支持(或許還有津貼)，而他本人又是一名異常流利的演說家和作家——有時，他甚至會直接在印刷機上作文章。他是激進派組織的一貫倡導者，主張採取公開和憲政主義的模式：

> 那些譴責俱樂部的人，若不是不了解它的可能功能，就是不希望它完成這些功能……讓我們等著瞧，並仿效貴格派教友的耐心毅力。他們**不用武器**、不用**暴力**、也不用**威脅**，就完成了征服大業。他們以團結實踐了征服。

在他看來，「政治抗議者」(該組織的第一個俱樂部在 1818 年 7 月成立於胡耳)示範了一種方便的組織形式，該組織設有班級(每個班級不超過二十個人)、每週一便士的捐獻，並以出售和討論激進派出版品做為主要功能。「大型集會沒它這麼適合討論。」根據規定，該組織不接受任何「祕密的辦事方法」，而提議這類方法的會員可處以責難或開除。「我們的書籍和賬目……隨時公開，並供治安法官視察。」在這些措施之下，(他宣稱)「間諜根本無用武之地」，而且——以他那典型的誇張風格——「西德茂斯和卡斯爾雷的密探，將會像

---

157 See entry in *D. N. B.*

在夏娃耳邊被天使伊蘇瑞爾(Ithuriel)＊7 的碰觸嚇到而露出不豫之色的魔鬼一樣，一點也不會造成傷害。」[158]

伍勒有許多競爭對手。在倫敦，亨利・懷特的《獨立輝格》是一份內容紮實的周刊，其報導內容相當值得稱讚，但是(由於其輝格黨或柏戴特派的政治立場)對於激進派組織不感興趣。約翰・韓特的《檢查者》是一份才華橫溢的周刊，以激進派政治分子爲對象，黑茲利特是它的定期撰稿者。塞爾華重出江湖，擔任《鬥士》的編輯。這些刊物都相當疏離平民運動——約翰與雷・韓特兄弟，很不喜歡別人把他們和姓名相似的亨利・杭特搞錯，他們不喜歡他的「粗鄙」。(在第一次礦泉場集會結束後，他們就在《檢查者》的社論上與這位演說家斷絕關係——「他從沒說過一句值得聽的話」——他們的鄙視顯得既造作又愚鈍[159]。)在許多小冊般大小的期刊中，最具影響力的是薛文的《政治記事》和《蛇髮女怪》。薛文由於坦承自己是潘恩信徒，而被革除了南維爾感化院(Southwell Bridewell)的管理職務。雖然他還不滿十八歲，可是他的《政治記事》可能是(僅次於《蛇髮女怪》)最敎人信服和寫得最好的期刊。此外，由於薛文和卡萊爾的關係，他在激進派的理論史上有其一席之地。卡萊爾先是接下了《政治記事》的發行權，後來又攬下了該刊的社論，最後更把它改造成著名的《共和分子》[160]。售價一便士的《蛇髮女怪》發行量較小，只限於倫敦和曼徹斯特。《蛇髮女怪》的編輯是曾經做過羊毛分類職

＊7 按：伊蘇瑞爾是彌爾頓《失樂園》中揭開撒旦眞面目的天使。

158 *Black Dwarf*, 9 September 1818.

159 *Examiner*, 24 November 1816.

160 薛文的《政治記事》在最初的幾個星期曾用過這個名稱。關於薛文，參見
　　Wickwar, op. cit., pp. 69 ff. 關於卡萊爾，見下文，頁 1073-81。

工的韋德，就學識而論，它堪稱最爲嚴峻和最富聲譽的代表。韋德同時也是極端了不起的《黑皮書》(*Black Book*)的作者，他在書中以經過充分研究的詳盡證據，指出國會的腐化、冗員閒差、英國國教會的兼職和不在地情形，以及英格蘭銀行和東印度公司的裙帶主義和奢侈無度。這套書以每兩週發行一部的方式出版，每一部的售價都是六便士，而且銷售量都超過一萬冊。《蛇髮女怪》的主要影響力，在於它對工人階級運動理論的形塑，扮演功利主義者與激進工會分子的接合點。韋德表示：「我們希望我們所屬的極端改革派和成年男子普選權派，能與溫和改革者建立進一步的接觸。」[161] 在伍勒和柯貝特的另一側，則有十幾種屬於肢體派的短命期刊，其中壽命最長的是《梅杜莎：或一分錢政治家》(*Medusa: or Penny Politican*)。這份期刊的編輯是史密斯菲的書商戴維森，其社論包括了諸如「爆破當前制度」之類的主題，它同時還警告它的批評者：

> 如果需要簡易裁判，那麼到處都是樹、街燈柱和韁繩，可以對任何無情的頑固惡徒，或任何或大或小的搶劫財物者，執行懲一儆百之效。[162]

這些都是將激進主義從倫敦輻射到外郡的期刊，他們的編輯、發行人、書商、甚至張貼廣告者，在 1817 到 1822 年間，都是站在爭取新聞出版自由權的最前線[163]。這些激進派的主要工作之一，便

---

161 *Gorgon*, 25 July 1818. 也請參見下文，頁 1083 和 Wickwae, op. cit., pp. 60-1, 67。

162 *Medusa*, 1 and 29 May 1819. See also Wickwar, op. cit., pp. 63-4.

163 參見下文，頁 1023-31。

是增加其銷售量。但是，隨著這個運動的逐漸成長，外郡中心也開始發展出它們自己的新聞業。其中最教人印象深刻的是《曼徹斯特觀察者報》(Manchester Observer，以下簡稱《觀察者報》)，這是一份報紙而非期刊，1819 年底，它的銷售量已接近《黑矮人》，而且它對這個運動的「新聞」感遠超過其他競爭對手。《觀察者報》當然是與曼徹斯特的政治活動密切相關，而其他各中心的地方性政治活動，也激起了各個地區對於報章雜誌的需求。1819 年 4 月，艾德蒙茲(George Edmonds)在伯明罕打了一場激烈的激進派選戰，並獲勝進入了伯明罕濟貧委員局。他在競選期間發表了一系列的《致伯明罕教區居民書簡》(Letters to the Parishioners of Birmingham)[164]，而這些書簡又在日後促成了《艾德蒙茲每週記事》(Edmond's Weekly Register)的發行。在諾威治，曾於 1802 年選出威廉・史密思(William Smith)出任國會議員的舊日雅各賓—輝格黨聯盟，此時仍握有一些實力，1818 的大選爲該城催生出《藍白矮人》(Blue and White Dwarf)。科芬垂和達德雷(Dudley)出現了一些小報，其他地方無疑也有。

「清道夫和挑夫閱讀政治活動並加以討論；而勞工、職工和雇主則是**衆口一聲地談論不滿和違抗**。」[165] 我們不須費事去詳細描述治安法官或內閣大臣對於這種現象的驚嚇程度。在觀察家眼中，新聞出版的效應是：

---

164 G. Edmonds, *Letters to Parishioners of Birmingham* (1819). 也參看反艾德蒙茲的小册(British Museum, 8135 cc. 6)以及《伯明罕視察者》(*Birmingham Inspector*, 1817)。

165 See R. K. Webb, *The British Working Class Reader*, p. 47 et. seq.

在不同的社會階段之間劃了一道分界線，並在勞動階級心中，深植下憎惡和凶猛的報復精神。[166]

1819 年底，在由霍恩和克魯克香克掀起的諷刺圖文熱潮中（《傑克蓋的政治屋》〔The Political House that Jack Built〕[*8]，據說銷售了十萬本），皇家大法官艾爾頓憤怒地表示：

> 當他還在職期間〔他曾在 1794 年擔任檢察總長〕，他從來沒有聽說會有貨車裝滿煽動性文件，以便在每個村落中發放，在公路上散布，並傳入工人小屋這種事情⋯⋯當時⋯⋯王國境內幾乎沒有任何村落的任何小店，會什麼別的都不賣，只賣那些褻瀆與煽動刊物。[167]

「博爾頓的福來契」寫道：「國內幾乎沒有任何一條街或任何一個驛站沒有張貼某種煽動文字。」除了迫害之外，官方還津貼多份效忠政府的報刊，企圖「寫倒柯貝特」：例如梅勒（Merle）的《白矮人》（White Dwarf）、《夏德格對柯貝特、伍勒、薛文和其他民主及不信基督之作者的每週評論》（Shadgett's Weekly Review of Cobbett, Woller, Sherwin, and Other Democratical and Infidel Writers）、曼徹斯特的《愛國者》，以及伯明罕的一些粗野無禮的小冊作者。（改革者彼此之間的爭執不

---

166 A. B. Richmond, *Narrative*, p. 54.

*8 該書包括由霍恩所寫的二十四首政治諷刺童謠，以及十二幅克魯克香克的諷刺漫畫，書名的靈感是來自霍恩四歲大的女兒閱讀的《傑克蓋的小屋》（House of Jack Built）。

167 See Wickwar, op. cit., pp. 135 et seq.

休，爲這些報章雜誌提供了不錯的銷路。)

　　我們可以舉一個這類出版品的例子，來說明官方在 1819 年底是如何的驚惶失措。這份出版品是僞造的《改革者指南》(*Reformer's Guide*) (以模仿眞品爲目的)，出版於里茲，沾沾自喜的作者還特地送了一本給西德茂斯勳爵，希望得到這位大臣的垂靑：

> 　　激進改革意味著完全革命。它想要改換政府，把它建立在共和原則的基礎上，而其目標則是重新規範人類的權利。這是它的眞正本質，而它的特色是掠奪、謀殺和殘屠。

改革者主張「平等化的原則」，「如果我們對別人的財產擁有同等權利……這同樣的論調……也將用來替那些冒犯他人妻女的惡人辯解開脫。」

> 　　是誰因爲你們的愚蠢而自肥？看看那些販賣政治書刊的人……他們剛開始就像某些有毒的爬蟲，被人在暗巷和洞穴裡發現，他們藏身在那兒不敢出來……

然而如今，他們卻從人們容易受騙的性格中獲利：

> 　　祈求上帝，請祂憐憫你。你不可能眞的這麼做，做一個愛搞黨派活動的不滿分子。你應當感謝你有幸身爲英國人……讀你的聖經……把你的妻女關在家中……[168]

---

168 *Reformer's Guide or The Rights of man Considered* (Leeds, 1819).

　　1819年時，憲政派改革者所要求的第三種權利，是公開集會和露天示威的權利。倫敦通訊協會的最後一次示威與礦泉場集會整整隔了二十年。在這二十年，除了選舉期間或在地的輝格黨官員召集由鄉紳主持的郡集會之外，民眾的政治集會大體是中止的。在外郡，如果工人出席由他們自己階級所主辦的集會，照效忠政府的鄉紳看來，簡直就和暴動犯上無異。1817年早期，一位伯明罕的神職治安法官企圖阻止一場井然有序的改革集會，他當時所用的措辭是「暴亂和可恥的行動——受人誤導之百姓的喧鬧和暴力——無法無天的行動——少數幾名狡猾個人的圖謀不軌……邪惡的詭計」[169]。當第一場露天的改革集會在波特利斯地區舉行時（1817年1月，在柏斯蘭），斯塔福郡的皇家軍事首長陶保伯爵（Earl Talbot）和一群治安法官，認為他們有必要親自出席，並讓軍隊留在看不到的不遠處待命[170]。

　　新形態的憲政主義改革示威的最初成熟地點是蘭開郡。早在1816年10月就有紀錄顯示，布拉克本舉行了一次井然有序的露天示威。1817年1月，一支遊行隊伍揭開了奧爾丹某次集會的序幕，隊伍中有一支樂隊，由一名貴格派的藥劑師做為象徵性的前導[171]。礦泉場事件以及後來的潘垂吉經驗，更增強了憲政主義者的決心，立志要洗刷把他們形容成雜亂無章和襤褸賤民的指控。班福有關彼得盧準備工作的記載相當有名：

---

[169] G. Edmonds, *Letter to the Inhabitants of Birmingham* (1817), p. 15.

[170] H.O. 40.4. 不過，陶保伯爵對於這三千名群眾的井然有序留下良好印象，他向西德茂斯勳爵建議，應該壓制漢普敦俱樂部（而非集會權利）。

[171] H.O. 40.4.

> 他們認爲這次集會要盡可能達成其精神上的效果，而且應該
> 展示出英國前所未有的壯觀盛容。報章雜誌往往把我們當成嘲
> 弄的對象，說我們的外表破爛骯髒……說我們的行動混亂無序，
> 說我們是一群暴民式的烏合之眾……

「『整潔』、『莊重』、『秩序』，是委員會最先發布的訓示，後來在杭
特先生的建議下，又加上了『和平』。」這是在 1819 年 8 月 16 日之
前，夜晚與清晨操演的主要目的。這同時也是許多代表團朝曼徹斯
特前進時所展現的紀律與盛觀——每一百個人由一名領隊前導(他
的帽子上插了一小段月桂樹枝以爲識別)，有樂隊和繡花大旗(由婦
女聯合會在儀式中授旗)，隊伍最前方是「由我們最漂亮女孩」組成
的分隊伍[172]。

班福過分誇大了這種紀律和展示的前所未有。因爲激進派所採
用的這些形式，其實都各有源頭。原始循道宗的露天集會提供了某
些貢獻，不過他們的影響力在北方憲章主義者的露天集會中看得較
爲清楚。有些紀律是來自投身爲激進派操練教官的陸軍退役軍人。
而激進派政治傳統，以及工會和互助會，更是改革者最主要的師法
對象。打從韋爾克斯的時代開始，倫敦人民就對盛大的政治儀式多
所迷戀。即使是普雷斯那個以冷靜著稱的西敏委員會，花在 1807 年
勝利慶典的錢，也超過競選活動的所有支出[173]。每一個重要場所都
由一個特別委員會負責策劃，安排行列的行進次序、行經路線、適
合展示的象徵和口號，以及樂隊和旗幟的配置等等。杭特在 1819 年

---

172 Bamford, 1893 edn. Ch. XXIV, XXV.

173 參見上文，頁 664。

9 月 15 日（介於彼得盧和他受審之間）凱旋進入倫敦，單是當天活動的相關指示，就佔了附屬細則的整整一欄：「幾百名隨從舉著橡木、白楊等樹木的大枝幹」，「一名隨從舉著代表團結的象徵物——一束插在一根長柄叉上的柴枝……」，「各委員會舉著白色的權杖，一律戴著飾有紅緞帶和月桂葉的帽子」，「一面繡有金字和愛爾蘭豎琴的絲質綠色旗」，樂隊，騎士，「一面以孝麻鑲邊的白旗」，以黑字題上彼得盧事件的受難者姓名,「一面舊紅旗，上面寫著『普遍選舉權』」，一輛載著華笙、西斯托伍德、普瑞斯頓先生和杭特先生其他朋友的馬車，更多的樂隊、更多的旗幟、更多的騎士，杭特先生……等等。甚至連一隻狗兒也戴了一只徽章，項圈上還寫著「不要狗稅」的字樣。「如果要爲您描述一點當天的細節，得花去我整整一天的工夫和二十四、五張信紙，」濟慈寫信給他的兄弟喬治說：「從伊斯林頓的『天使』酒吧到『王冠與錨』，全都擠滿了民眾。」[174]

在北方，這個傳統顯然沒這麼強大，那裡沒有柏戴特和國會選舉。在北方，比較有影響力的是互助會和工會。我們先前已提過普雷斯頓的行會和精梳工的中古儀式，合法的互助會大體上便是借用這類儀式[175]。有越來越多的證據顯示，在戰後那幾年，「非法」工會正在公開展示它們的力量。1819 年，杜斯伯里的礦工在樂隊和飄揚旗幟的伴隨下，遊行過這個市鎮；同一年，框架織襪工也在諾丁漢舉行了一場秩序井然的示威。在 1818 年的曼徹斯特大罷工期間，紡紗工「在星期二行經皮卡第，一共花了二十三分鐘半，」線民班特報

---

174 *Cap of Liberty*, 15 September 1819; *Independent Whig*, 19 September 1819; John Keats, *Works* (Glasgow, 1911), V, p. 108.

175 見上文，頁 606-9。

告說，「人們選出一個艾奇(Eich)作坊的工人，由他負責指揮，將他們分排列伍……他們嚴格地服從他的指揮，就好像士兵服從他們的上校一般，而且噤聲不語，彷彿他們身在兵團。」[176]

賓恩將軍對這種情形的評論是:「上千名失業工人的這種平和舉止，實在太不自然。」這句話值得我們深思。以前總是把改革者輕蔑爲暴徒的鄉紳，一旦發現改革者並**非**暴徒，不但大受震驚，甚至爲此恐慌不已。

> ……那個他們在先前大聲呼籲的**秩序**，
>
> 後來卻以一萬倍的力道屈辱他們，
>
> 當他們發現這些工人，穿著他們「激進派的破衣服」，
>
> 和平地向前推進，揮舞著他們的旗幟。[177]

這段來自新堡的評語，給了曼徹斯特事件更有力的說明。高等法院主席諾里斯(Norris)在彼得盧事件後提審杭特，當時他曾表示(或許是爲了自我辯解):

> 一個以這樣的標幟，這樣的舉止，這樣的**黑旗**、這樣的**血淋淋的短劍**，以及寫有「沒有平等代表權就死亡」的標語的集會……他們帶著威脅的態度，走在死亡的旗幟之下，這就表示他們志在推翻政府。[178]

---

176 杜斯伯里，參見 Aspinall, op. cit., p. 341; 諾丁漢，參見 ibid., p. 320; 曼徹斯特，參見 *The Skilled Labourer*, p. 100。

177 "Bob in Gotham", *Radical Monday* (Newcastle, 1821), p. 4.

178 An Observer, *Peterloo Massacre* (Manchester, 1819), p. 46.

班福承認，里斯和薩多渥斯聯合會的那面漆黑旗幟——寫有白色「愛」字、兩手互握還有一顆心——確實是「人們所能設計出的最陰森物件之一」。然而引起這般震撼的原因，主要不是旗幟，而是聚集在聖彼得場上的九到十萬人所表現出來的紀律。集會前幾個星期的操演，有些正是由參加過滑鐵盧會戰的老兵負責指揮——而且工人偶爾會在肩上荷著如同毛瑟槍一般的竿子，或是以拍手假裝射擊——這些情形使得檢方證人所說的「軍事陣勢」，聽起來頗有那麼一回事。（杭特本人曾經反對這種「扮演士兵」的做法。）然而，在這種意外反應之下還潛藏著我們必須了解的那種深刻恐懼，因為官方發現，昔日的暴徒已蛻變成一個有紀律的**階級**。

甚至連中產階級改革者，也以憂懼的態度注視著這種發展：「經常不斷的連續集會」所導致的「緊張喧擾和時間浪費」，「粗暴的決議」和「狂妄的高談闊論」，凡此種種都造成了「無窮的災禍——使得溫和人士完全不希望他們成功」[179]。對效忠政府的官員來說，這項挑戰的結果似乎不是秩序獲得確保，就是精神乃至物質權威的全面淪喪。一位約克郡的忠誠人士寫道：「先生，不論有沒有武裝，

> 我都認為在曼徹斯特所舉行的這種集會，根本是標準的人民叛亂；我深信，如果讓這些人民暴動繼續下去，它們終會釀成公開叛變……[180]

每一次的連續示威都會為改革者的士氣帶來立即效果。隨著順

---

179 *Manchester Gazette*, cited in D. Read, op. cit., p. 71.

180 A Yorkshire Freeholder, *A Letter to S. W. Nicholl, Esq.* (1819), p. 8.

服之堤的每一次潰裂，違抗之浪也跟著漫淹席捲。在人數、壯容和修辭的保證下，每一位織工或鞋匠都像打了強心劑般士氣高昂。如果民眾的公開組織以這樣的規模繼續下去，情勢終將變得無法掌控。彼得盧之前的幾個星期可以看到許多小型集會，幾個區域中心甚至有(週復一週)更可觀的示威活動：6 月在曼徹斯特和斯塔克港，7 月在伯明罕、里茲和倫敦[181]。這種公開的憲政主義策略，證明了它比陰謀叛亂策略更具革命性。在沒有藉助任何祕密「通訊」或代表制度的情況下，伍勒和杭特就已經做到足以發起一次全國性運動的地步。渥斯來爵士(Sir Charles Wolseley)於 7 月在伯明罕當選為「立法代理人」，以代表那些沒有代議士的人。這件事點出了一個甚至更危險的發展：一個由激進黨選舉產生的國民公會，正準備向國會挑戰。面對這種日益膨脹的權力，「老腐敗」對改革者只剩下鎮壓或讓步這兩條路可走。但是，在 1819 年，讓步意味的是對一個大體上屬於工人階級的改革運動讓步，因為此時的中產階級改革者還沒像 1832 年時那麼堅強，不足以提出比較溫和的發展路線。這便是為什麼會發生彼得盧屠殺的原因。

我們必須再次強調這點，因為最近有人說彼得盧事件有部分是預謀，有部分起於曼徹斯特本身關係的惡化，但絕不是政府精心設計的鎮壓政策。瑞德先生(Mr. Donald Read)在他的《彼得盧》研究中，花了許多功夫將這起事件局限於它的在地背景，他的看法是：

> 就內政部收藏的證據看來，利物浦勳爵的內閣從來都不曾希望或促成彼得盧事件的爆發，好拿它做為壓制低層階級的血腥

---

[181] See Halévy, op. cit., pp. 62-3.

鎮壓示範。如果曼徹斯特的治安法官當年能遵守內政部的政策精神，就不會有「屠殺」事件的發生。

我們或許永遠無法確知利物浦勳爵和西德茂斯是否曾決定要以武力逐散這次的集會團體[182]。但是，想要從曼徹斯特的在地政治去理解彼得盧的重要性，並不會比從滑鐵盧的戰場和戰鬥序列去理解該場會戰的戰略重要性更容易。如果說政府不是預先等著彼得盧的消息，官員們就不會在事後這麼迫不及待的想要讓自己成為幫兇。在事件發生後不到兩個星期，治安法官和軍隊就已收到西德茂斯的恭賀和攝政王的感謝，讚揚「他們爲了保護公共和平所採取的迅速、果決和有效的措施」。內閣斷然拒絕國會的調查要求。皇家檢察總長和副總長對於治安法官的行動「十分滿意」。皇家大法官（艾爾頓）「顯然」認爲這次集會是「公然的叛逆行爲」。他預先看到「必須在軍政府和

---

[182] Loc. cit., p. 207. 瑞德先生十分注重西德茂斯的一封信件（頁120），那是他在彼得盧發生前十二天寫給曼徹斯特治安法官的，勸告他們「不要試圖驅散暴民」。然而，就算西德茂斯和治安法官有達成任何「彼得盧決定」，那麼這項決定也應該是在集會前一個星期私下做成的。他們極不可能會在內政部文件中留下任何紀錄，以備後人檢核。霍布豪斯和賓恩以及諾里斯之間的「私下和祕密」通訊（H.O. 79.3），含糊得別有蹊蹺。確實有幾封信件（看起來像是爲「紀錄」而寫）反對對民眾採取「草率」或武力的行動（folios 479, 480, 483），但是其中瀰漫著一股前所未有的預期語氣，給諾里斯（曼徹斯特法院主席）的通訊地址是一個私人地址（folio 489），而在彼得盧之後兩天，霍布豪斯曾記錄了西德茂斯的反應，說他對勒斯特洪吉上校（Colonel L'Éstrange）的判斷感到滿意，亦即「他決定讓義勇騎兵做前鋒，與我知道你有意採用的計畫一致」（folio 510）。我的看法是：(1)曼徹斯特官方確實有意運用武力；(2)西德茂斯知道並同意他們打算在集會中拘捕杭特和驅散群眾的意圖，但他可能沒有料想到這種暴力行爲的後果。

無政府狀態之間做出痛苦的選擇」。政府的起訴對象不是犯罪者,而是當天的受害者——杭特、薩克斯登、班福等人。政府最初是打算指控他們叛國,後來因爲情勢所逼才不得不放棄。如果說是曼徹斯特的治安法官肇始了這項鎮壓政策,那麼他們至少是獲得了政府的全力支持。到了 1819 年底,杭特、卡賴特、柏戴特、卡萊爾、渥斯來爵士、《曼徹斯特觀察者報》的羅艾,以及伯明罕的艾德蒙茲全被打入大牢,而且他們還只是遭到囚禁和等候起訴者當中的少數人而已。在彼得盧審判中表現突出的治安法官海依敎士(Hay),得到了薪俸兩千鎊的羅奇德爾牧師一職做爲報償。費茲威廉因爲對屠殺表示抗議,被革除皇家軍事首長之職。「六法案」認可了 8 月 16 日開始實施的那些迫害。如果彼得盧的決定不是政府的預謀,那麼它可能就是政府一直在等待的信號[183]。

利物浦勳爵表示,曼徹斯特治安法官的行動雖然不完全「謹愼」,卻「大體上是正確的」。「除了支持之外別無選擇。」在某種情況下,這種衝突是不可避免的。但是造成它不夠「謹愼」的原因,卻是它罕見的凶殘,關於這一點,我們必須從曼徹斯特的背景中尋找答案。在曼徹斯特的效忠政府人士和工人階級改革者之間,存在著異常強烈的敵對情感。這部分是由於工人階級改革運動臻於成熟的結果,部分則是導因於其他的十幾種因素——許多商業和製造業大家族對政府的效忠情感、他們對工會的敵意、搗毀機器運動和 1817 年的傳奇、那丁的影響、托利黨國敎派敎徒的影響等等。「這些曼徹斯特小

---

183 See also C. D. Yonge, *Life of Lord Liverpool* (1868), II, pp. 378, 409, 419-22, 432; H. Twiss, *Life of Lord Eldon*, II, pp. 337-40; Wickwar, op. cit., pp. 129-31 et passim; Pellew, *Life of Lord Sidmouth*, pp. 283 ff.

地主和治安法官，是一群比你想像中殘暴許多的傢伙，」普雷斯寫信給霍布豪斯說：

> 我就聽過有一個這樣的傢伙發誓說：「他媽的，一個禮拜給他們七先令已經夠多了。」當他去查看他的織工做了多少活時，帶著一隻肥狗……他說不知從前哪個時候，「這些婊子的兒子就吃光了曼徹斯特方圓十哩的有針蕁麻，害他們現在的肉湯裡都沒青菜可放」。對於我的義憤填膺，他說：「他媽的，你關心他們幹嘛？如果我關心他們的死活，我怎麼能用這麼便宜的價錢賣東西給你？」

「他們虐待和作賤老百姓，而最後的結果，就會像在公地上砍伐和踐踏金雀花灌木的結果一樣。」[184]《曼徹斯特觀察者報》的一位撰文者，在彼得盧事件的前一週寫了一篇「致曼徹斯特官員大人」的文章：「我向丹敦、馬拉〔Marat〕和羅伯斯比的血腥同夥挑戰，看他們能不能給我們一群更專橫、更暴虐的官僚。」[185] 彼得盧過後一個月，一名神職治安法官以他在法庭上的特權身分向被告表示：

> 我認爲你是一個腳底生瘡、頭頂流膿的改革者。你們這些改革者有的應該被吊死，有的是一定會被吊死——繩圈已經套在你們的脖子上了……[186]

---

184 Wallas, op. cit., p. 141.

185 *Manchester Observer*, 7 August 1819.

186 *The Times*, 27 September 1819.

近來的記載不知何故遺漏了彼得盧事件的兩項重點。第一點是當天實際發生的血腥暴行。那是一場貨眞價實的**大屠殺**。我們不需要逐小時逐小時地重播當天的經過[187]。然而，不論那些進行操練的織工心裡怎麼想，杭特已經在事情發生的前一個禮拜，運用他的影響力成功地確保他們會服從他的請求：「安靜和秩序」，以及「**穩定、堅決和有節制的舉止**」。各代表團的領袖事先已警告他們的隊員不得在意任何人的挑撥。他們把許多棍棒——或「手杖」——都留在後面。從出席婦孺的人數之多，就足以證明這是一場和平的集會，一場(改革者們知道)舉國注目的集會。沒想到這樣的群眾還是遭到恐懼驚悍的惡毒攻擊。

但是這種恐懼驚悍並不是(如有些人所以爲的)來自遭受群眾包圍的惡劣騎兵。它是階級仇恨的驚悍。比正規軍(輕騎兵)造成更大傷害的是**義勇騎兵**——騎在馬上的曼徹斯特製造業者、商人、酒吧老闆和小店主。在這些義勇騎兵當中(一位中產階級改革者作證說)，「有些人……的政治積怨已瀕於絕對瘋狂的程度」[188]。這些人就是那些緊跟在旗幟後頭，知道演說者的姓名，並想趁機一報宿仇的人；

---

187 參見班福、普林提斯和泰勒等人的記載；當時人的報導，例如提亞斯(Tyas)的《泰晤士報》、貝恩斯的《里茲信使報》、卡萊爾的《政治記事》；杭特和奧爾丹的約翰・李斯的審訊目擊者和參與者的證詞，以及反對伯雷上校(Colonel Birley)的行動。並請參考 F. A. Burton, *The Story of Peterloo* (1919); *Three Accounts of Peterloo* (1921); [Francis Philips], *An Exposure of the Calumnies & c.* (1819)。

188 J. E. Taylor, op. cit., pp. 175-6. 杭特公布了一份在 8 月 16 日實際參與行動的義勇騎兵的職業一覽表：數名酒吧老闆和製造業者之子，一名酒商，一名經銷商，一名舞蹈教師，一名賣乾酪者，一名屠夫等等。*Address to the Radical Reformers*, 29 October 1822, pp. 13-16. See also D. Read, op. cit., p. 81.

是那些在他們的勝利之後聚眾歡呼的人。一名棉紡紗工宣稱：「他們有各式各樣的能手。當有人高喊『憐憫』的時候，他們就回答：『去死吧！是什麼把你們帶到這兒？』」我們可以從下面這段描述看出當時的混亂情形：

> 我揀起一頂自由帽；一名騎兵跟在我後面要我把便帽給他；我不肯。接著有另外兩名騎兵走上來問是怎麼回事，第一個騎兵說，這個傢伙不肯交出他的自由帽。然後那兩個騎兵當中有一個開口說：該死，砍了他。於是，我拔腿就跑……有一個騎兵要砍殺薩克斯登，但是他的馬好像不服駕馭，沒有砍準。於是他對另一個騎兵喊道：「那是薩克斯登，該死，殺了他。」另一個回答說：「我可不要，我把他留給你殺。」當我抵達華生街底，我看到十個或十二個義勇騎兵，以及兩個正在砍殺人民的輕騎兵，他們緊緊的挨在一起。一位輕騎兵的軍官騎到他的輕騎兵面前，把他們的劍往上推：「該死，你們這麼做是在幹嘛？」然後他對著義勇騎兵破口大喊：「多麼可恥啊！你們這些先生，你們想幹嘛？這些百姓又跑不掉。」於是他們停了一會兒，可是等那名軍官一騎到別處，他們又開始濫殺。[189]

這種情形只能說是階級戰爭。但它卻是一場不幸的一面倒的戰

---

[189] Inquest on John Lees (1820), pp. 70, 180. 比較提亞斯在《泰晤士報》上的記載：「兩名非官方的義勇騎兵騎近薩克斯登，『那是……惡徒薩克斯登，你殺死他了嗎？』另一個回答說：『我可不要，我把他留給你殺。』前者立刻向薩克斯登衝去。」

爭。人民只能緊緊的挨在一起並在設法逃跑時相互踐踏，一直要等他們擠到廣場邊緣才能開始設法還擊，幾個被圍困的倖存者，在發現自己被追進大街和庭院之後，開始向追捕他們的人丟擲碎磚。總計有十一個人被殺或傷重致死。當天晚上，在每一條離開曼徹斯特的道路上，都可看見受傷民眾。到了 1819 年底，彼得盧救濟委員會 (The Peterloo Relief Committee) 證實了四百二十一件因在廣場受傷而請求救濟的要求（另有一百五十件個案尚待調查）。其中有一百九十一件個案是遭到軍刀殺傷，其餘傷者則是受到群眾或馬蹄踩壓。超過一百名傷者是婦孺。雖然其中不乏騙子，但也有許多傷者不曾提出求償，有的是因為傷勢太輕，有的則是害怕受到迫害[190]。我們可以用班福那令人難忘的描述來交代當時的景象：

> 不到十分鐘……整個廣場就變成無人荒漠……講台還在，幾根旗竿滿身傷痕地豎著，一兩面被撕裂劃破的旗幟垂在那兒，整個廣場掉落了一地的便帽、軟帽、有邊帽、圍巾和鞋子，還有一些遭到踐踏、撕碎和染滿血跡的男女衣服碎片。義勇騎兵已經從馬上下來——有的在放鬆他們馬匹的肚帶，有的在調整他們的裝備，有的在擦抹他們的軍刀……[191]

關於彼得盧事件不知為何遭到遺漏的第二項重點，是這起事件不管在心理衝擊上或各種反響上的**規模**[192]。它無疑是英國政治和社

---

190 J. E. Taylor, op. cit., p. 170.

191 Bamford, op. cit., p. 157.

192 參見瑞德關於彼得盧餘波的有用討論，Read, op. cit., Chs. IX-XIV。

會歷史上一個重要的塑形經驗。和潘垂吉事件一樣，我們也可以把這起事件的反響區分成短期的和長期的。兩天之內，彼得盧的消息已傳遍全英國。不到一個星期，這場大屠殺的每個細節就已在麥酒館、小禮拜堂、工坊和私宅中熱烈地討論著。剛開始，幾乎看不出任何清楚的反應模式。在改革者與他們的支持者之間，大家感受到的主調是憤慨、生氣或同情，而非緊張害怕。杭特(他已在危機發生當下展現了他最好的一面)似乎在事發現場就已體悟到，對激進派而言，彼得盧是一場精神上的勝利。他本人就是義勇騎兵的暴力受害者。被捕之後，他曾遭到特種警察圍毆，他們還用棍棒打他：克雷將軍(General Clay)「在他步上治安法官住宅的階梯時，雙手握著一枝大棒子朝他的頭打去」，這一棒把他著名的白帽子打得「遮住了他的臉」。雖然受到這樣的待遇，可是當他從治安法官的住宅出來時(一位公正的對手回憶說)，

> 我想我可以在他臉上看到勝利的微笑。有個人(我想是那丁)
> 想要扶他一把，但是他抽身後退一步，以近乎耳語的聲音說道：
> 「不，不，這樣做太過示好……」[193]

在蘭開郡，接下來有好多天大家談論的是報復。曼徹斯特看上去好像是在實施戒嚴法；有一些暴動事件，以及「鄉下」人以軍事步伐行進的謠傳；班福形容人民正在磨他們的長柄大鐮刀並在準備「舊斧頭……螺絲起子、生鏽的刀劍、長矛和鉚釘」[194]。但是到了

---

[193] F. A. Bruton, *Three Accounts of Peterloo*, pp. 20-1, 68.

[194] Ibid., p. 163; see also *Independent Whig*, 22 August 1819.

8月底，這股叛亂的衝動卻受到席捲全國的精神支援給抑制和穩定了下來。「彼得─盧」(Peter-loo)這個名稱本身以及它那種冷酷譏誚的狂妄*9，比任何其他證據都更能指出這種情感的調子。在接下來的幾個星期，由激進派新聞出版界所引發的風暴，因克魯克香克和霍恩有感而發的政治諷刺文章而有越演越烈的趨勢；曼徹斯特的「屠殺者」不僅聽到杭特和伍勒那種成熟的自由派修辭，也聽到更刺耳的尖酸挪揄。《傑克蓋的政治屋》寫道：「有一群人破爛全身，

> 怨嘆自己生不逢辰，
> 那麼重的稅收怎能不沉，
> 只能求神，從夜晚到清晨，
> 所有的請願終歸徒勞，
> 他們和平集會要求把改革搞，
> 沒想到迎來的是義勇兵的軍刀，
> 滿心感謝的那個人，是那麼的一臉潔淨，
> 功勳彪炳──和萬分不幸；
> 年居六十的紈褲子，鞠躬行禮優雅如斯，
> 酷愛假髮、項飾和蕾絲；
> 將國家財寶全留給了愚人術士，
> 快樂出航在英國流淚時……

甚至連攝政王的國會開幕致詞，也成了諷刺詩文的另一個主題：

---

*9 彼得盧(Peterloo)這個名稱是比附滑鐵盧(Waterloo)而來。

> 看呀！
>
> 密謀和叛國正在流行！
>
> 那些黑暗的小鬼，正養在
>
> 紡紗機、纏繞輪和織布機的子宮裡，
>
> 在月之郡
>
> 哦！上帝
>
> 我的上─院─議─員和紳─士，我們怕得要死！
>
> 改革，改革，那些鄙賤暴民的呼喊──
>
> 喊的當然是暴動，流血和反叛──
>
> 無恥的惡棍！你們，我的議員，和我，
>
> 知道他們的責任就是安安靜靜的餓死……[195]

　　彼得盧冒犯了「生而自由的英國人」的每一項信念和定見──言論自由的權利，對「誠實無欺」的渴望，以及不得攻擊無抵抗能力者的禁忌。有一段期間，極端激進派和溫和派在抗議運動中忘卻了彼此的歧見，甚至連許多輝格黨人也志願加入。抗議集會接連舉行：8月29日在史密斯菲，由華笙醫師擔任主席，西斯托伍德擔任演講人；9月5日在西敏區，柏戴特、卡賴特、霍布豪斯和塞爾華全都出席演講[196]。十天之後，當杭特凱旋進入倫敦時，《泰晤士報》估計共有三十萬居民走上街頭。

　　任何研究過彼得盧新聞所激起之回響的人，都不會認為「生而自由的英國人」這個傳統只是抽象觀念。接下來的幾個月，政治上

---

[195] W. Hone (with Cruikshank), *The Man in the Moon* (1819).

[196] *Independent Whig*, 29 August, 5 September 1819.

的敵對形勢日趨強硬。沒有人能嚴守中立；在曼徹斯特本身，「效忠政府分子」被推到極端孤立的境地，只有循道宗的信徒願意(帶著令人作嘔的諂媚之辭)站到他們那邊[197]。然而，如果說有許多鄉紳和專業人士深受彼得盧事件震驚，但是他們卻也不願想像人民**下一步**會採取怎樣的可怕示威[198]。因此，在彼得盧所激起的報復情緒過後，重新轉回憲政抗議形式並採取具體行動的，大體仍是工人階級。

如果說彼得盧的用意是爲了遏止公共集會的權利，那麼它的結果正好適得其反。人們的義憤使得激進組織擴散到以前不曾存在的地方，而露天示威更是紛紛在前此率皆由「效忠政府分子」控制的地方上演。渥維安普敦附近的柯斯雷(Coseley)組成了一個政治聯合會——這是黑鄉這塊地區的第一個政治聯合會。一名在地的治安法官抱怨說：「不滿情緒——

> 在我們這一帶當然不可能是起因於窮困，因爲不管是就業情
> 形或工資，礦場和鐵工廠的工人都比王國境內的其他工人階級
> 的情況要來得好。[199]

這項運動所得到的最顯著響應，是來自新堡以及諾森伯蘭和德倫的

---

[197] H.O. 42.198. 1819 年 9 月 24 日，曼徹斯特主日學委員會決議排除任何頭戴白帽或戴有激進派標記的學童。並請參見瑞德針對這起循道宗內部紛爭的討論 D. Read, op. cit., p. 203。

[198] 也有一些例外，譬如，在約克郡和諾福克，抗議集會是在輝格黨的主辦下舉行。

[199] H.O. 42.198. 這個委員會中有兩名烘焙師和一名鐵匠、一名煤礦中間商、一名鐵工廠鍛工、一名礦工、一名小農，以及一名鞋匠。

礦工。這些地區雖然自 1790 年代以來便有持續不絕的激進派傳統（畢維克和他那群手藝人和工匠夥伴，以及強大的互助會和工會），但是教會和國王的黨派牢牢掌控著自治政府，並掐緊改革者的咽喉，讓他們不敢公開發聲。《獨立輝格》寫道：「皮特黨人長久以來一直誇稱，英國這部分的人民是徹頭徹尾的消極喪志。」1819 年 7 月和 8 月，激進派的「讀書會」催生了「政治抗議者」這個組織（根據《黑矮人》所推薦的模式）。彼得盧事件之後，這整個地區似乎全倒向了改革者。10 月 11 日（在市長的允許之下）舉行了一次露天的公開示威。官方原本以為煤礦業的「相對穩定」，加上某些煤礦視察員威脅要開除參加的工人，應該可以限制支持者的勢力。沒想到結果是，

激進派大軍以六人一排的隊伍，從東南西北四方開進城內，

外加上一支伴奏樂隊，演奏著〈強尼・柯普，你開始動了沒?〉(Johnnie Cope, are ye waukin' yet)。

　　五萬到十萬個民眾「像是著了魔似的向前出發」，觀察家們簡直不敢相信他們眼前的景象，不只是令人生畏的礦夫，甚至連來自桑得蘭和席爾茲的水手，也都服從「秩序、精神、全體一致」的命令。在行進了八哩之後，席爾茲代表團甚至拒絕「享用路人為他們準備的一桶麥酒」，因為他們「決定避……免任何可能危及當日和諧的舉動」。演講者包括一名織工、一名教員、一名裁縫、一名印刷師傅、一名書商和一名補鞋匠。打從這個「激進的星期一」（據說是新堡「第一次的露天公共政治集會」）開始，這個城市始終是激進派和憲章運動的三、四個中心之一。接下來的幾個星期，激進派的「班級」如雨後春筍般從鄰近的所有工業村落和港口中興起──加樂(Jarrow)、希瑞夫山(Sheriff Hill)、潘紹(Penshaw)、林登(Rainton)、豪夫頓(Houghton)、紐巴托(Newbattle)、赫頓(Hetton)、赫本(Hebbern)、南席爾茲(South Shields)、文拉登(Winlaton)、桑得蘭——其速度可與信仰復興運動媲美。「幾乎是在你遇到的每一個礦工的帽頂裡面」，都可看到《黑矮人》。煽動範圍甚至延伸到威爾茅斯主教(Bishop Wearmouth)的礦夫，他們(一位惱火的治安法官寫信給西德茂斯)「竟然敢提議應該雇用那些確知爲激進派的小商人，來供應煤礦場的消耗品」[200]。

　　針對這種威脅，新堡的效忠政府分子組成了一個武裝協會。爲了反制武裝協會，礦工和鍛工也開始進行武裝。這些可說是內戰的前奏。我們一直太過受到班福的影響，以爲除了少數幾個暴躁分子之外，所有人對彼得盧的反應都是冷靜而有節制的。到了 10 和 11 月，連憲政主義激進派本身，都轉向了革命。如果他們的敵手從事武裝並採取不合憲法的行動，那麼他們也將祭出(卡賴特少校長久以來所宣示的)每個公民皆能持有武力的權利。如果集會受到騷擾，他們就將帶著防禦武器參加。他們的主要武器是長矛——粗壯的木桿，尖端有槽，可插進(裝在口袋中的)鋒銳刀身。刀身很容易製造(視改革者的財力狀況，而以一先令到三先令的價格出售大小不等的刀身)，新堡、雪菲爾、伯明罕和曼徹斯特都有許多這樣的小鐵匠鋪。我們對於曼徹斯特一位這樣的**企業家**卡爾特(Naaman Carter，他一

200 *A Full Account of the General Meeting of the Inhabitants of Newcastle* (Newcastle, 1819); "Bob in Gotham", *Radical Monday; Black Dwarf and Newcastle Chronicle*, passim; *Durham Advertiser*, quoted in *Political Observer*, 19 December 1819; H.O. 42.198; *Independent Whig*, 17 October 1819; R. G. Wearmouth, op. cit., pp. 102-3.

面閱讀《黑矮人》，一面注意著生意興隆的市場)略知一二。他很不謹慎，竟然雇用了一個線民做為他的主要代理商(他的工作是在各織布村落的旅店和「地下酒館」兜售長矛，並到偏僻地方的刀身顧客那裡收取分期付款)，這個線民的受雇代號是「Ｙ」。雖然「Ｙ」的報告詳細有餘正確不足，但是我們不能將它們視為捏造。他記載有一次，當他拜訪這位激進派的鐵匠時，

> 我發現他和他的妻子在打架──我告訴他在安息日打架太過愚蠢，最好等到星期一再打。那位妻子說，我不會被你打敗，我會告你製造長矛，讓你被關進新伯雷監獄(New Bayley)──她說這話的時候他正在推她，把她踢到門外……

但是卡爾特的婚姻問題並沒有影響到他的製矛業，11 月的第一個星期，他的生意非常興隆。「Ｙ」發現有相當多的顧客對這些樣品稱讚不已，一位顧客表示：「這下可以對攝政王和他們那些可鄙的傢伙做點好事。」他的另一位顧客不是別人正是班福，根據「Ｙ」的報告，班福簡直不是他自己二十年後所描寫的那樣。在他們完成交易的那個「地下酒館」，班福舉杯說：「願自由樹能栽在地獄，讓曼徹斯特那些血腥屠夫嘗嘗它的果實！」當他們喝下的私酒發揮作用之後，他的一位夥伴說道：他們會給那些曼徹斯特屠夫「結結實實地刺上一矛，然後他會回家工作，直到他媽的他的雙手斷掉為止，他高唱著《偉哉大不列顛》，魔鬼會把他們統統抓走」[201]。

---

[201] 「Ｙ」對曼徹斯特自治市鎮首長所說的口頭證詞，1819 年 11 月 6 和 8 日(H. O. 42.198)。

這樣的情感在製造業地區無疑是普遍存在的。謠傳有人用輕便的送貨車把手槍從伯明罕走私到北方。10月和11月，一個城市接一個城市相繼傳來武裝、操演和示威的消息：新堡、渥維安普敦、威干、博爾頓、布拉克本。哈里法克斯的改革者在11月從哈得茲菲的一次集會返回時，「以每排八到十人的縱隊前進，有音樂，六、七面旗幟和點燃的蠟燭；許多人手上都拿著棍子……」突然，他們「大叫，並對空鳴鎗」。在本萊，有一萬到一萬五千人不顧治安法官的禁止公告，加入示威行列。隊伍的領頭者拿著一塊板子，上面寫著「秩序，秩序」，但是他們依然「放了好幾十鎗」。在哈里法克斯一次稍早的集會中，四十一面飄揚的旗幟當中有一面寫著：「我們呻吟，因為負擔太重，等待解救……但是我們為了聖年慶(Jubilee)＊10的希望而歡欣鼓舞。」（他們可不是在提前慶祝喬治三世的登基六十周年慶。）另一面旗子上寫著：「流人血者，人恆流之。」來自瑞朋登的代表團拿著一幅圖畫，上面畫著一名半飢餓的織工坐在織布機前，上面寫著：「勞力之於窮人就像財富之於富人一般寶貴。」在雪菲爾，一支可怕的隊伍在樂隊的前導下朝布拉可(Brocco)進軍，樂隊演奏著《掃羅的死亡進軍》和《蘇格蘭人，我們的華萊士＊11流了多少血》

＊10 按：聖年慶最初源自猶太教的五十年慶，節慶期間負債的奴隸可以得到自由，被賣掉的土地回歸原主，並停止農耕工作，表示神對猶太人及土地的權威。天主教會的聖年慶一般是二十五年一次，節慶期間會對悔悟並至羅馬朝聖的人舉行全面大赦。世俗用法引伸為學校或君王登基的銀年(二十五周年)、金年(五十周年)和鑽石年(六十周年)慶典。

＊11 按：華萊士(Wallace, 1272-1305)，蘇格蘭的民族英雄，曾領導蘇格蘭人為了自由而戰，對抗英王愛德華一世，最後兵敗被捕，在倫敦以叛國罪處死。

(Scots wha hae wi' Wallace bled) [202] 。

但是到了 1819 年 12 月底，這個運動已陷於實際崩潰的狀態。原因有二：一是激進派領袖之間的意見不合，二是六法案的壓制。第一個原因是一個直到今天仍無法完全釐清的複雜故事。我們先前已提過倫敦的激進派組織一直相當軟弱鬆散。在 1818 年和 1819 年早期，倫敦始終沒有發展出可與密德蘭和北方的「政治聯合會」和「抗議者」相比擬的凝聚核心。活動往往是爲了特定目的而召集，例如「伍勒先生朋友的」的集會，或是在「王冠與錨」所舉行的特別餐會。1818 年的西敏區兩次選舉，在柏戴特的支持者和其他激進派團體之間引發了諸多衝突——柏戴特先是堅持支持他的銀行家友人金納德（Kinnaird），後來又提名霍布豪斯爲第二候選人，而不肯接受卡賴特、柯貝特或杭特做爲第二候選人。

儘管有過礦泉場的慘敗經驗，但是華笙醫師和西斯托伍德仍舊是倫敦的民眾激進組織最堅定的行動核心。如果我們可以相信另一位身居要津的線民（約翰‧威廉森〔John Williamson〕）的話，那麼西斯托伍德和普瑞斯頓曾在 1817 年秋天，再次著手募集謀叛所需的人力物力[203]。他們發現想要在潘垂吉起義的餘波中起事相當困難。史匹塔菲的苦難已不再那麼難以忍受。普瑞斯頓在 9 月時表示（據威廉

---

[202] "Papers relative to the Internal State of the Country", *Parliamentary Debates*, XLI (1820), passim（治安法官報告中聾人聽聞的部分）; H.O. 42.198; J. E. Taylor, op. cit., pp. 102-34; *Briton*, 11 November 1819; *Independent Whig*, 10, 17, 31 October 1819; Halévy, op. cit., p. 66.

[203] 根據薛文的《政治記事》（1817 年 9 月 13 日），政府對於工人將在巴多羅買市集當天發動叛亂的謠傳十分驚恐。當局召來了四團騎兵，倫敦市長大人也下令在「蠔桶、臘腸攤和薑餅籃裡」搜查武器。關於這場密謀的細節，參見 H.O. 40.7。

森的說法）：「他曾去史匹塔菲……探望兩三個舊識，結果發現他們已經找到工作，他們已不再喜歡像他這樣的人。」他們不肯停下來聆聽他的「論述」，而是繼續在織布機前工作。西斯托伍德則是天天在午夜集會中趕場。他們含糊地談到從一位旅居巴黎的英國人（1790年代的難民）那裡得到資助。他們發立了盟誓，但是這個組織一直小得可憐，因爲「普瑞斯頓說，不應該有人知道他們的計畫內容」，直到開始行動前的三小時。1817年12月，普瑞斯頓短暫造訪了伯明罕，認爲那裡的工人「精神飽滿」。威廉森奉西斯托伍德之命前去觀察一座兵營，探探那裡總共有幾門大砲。然而除了反叛的狂想之外，這個團體幾乎沒什麼實質成就。他們爲西德茂斯勳爵提供了一些足以教他神經緊張的讀物，組織了少數幾個酒店團體，並在好幾場倫敦群眾的示威中擔任啦啦隊隊長的角色[204]。

雖然華笙醫師依然是西斯托伍德的同志，但他可能不是這項密謀計畫的當事人[205]。1818年2月，西德茂斯找到一個方便的辦法，可以不用審判就除掉西斯托伍德。西斯托伍德曾經發表過一封公開信，痛陳各種公私委屈，要求這位內政大臣和他做個「了斷」——也就是向他提出決鬥的挑戰。結果是，他被以擾亂治安的名義關進英國高等法院監獄，並由西德茂斯勳爵自己出錢維持他在監獄中的生活。1819年，激進的倫敦從沉睡中醒來，組織了數十個酒店團體和辯論協會（其中有些稱爲聯合協會〔Union Society〕）。華笙再度嘗

---

204 參看威廉森的證詞，1817年12月18日。西斯托伍德說：「卡萊爾明天即將受審，他希望他們全都會來，而且帶越多人越好，來向他歡呼三次。」T.S. 11.197.

205 「華笙來了之後，西斯托伍德沒怎麼說話，我想他不喜歡華笙。」(Ibid., 27 September 1817) also 11 February 1818 in H.O. 49.9.

試建立某種中央組織，而當時已獲釋放的西斯托伍德，也在 1819 年夏天加入他的行動。西斯托伍德似乎已經接受了體制內騷動的政策，暫時不做政變之想。1819 年夏天，倫敦的「二百人委員會」成立[206]。從 6 月到 10 月，華笙、西斯托伍德、普瑞斯頓和華汀頓（Waddington）可說是倫敦最活躍和最具影響力的領袖，特別是在工人之間。他們得到老雅各賓演說家瓊斯，以及卡萊爾的《共和分子》、《自由之帽》和《梅杜莎》的支持。在彼得盧之後，主動為杭特進入倫敦一事預做安排的，正是「二百人委員會」[207]。歡迎式由「醫師」本人主持，面對杭特得意忘形的傲慢和政治苛求，華笙表現出相當程度的自制與圓融。

　　1820 年，在加圖街密謀事件結束後，一位帶有敵意的觀察家描述了位於威奇街（Wych-street）「白獅」酒吧的「激進派委員會室」，這個眾人眼中的倫敦激進派「地下」中心。酒吧裡，

> 坐著一群形跡可疑、長相邪惡的傢伙……右邊一張小松木桌旁，坐著某先生，他在桌上放著一本書和一些文件以及印刷海報；這個地方十分幽暗，除了某先生面前的一枝蠟燭和吧台前面的蠟燭外沒有其他光線，一個初走進這裡的陌生人，以後在別的地方也不會認出裡面的任何面孔。右手邊……是一個小私室，特別委員會會在某個晚上在此開會，其他人不許進入。這個小私室裡處理的都是最私密的事務，西斯托伍德先生或華

---

206 *Medusa*, 31 July 1819.

207 當時有兩個籌備委員會：華笙醫師和另一個敵對委員會，後者的成員包括伊文斯、蓋樂威和卡萊爾。但是兩者合併在華笙主席的領導之下。See *Independent Whig*, 12 September 1819.

笙醫師總是在通道上和任何有事造訪的人說話。在樓上的一間
很大的房間裡……一百多個面露凶相的人在某個晚上於此集
會，公開的委員會和協會的自由會員都在此會面……他們的遊
行事宜在此安排，旗幟……也保存在這裡，比較私密的事務都
在樓下的私室中處理。[208]

這樣的中心必然會成為政府間諜經常注意的目標。但這並不表
示它所有的行動都是荒謬的。在彼得盧之後，倫敦的「極端」激進
派已陷入十分困難的險境。《自由之帽》在10月明白表示：「不流血
就得不到改革」，而比較不負責任的《梅杜莎》則寫道：

從英國各地寄來的郵件，沒有一封沒提出新的驚人案例，指
出經常佩帶武器的必要性。[209]

卡萊爾(在兩年後)為他這個時期所有著作的要旨做了個總結：「唯有
當現今官員不再有權力壓制改革的時候，改革才可能成功，在這之
前是不可能的……」[210] 此外，在彼得盧事件後的兩個月間，全國性領
導人物的表現可說空前軟弱。其中尤以杭特的怯懦最為嚴重。身為
彼得盧事件後的舞台主角，改革者和官方全都密切注視著他的一舉
一動。這對他那虛榮的胃口可說是肥肉一塊。彼得盧可以是一次對
他個人的侮辱，但是他在蘭開郡和倫敦的遊行，也必須是他的個

---

208 G. T. Wilkinson, *The Cato-Street Conspiracy* (1820), pp. 56-7.

209 *Modusa*, 9 October 1819.

210 R. Carlile, *An Effort to set at rest some little disputes and misunderstandings between the reformers of Leads* (1821), p. 10.

人勝利。他不喜歡華笙在倫敦的示威中分去他的任何光芒；對於委員選定的遊行路線，他也頗有意見，此事整整讓數千名翹首期盼的倫敦人等了半天之久。（反正他對倫敦也是餘恨未消，因為他曾在1818年西敏區的政見發表會上，受到民眾的粗暴對待和噓聲羞辱。）他質問華笙為何選瓊斯擔任歡迎餐會的主席，並且當著眾人之面對他吼叫：「你真是一個多管閒事又惹人厭的傢伙，為什麼我不能當主席，為什麼不能像柏戴特爵士在**他的**遊行之後那樣？」然後他又為了錢的事情吵鬧不休。他接著在蘭開郡惹火了大多數的在地改革領袖，因為他竟然以數千人的送葬行列來為他的愛馬送葬。事實上，他（不無道理）把主要的心力都灌注於如何設法在未來的審判中取得優勢地位，根本無暇推動這個鄉間運動[211]。

到了9月，改革者分裂成革命派和憲政主義派。杭特和伍勒採取的政策是消極抵抗，諍諫勸告，對彼得盧的犯罪者採取法律行動，以及抵制使用所有的應稅品。這個政策在8月的時候行之有效，也得到這個運動各個單位的支持。但是到了10月，它已逐漸失效。法律補償的希望顯然落空，尤以在蘭開郡為然；而呼籲北方織工抵制所有的應稅品的建議，根本是多此一舉。再者，隨著抗議運動一週強過一週，溫和派卻還是只會勸大家耐心等待國會開幕。接下來，如果政府不著手調查彼得盧事件或如果人身保護令再度中止，他們可能還會提出一些空洞的建議。然而國會一直到11月23日才召開，當時距離彼得盧已有三個多月的時間。「極端」激進派有點添油加醋

---

[211] *Peterloo Massacre*, p. 72; Bamford, op. cit., pp. 247 ff.; *Cap of Liberty*, 15 September 1819; J. Johnson, *Letter to Henry Hunt*, passim；1819年10月到11月間，杭特、華笙和西斯托伍德在一般報章上的交換函件。

的表示：杭特的勸告等於是在阻滯這個鄉間運動，拋棄民眾的主動權，並在實際上將領導權交給國會的輝格黨。和其他的煽動政治家一樣，杭特似乎也被這股他曾經出力召喚的精神給嚇到了。

在等待了將近兩個月之後，「極端」激進派提出另一項政策，並得到華笙和卡萊爾的支持。這個政策是「在同一天於王國各地同時舉行……集會」。最初提議的日期是 11 月 1 日，不過後來又展延了兩次。表面上，這只是進一步推展憲政主義運動，不過真正的密謀者(塞爾華是其中之一)可能希望這次同步舉行的集會可以直接點燃叛亂火苗。這項政策在整個 10 月都備受支持，他們並計畫在新堡、卡來爾、里茲、哈里法克斯、哈得茲菲、巴恩斯來、威干、曼徹斯特、博爾頓、布拉克本、本來、諾丁漢、米斯特和科芬垂等地召開集會。到了該月底，向來消息靈通的賓恩，認為西斯托伍德在倫敦人民心中的地位，「已凌駕了杭特」。在西斯托伍德造訪曼徹斯特時(該地如今已成立了一個極端激進派的聯合會和杭特派的愛國協會)，這項建議得到廣泛支持。有些地區的集會事實上已經舉行過，並計畫在 11 月 15 日舉行進一步的集會。但是到了 10 月中旬，杭特因為覺察到這個運動正在脫離他的掌控，於是開始力挽頹勢。他在羅艾的《曼徹斯特觀察者報》上發表了一篇〈致北方改革者函〉(10 月 19 日)，文中公開指摘這項同步集會的計畫。他接著又寫了一封公開信，重新提起奧利佛這個名字，並特別為西斯托伍德安上間諜的污名。

此後的幾個星期，報刊上充斥著雙方支持陣營憤怒指責的信函，一方是西斯托伍德和華笙，另一方是杭特和他的支持者，至於效忠政府的報刊，則是幸災樂禍地轉載這些函件，還給了它們一個冷嘲熱諷的標題：「激進政府文件」。華笙醫師因為未支付一張杭特歡迎

會的賬單而遭到囚禁，杭特則是極力想要解釋，他爲了籌集這項開銷做了多少努力。許多爭議都是源自雙方的不負責任。隱藏在這些爭議下方的，似乎是杭特對西斯托伍德的謀叛意向以及華笙醫師這位業餘政治領袖的掌控能力皆抱持高度懷疑，而且他的懷疑還頗有根據。另一方面，西斯托伍德好像眞的在英國建立了一個地下活動的溝通鎖鏈，在密德蘭和北方的許多地區，它們得以在杭特的攻擊之下依然倖存[212]。曼徹斯特的政治聯合會因爲「杭特和他的黨羽」拒絕支持提議中的集會而備感沮喪。改革者修正計畫，讓來自倫敦、蘇格蘭西部、蘭開郡、約克郡、伯明罕和波特利斯的「地下」代表，於國會重新開議當天在諾丁漢聚會，並隨之成爲常設性的祕密「執行」會議，在人身保護令中止期間，負責處理同步集會的召集事宜。然而在杭特的激烈反對之下，終使這些計畫胎死腹中[213]。

---

[212] 在 11 月第一個星期由二百人委員會於史密斯菲召開的一次集會，雖然有西斯托伍德和普瑞斯頓的演說，但只有二、三千人出席。我們不清楚這是因爲杭特在前兩個星期發動攻擊的結果，還是因爲當天的天氣實在太糟。See *Independent Whig*, 7 November 1819.

[213] 這個說法是綜合自下述資料：H.O. 42.198, 42.199; A. B. Richmond, op. cit., pp. 181-4; *Republican*, 12 November 1819; General Byng to Wellington, 28 October 1819 in *Wellington Despatches*, I, p. 84。See also D. Read, op. cit., pp. 147-50, 155-8. 極端激進派的曼徹斯特政治聯合會的幹事渥克(W. C. Walker)，曾因爲他的狼藉名聲和「兩位老婆」而在某次集會上喧騰一時。曼徹斯特一位有給職的官員諾禮斯(Norris)認爲，渥克是「這一帶的西斯托伍德」。但是博爾頓的福來契上校和西德茂斯勳爵對渥克的認識顯然比諾禮斯深刻。根據內部證據顯示，渥克(諾丁漢「執行」會議的預定代表之一)似乎不是別人，正是福來契上校雇用的間諜「阿爾法」(Alpha)。渥克(「阿爾法」頗爲得意的告訴福來契)「已建立起最有用的關係網絡，而且也證明了警方的狡猾詭計」。See "Alpha" to Fletcher, 15 and 17 November 1819, in H. O. 42.198 and D. Read, op. cit., pp. 157, 218-23.

如果西斯托伍德真的像某些人指控的那般愚蠢(他後來還因此喪命),那也是因為他實在太過氣憤。對於下院在 12 月匆匆通過的「六法案」,激進派全國領袖的反應竟是出奇的軟弱。柯貝特在 11 月初從放逐中歸來,當他在利物浦上岸時,受到蘭開郡人民的凱旋式歡迎。離開的這段時間讓他對情勢失去了判斷力,他像是掉了腦子般,一點也不想成為工人階級的叛亂領袖。他在利物浦宣稱:他帶回了英格蘭最偉大的子孫潘恩的骨骸。可是事後證明,柯貝特想要推崇的並不是潘恩的共和主義,而是他對貨幣改革的觀念。《政治記事周刊》一會兒夸夸其談(「民眾有權為了**防衛**自身而武裝」),一會兒又大潑冷水:「我最殷切的希望,就是人民可以把他們的希望寄託在公債之上。」他強調這種「**掘洞法**」可以讓人民不費一點力氣,就讓「老腐敗」作法自斃:

> 最有效和最安全的方法,就是讓鱒魚自己筋疲力竭,而我們手持釣竿、釣絲和釣鉤等在一旁。

在六法案通過之後,他提出了一項偉大的新建議,以「繼續為了這個國家的權利和自由而奮鬥」。這項提議是籌措一筆「改革基金」,總數大約五千鎊,改革者和工會分子每人各出兩便士的捐助金,然後把錢「寄放在我手上」:

> 當然,只能由我一個人運用,而且不受任何人的查核或控制,不管是誰都沒有權利過問我將如何支配這筆錢……我不會告訴任何人我打算如何運用它們,我也不會回答任何問題……214

「六法案」看起來像是 1795 年和 1817 年立法的彙編和延伸。第一法案禁止操演和「軍事」訓練；第二法案授權法官得以在沒有搜索令的情況下，進入可能藏有武器的民宅中搜查；第三法案禁止超過五十人的集會，但有某些例外(郡集會與教區集會)和附加(旨在壓制激進派的演講會)；第四法案(在接下來的十二年間舉足輕重)將期刊出版品的印花稅提高到六便士以上；第五和第六法案是用來延伸和強化官府的權力，尤其是有關煽動毀謗的壓制行動[215]。早期的所有鎮壓措施當中，唯一不見於六法案的，只有人身保護令的中止。接著，政府發動了英國歷史上最為持久的法庭迫害運動。到了1820 年夏天，杭特和四名曼徹斯特改革者(因參與彼得盧事件而遭起訴)、伍勒、柏戴特、渥斯來爵士、哈利森牧師、奈特、卡萊爾、艾德蒙茲、羅艾、強士頓、巴古雷、德拉蒙和米契爾，全都打入大牢。對於「煽動性」和「謾罵性」的報刊也開始大張撻伐。私人檢舉協會對出版商或報紙販售者提出多起檢舉,並逕行交付簡易裁判。西斯托伍德最後則是在絞刑台上公開退場。

六、加圖街密謀

1795 年的雙法案至少是在大規模的示威聲中通過的，弗克斯本

---

214 Cobbett's *Political Register*, 6 November, 5 December 1819, 6 January 1820. 這筆經費一共只有幾百鎊，大都用於柯貝特 1820 年在科芬垂的選戰當中。柯爾的《柯貝特傳》有稍微掩飾了這起不名譽事件，參見 Cole, *Life of Cobbett*, p. 242。

215 相關的實用摘要，參見 Halévy, op. cit., pp. 67 ff.; Jephson, op. cit., II, pp. 502 ff.; Maccoby, op. cit., Ch. XX。對於新聞出版界的檢舉，參見下文，頁1013-22。

人還曾降尊紆貴地親臨示威現場致詞。1819 年 12 月，不管是杭特、柯貝特、伍勒或柏戴特，絕對都有能力讓示威群眾塞滿倫敦、密德蘭、北方和蘇格蘭的街道[216]。因此，我們很難不導出如下的結論，那就是連激進派領袖本身，都對他們那些工業中心徒眾的性格有所畏懼。杭特急忙撇清他和極端分子的關係，並斷絕任何可能在他日後的審判中引起偏見的行動。柯貝特建議他的讀者，最好用烤乾的小麥取代咖啡，並說喝水比喝酒好。1820 年 1 月 22 日，他終於發布了一項「計畫」。這項計畫是寫給「各位女士」的，其目的在於「促進節酒和節儉，以及憎恨賭博」[217]。就是在這樣的背景之下，上演了戰後騷動的最後一段插曲。

我們對於西斯托伍德和加圖街密謀者所知不多[218]。西斯托伍德是一位紳士，曾經遭遇過各種不幸，大半(似乎)是他自己所造成的。沒有幾個曾經以叛國罪名遭到提訊的人，願意一而再、再而三的自陷險境，但是西斯托伍德卻在 1817 到 1818 年這麼做了，而且還在 1820 年又做了一次。他的勇氣有三分以上是魯莽，不過艾米特或

---

216 參看《聯盟：一個新出版品的前瞻》(*Union: Prospective of a New Publication*, 1831, John Rylands Lib. R. 106147)中的評論：「1819 年時，政府的安全多虧了杭特先生的自制。」

217 *Political Register*, 4 December 1819, 22 January 1820.

218 這場密謀的許多事實仍待發掘。史坦霍普的《加圖街密謀》(John Stanhope, *Cato Street Conspiracy*)屬於一般熟悉的「偵探小說」傳統，十分有趣。該書無疑確定了艾德華茲的臥底敎唆角色，證據來自內政部文件(H.O. 44.4-6)。然而該書並未把這起密謀事件放在它的時代背景中觀察，而且傳記的細節大半來自富有敵意的報章說法，以及韋爾金森對這場審判的看法。內政部文件中某些在背後註有「西斯托伍德文件」的資料，尚待調查(H.O. 42 and H. O. 40.7/10)。

「1916 年的復活節」*12 起義者，又何嘗不是如此。那些在他死後出現於報章雜誌上的刻薄傳記，已形成了一股持久不變的傳統，一直影響到我們今日的看法[219]。但是這些說法就算不是錯的，至少也未經證實，而且與他在絞刑台上的表現連不起來。在那位曾經把地下世界浪漫化的巴駱（George Borrow）眼中，西斯托伍德是一位「老激進派」——一個「曾以軍官身分在法國服役有功」的「英勇士兵」和「歐洲最優秀的劍客之一」，「除非爲了保護弱小和受人欺侮者……他從不拔劍——他仁慈親切而且心胸開闊，但是太過單純……」「哦！這些傢伙眞是了不起！」[220]

我們當然不能毫無保留地接受西斯托伍德或巴駱的記載。他確實是一名「老雅各賓」，而且是個徹頭徹尾的共和主義者。同時，在他大多數的同志都忙著以印刷品辭藻和高談闊論發表其共和思想

---

*12 按：復活節起義爲 1916 年 4 月 24 日由愛爾蘭革命分子發起的推翻英國統治行動，是愛爾蘭一連串長期革命的高潮。起義的主要鼓動者是皮爾斯（Patrick Pearse），雖然他深知最後成功的機會渺茫，但只要起義能維持兩三個星期，就有可能帶動世界輿論的支持。起義最後只維持了六天，十五位領袖遭到射殺，另有七十五人判處死刑。原本不受民眾歡迎的起義，卻因連續的處決而改變了人民的態度。在這種情緒的影響下，共和黨人於 1918 年的選舉中橫掃全國，並於 1919 年成立共和。在歷經了三十多個月的戰爭之後，終於在 1922 年迫使英國政府撤出愛爾蘭南部，完成了起義的目標。

219 See, for example, R. J. White, op. cit., p. 199. 懷德在書中將他比喻成一位「原子彈叛徒」，從「無法無天的街頭窮兒」那裡得到協助。史坦霍普先生說他有「精神病的性格」和「個人恐懼症」。事實上，在 1819 到 1820 年的相關人士當中，卡斯爾雷勳爵才是少數幾個符合醫學定義的這類病患之一。See H. M. Hyde, *The Strange Death of Lord Castlereagh* (1859).

220 G. Borrow, *Romany Rye*, Apppendix, Ch. X. 巴駱也說，西斯托伍德之所以破產的原因，並不是（如中傷中所言）由於賭博，而是因爲不愼貸款給朋友。

時，他的沉默寡言和注重實際組織就成爲他的長處所在。然而，更重要的，是如何去了解這樣一個人物所置身的困境。一位間諜告訴西德茂斯勳爵：11月初在一次於「白獅」召開的集會中，華笙醫師向委員會表示，「因爲他們太過偏袒杭特，使得他本人和鄉下之間的通訊爲之減少」。這個時候，「西斯托伍德正在史匹塔菲與織工們爲伍」[221]。根據其他記載，西斯托伍德對於杭特指控他是間諜一事耿耿於懷，決定以大膽的行動來消除這項誹謗。隨著六法案在國會獲得通過，他也重建了部分的地下聯繫網絡，尤其是與約克郡和格拉斯哥之間的聯繫[222]。到了12月，加圖街的密謀已在籌備當中。

這次密謀可說是德斯巴德和礦泉場事件的翻版，甚至連許多細節都如出一轍。但是它更輕率、更粗暴、也更悲悽。西斯托伍德認爲他肩負有拯救英國免於壓迫的重責大任。他相信只要對倫敦塔、英格蘭銀行、國會或國王揮出**最初的**一拳，這個信號就足以讓史匹塔菲和史密斯菲的居民以及少數族群應聲而起，而「鄉下各地」也將聞風響應。更誇張的是，西斯托伍德似乎已經以他的名譽向外郡密使保證倫敦**一定會**這麼做。如果說他的輕率作爲在1820年1月到2月之間已經到達神志不清的地步，那也是一種豁出去的輕率。他（一貧如洗）在倫敦的極端激進派之間焦慮地穿梭著，這些信奉自然神派的工匠、勞工和手藝人，讀的是戴維森的《梅杜莎》或蕭特（Shorter）的《神學彗星》（*Theological Comet*），這些刊物全都熱切期

---

[221] H. O. 42.198. Report of "I. S.", 10 November 1819.

[222] 特別參見 A. B. Richmond, op. cit., pp. 183-4。1819年12月23日，蘭開郡祕密組織的九名代表被捕一事，可能就是拜「阿爾法」的情報之賜。See *Independent Whig*, 1 January 1820。

待著，能以血淋淋的手段推翻教士和國王[223]。

很多人為起義的構想拍手叫好——尤其是早已做好準備的鞋匠們，他們的工會根本就是貨真價實的雅各賓組織[224]，而 1798 年派的愛爾蘭人，據說曾在 11 月間於倫敦的戴維森作坊進行集會，「想**再次激起愛爾蘭下等階級的反叛**」[225]。此外，有些人對於如何揮出第一拳也有他們的想法。艾德華茲是一名普通的藝術家，曾為卡萊爾製作一尊潘恩的半身像，而且是某位史班斯派前任幹事的兄弟，他的建議尤其多。在接受死刑前的一次違抗演說中，西斯托伍德宣稱：「他提出——

> 一項爆破下院的計畫。這不是我的主張，我只希望處罰有罪的人，因而我予以拒絕。他接著建議我們應該在西班牙大使的野宴會上攻擊內閣大臣。對此我堅決反對……有不少女士應邀赴宴——即使是不久就要被送上絞架的我，對於這種想法也不免膽戰心驚，以前政府的間諜就曾在曼徹斯特這樣做過……

「艾德華茲永遠在發明新想法；最後，他建議在內閣的餐會上攻擊

---

223 比方說，參見 *The Theological Comet: or Free-Thinking Englishman*, 28 August 1819：「致曼徹斯特的血腥獵犬」——「你們真的這麼**虔誠**，所以才會那麼喜歡摩西那個恐怖屠夫的殘忍和屠殺……？」

224 鞋匠的雅各賓傳統是由哈代和艾希禮(兩人都是倫敦通訊協會的幹事)首開其端，然後經過潘錐爾(和德斯巴德的其他同志)、達文波和史班斯派，傳到屬於極端激進派的普瑞斯頓和華汀頓。加圖街密謀的大多數成員都是靴匠和鞋匠，而倫敦中部和西部的分支分別捐出五十鎊的金額，為他們辯護(*Independent Whig*, 12 March 1820)。

225 Reports of "I. S.", 15 November 1819, H.O. 42.198.

他們。」會議是在加圖街的幾個房間和閣樓裡舉行。英格斯(James Ings)是一個有幻想傾向的屠夫，他為他即將要扮演的角色著迷不已，（根據計畫）到時他們將進入那個房子，把用餐者的房門打開：「我將說，『我的大人們，我這裡有一群和曼徹斯特義勇騎兵一樣好的人——進來吧市民們，好好善盡你們的責任。』」「臨時政府」將在城中張貼告示，卡斯爾雷和西德茂斯的首級將高懸在長矛之上，分散注意力的小行動將由倫敦塔和倫敦市長官邸開始。當提議中的攻擊時刻逐日逼近之際，西斯托伍德對它似乎只有絕望的光榮感。一定得做點**什麼**。「我希望你們不要放棄你們將要去做的任務，」他說，「如果你們放棄，這將是另一個德斯巴德事件。」

當然，那些計畫中要被梟首示眾的人，早已知道這個計畫。甚至連《新泰晤士》(New Times)上所登的內閣餐會廣告，也只是個騙局。密謀者順利被捕，雖然免不了一小番打鬥，西斯托伍德在打鬥中刺傷了違警法庭巡官。這次逮捕行動所造成的情感效應，正好給了政府一個為六法案辯護的有利環境，同時也有助於讓他們贏得大選[226]。但是，當審訊在 4 月中旬開始舉行以及艾德華茲的**臥底教唆**身分暴露之後，這種情感效應頓時消滅於無形。

在他們的審判過程以及絞刑台上，西斯托伍德和他的同伴是靠著勇氣，甚至是逞強來支撐自己。（西斯托伍德唯一一次感到幻滅，是在審判前幾個星期，當時囚犯們行經倫敦市街，但是倫敦群眾卻沒有試圖搭救他們。）除了戴維森（一位「有色人」，來自牙買加，與循道宗有些關係），其他所有人似乎都是自然神派，並且拒絕監獄牧師的安慰。等候判決期間，有不止一名囚犯做了些大逆不道的詩句：

---

226 See Maccoby, op. cit., p. 366.

暴君們。你們飽貧民以驚嚇

　　剝奪他的權利，

提高肉品和麵包的售價

　　摧毀他的勞力。

你們不勞不作，

　　但有吃有喝；

你們不耕不耘，

　　也不想想貧民……

「我親愛的西麗亞，」英格斯寫信給他的妻子：

　　根據法律我必須死，把妳留在一個充滿腐化的國度。公平與
自由均已從這個國度逃逸，去了其他遙遠的國土……如今，親
愛的，我希望妳記住，讓我走上絞刑台的原因是一個純潔的動
機。我認爲我應該爲我挨餓的同胞、婦孺做一點事……

鞋匠布倫特(John Brunt)在判決之前，以無比大膽和坦烈的態度在
法庭上表示：

　　以前憑他的勤勞，每週可以賺到三或四鎊，那個時候，他從
來不理會政治；但是當他發現他的收入減少到每週十先令時，
他開始觀察他身處的環境……他發現了些什麼？天哪，那些掌
權的人，鎭日開會商量如何讓英國人挨餓，如何搶劫英國人。
他認爲曼徹斯特的處決簡直是可惡至極……他參加密謀是爲了

公益。他不是那種會中途放棄的人。哦不！他會一直幹到底……
他會像個堂堂的古不列顛人的子孫那樣從容就義……

西斯托伍德在絞刑台上，用他那強烈的林肯郡口音宣稱：「我希望所
有在場的人記住，我是爲了自由而死……」柯貝特在一篇動人坦誠
的敍述中，追憶起摩爾爵士(Sir Thomas More)的名字。目擊這次處
決的霍布豪斯，在其日記中寫道：

> 這些人像英雄般死去。英格斯有點太過吵鬧地唱著「不自由
> 毋寧死」，西斯托伍德說：「安靜點，英格斯，我們死的時候不
> 需要這些喧聲。」

群眾被隔離在距絞刑台相當遠的一段距離之外，無法搭救受刑人，
也無法聽到他們臨死前的演說。當受刑人的首級被舉起展示之際，
群眾報以瘋狂的憤怒——「現場聚集群眾的叫喊聲和詛咒聲遠超乎
任何想像。」[227]

「老激進運動」就此告終，它的行事作風，可說是 1790 年代的
雅各賓運動在十九世紀的延伸。(加圖街的鞋匠們，是最後使用「公
民」或其他雅各賓形式的一群。)我們有必要稍微糾正一下長久以來

---

227 西斯托伍德、英格斯、布倫特、泰德(Tidd)和戴維森於 5 月 1 日遭到處決。
另外五人判處流放。這部分記載乃根據：G. T. Wilkinson, op, cit., passim; H.
Stanhope, *The Cato Street Conspiracy*, esp. Ch. VI (for the rôle of Edwards);
Cobbett's *Political Register*, 6 May 1820; R. F. Wearmouth, op. cit., p. 71; *In-
dependent Whig*, 7 May 1820; Lord Broughton, *Recollections of a Long Life*,
(1909), II, p. 126; E. Aylmer, *Memoirs of George Edwards* (1820)。

將他們視爲一幫亡命之徒的傳統看法。西斯托伍德誠然犯了愚蠢之罪，他不該讓自己的徒眾在這麼明白的挑撥陷阱中喪生。(英格斯在受審時大叫：「我好像是一頭被趕進史密斯菲市場出售的小公牛。西德茂斯勳爵對這件事的所有細節已經知道了兩個月。」)他的種種計畫——奪取大砲和軍械庫、火燒兵營、在倫敦市長官邸成立臨時政府——只不過是幻想而已。他引用羅馬人對誅殺暴君者的辯護之辭，來爲他的謀叛行爲辯解。在他的審判會上，他宣稱：「曼徹斯特的人民因爲叛國之罪遭到處決，

> 布魯特斯和卡西烏斯卻因刺殺凱撒而被捧上了天；沒錯，當有任何人或任何一群人把自己置於國家的法律之上，那麼除了動用私刑之外，沒有其他方法可以讓他們受到制裁。

然而，就算加圖街謀叛這樣的事件眞的達到其立即目標，接下來的發展也很難預測。或許，有幾天，會爆發更大規模和更血腥的「戈登暴動」；接下來很可能是「白色恐怖」，在十幾個英格蘭和蘇格蘭市鎮重演彼得盧事件。西斯托伍德忽略了莎士比亞借布魯特斯之口所做的諷刺評語：

> 屈身，羅馬人，屈身，
> 讓我們把手浸在凱撒的血裡，
> 一直浸到肘，讓我們用他的血塗抹我們的劍；
> 而後我們邁步前進，到市場去，
> 把我們血紅的武器在頭上揮舞，
> 讓我們叫喊，「和平、自由和解放。」

但是，那些和西斯托伍德一塊受難的人，以及那些最有資格譴責他的愚蠢的人，似乎又是最效忠他的人。他的妻子蘇珊・西斯托伍德也不是等閒之輩，她是一名意志昂揚的雅各賓分子，冷靜而有智慧，隨時準備在辯護時扮演積極的角色[228]。我們並不清楚加圖街密謀事件和任何真正的全國性計畫關聯多深。在密謀者被捕後不久，發生了三起起義企圖，一起在格拉斯哥，兩起在約克郡。在格拉斯哥附近，4月5日和6日有一小群織工發起暴動(打著他們著名的旗幟：「蘇格蘭自由或一片荒漠」)，與軍隊在「朋尼木爾之戰」(Battle of Bonnymuir)酒吧爆發尖銳衝突，結果是三個人遭到處決。其中一個是詹姆斯・威爾遜(James Wilson)，他是一名「老雅各賓」；另一個則是哈迪(Keir Hardie)*[13]的祖先，兩位都是自修成功而且造詣非凡的人物[229]。起事者似乎認為，他們的行動是「同步起義」計畫的一部分——這個計畫涵蓋了蘇格蘭、約克郡、蘭開郡和卡來爾，也就是所有的織工根據地。

起事之前六天(1820年3月31日)，哈得茲菲附近的紡織業村落上演了一場猶豫不決的運動。如同慣例，修絨工與此事牽連甚深。在彼得盧之後，該地成立了數十個俱樂部，《黑矮人》、《自由之帽》

---

228 G. T. Wilkinson, op. cit., pp. 73-4; Cobbett's *Political Register*, 6 May 1820; Bamford, op. cit., p. 299.

*13 按：哈迪(1856-1915)，英國社會主義先驅，英國工黨的首位領導人。生於蘇格蘭，母親是未婚農僕。哈迪十歲開始便在礦場工作，1889年建立蘇格蘭工黨，1902年成為英國工黨的首任黨主席。

229 [Peter Mackenzie], *An Exposure of the Spy System Pursued in Glasgow* (Glasgow, 1832), pp. 71-232, and *The Trial of James Wilson* (Glasgow, 1832); A. B. Richmond, op. cit., p. 184.

和《曼徹斯特觀察者報》在俱樂部中廣爲流傳。一個曾經參加示威並負責掌旗(旗幟上寫著:「英國人站起來,捍衛你們的權利:獅子因危機而覺醒」)的修絨工作證說:11月原本有一場起義計畫,「這是一項調查的結果,調查的主題是在曼徹斯特進行的訴訟程序不符合他們的願望」。寫有「民主政治」的卡片被撕成二半,寫有「民主」的一半發給眾人,當他們收到寫有「政治」的那一半時,就是起事的信號。起義的目的是爲了「建立一個自由政府」。在起事烽火的信號下,有兩百名起事者帶著槍矛和長柄叉等武器前往預定地點集合,但由於其他團體沒有出現而做鳥獸散。最後一次暴動企圖發生在4月11日夜間,地點在巴恩斯來附近的格蘭吉荒原。在這個鎮上的亞麻織工和煤礦工人當中,有四、五十個激進派的「班級」,負責聯繫的是一個總代表委員會以及委員會轄下的七人祕密小組。他們在集會時的討論主題包括:

> 對窮人的壓迫、稅收和國債,以及對生活必需品抽取的重稅……還有內閣大臣們的腐敗,以及每年究竟從我們收入中抽出幾千鎊去支付他們的恩俸和職務。

巴恩斯來的激進分子預期北方和密德蘭各城鎮都會在同一天晚上起事。他們打算前往格蘭吉荒原,在那兒與其他代表團**會合**,然後展開進軍:

> 取道巴恩斯來、經過雪菲爾然後抵達倫敦。據說蘇格蘭人也會和我們在差不多的時間抵達里茲,或是比我們晚到一天。

現場聚集了大約有三百人，帶著鼓、武器、行軍糧袋（其中裝了三日的飲食）以及一面滾黑邊的綠旗，旗上寫著：「打人致死者，定會被處死。」負責前導的是兩名退伍士兵——孔斯提夫（Comstive，一名「滑鐵盧士兵」和一位「好作家」）和艾迪（Addy，戴著一頂象徵性的白帽子）。他們跋涉了十二哩的路程抵達格蘭吉荒原，一路上還加入了不少小團體，可是當他們於凌晨抵達時，卻看不到任何會合的跡象。等了一段時間之後，政府早有密謀的謠傳開始散布開來，於是他們驚惶逃散。孔斯提夫、艾迪和若干其他人，則因上述圖謀遭到流放。

謠言傳遍了整個製造業地區。一名巴恩斯來的織工在 4 月 7 日的日記上寫道：「根據報導，蘇格蘭人很快就會入侵英格蘭，並加入英格蘭激進派的陣營。」但是十天之後，他又寫道：三名極端派激進分子「離開英國，但是他們究竟去了哪裡卻是個祕密，雖然傳說他們是去了大海的另一邊」。4 月 14 日，一名叫做提亞士（Joseph Tyas）的織工，在哈得茲菲附近被捕，並在他妻子的帽子裡，搜到一封他寫給「我們蘭開斯特郡同志」的信件：

親愛的朋友們：

　　雖然你們遭到囚禁必定痛苦萬分，我們仍希望你們一切安好……我們在約克郡已二度奏樂，可是你們蘭開郡一次也沒，你們的樂師病了嗎？

　　可悲啊、可悲，可悲的約克郡，虧你們的改革者都那麼的真誠……格蘭吉荒原上大約聚集了三百人，他們整夜進軍，人手一槍，裝滿彈藥，這些可憐傢伙被那些短視近利者給騙了，你們如果看到這些勇敢的人，在帶著武器行走了十二哩之後，居

然發現沒有其他人依約前來會合，一定會很難過。他們的矛桿全都留在荒原上，刀片大多卸下了，除了三、四片因為綁得太牢卸不下來。這些可憐的傢伙意志高昂的等到天亮，既擊鼓又搥胸的，然而就是沒有任何人前來會合。大家都不知道該怎麼辦。他們無法想像怎麼返回巴恩斯來，但是除此之外眞的別無辦法，他們忍不住痛哭吶喊……

這封信的結尾是，「我希望我們能再次會合，一心一德……」[230]

《曼徹斯特觀察者報》告誡說：「我們一次又一次地警告我們的同胞……不要聽信任何**說他是某個遠方當局派來的代表**……的**陌生人**的話。」[231] 加圖街事件以加倍的力道讓改革者深深記取奧利佛事件的教訓。隨著集會遭到禁止，報章雜誌飽受攻擊，各個政治聯合會也開始解體。然而就在這個時候，另外兩起事件改變了這場運動的性質和方向。一是 1820 到 1825 年間的普遍繁榮。下跌的物價和充分的就業消除了激進派的憤怒銳氣。二是殘存下來的激進派新聞記者開始（幾乎是喘了一口氣似的）將注意力轉移到另一個奮鬥目標之上——捍衛卡洛琳王后（Queen Caroline）的名譽和王族權利 *[14]。

---

230 T. S. 11.4131 and 3573; Peel, *Spen Valley*, pp. 262-4 and *Risings of the Luddites* (1888 edn.), pp. 313-9; Bennett, *History of Burnley*, III, p. 380; H. O. 40.11/12.

231 *Manchester Observer*, 15 April 1820.

*14 按：卡洛琳王后（1768-1821）爲日耳曼布侖茲維克公爵的次女，1795 年嫁給當時的威爾斯王子（日後的喬治四世），成爲英國的皇太子妃。兩人婚姻不睦，卡洛琳於次年生下一女後即與喬治分居。1811 年喬治出任攝政，但卡洛琳卻被排斥在宮廷之外，於是卡洛琳於 1813 年前往歐陸，並在旅經義大利期間與佩爾加米（Bartolomeo Bergami）發生曖昧關係，醜聞四處謠傳，喬治乃從倫敦派遣密使探查此事。在卡洛琳決定於1820年返回倫敦之時，

喬治四世想以行爲不檢之名廢除她的后位，使她成爲「綠袋子」的
最新受害人。我們不需要調查王后一案的種種內幕。這起事件如同
放大鏡般，將激進派運動（以及效忠政府者）的種種缺陷逐一彰顯在
世人面前。在激進派看來，這起事件可誇耀的地方在於，它讓「老
腐敗」陷於最荒唐可笑的境地，而且只能退居防守之勢。它讓激進
派可以草擬各種諫疏、抗議和請願，來捍衛榮譽、貞節、正義和對
「國王的真誠依附」。它也使霍恩和克魯克香克有機會寫出他們最精
采淋漓的諷刺文章。柯貝特在 1820 年週復一週地用《政治記事周刊》
上的所有篇幅爲王后辯護。布魯厄姆、柯貝特和伍德聯手打理王后
的所有事務，甚至代她回答「來函」（這些來函很可能是他們所寫），
以致極端效忠政府的《約翰牛》(John Bull) 可以理直氣壯的指稱：「她
就像之前的杭特一樣，成了激進派的領袖」：

> 這些裝腔作勢、盲目投身於紊亂和暴動的傢伙，對王后根本
> 漠不關心，就像之前對待杭特那樣。她不過是根竿子，可以讓
> 他們舉起革命的自由帽。柏戴特一度是那根竿子……杭特則是
> 在王后出現之前的那根竿子。如今，王后陛下已被確立爲這個
> 黨派**名副其實**的紅帽之母(Mother Red Cap)。[232]

但是掛在王后頭上的已不再是「革命的自由帽」。「自由帽」已經在

已登上王位的喬治卻打算以優渥的恩俸說服她留在國外，但卡洛琳堅持回
國爭取王后的位置，於是喬治乃以卡洛琳行爲不檢的名義訴請離婚。雖然
離婚一案最後遭國會否決，但喬治仍決定不讓卡洛琳稱后，卡洛琳在受此
打擊之後一病不起，1821 年逝於倫敦。

232 *John Bull*, 24 December 1820 (cited in Maccoby, op. cit., p. 354.)

彼得盧和加圖街之間的某一點上掉落了。事實上，布魯厄姆、伍德和霍布豪斯在這場騷動中的突出表現，正預告了 1820 年代的新運動，將是在中產階級功利主義者和年輕輝格黨員的指揮下進行[233]。

對於英國政治傳統最具持久影響力的，或許不是加圖街或六法案，而是彼得盧。因為除了短期的反動之外，還可感受到長期的反響。第一，它讓中產階級的改革者和輝格黨人注意到，一旦他們失去了對無代表權之民眾的影響力，將會產生什麼樣的後果。即使連韋伯福斯也認為某些中庸派的改革者，或許應該挺身而出，「將群眾從杭特和西斯托伍德之輩的手中拯救出來」[234]。在 1819 年的喧鬧落幕之後，中產階級的改革運動確立了某些更果決的面貌。其次，戰後的騷動經驗，撼動了**舊體制**本身的信心；有些 1819 年的效忠派，到了 1820 年代已願意承認有限度的讓步是必要的。因此，甚至連曼徹斯特義勇騎兵隊的伯雷上校，也在 1820 年代發起活動，主張將國會席次從某些衰敗市鎮轉移給曼徹斯特[235]。在羅伯·皮爾這樣的人士心中，越來越認為製造業者與地主階級必須建立某種聯盟，以對抗工人階級。

然而，第三，彼得盧最持久的影響，在於當天事件的恐怖程度。1819 年時，效忠政府派的行動尚可在他們自己的階級當中找到許多辯護者，可是十年之後，即使在鄉紳之間，只要提起這次事件總是充滿著罪惡感。當它傳到下一代的時候，已變成一場**大屠殺**，一場

---

233 關於卡洛琳王后事件，參見 Chester New, *Life of Henry Brougham*, Ch. XIII; Halévy, *The Liberal Awakening*, pp. 80-106; Maccoby, op. cit., Ch. XX; Cole, *Life of Cobbett*, Ch. XVI。

234 Wilberforce, *Life*, V, p. 37.

235 See D. Read, op. cit., Ch. XI.

「彼得一盧」。由於這起事件的污名，我們可以說在「生而自由的英國人」的紀年表中，這場屠殺仍算得上是一種勝利。即使連老腐敗也心知肚明：它不敢再這麼做了。既然英國的道德輿論認為騎馬追趕和以軍刀斬殺未武裝的人民是法所難容的暴行，繼之而來的結果必然是公眾集會的權利獲得允准。罷工者或農業勞工或許仍會遭到粗暴的騎馬追趕或驅散，但是在彼得盧事件過後，官方再也不敢對和平的英國群眾使用同樣的武力。即使在對「活塞暴動」(Plug Riot, 1842)和「血腥星期天」(Bloody Sunday, 1887)的處置上，也可看到官方對暴力程度的小心控制。8月16日影響最深遠的一刻並不是發生在聖彼得場上，而是發生在稍後離開曼徹斯特的道路上。班福在焦急地尋找他的妻子之後，開始往回家的路上走去，沿路有數以百計毫無秩序的川流人潮湧往丘陵地區。在哈潑黑(Harpurhay)，他追上了數目龐大的密德頓和羅奇德爾的代表團：

　　我再次加入了我的同志，並將為數大約一千的他們組成行伍，我們配合著橫笛和鼓聲出發，搖著我們僅有的一面旗，就這樣，我們重新進入了密德頓城。

第十六章

階級意識

Class Consciousness

一、激進文化

　　與先前的激進年代和接下來的憲章年代相較，1820 年代這十年顯得出奇的安靜，是一段略微富裕穩定的社會和平時期。但是在許多年後，一名沿街叫賣蔬果的倫敦小販警告梅休：

> 當一切安靜、一切停滯的時候，人們便開始幻想。宣傳活動
> 也因之而起。當一切安靜的時候，種子默默發芽。共和主義者
> 和社會主義者正在推動他們的學說。[1]

這段安靜的時期，同時也是卡萊爾爭取新聞和出版自由，工會力量成長，結社法案廢止，以及自由思想、合作社實驗和歐文派理論不斷茁壯的時期。在這些年間，許多個人和團體致力於將我們前述的孿生經驗——工業革命的經驗與民眾激進主義起事和失敗的經驗——理論化。於是到了 1820 年代末期，當勞動人民在談論「老腐敗」與「改革」之間的激烈對抗時，已經可以把自己**當成一個階級**（as a class），以一種有自覺的新方式談論他們的利益和他們的苦況。

　　我們也可以將這些年的民眾激進運動形容成一種智識文化（intellectual culture）。特別是由自修者所展現的那種明確意識，尤其是一種**政治**意識。儘管十九世紀上半葉大多數人所受的正式教育不過是讀、寫、算術之類的基本能力，但那絕不是一段知識萎縮時期。許多市鎮，甚至許多村落，都洋溢著自修自學者的活躍氣息。在

---

1 Mayhew, op. cit., I, p. 22.

具備了初級的讀寫能力之後，勞工、工匠、小店主、辦事員和小學教師，便進一步以個別或團體的方式自我教育。他們所接觸到的書籍和講師往往都是支持改革派的論調。一個以舊約聖經爲教材學會認字的鞋匠，會辛苦地讀完《理性時代》；一名其所受的教育很少超出宗教訓誡的小學教師，會嘗試閱讀伏爾泰、吉朋和李嘉圖（Ricordo）等人的著作；各個地方的在地激進派領袖、織工、書商、裁縫，會努力收集激進派的期刊，並學習如何使用國會藍皮書；至於那些看不懂大字的勞工，也會每個禮拜定期前往酒吧，聆聽別人朗誦柯貝特的評論並進行討論。

於是，工人們藉由他們自己的經驗和好不容易得來的不穩定教育之助，對社會組織有了一套看法，而且主要是政治性的看法。他們了解到他們自己的人生是一場廣泛衝突史的一部分，衝突的兩造分別是定義不明的「勤奮階級」和未經改革的國會下院。自 1830 年代以降，依傳統的馬派觀點看來，一種定義較爲清楚的階級意識逐漸成熟，工人在這種意識的影響下，覺察到必須靠自己的力量繼續進行新舊兩場戰鬥。

我們很難概括說明十九世紀早期閱讀書寫能力的普及情形。在「勤奮階級」這端，是爲數一百多萬的文盲或其讀寫能力僅止於能拼出幾個辭彙或寫下自己姓名的人。至於另一端，則是學富五車之士。不過（我們應該謹記）一個人不會讀書寫字，絕不表示他無能參與政治討論。在梅休筆下的英格蘭，街頭賣唱的和「靠插科打諢販售雜誌的」仍然生意興隆。他們會根據市場的氣氛，以街頭鬧劇和街角諷刺詩文的方式，順著民眾的情緒用長篇的挖苦獨白和反覆的歌謠講述激進派或反教皇派的內容[2]。不識字的工人可能會走上幾哩路去聽激進派演講人的演說，就像他可以走上幾哩路去領受牧師

的講道一樣。碰上政治騷動時期，不識字的工人會請他們的同事大聲朗誦各種期刊，職工會館裡也會有人朗讀報紙新聞，而且在政治集會上，也有相當多的時間是花在朗讀講詞和通過一長串的決議案。熱切的激進分子甚至把擁有幾本他根本看不懂的好作品，視同擁有神奇的魔力。一名奇爾坦(Cheltenham)的鞋匠每個星期天準時會去拜訪亞當斯(W. E. Adams)，請亞氏朗讀「費爾格斯書簡」給他聽，不過這個鞋匠可是擁有好幾本柯貝特的著作，而且引以為傲地將它們仔細收藏在軟革皮箱中[3]。

　　最近的研究讓我們對這些年間工人階級讀者的情形有更多的了解[4]。簡而言之，我們可以說，在十九世紀早期，大約每三名工人當中有兩人具有粗略的閱讀能力，不過會寫字的比例就小得多。隨著主日學和日校的作用逐漸明顯，再加上工人本身的力求上進，文盲的人數也跟著下降，雖然在童工最嚴重的地區，這種下降速度有所遲緩。然而識字能力只是最基本的技能。掌握抽象觀念和連貫討論的能力絕非與生俱來，它必須在幾乎無可抵擋的重重困難——缺乏空閒、蠟燭〔或眼鏡〕的價錢，以及失學——之下予以發掘。激進運動早期所使用的一些理念和辭彙，對某些熱情的追隨者而言，其價值顯然是拜物的成分多於理性的成分。有些潘垂吉的叛徒認為，

2 See esp. Mayhew, op. cit, I, pp. 252 ff.

3 W. E. Adams, *Memoirs of a Social Atom* (1903), I, p. 164.

4 See especially R. K. Webb, *The British Working Class Reader, 1790-1848* (1955), the same author's article, "Working-Class Readers in Early Victorian England", *English Hist. Rev.*, LXV (1950); R. D. Altick, *The English Common Reader* (Chicago, 1957), esp. Chs. IV, VII, XI; and J. F. C. Harrison, *Learning and Living* (1961), Part One.

「臨時政府」（Provisional Government）更能充分地保障「食物飲料」（provisions）的供應；而根據 1819 年東北部一名礦工的記載，「許多礦工都以爲普選權（Universal Suffrage）指的是普遍受苦（universal suffering）……『也就是如果有一名礦工受苦，大家都必須受苦。』」[5]

關於十九世紀最初二十年間工人識字程度的問題，依照現有的相關證據，我們最好不要愚蠢地妄加概論。在搗毀機器運動期間（當時除了工人之外很少有人支持他們的行動），匿名文字的文學程度差異甚大，從「自由和她微笑的象徵」這種有自覺的頓呼法，到幾乎無法辨識的牆壁塗鴉不一而足。我們可以爲這兩種情形各舉一個例子。1812 年，薩爾福的驗屍官替一名在攻打波頓（Burotn）工廠的行動中遭到槍殺的工人驗屍，隨後在報告中判定波頓是「有正當理由的殺人」，於是有人警告這位驗屍官：

> ……你這可恨的諂媚者。如果波頓的不名譽行動是「有正當理由的」，那麼暴君的法律豈不成了合理的命令。——小心，小心！就算在史提京湖（Stygian Lake）裡泡上一個月，也無法將這件血淋淋的事實從我們心中洗去，它只會擴大我們所承繼的目標，並激起我們的義憤。[6]

這封信的末尾是「盧德作結」（Ludd finis est）*[1]。這封信提醒我們，

---

5 *Political Observer*, 19 December 1819.

6 另一封信（「依莉莎・盧德」致海依牧師函〔"Eliza Ludd" to Rev. W. R. Hay〕，1812 年 5 月 1 日）的開頭如下：「先生，您無疑對美洲的政治史相當熟悉。」兩封信皆收錄於 H.O. 40. 1。

*1 按：finis est 是拉丁文的書信結語。

曼徹斯特不但有一所文法學校（班福本人曾在此短期就讀），也有一些私立學校，工匠的子弟們可以在這些私立學校中學到足以寫出這類文章的拉丁文。另一份文件是在出現在柴斯特菲市場。它的目的大致相同，但（雖然作者沒有受過什麼教育）似乎更具說服力：

> 我要告訴你4月的時候會有六千人朝你走來到時我們會把國會大廈炸個稀爛把眼前的一切炸個稀爛／勞動人民再也受不了了／這些統治英國的該死歹徒但是不要緊當奈德・盧德這位愚人將軍到來時我們的人就快發動一次大革命到時所有這些大人物的頭都會掉下來。

這位「愚人將軍」(general nody)所許下的其他好處是：「我們會攻破監獄，把沉睡中的法官砍了。」[7]

批評家會告訴我們，這兩封信的差異不僅是風格文體的不同，也是感覺上的不同。我們可以猜想第一封信是出自一位戴眼鏡、有白髮的工匠之手——一位補鞋匠（或製帽匠或製儀器匠），他的書架上有伏爾泰、沃爾內和潘恩的著作，他同時也是偉大悲劇的愛好者。在1817年的政治犯中，有許多來自蘭開郡的這類工人，譬如七十歲的文字印刷工威廉・奧格登，他從獄中捎信給他的妻子：「雖然我身繫鐐銬，但我會像曾身陷同樣處境的偉大的卡拉克塔克斯(Caractacus) *[2] 那樣，去面對我的敵人。」又如另一名印刷工人約瑟・米契爾，他將三個女兒分別命名為美蒂亞(Mirtilla)、卡羅琳納(Caro-

---

7 H.O. 42.121.

*[2] 按：上古時期的不列顛酋長，曾在西元一世紀反抗羅馬統治。

lina)和柯黛麗亞(Cordelia)，在他繫獄時另一個女兒出世，他立刻寫信給妻子，要她將這名女娃取名爲波提亞(Portia)*3。或者如班福本人，他對妻子的指示更爲明確：「一名改革者的妻子應該成爲一位女英雄。」8我們幾乎可以確定第二封信的作者是一名煤礦工人或村落織襪工。它和1831年某位礦工在一名東北煤礦場視察員家中所留下的惡作劇書信十分類似——在一次罷工暴動中，這位礦工和一群夥伴闖入這名視察員的家中：

> 昨晚我待在你家，自由自在，舒舒服服。你沒有家人，而且在煤礦場上人單力孤，我知道你有很多房間，還有個大酒窖，裡面有一大堆葡萄酒和啤酒，我於是嘗了一些。我知道我們礦場上的工人大多有三、四個小孩，他們全擠在一間房子裡，而且房子連你酒窖的一半都比不上。我不想假裝自己懂得很多，但是我知道不應該有這麼大的差別。我們在週末唯一能去的地方就是你家，然後喝上一品脫的啤酒。我不想佔便宜，但是我知道這點，而且我的很多夥伴也知道，我們沒有得到我們應得的待遇。一位偉大的哲學家說：求知就爲了知道我們無知。但是我們這才剛剛發現，你們這些老闆和所有人要小心，因爲你們再也不能隨心所欲的想要什麼就要什麼，我們現在也要取回

---

*3 按：這四個名字皆源自拉丁文。其中的卡羅琳納是拉丁文中「查理」的陰性暱稱，柯黛麗亞是莎士比亞《李爾王》一劇中小女兒的名字，波提亞則是莎士比亞《威尼斯商人》劇中那位有錢的女繼承人的名字，以及《凱撒大帝》劇中布魯特斯妻子的名字。

8 H.O. 42.163; *Blanketteer*, 20 November 1819.

屬於我們的那些……[9]

薛文寫道:「就算聖經協會和主日學沒有帶來其他好處,它們至少造就了一項有益的成果——它們教會了數千名孩童如何識字。」[10] 從布蘭雷斯和她妻子的信件,加圖街密謀者的信件,以及其他政治犯的信件,我們可看出熟練工匠和那些只具有初步讀寫能力的工人,兩者在學識上的天壤之別[11]。在這兩個極端之間,則有類似強士頓士太太這樣的人物,她寫信給關在獄中的裁縫職工丈夫(「我親愛的強士頓」):

> 親愛的請相信我沒有一天或一小時我的心不是多多少少的記掛著你。我可以請萬能的上帝證明這是千真萬確的當我就寢時我會祈求上帝原諒我所有的敵人並讓他們改變心意……

雪菲爾細木工渥斯登荷姆寫給他妻子的信件,也屬於這一類:

> 我們的牧師借給我四冊傳教記事它們帶給我莫大的滿足知道上帝的神恩能被帶到遙遠的國度。

這封信寫起來可不容易,因為「我把眼鏡打破了」[12]。這些信件都是

9 R. Fynes, *The Miners of Northumberland and Durham* (1923 edn.), p. 21.

10 Sherwin's *Political Register*, 17 May 1817.

11 參見上文,頁 938、989-90。

12 H.O. 42.172. 這些通訊人急切地想要離開監獄,他們知道典獄長會察看他們的信件,因此特別喜歡在信中穿插一些饒恕、恩典和閱讀書籍以求改進之類的情節。

利用不常有的空閒寫成。我們幾乎可以看見渥斯登荷姆艱難地拼著他的辭彙，當他碰到「滿足」這個障礙時，還得停下來請教「認得很多字」的一名囚犯。強士頓太太可能曾經請教過（但很可能沒有）一位「職業的」寫信人，這種人存在於大多數的市鎮和村落，每封合乎格式的信件索價一便士。因為即使對能讀能寫的人，寫信也是一件不尋常的事。單是郵資的花費，就足以讓人久久才寫上一封。一封從北方寄往倫敦的信件，大概得花上一先令十便士，而我們知道強士頓太太和渥斯登荷姆太太，由於丈夫被關，日子過得相當窮困——強士頓太太的鞋子泡滿了水，但她不能再買一雙，因為她的丈夫被捕入獄。

　　加圖街密謀的所有犯人似乎多少都能寫些東西。鞋匠布倫特用法文給一些諷刺詩句加油添醋，詹姆斯・威爾遜則寫道：

> 這個原因讓布魯特斯振起手臂
>
> 以驚恐的心情攻擊暴君
>
> 這個原因讓勇敢的漢姆登為它而死
>
> 讓英勇的泰爾為它公然反抗
>
> 暴君的侮辱和驕傲。

不過另一名鞋匠泰德，卻只能寫出：「先生我的手在寫字方面很差。」(Sir I Ham a very Bad Hand at Righting) [13] 當然，我們不能把這些人當成「樣品」，既然他們涉足了政治活動，就表示他們是屬於閱讀激進派書報的比較有自覺的少數人。不過他們的例子可以警告我們，

---

13 See J. Stanhope, op. cit., pp. 161-7.

不要**低**估實際識字率的普及程度[14]。工匠是特例,他們是工人階級的知識**菁英**。然而在英格蘭各地,的確散布著許多為工人階級設立的教育機構,即便「機構」這個稱謂對那些由婦女們興辦的學校、那些由某個工廠跛子或受傷礦工設立的一週一便士的夜校,或主日學而言,是個太過正式的用詞。本寧山谷地裡的織工子女因為太窮,根本買不起石板或紙張,他們是用手指在沙盤上學會一個又一個的字彙。如果說有許多工人在他們成年的時候已經遺忘這些初級學識,但是在另一方面,反對國教派教會、互助會和工會的影響,以及行業本身的需要,在在都會加強和增進這類的學習。蓋樂威這位工程雇主在 1824 年報告說:

> 我發現由於我的營業方式主要是透過繪畫和文字描寫,因此除非那個工人會讀會寫,否則他對我沒多大用處。如果一個工人在申請工作時說他不會讀書寫字,我不會再問他任何問題……[15]

在絕大多數的工匠行業,職工和小雇主都會發現某種程度的閱讀和算術能力,可說是必備的職業條件。

在工人階級地區走動,沿街叫賣廉價小冊[16]、曆書、臨終演說和

---

14 從某些留存至今的最早期工會通訊——例如諾丁漢市立檔案館收藏的框架織襪工通訊——可以看出當時的識字率相當普遍。參見上文,頁 760-6。

15 *Fist Report. . . on Artizans and Machinery* (1824), p. 25.

16 凱特納奇(Catnach)的《瑟泰爾審判》(*Trial of Thurtell*),五十萬冊(1823 年);《考德的認罪和處決》(*Confession and Execution of Corder*),一百一十六萬六千冊(1828 年)。

(1816 到 1820 年間，以及之後的間歇時期)激進派期刊的，不僅有街頭走唱的，還包括一些所謂的「數字人」(number man)或「日曆人」(calendar man)。(有一名這樣的「日曆人」為「曼徹斯特的煽動派〔也就是輝格黨〕印刷商」考德瑞〔Cowdrey〕和布雷克〔Black〕從事旅行推銷，1812 年被治安法官逮捕，理由是他在書目上寫著：「打倒盲目的國王──盧德萬歲。」[17])戰後激進主義最教人印象深刻的特色之一，就是它持續不懈地致力推廣這類學識，並提高政治覺醒的層次。早在 1816 年 1 月，巴恩斯來便成立了一個屬於織工的每月一便士俱樂部，以購買激進派報章和期刊為宗旨。漢普敦俱樂部和政治聯合會費了很大的力氣成立了許多「讀書會」，並在較大型的中心，例如波特利斯的韓雷(Hanley)，成立常設的新聞室或閱覽室。這種新聞室和閱覽室從早上八點開放到晚上十點。賭咒發誓、講髒話和醉酒都得遭受處罰。每天晚上都有人「公開朗讀」倫敦的報紙。根據米契爾的說法，在 1818 年斯塔克港聯合會的閱報室裡，星期一晚上舉行班級領導集會，星期二是「道德與政治閱讀」，星期三是「會話或辯論」，星期四是教授「文法、數學等等」，星期六是社交夜，星期天則是成人和兒童教學日。在布拉克本，婦女改革協會的成員誓言「以我們最大的努力，將我們對腐敗暴虐的統治者的深仇大恨，灌輸到我們孩子的心中」。她們所使用的方法之一，就是教導「婦女改革者的子女使用壞字母」：「B」代表聖經、主教和偏執(Bigotry)，「K」代表國王、國王的罪惡、騙子和勒索者；「W」則代表輝格黨、軟弱、猶豫和邪惡。

儘管有 1819 年後的鎮壓行動，但是這種閱報傳統(有時新聞室

---

[17] H.O. 40.1.

是附設在激進派書商的店中)在整個 1820 年代依然持續不輟。戰後的倫敦咖啡館相當蓬勃，有許多便提供了咖啡館與閱報室的雙重功能。到了 1833 年，在多爾帝著名的「咖啡和閱報室」裡——附設於他的曼徹斯特書店內部——每個禮拜訂閱的報章不下九十六種，包括「拒貼印花的」非法報紙。在比較小型的市鎮和村落，閱讀團體就沒這麼正式，但他們的重要性並未因此或減。他們有時在酒館、「地下酒館」或私人住宅裡集會，有時則在工坊裡閱讀和討論期刊。在那段「對知識課稅」最重的期間，為因應期刊的高昂價格，工人採取了無數的**特別**做法，許多小團體把錢湊合起來購買他們所選擇的報刊。在改革法案騷動期間，南威治的鞋匠鄧寧(Thomas Dunning)與他的作坊同事一起和「我們的神位一體派牧師……訂閱《每週快郵》(*Weekly Dispatch*)，這份《快郵》的售價八又二分之一便士，外加四便士的印花稅。**一個**收入不好的鞋匠是買不起的……」[18]

　　激進派報刊的銷路起伏劇烈。在 1816 年 10 月到 1817 年 2 月之間，柯貝特的二便士小冊正值鼎盛時期，每週的銷量有四到六萬份，是當時其他各類競爭者的好幾倍[19]。《黑矮人》的銷量在 1819 年時大約是一萬二千份，雖然這個數字在彼得盧之後可能有所增加。接下

---

18 關於激進派的閱覽室，參見 A. Aspinall, *Politics and the Press* (1949), pp. 25-8, 395-6; Wearmouth, op. cit., pp. 24-5, 88-9, 97-8, 111-12。關於鄧寧，參見 "Reminiscences" (ed., W. H. Chaloner), *Trans. Lancs. Cheshire Antiq. Soc.*, LIX, 1947, p. 9。關於斯塔克港，參見 *Blanketteer*, 27 November 1819, and D. Read, op. cit., pp. 48 f.。關於布拉克本，參見 W. W. Kinsey, "Some Aspects of Lancashire Radicalism" (M. A. Thesis, Manchester 1927), pp. 66-7。

19 1822 年時，最主要的日報《泰晤士報》的銷售量為每日五千七百三十份，《觀察者報》為每週六千八百六十份。

來,由於印花稅(和激進運動嚴重衰退)的關係使得銷售量大幅下降,不過卡萊爾的期刊在 1820 年代的大半時期仍能維持數千份的水準。隨著「改革法案」騷動登場,激進派的報刊再度狂銷:多爾帝的《人民之聲》(Voice of the People)三萬份,卡萊爾的《鐵手套》(Gauntlet)二萬二千份,赫瑟林頓的《窮人守護者》(Poor Man's Guardian)一萬六千份,而另外十幾種小型期刊,例如奧布萊恩(O'Brien)的《破壞》(Destructive),也有數千份的銷量。高價期刊(從七便士到一先令)的銷售狀況在施行印花稅的那十年跌落谷底,不過廉價書籍和單本小冊的銷售成長大致彌補了前者的損失,這些書籍小冊包括《傑克蓋的政治屋》(十萬本)、柯貝特的《小屋經濟》(五萬本,1822-28)、《基督新教「改革」史》(History of Protestant 'Reformation')和《講道集》(Sermons)(二十一萬一千本,1821-28)。在這同一期間,大多數比較大型的市鎮都有一種以上(在倫敦有十幾種)的日報或週報,它們雖然沒有公開打著「激進派」的旗號,但其內容完全是迎合激進大眾。一些深具有影響力的經銷處,尤其是「基督知識促進協會」(The Society for the Promotion of Christian Knowledge)和「實用知識傳布協會」(The Society for the Diffusion of Useful Knowledge),由於察覺到**小資產階級**和工人階級的讀者出現巨幅成長,於是它們投下大筆的金錢和心力,設法將這些讀者的注意力轉移到比較安全和有益身心的事務之上[20]。

---

[20] 雖然我有點懷疑艾提克對《人民之聲》和《鐵手套》所聲稱的數字,但我還是接受他提供的數據(R. D. Althick, op. cit., pp. 381-93)。關於正統新聞出版業的比較數據,參見 Raymond Williams, *The Long Revolution* (1961), pp. 184-92。關於企圖以安全的勵志讀物取代激進出版品一事,參見 R. K. Webb, op. cit., Chs II, III, IV and J. F. C. Harrison, op. cit., Chs. I and II。

這便是雪萊在他的〈英國人民之歌〉(Song to the Men of England) 中所頌揚的文化,也是讓狄更斯的天才發酵成熟的文化——書攤四周、酒店、工廠和咖啡館裡,隨時進行著熱切的討論。然而如果認為當時有一個單一且沒有區隔的「閱讀大眾」,顯然是錯的。我們可以說當時有好幾個不同的「大眾」,彼此侵犯重疊,但卻是根據不同的原則組織而成。其中比較重要的幾個包括:(1)單純的商業大眾,他們可能在激進運動的興奮時期被當成獲利工具(布蘭雷斯和西斯托伍德的審訊實況,和其他的「臨終懺悔」同樣可以賣錢),不過對他們只能採用簡單的收益標準;(2)各式各樣以教會或技工協會為中心的有組織大眾;(3)各促進協會試圖接觸和救贖的消極大眾;以及(4)在六法案和知識稅的威脅下自行組織起來的激進派積極大眾。

韋克華(W. D. Wickwar)在他的《為新聞出版自由而戰》(The Struggle for the Freedom of the Press)一書中,精采而生動地道出上述最後一種大眾的建立和維繫過程[21]。這個世界上或許沒有另一個國家的新聞出版權抗爭,曾進行得這麼尖銳,這麼成功,又這麼特別認同於工匠和勞工的目標。如果說彼得盧(拜矛盾情感之賜)確立了公眾示威的權利,那麼「新聞出版自由」則是一場超過十五年的長期抗戰的成果,這場戰役的執拗愚妄、故意作對和大膽不屈,可說無與倫比。卡萊爾(一名錫匠,不過他曾在得文郡的艾希柏頓

---

[21] 他的記載時間涵蓋了 1817 至 1832 年,主要的關心重點放在這場戰鬥的第一階段——出版權戰鬥——特別與卡萊爾有關。這場戰鬥的第二階段——「拒付印花稅大戰」(1830-1850)——則主要是和卡本特(Carpenter)、赫瑟林頓、華森、克里夫(Cleave)和霍布森(Hobson)有關,但至今尚未有歷史學家予以重視,參見 C. D. Collett, *History of the Taxes on Knowledge* (1933 edn.), Ch. II, and A. G. Barker, *Henry Hetherington* (n.d.)。

〔Ashburton〕讀過一、兩年的文法學校)正確地看出，1819 年的鎮壓使得新聞出版權成為激進運動的主要支撐點。但是他和柯貝特及伍勒不同，他們主張修正自己的語氣以順應六法案，希望先謀求眼前的生存再徐圖日後的奮鬥(也因此而失去許多顧客)；然而卡萊爾卻是高舉全面挑戰的黑色旗幟，並像一艘輕巧的小海盜船般，直接朝政府和教會組成的聯合艦隊駛去。在彼得盧過後不久，他因出版潘恩的著作而遭受審判，當時整個激進派的新聞出版界一方面頌揚他的勇氣，一方面也認為他必敗無疑。在他熬過多年的牢獄之災終於重出江湖之際，先前那支聯合艦隊早已消失無蹤。他已經耗盡了政府的所有「砲彈」，並讓政府的**依據職權**起訴和特殊陪審團淪為笑柄。他已清楚地擊敗了由貴族、主教和韋伯福斯等人庇護援助的私人檢舉社團、憲政協會(或所謂的「橋街幫」〔Bridge-Street Gang〕，按：橋街為該會所在地)和抑制邪惡協會。

當然，卡萊爾並不是靠他一個人打贏這場勝仗。第一回合的戰鬥在 1817 年開打，當時最高法院的司法官員提出了二十六件觸犯煽動叛亂和褻瀆罪名的起訴，以及十六件依據職權的起訴[22]。那一年，勝利的光環是落在伍勒、霍恩，以及拒絕定罪的倫敦陪審團頭上。伍勒在法庭上為自己辯護。他原本就能言善道，也有一些出庭經驗，他以誇張的自由論者的態度，有效的為自己抗辯。兩場審判的結果(1817 年 6 月 5 日)分別是「無罪」和不太清楚的「有罪」(有三位陪審團成員對這項裁決有異議)，而「有罪」的判決後來又在高等法院

---

22 Wickwar, op. cit., p. 315. 有關依據職權告發——亦即實際上允許未經審判逕行監禁——這種特別不公平的起訴方式，參見 Wickwar, op. cit., pp. 38-9。

遭到推翻[23]。霍恩在 1817 年 12 月的三次審訊, 根據記錄看來堪稱最熱鬧也有趣的訴訟程序。霍恩是一名窮書商和前倫敦通訊協會的會員, 他遭起訴的罪名是褻瀆毀謗, 因為他發表了一些刻意模仿醜化教義問答、連禱文和使徒信條的作品。事實上, 霍恩只不過是個特別機智的政治諷刺文章的代表人物, 這種諷刺文章在兜售新聞的小販和說唱叫賣的雜貨販子之間, 早已行之有年, 而且各黨各派的人士, 從韋爾克斯到《反雅各賓》(Anti-Jacboin)的寫手, 也都以更複雜世故的手法加以運用。事實上, 霍恩根本不認為他的模仿諷刺文章值得冒險用在「自由」之上。在 1817 年 2 月鎮壓活動開始之初, 他就想把它們抽回來, 是因為卡萊爾重新刊印它們, 才逼得政府採取行動。下面是這類文章的一個例子:

> 我等駐守於財政部的主啊, 不論爾名為何, 願爾之權力得以延伸, 爾之旨意將承行於帝國各處, 如同於每次會期。我等望爾, 賜予我等尋常賄賂, 並寬恕我等在分組表決時偶爾缺席之罪, 如同我等承諾絕不寬恕那些分裂爾者。勿將我等從席位上逐下, 盼將我等留在下院, 那塊恩俸和富足之地, 切勿將我陷於人民之間。阿門。*4

霍恩因為籌不到一千鎊的保釋金, 而以有病之身入獄, 從 5 月一直關到 12 月。他已激起內閣閣員無比強烈的私人怒火, 因為他為他們取了一些永難忘懷的綽號:「老袋子」(Old Bags, 皇家大法官艾

---

23 *The Two Trials of T. J. Wooler* (1817).

*4 按: 此段文字乃模仿自「天主經」, 以收嘲弄之效。

爾頓)、「德立—當—三戟刑具」(卡斯爾雷)、「那個醫師」(西德茂斯)等。當大家聽說他將爲自己辯護時，都沒抱多大指望。但是霍恩在繫獄期間研讀了許多古往今來其他模仿詩文作家的作品，結果功力大增，並在第一場由阿保特法官(Justice Abbott)主持的審判中獲得無罪開釋。接下來兩天，年邁、患病和暴躁的最高法院院長艾倫博羅(Ellenborough)親自出審。在一頁又一頁的記錄上，充斥著艾倫博羅的打岔，以及霍恩對這位最高法院院長之作爲的冷靜斥責；霍恩高聲朗誦從不同出處摘選出來的模仿諷刺文章，而郡長則威脅要拘捕「第一個被我看到發笑的人」。儘管有艾倫博羅的無條件指控(「……以他的良知和他的上帝爲名，他宣稱這是最不敬和最瀆神的誹謗」)，陪審團還是兩度判決「無罪」，(據說)這件事讓艾倫博羅從此退休到他的病房，再也不曾重返法庭。自此之後(甚至在 1819 和 1820 年)，所有的遊戲模仿詩文和諷刺文字從不曾遭到檢舉[24]。

面對譏諷嘲弄，迫害很難有用武之地。事實上，這些年間的新聞出版之戰有兩件事情特別引人注目。第一件是霍恩、克魯克香克、卡萊爾、戴維森和班保等人是以取樂而非嚴肅的方式逗弄政權。(這個傳統後來由赫瑟林頓繼承，他有好幾個禮拜的時間以非常不倫不類的方式假扮成一名貴格派教徒，當著警察的面編輯他那本沒有繳交印花稅的《窮人守護者》。)以激進派出版商的身分入獄，不但不丟

---

24 *Second Trial of William Hone* (1818), pp. 17, 45; *Proceedings at the Public Meeting* (1818); F. W. Hackwood, *William Hone* (1912), Chs. IX-XI; Wickwar, op. cit., pp. 58-9. 一位靠插科打諢販售雜貨的老人告訴梅休，雖然霍恩獲得無罪開釋，但是要在街上「做」霍恩諷刺詩文的生意，還是很困難：「有一大堆官員和警察隨時準備抓人，而……想要討好上層的鳥嘴官(按：治安法官的貶稱)，也總會有某些方法來阻止他們……」

臉，反而是一件光榮的事。一旦幾個出版商有了不惜被關的心理準備，他們就會競相以各種新手段去挖苦其敵人最可笑的一面。激進派的英國人(尤以黑茲利特為最)對薛文重新挖出《華特•泰勒》(*Wat Tyler*)一詩興奮莫名，這首詩是騷塞年輕時不慎留下的共和言論。當時已榮登桂冠詩人的騷塞，率先發出疾呼，要求對新聞出版界的煽動言行加以遏止，他並希望法院發出禁令，禁止薛文侵犯他的版權。艾爾頓勳爵拒絕頒布禁止令，因為針對這篇「毀謗出版品之不當收益」的財產權，法庭無法給予禮遇。黑茲利特問道：「這不是有點奇怪嗎？當這位先生以《華特•泰勒》這首詩的作者的身分受到禁止的同時，他卻提議以限制言論自由的律法來對付我們，他是想以實際的力量來彌補他議論的不足嗎?」[25] 不過在另一方面，(當時接下薛文事業的)卡萊爾卻對騷塞申請禁令被拒一事樂不可支，因為在開始營業的困難時期，這首詩的銷售是他最主要的收益來源。他在六年之後寫道：「榮耀歸於你，喔，騷塞！當其他政治出版品率皆失敗之際，《華特•泰勒》依然是贏利之源。世人並不知道他們對騷塞的負欠。」[26]

盜印《仙后麥布》和《審判的景象》(*Vision of Judgement*) *5，

---

25 Hazlitt, *Works*, VII, pp. 176ff. 黑茲利特打趣說：「騷塞先生不應申請對《華特•泰勒》下禁令，而應申請對柯立芝先生下禁令，因為柯氏在他的《信使報》中為騷塞辯護。」

26 Sherwin's *Republican*, 29 March 1817; Carlile's *Republican*, 30 May 1823.

*5 按：《仙后麥布》是雪萊的詩作，該詩運用英國的傳奇故事來表達他對正統的政治、經濟和宗教等方面的抗拒。《審判的景象》是拜倫最精彩的諷刺詩，該詩刻意模仿騷塞讚美英王喬治三世的桂冠詩，並加以歪曲而成。全詩堪稱以銳利機智傷人的諷刺傑作。

也是這種嘻笑策略的一部分。沒有任何一位英國國王比卡洛琳王后
騷動期間的喬治四世被描繪得更可笑、更不堪，尤其是在霍恩和克
魯克香克所著的《國王惡政的神授權利》(*Right Divine of King to
Govern Wrong*)、《王后的婚姻之梯》(*The Queen's Matrimonial Lad-
der*)，以及《月亮上的人》(*The Man in the Moon*)。同樣由這兩位
作者所寫的《掌摑史洛普和橋街幫》(*Slap at Slop and the Bridge-Street
Gang, 1822*)*6，模仿接受政府津貼的《新泰晤士》的格式，上面還
印有仿冒的報紙印花，印花的設計是一隻貓爪和一句箴言：「他的爪
子什麼都打。」上面刊登了假廣告和假的出生死亡名單：

結婚啓事

憔悴的「暴政王子陛下」與式微的「最高古物公主」——十
八個世紀的**無知**——舉行婚禮。結婚禮服設計絶佳。

在卡萊爾於監獄中持續奮鬥之際，諷刺詩文的作者也以強大的火力
攻擊他的原告。

　　第二個特別之處是，不論政府如何攻擊，自由主義和憲政主義
的傳統始終強韌不屈。這不僅讓他們得到許多意料之外的支持——
在霍恩的捐助單上，排名前幾位的分別是一位輝格黨公爵、一位侯
爵和兩位伯爵——也顯示出統治階級本身的不安。從王座法庭刑事

---

*6 按：史洛普是霍恩爲史托達(John Stoddart)取的綽號，史托達是一名前激進
　派分子，後來投入敵營，成爲保守派的《新泰晤士》的編輯。《掌摑史洛普》
　一書包括二十六幅克魯克香克的版畫，其中有多幅是以彼得盧大屠殺爲主
　題。

部司法官員的報告看來，所有的政治審判最明顯的共通特色，就是他們在訴訟程序上的謹慎。特別是他們深知陪審團制度是不可靠的（就他們的目的而言）。根據 1792 年通過的弗克斯「誹謗法案」，陪審團不但是誹謗罪的裁判官，同時也是出版犯罪的裁判官；而且不論法官如何想把這項法案擱置一旁，它都意味著在實際上是由這十二個英國人決定這個案子的「誹謗」程度，是否已危險到應該把犯人關進監獄。一次失敗的政府起訴對官方士氣所造成的打擊，可能要連續三次起訴成功才能恢復。即使是在 1819 到 1821 年間，當時政府和檢舉社團幾乎是所戰皆捷[27]（部分是由於它們擅於運用司法資源和他們對陪審團的影響力，部分則是因為卡萊爾當時正處於高度興奮狀態，而且很快就將戰場從煽動叛亂轉移到褻瀆上頭），它也稱不上是「極權主義」或「亞洲式」的專制主義。審訊報告在大眾之間廣為流傳，內容包括被告之所以被判有罪的段落——有時甚至還記載了被告在法庭上宣讀的所有文字。卡萊爾繼續沉著冷靜地從獄中編纂他的《共和分子》，而他的零售商，則在監獄中實際編纂另一份期刊，以之做為自我上進的手段。伍勒的《黑矮人》在 1824 年敗下陣來，但是柯貝特依然屹立不搖。他在 1820 年代早期的確遭到強烈壓制。他不喜歡卡萊爾的共和主義和自然神論，也不喜歡他們把持了大型中心的工匠；他越來越退居鄉間，並與工人階級運動保持距離。（1821 年，他出版了第一期的《走馬農村》〔*Rural Rides*〕，他的天才似乎終於在此找到它命中注定的形式和內容。）然而，即使是隔著這樣的距離，《政治記事周刊》始終存在在那兒，它的專欄——如同《共和分子》的專欄——依然為揭露從波德敏（Bodmin）到

---

27 在這三年之間，總計有一百一十五次起訴和四十五次依據職權的告發。

柏維克(Berwick)*7 的所有迫害案例敞開大門。

這場抗爭的榮耀並不屬於任何單一階級。約翰‧杭特和塞爾華(如今已成爲堅定的中產階級溫和派)曾受到「橋街幫」的騷擾；渥斯來爵士、柏戴特和哈利森牧師，也都曾因煽動叛亂罪被捕入獄。但是卡萊爾和他的零售商，卻是向官方進行了最大程度的挑戰。主要會戰已在 1823 年結束，雖然在 1820 年代晚期到 1830 年代初期有過另一波的起訴風潮，而相關的褻瀆案件也一直拖沓到維多利亞時代。卡萊爾的最大罪行就是他持續以毫不在乎的態度不斷出版潘恩的《政治文集》(Political Works)和《神學文集》(Theological Works)——這些作品雖然在各個城市的「老雅各賓」圈子裡流傳不輟，但早在 1792 年潘恩的**缺席審判**和拿破崙戰爭期間義頓的運續受審之後，就已被列爲禁書。隨著這場戰役的進展，他的罪名也一天多過一天，比方說他從自然神論轉變成無神論，又比方說他不時挑動民眾的情緒(例如提倡暗殺[28])，關於這點不管從哪個角度，都足以爲他招來起訴。他是個不屈不撓的人，但卻不是個受人喜歡的人，而且他的牢獄生涯也沒讓他有任何改進。他的力量是建基在兩件事情之上。第一，他不服輸，甚至不承認有失敗的可能。其次，他有工匠文化做爲後援。

第一點並不像說起來那麼簡單。越是有決心的人，往往越容易(例如在 1790 年代)沉寂或失敗。卡萊爾特有的那種決心(「艦隊街的鋪子絕不會理所當然的關門」)，對官方而言的確是特別難對付。不

---

*7 按：波德敏位於康瓦耳地區，是英格蘭的西南端；柏維克位於英格蘭與蘇格蘭交界區，地處英格蘭的東北端，此處的引申義爲英格蘭全境。

28 見下文，頁 1075。

論官方在法律上有多少根據，他們的起訴總是會飽受非難。但是在六法案的規定下，他們有權**放逐**觸犯煽動叛亂罪的作者——即便這些作者的罪行比卡萊爾遭到的判處和他驕傲坦承的罪名輕上許多。然而為了維繫當時的脆弱平靜，加上憲政主義者主張限制權力濫用的輿論壓力，因此即便在 1820 年，政府也不曾動用六法案當中的這項條款。除去放逐一途，想要讓卡萊爾閉嘴就只剩下兩個方法，一是將他斬首，二是比較可行的單獨監禁。但是有兩個理由讓政府沒有採取上述的極端措施；第一，到了 1821 年時，這類措施似乎沒那麼**必要**，因為加重印花稅的做法已經生效。其次，在經過第一回合的交手之後，他們明白就算真的讓卡萊爾閉嘴，也會立刻有十幾個新的卡萊爾接替他的位置。事實上，最初的兩個接替者還真的都**姓**卡萊爾——他的妻子和他的妹妹。接著，「零售商」挺身而出。根據一項記載，在這場戰役結束之前，卡萊爾一共得到一百五十位志願者的協助，這些人——零售商、印刷業者、報販——的囚禁時間加起來超過兩百年。《共和分子》刊登廣告徵求志願人士——「有空閒、能力，並願意在卡萊爾將軍的軍團服務」的人：

> 最需要清楚說明的是：響應這項號召的志願者，必須是出於對宣傳主義的熱愛，以及願為這個目的犧牲自由的精神……**而非出於獲利**；因為——儘管卡萊爾承諾盡他最大的力量給予這類人士最佳的支持——這項任務應該會讓許多人身繫圇圄，而他不管在現在或未來，都沒有足夠的財富可以保證每週給予任何固定數目的金錢……[29]

---

[29] Wickwar, op. cit., p. 231.

由這個時候開始，艦隊街的「理性殿堂」很少有一天以上沒人租用。前來此地的男男女女，幾乎都與卡萊爾素不相識。他們就這麼從倫敦前來，或是搭乘郵車從林肯郡、多塞特、利物浦和里茲前來。他們是來自一個文化。

這不是屬於織工或泰因河畔礦工的那種「工人階級」文化。在這場戰鬥中表現最傑出的人士，包括書記、零售商，和一位農夫之子；由鞋匠改行的書商班保；在里茲的一名乾貨商那裡「管理一匹乘馬」的貨棧工人詹姆斯・華森(James Watson)；由修絨工(也是里茲)轉行書商的詹姆斯・曼恩。這個思想傳統有部分是源自雅各賓時代，這個圈子一度曾繞著戈德溫和瑪麗・華斯頓克拉夫特，或是倫敦通訊協會的會員打轉，它的最後一任發言人瓊斯，則是卡萊爾最忠實的支持者之一。不過它也有部分是屬於新的傳統，受惠於邊沁日益增長的影響力，以及「主張信仰自由的基督徒」和神位一體派的教徒，例如福勞爾和佛克斯(W. J. Fox)。它接觸到「週日報紙主編和索立協會(Surrey Institute)講師」那種精力充沛的次文化，這種文化是《布萊克伍德雜誌》(*Blackwood's*)*8 和文學正統團體所不屑的。這個次文化的成員包括小學教師、醫學院的窮學生，或閱讀拜倫和雪萊的作品以及《檢查者》的政府公僕。在他們之間「時興的」不是輝格黨或托利黨，而是「由每一個抽象之人深思熟慮過的對與錯」30。

---

*8 按：由蘇格蘭人布萊克伍德創辦的文學和政論性刊物，原名《布萊克伍德愛丁堡雜誌》，是托利黨為了對抗輝格黨的《愛丁堡評論》而辦。1817 年創刊於愛丁堡，小說家艾略特的第一部作品就是在此發表。

30 濟慈致其弟喬治函，1819 年 9 月 17 日(*Works*, 1901, V. p. 108)。信中繼續寫道:「這使得書商卡萊爾的事業成為我心中的偉大時刻。他持續不懈地販售

　　將這個文化貼上**資產階級**或**小資產階級**的標籤幾乎沒有任何意義，雖然卡萊爾的確具有超乎其身分的強烈個人主義，而個人主義（在一般人眼中）正是小資產階級的文化特色。比較接近事實的情形似乎是：原本（在拿破崙戰爭期間）大致局限於激進派知識分子的理性啟蒙運動，如今已掌握在工匠和一些技術工人（例如許多棉紡紗工）手中，他們以傳播福音般的熱誠，想要把它傳給「數量不限的大眾」——這種宣傳的熱誠是邊沁、老穆勒或濟慈所沒有的。在卡萊爾戰役的支持者名單上，倫敦人佔了壓倒性的多數，其次是曼徹斯特和里茲。工匠文化最重要的成分就是自修獨學。華森在回憶他的獄中歲月時表示：「在這一年當中，我興味盎然地讀了吉朋的《羅馬帝國衰亡史》、休謨的《英國史》（*History of England*）和摩希姆（Mosheim）的《教會史》（*Ecclesiastical History*），並覺獲益良多。」[31] 工匠是卡萊爾「探求協會」（Zetetic Societies，以及日後的「圓廳」〔Rotunda〕）的核心成員，他們強烈質疑當時的主流文化，一個不許他們擁有權力和知識，並以訓誡和宗教短文來回覆他們的抗議的文化。啟蒙運動的作品賜與他們揭露真相的力量。

　　就這樣，一個越來越富有工人階級特色的閱讀大眾，被迫**將自己組織起來**。戰爭和戰後那幾年，新聞出版界分裂成「御用」派和激進派兩個彼此對立的極端。1820 年代，大多數的中產階級書報雜誌，都已掙脫了政府的直接影響，並多少利用了柯貝特和卡萊爾已

自然神論的小冊子，出版潘恩的著作，和其他許多被視為瀆神恐怖的作品……畢竟，他們怕起訴他。他們害怕他的申辯，因為他的申辯辭將會發表在大英帝國境內的所有報紙上。他們對此驚懼不已。卡萊爾的審判將會燃起他們無法熄滅的大火。你不認為這是極重要的時刻嗎？」

31 W. J. Linton, *James Watson* (Manchester 1880), p. 19.

經贏得的優勢。《泰晤士報》和布勞厄姆勳爵——他對「貧民出版品」
(pauper press)的厭惡程度可能不下於艾爾頓勳爵(雖然理由不同)
——賦予「激進主義」一辭一個相當不同的意含:自由貿易、廉價
政府和功利主義改革。它們在某種程度上(雖然絕非全部)接收了激
進派的中產階級讀者——小學教師、外科醫生和小店主,其中有些
人曾一度支持柯貝特和伍勒——於是到了1832年,英格蘭實際上有
兩個激進派大眾:一個是中產階級的激進派,他們殷切指望著「反
穀物法聯盟」(Anti-Corn Law League);另一個是工人階級的激進
派,他們的新聞業者(赫瑟林頓、華森、克里夫〔Cleave〕、洛維特、
班保、奧布萊恩)已經讓憲章運動醞釀成熟。在整個1820年代,工
人階級的出版品都在印花稅的沉重壓力下辛苦掙扎[32],而柯貝特則
依然與平民運動而非中產階級運動維持鬆散不定的依附關係。漸漸
的,這兩者的分野不再是不同的「改革」策略(因為中產階級的改革
者偶爾也會在語氣上與他們的工人階級對手出現同樣的革命味道),
而是不同的政治經濟學觀念。我們可以在1830年的農場勞工「叛變」
中看出這種分野,當時《泰晤士報》(柯貝特所謂的「血腥的舊時代」
〔Bloody Old Times〕)帶頭要求應該給暴動者一些教訓,而柯貝特和
卡萊爾則是雙雙再度因為煽動性的作品而遭起訴。

　　1830和1831年,黑色的違抗旗幟再次高舉。柯貝特找到一個法
律漏洞,重新大肆發行他的《二便士垃圾》。不過這次負責打前鋒的
是印刷工人赫瑟林頓,他的《窮人守護者》以一部手工印刷機做為
象徵,上面寫著「知識就是力量」的格言,報紙的刊頭是:「以違法

---

[32] 1830年時,這類稅收包括:每份報紙或周刊要貼上四便士的印花;每則廣
　　告抽稅三先令六便士;一筆小額的紙稅;以及一筆針對毀謗訴訟的擔保金。

發行來考驗反對『權利』的『權力』」。在發刊辭中，他逐一列舉他打算違抗的法律：

> ……《窮人守護者》……將包含「新聞、情報和事件」、「即時評論和觀察」，以及「由教會和政府照管的事務」，以便決定性地「激起人民對這個國家『依法』建立之政府和憲法的痛恨和輕視」，並且「抨貶宗教的『弊端』」……

它也公然反抗印花稅立法的每個條款，

> 或任何其他的法案，完全不把任何暴君或暴虐集團的「法律」、意志和快樂放在眼裡，以及上文中所提及的任何事情，或與此違逆的……任何其他事項。

他在第四期的刊物上登了一則「求人」廣告：徵求「數百名失業、而且沒有任何東西可以損失的貧民……將這份雜誌推銷給那些貧苦和無知的人」。他不僅找到許多志願人士，並讓其他數十份拒付印花稅的報紙紛紛冒出，尤其是卡萊爾的《鐵手套》和霍布森(Joshua Hobson)的《西來丁之聲》。到了1836年，這場戰鬥大致已告結束，它已為憲章派的出版品清完路障。

但是「偉大的拒付印花稅報刊」指的特別是工人階級的出版品。《窮人守護者》和《工人之友》(Working Man's Friend)事實上是全國工人階級聯盟的喉舌；多爾帝的《窮人的擁護者》(Poor Man's Advocate)則是工廠運動的機關報；霍布森先前是一名手搖織布機織工，他以自己的雙手製作了一部木製的手工印刷機；奧布萊恩的

《破壞》則是有自覺的企圖建立工人階級的激進理論。這些排得密密麻麻的廉價小周刊，刊登了這些年間總工會運動的偉大奮鬥、1834年的停工風潮，以及托帕朵事件的抗議消息，同時也對社會主義與工會理論進行了仔細的辯論和說明。關於這個時期的研究已超出本書的範圍，那時的工人階級已不是正在形成中，而是(以其憲章運動的形式)已經形成。我們所必須注意的是，這場為爭取新聞出版自由的戰鬥，究竟在什麼程度上可說是形塑這個運動的核心影響力。大概有五百人為了生產和銷售這些「拒付印花稅」出版品而遭到起訴[33]。從 1816 年(事實上是從 1792 年)起到 1836 年為止，這場戰鬥牽連的不只是編輯、書商和印刷業者，也波及到數以百計的售報者、沿街叫賣的小販，以及志願的經銷商[34]。

迫害行動年復一年地繼續下去。1817 年，有兩個在斯洛普郡(Shropshire)販賣柯貝特小冊子的人，被一名神職治安法官依「流民法案(Vagrant Act)加以……逮捕……並被**綁在笞刑柱上狠狠的鞭打**」；同年，在普里茅斯、艾克斯特、黑鄉、牛津和北英格蘭，都有沿街叫賣的小販遭到處罰；1819 年，甚至有一名得文郡村落的西洋鏡小販也受到牽連，因為他秀了一張彼得盧的版印。這些人被囚禁的時間很少超過一年(售報者往往只關上幾個星期便獲釋放，沒有審訊)，不過囚禁對這些受害人所造成的影響可能比那些更廣受矚目的編輯們來得嚴重。他們被丟進髒亂不堪的「感化院」，往往上了手鐐

---

33 曼徹斯特書商海伍(Abel Heywood)認為這個數字應該是七百五十。

34 「真正的實用知識」傳布協會(Societies for the Diffusion of "Really Useful Knowledge")為協助「拒付印花稅」運動而成立。See *Working Man's Friend*, 18 May 1833.

腳銬，而且通常不具備任何的法律知識或辯護的方法。除非柯貝特、卡萊爾和某些激進派人士注意到他們的情形，否則他們的家人很快就會面臨斷炊，並因此被送進濟貧院[35]。事實上，這場自由之戰是在小型中心進行得最爲慘烈。在曼徹斯特、諾丁漢或里茲，都有激進派的小圈子和聚會所，隨時可以援助受害人。至於在市集城鎮或工業村落，那些在 1820 年代訂閱柯貝特或卡萊爾刊物的補鞋匠和小學教師，恐怕是逃不了被監視或間接迫害的命運。（訂閱柯貝特《政治記事周刊》的鄉村讀者，經常是根本收不到東西——它們在郵寄的過程中「遺失了」。）整套的銷售模式連同它自己的民間傳說，皆以好戰出版品爲核心茁壯發展。有人告訴梅休，沿街叫賣的小販爲了避免被扣上「販售」《共和分子》的罪名，轉而改賣麥稈，然後把這份報紙**送給**他們的顧客。在「拒付印花稅報刊」盛行的那幾年，史班谷地的居民只要把一便士丟出窗外，報紙就會自動「出現」。在其他地方，人們則是趁晚上溜出巷子或越過田野，到大家都知道的地點購買。有不止一次，這些「拒付印花稅」的出版品被放在棺材裡面，然後在一群虔誠的宗教信仰自由者的護送下，從有司官員的面前偷渡進城。

我們可以舉兩個零售商的例子。第一個例子是一名作坊女工，

---

35 See Wickwar, op. cit., pp. 40, 103-14. 並請參考史溫德斯（Robert Swindells）一案，在他因囚禁於柴斯特城堡期間，他的妻子和幼兒因無人照顧而死，而他其餘的小孩則被安置到貧民院（*Second Trial of William Hone*, 1818, p. 19.）；以及華靈頓的麥樂和皮林的例子，他倆在普雷斯頓監獄中與重刑犯銬在一起關了十九個星期，然後押赴倫敦最高法院受審——全程共二百哩，他們必須徒步前往——然後審判又移回蘭開斯特（又走上二百哩回來）——最後獲得開釋。

她提醒我們在這些理性主義者和歐文派的圈子裡，女權的訴求（自1790 年代之後幾乎銷聲匿跡）再度抬頭，並逐漸由知識分子延伸到工匠當中。卡萊爾家的婦女之所以被審被關，主要是出於忠誠，其次才是為了信念。但是萊特太太（Mrs. Wright）的情形就大不相同。萊特太太是一名諾丁漢的蕾絲修補工，她是支持卡萊爾的志願者之一，並因出售他的一篇「講詞」遭到起訴。這篇講詞含括了他素來倡導的那些意見：

> 一個代議制的政府不久便會將我們的教堂和小禮拜堂轉變成科學的殿堂，並……以重視哲學家取代僧侶。我認為國王治術和僧侶治術是社會的致命傷……這兩大邪惡攜手合作，摧毀我們的身心健康，並粉飾我們的現世苦痛，後者想要以永恆幸福的希望來欺騙我們。

她在法庭上為自己做了長篇大論的辯護[36]，而且幾乎不曾被打斷。在辯護即將終結的時候，

> 萊特太太要求庭上允許她退席，好替她正在啼哭的嬰孩餵奶。庭上准其所請，她退席二十分鐘。在她往返於城堡咖啡館的途中，數以千計的聚集人群為她鼓掌歡呼，大家鼓勵她別灰心喪志，要堅持到底。

不久，她就帶著她六個月大的嬰兒在一個 11 月的夜晚被關進新門

---

36 卡萊爾為其大多數的零售商撰寫了長篇的辯護辭，她的情況很可能也一樣。

監獄，獄中只有一張蓆子別無他物。像萊特太太（和里茲的曼恩太太）這樣的女人，不但經常遭到起訴，還會遭受政府派出版品的憤怒辱罵或間接諷刺。「這個不幸和無恥的女人，」《新泰晤士》寫道：由**好幾名婦女**侍候，「這種情形還不足以震驚每個好沉思的心靈嗎？」她是一個「被放棄的生命」（這個形容詞通常是用來形容妓女），「她拋棄身爲女性的所有廉恥、恐懼和莊重」。她以「極端惡劣的示範」，敗壞了其他母親的心智：「這些以婦女的外貌站上街頭的怪物，冷面無情地在光天化日之下公開鼓勵和支持下流、可怖和粗鄙的褻瀆行爲——**這是基督世界史上的頭一遭**」。卡萊爾寫道：她是一個「非常虛弱但勇氣十足」的女人[37]。

因爲販售書報而遭到最長期囚禁的，大約首推馬克茲菲的製帽匠史萬（Joseph Swann）。他在 1819 年被捕，罪名是出售宣傳小册和一首煽動叛亂的詩作：

> 除去你的鐐銬；踢開奴隷之軛；
>
> 立刻行動，立刻，要不你的鎖鏈將永遠無法開卸；
>
> 趕快站起來，給它致命一擊。

他和其他重罪犯銬在一起，從一所監獄轉押到另一所監獄，最後的判決是：煽動叛亂罪求處兩年監禁，褻瀆誹謗罪兩年監禁，煽動誹謗罪六個月監禁，而且必須連續服刑。當這些荒誕的判決宣讀完畢之後，史萬舉起他的白色帽子詢問治安法官：「你說完了嗎？就只有

---

[37] See Wickwar, op. cit., pp. 222-3; *Trial of Mrs. Susannah Wright* (1822), pp. 8, 44, 56; *New Times*, 16 November 1822.

這些嗎？我還以為你已經準備好粗麻繩要吊死我呢！」他的妻子也曾遭到短暫拘捕（因為繼續販賣小冊子）；她和她的四個孩子靠著每週九先令的濟貧津貼，再加上卡萊爾和柯貝特的一點接濟勉強度日。柯貝特個人尤其對史萬一案深感興趣，當卡斯爾雷自殺身亡的消息傳開時，柯貝特是在給史萬的信上寫下他那興奮狂喜、拐彎抹角的訃聞：「**卡斯爾雷已經刎頸自殺身亡。讓那個聲音傳到你地牢的深處**……給你受苦的靈魂帶來安慰！」在他四年半的徒刑期滿之後，史萬「走過柴斯特城堡的大門……他的思想頑固依舊」，並重操他的製帽舊業。但是他並未就此免除司法的騷擾。1831 年 11 月，《窮人守護者》報導了史萬在斯塔克港治安法庭的應訊過程——他被控販售「拒付印花稅」的出版品。法庭主席克拉刻上尉（Captain Clarke）問他，有沒有什麼要為自己辯護的：

> 被告：是的，大人，我失業有一陣子了；我找不到工作；我的家人全都在挨餓……還有另一個原因，也是最重要的原因；我賣它們是為了我同胞的利益著想；為了讓他們知道他們的意見是如何在國會裡遭到誤導……我希望讓大家知道他們是怎麼受騙上當的……
>
> 法官：暫時閉上你的嘴。
>
> 被告：我不！因為我希望每一個人都讀到這些出版品……
>
> 法官：你簡直是太放肆，我判你在那茲福（Knutsford）感化院囚禁三個月，去做苦工。
>
> 被告：我對你沒什麼好謝的；只要我被放出來，我就會再次沿街叫賣它們。而且**你要小心**〔他瞪著克拉刻〕，我第一個就會到你家叫賣……

接著史萬就被用力拖下被告席[38]。

　　在二十世紀的民主修辭中，這些男女大多遭到遺忘，因爲他們魯莽、粗鄙、過於熱心或「著迷」。繼他們之後，一些接受津貼的「改善」工具——《便士雜誌》(*Penny Magazine*)和《星期六雜誌》(*Saturday Magazine*)(他們的販售者無一遭到起訴)——隨之跟進；然後又出現了商業性的出版品，後者的資源更多，不過一直要到1840和1850年代才開始眞正擄獲激進派的讀者。(即使到那個時候，平民大眾的書報雜誌——克里夫、豪威特、錢伯斯〔Chambers〕、雷諾茲〔Reynolds〕和羅伊〔Lloyd〕的出版品——依然是承襲自這個激進派的背景。)這場抗爭有兩個後果是我們特別可以注意的。第一點(也是最明顯的一點)是，在1830年代臻於成熟的工人階級意識形態(它經歷過各種不同的轉變並延續下來)，異常重視出版、言論、集會和個人自由等權利。「生而自由的英國人」這個傳統，當然是古老得多。但是有些後「馬克思主義者」把這些要求視爲「資產階級個人主義」的遺產，這種詮釋根本無法成立。在這場從1792年進行到1836年的抗爭中，工匠和工人將這個傳統轉化成專屬於他們自己的傳統，他們除了要求言論和思想自由之外，還要求可以無限制地以最可能的廉價方式來傳播這類思想產物。

　　誠然，在這點上，他們帶有那個時代典型的一廂情願，戮力要把它應用到工人階級的奮鬥脈絡。這個時代所有的啓蒙者和改進者，都認爲加諸於理性和知識傳播的唯一限制，是來自於方法的不足。

---

38 Wickwar, op. cit., pp. 105-7; *Independent Whig*, 16 January 1820; Cobbett's *Political Register*, 17 August 1822; *Poor Man's Guardian*, 12 November 1831; A. G. Barker, *Henry Hetherington*, pp. 12-13.

他們所做的類比往往是機械式的。蘭卡斯特(Joseph Lancaster)和貝爾(Andrew Bell)的教育方法＊９，以及他們想藉由導生制度以廉價的方式快速傳播學問的企圖，被(貝爾)稱之為：「**道德世界的蒸汽機**」。皮考克則是一針見血地將布魯厄姆的「實用知識傳布協會」形容成「蒸汽才智協會」(Steam Intellect Society)。卡萊爾信心滿滿地認為：「閱讀小冊子的活動注定會爲人類帶來偉大而必要的道德和政治轉變」：

> 印刷機可以貼切地稱之為人類心智的乘法表。印刷是一種心智的增殖……販賣小冊子的人是這部改革機器的最重要發條。[39]

歐文秉著彌賽亞式、但機械性的樂觀，細細計畫著如何以宣傳的方式創立出**新的道德世界**。

但是，如果這點有部分是理性主義的一廂情願，那麼我們必須記住影響更爲直接的第二點：在 1816 到 1836 年間，這種「增殖」似乎**行之有效**。因爲激進派和拒付印花稅派的新聞從業人員，正爲了工人階級的利益而掌握了這個增殖機器；而且在這個國家的各個

＊９ 按：貝爾(1753-1832)爲蘇格蘭教育家和英國國教派牧師，於1789年受命擔任駐印度歐洲軍人遺孤學校的校長。由於找不到合格的教師，貝爾只得藉助優秀學生來協助教學，由他教導優秀學生一套基本課程，再由這些學生轉授其他學童。這套「相互講授」的觀念後來在英國廣爲流傳，並因蘭卡斯特的修正而大爲盛行。蘭卡斯特(1778-1838)爲英國的教育家，大力推展所謂的「導生制度」(monitorial system)，亦即讓程度較好的孩童做小老師，去教導程度低的孩童，以藉此讓無法花錢另聘教師的學童也有受教育的機會。

39 See Wickwar, op. cit., p. 214.

地區，先前二十五年的經歷和準備，已經使工人的心智能力提高到足以讀懂他們如今可以讀到的書報。宣傳所發揮的重要功能，可以從激進派組織穩穩地由大型市鎮和製造業地區延伸到小自治城市和市集城鎮窺見一班。1819年通過的六法案中，有一項法案（授權搜索武器的法案）的適用範圍只限於密德蘭和北方幾個特定的「騷亂地區」[40]。但是到了1832年──也就是憲意運動時代的開端──在每一個郡治裡的最小型市集城鎮甚或是稍大型的農村當中，都可找到激進派的組織基地，而且幾乎是每一個這樣的基地，都是以在地的工匠為主力。在諸如克羅伊頓（Croydon）、柯契斯特（Colchester）和易普斯維奇，提弗頓（Tiverton）和陶頓，南威治或奇爾坦這類中心，都有堅強而好戰的激進派或憲章派團體。在易普斯維奇，我們可以看到織工、馬鞍匠、馬具工、裁縫、鞋匠；在奇爾坦有鞋匠、裁縫、石匠、家具精木工、園藝匠、一名泥水匠和一名鐵匠──他們都是「熱心和高尚人士──智力遠在一般人之上」[41]。這些人正是柯貝特、卡萊爾、赫瑟林頓和他們的售報人「增殖出來的」。

「熱心和高尚人士」──這個自學自修者的文化，至今尚未得到充分討論[42]。這些人大多受過一點初級教育，不過這類教育的不

---

40 蘭開斯特、柴斯特、西來丁、渥立克、斯塔福、德比、來斯特、諾丁漢、孔柏蘭、威斯特摩蘭（Westmorland）、諾森伯蘭、德倫等郡，科芬垂市，以及新堡和諾丁漢郡自治市。

41 W. E. Adams, op. cit., p. 169. 感謝布朗先生（A. J. Brown）對於易普斯維奇問題的賜教。有關索美塞特和東盎格利亞地區的憲章運動，也請參見 *Chartist Studies*, ed. A. Briggs。

42 哈里遜的《學習與生活》（J. F. C. Harrison, *Learning and Living*）寫得相當精采，但太過低估了1832年前激進文化的活力。最好的第一手記載，參見洛維特的自傳，以及 Thomas Frost, *Forty Rears Recollections* (1880)。

足可以從許多地方看出：

> 我對賓利的第一所半日學校記憶深刻。它是位於磨坊場入口
> 處的一間小屋。教師是一位窮困的老年人，以前是做一些簡單
> 的零工，每週的收入大約十二先令，如今被安排來教導這些半
> 日生。然而，校方生恐他教得太多或讓教學過程顯得太過昂貴，
> 規定他必須在上課時間用一跟粗重的木槌在一大塊木頭上打出
> 布料上的墊圈印子。[43]

這或許是 1830 年代早期最糟糕的「學校教育」。我們可以在 1820 年
代看到比較好的村落學校，或由工匠贊助的廉價付費學校。而且到
了這個時候，主日學已(緩慢地)打破不准教授書寫的禁忌，同時最
早的不列顛和國立小學(British and National schools)，也已開始收到
成效(儘管仍有許多缺點)。然而不管是哪一種方式的中等教育，工
匠、織工或紡紗工們都必須靠自己自修。從柯貝特的教育著作的銷
售情形，足以證明他們的自修程度。在柯貝特的相關作品中，以《英
語文法》(*Grammar of the English Language*)一書最值得注意，該書
出版於 1818 年，短短六個月便銷售了一萬三千冊，並在接下來的十
五年中繼續賣出了十萬冊[44]。在將書籍(或期刊)的銷售量換算成讀
者人數的估計值時，我們必須記住，同一本書籍或同一份報紙都曾
經過許多人的借閱、朗讀和轉手。

---

[43] Thomas Wood, *Autobiography (1822-80)* (Leeds, 1956). See also An Old Potter, *When I Was a Child* (1903), Ch. I.

[44] M. L. Pearl, *William Cobbett* (1953), pp. 105-7. 這本書也有許多盜印本。

　　不過，工人的「中等教育」有諸多形式，孤獨的自修只是其中的一種。工匠尤其不像我們一般所想像的，是固著於愚昧的社群之中。他們自由地浪跡全國尋找工作；除了戰爭期間的被迫旅行之外，許多技工也曾出國遊歷；而且他們比別人更容易大量移居美洲或其他殖民地(不僅是因為迫於窮困，也是基於對機會或政治自由的渴望)這點，也顯示出其社會生活的一般流動性。在城市中，除了工匠那種比較文雅的傳統之外，還並存著一種旺盛鄙賤的庶民文化。許多十九世紀早期的民謠，證實了效忠派與激進派之間的熱戰已蔓燒到歌曲當中。上演通俗劇的大眾戲院，或許是最符合 1816 到 1820 年的雅各賓分子和「老激進派」口味的場所。打從 1790 年代初期，戲院，尤其是外郡中心的戲院，可說是公開討論的會堂，敵對的小派系在此對抗交手，並在中場休息時間藉由「點唱歌曲」激怒對方。一位「雅各賓革命分子和平等主義者」，描寫了他在 1795 年於某個北方港埠上戲院的經驗：

　　……戲院通常是志願軍軍官的戰場，這些軍人英雄……點唱《天佑吾主》，並且命令觀眾脫帽起立以示尊崇……我以戴帽靜坐表示抗議。[45]

這首歌(其歌詞公開抨擊雅各賓分子的「奸詐詭計」)是在政府肆行鎮壓的那幾年，取代《老英格蘭的烤牛肉》而成為效忠派的「國歌」。但是隨著戰爭的拖延，當時的觀眾經常證明他們比後代子孫更不畏懼「教會和國王」的恐嚇。1812 年發生於雪菲爾的一場暴動，就是

---

45 *Philanthropist*, 22 June 1795.

因爲「南得文的軍官堅持點唱《天佑吾主》，而戲院最頂樓的聽眾堅持不讓唱……結果是一名滋事者被送進監獄」[46]。

大多數十九世紀的戲院暴動多少都帶有一些激進派的色彩，即便它們在表面上不過是正廳前座區的觀眾與頂樓觀眾之間的單純敵視。獨佔性的專利劇院（Patent Theatres）對它們的小對手嫉恨不已，因爲後者不但上演「滑稽劇」（burlettas），還「引進由馬匹、大象、猴子、小狗、耍劍者、雜技團和鋼絲特技演員擔綱的……低俗」表演[47]；此外，雇主們也對觀眾那種危險的沸騰情緒深感不悅。1798年，「富有的商人、造船老闆、製繩老闆」和倫敦碼頭附近的其他雇主，聯合向政府陳情，抱怨倫敦塔附近的皇家戲院的表演，在「他們無數的製造業者、工人和僕人」之間，助長了「放蕩淫佚的風氣」[48]。（這項抱怨已經持續了二百多年。）1819年，當朱里巷戲院（Drury Lane）的門票宣布漲價之後，倫敦市中心在聲名狼藉的「原價」暴動（O.P. riots）*[10] 期間，夜復一夜、週復一週地陷於瘋狂失序狀態。專利劇院之所以能讓它們的獨佔形式一直保持到1843年，就是因爲官方特別討厭一般劇院的那種紊亂和騷動。

大眾戲院的活力雖然旺盛，但它在藝術上的表現卻不敢恭維。因此對激進派的感性世界最具正面影響力的，主要不是小戲院，而

---

46 T. A. Ward, op. cit., p. 196. 並請參考上文頁 676 有關諾丁漢的例子。

47 關於科芬園和朱里巷戲院與「不合法的」小戲院之間的指控與反指控，參見 H.O. 119.3/4。

48 H.O. 65.1.

*10 按：朱里巷戲院和科芬園戲院是倫敦兩家著名的大眾戲院。1809 和 1819 年這兩家戲院曾先後因爲調高票價而引發一連串所謂的原價（Old Price）暴動。

是那些上演莎翁劇作的敵對戲院——不僅是黑茲利特，連伍勒、班福、古柏和許多自修自學的激進派和憲章派新聞從業人員，也習慣在發表議論的時候，引用幾句莎士比亞的台詞。伍勒的文字訓練是從戲劇評論中學來的；而屬於極端工會派的《行業報》，也是始於一篇戲劇評論和一則運動專欄(涵蓋職業拳賽以及「尼祿獅與六隻狗」的對抗賽)[49]。但是在 1780 到 1830 年間，卻有另一種民眾藝術臻於錯綜複雜、登峰造極的境界——政治漫畫。

這是一個最先由吉爾雷(Gillray)和羅蘭森(Rowlandson)[*11]引領風騷，然後由克魯克香克和許許多多或能幹或粗劣的諷刺漫畫家接續風潮的時代。他們的作品主要是一種屬於大都會的藝術。漫畫家的模特兒們乘著他們的馬車駛經版印店，那兒正張貼著一幅幅尖酸刻薄的諷刺圖文，毫不留情地嘲弄他們的政治(或個人)罪惡。雙方你來我往互不相讓。效忠政府派把塞爾華、柏戴特和杭特畫成野蠻的煽動縱火者，一手持著熊熊火把，一手拿著手槍，腰間還塞了柄屠刀；克魯克香克則(在 1820 年)把國王畫成爛醉如泥地橫躺在他的王位上，周圍是碎成一地的酒瓶，前面則是一扇畫有變態狂和大胸脯娼妓的屏風。(主教得到的待遇也好不到哪去。)從漫畫中那些

---

[49] *Trades Newspaper*, 31 July, 21 August 1825 et. seq. 該報主編認為有必要為該報刊登以營利為目的的職業拳賽和動物逗戲的新聞致歉，但由於這份報紙是由倫敦行業委員會主導，因此必須滿足其會員的要求。

[*11] 按：吉爾雷(1757-1815)英國漫畫家，和羅蘭森並稱為現代政治漫畫之父。吉爾雷的作品嘲諷英國的社會各階層，包括王室、宮廷和當時最重要的政治人物。最受歡迎的作品是以喬治三世為本的連環漫畫《農夫喬治》和《農夫喬治及其妻》。羅蘭森(1756-1827)曾在英國皇家藝術學院和巴黎習畫，所做的社會人物漫畫十分生動。最受歡迎的作品是以諷刺教士為主的《辛特克斯博士遊記》系列。

塞滿蠅頭小字的人物對話泡泡，可知這種大眾漫畫絕非為文盲設計的藝術。不過不識字的民眾也可參與這種文化，按時站在版印店的櫥窗前面，設法破解吉爾雷或克魯克香克最新作品的視覺密碼——史維汀巷(Sweeting's Alley)的奈特版印店，勒德門丘(Ludgate Hill)底的費爾朋(Fairburn)版印店，或艦隊街的霍恩版印店，薩克萊(Thackeray)回憶說：「以前這兒經常有一大群笑口常開的好心技工，他們會弄懂那些歌詞，然後朗讀給大家聽，讀到幽默發噱的地方，眾人就報以會心的大笑。」有時這些作品會掀起全城轟動，爭相目睹的群眾將艦隊街擠得水洩不通。克魯克香克認為，流通偽鈔者得處以死刑的規定，就是因為他所畫的「銀行管束貨幣」(1818 年)而得以廢止。1790 年代，政府實際收買了吉爾雷為反雅各賓宣傳服務。戰爭期間，政治漫畫作品的主流是愛國和反高盧(著名的約翰牛造型就是形成於這些年)，但是在內政問題上，這些政治漫畫作品就顯得好辯，而且往往是傾向柏戴特那邊。戰後，激進派政治漫畫作品如潮水般湧現，不過它們依然能免於政府的起訴，即使在卡洛琳王后騷動期間也不例外，因為起訴只會讓政府更加難看。儘管經歷過這麼多的轉變(以及其許多從業人員的生硬粗魯)，它依然是一種十分複雜世故的城市藝術，它可能真的機智絕頂，也可能極端愚蠢淫穢，但是不管怎樣，它都必須建立在一個喜歡分享八卦新聞、而且對所有參與公共事務者(即使非常小牌)的習慣和缺點都非常熟悉的大環境之上——一個充滿各種複雜典故的金屬盤[50]。

---

50 關於這類作品之複雜性的某些看法，可參考喬治博士那部十分淵博的作品：Dorothy George, *Catalogues of Political and Personal Satire in the British Museum*, volumes VII, VIII, and IX and X。See also Blanchard Jerrold, *George Cruikshank* (1894), Ch. IV.

戲院和版印店文化，在廣義上，比激進派工匠的文學文化更受大眾歡迎。因爲 1820 年代和 1830 年代的自修自學者文化，是以道德節制爲主調。大家習慣上都把這種調性歸功於循道宗的影響，而且毫無疑問的是，這種影響可以直接和間接地感受到。激勵工人在一天的辛勞工作後繼續在燭光下苦讀的道德熱誠和自制精神，正是建立在清教徒的性格結構之上。不過我們得提出兩項重要的但書。第一，循道宗是一種帶有強烈**反智**精神的影響力，英國的通俗文化至今仍尚未完全掙脫它的束縛。(騷塞指出，)在衛理的規定下，循道宗信徒的閱讀範圍「十分狹窄，而他本人的著作和他一系列的節本叢書，就已佔去循道宗圖書館的主要部分」[51]。十九世紀早期，循道宗鼓勵在地宣道師和查經班領袖多讀一些白克斯特著作的翻印本，該派的聖徒行傳，或是「宣教記事錄」。但是他們對詩歌心懷質疑，而哲學、聖經評註或政治理論，更是絕對的禁忌。循道宗教義的全副力量都放在強調「心思單純」者的幸福之上，不論他的階級或成就如何。這點賦予循道宗一種眾生平等的吸引力。但它同時也(大幅)助長了無知無文者的反智防衛。黑茲利特大發脾氣地表示：「它是無知和愚蠢的**自由通行證,**

　　那些……不能或不願以一貫而理性的方式思考任何事物的人，可以立即豁免於這類思考方式的所有義務，因爲有人告訴他們信仰和理性是對立的。[52]

---

51 Southey, *Life of Wesley*, p. 558.

52 *Works*, IV, pp. 57 ff., from *The Round Table* (1817).

循道宗的牧師在潘恩、柯貝特和卡萊爾的連續猛攻之下，為他們的會眾如此辯護：有充分的證據證明，未經監督的讀寫能力顯然是「惡魔的陷阱」。

循道宗的一些分枝——例如循道宗神位一體派以及最著名的新宗會——則具有較強的智識傾向，而他們的會眾也比較類似早期的反對國教各派。不過循道宗的主流傳統，是以一種不同的方式回應它對啓蒙運動的飢渴。先前我們已經提過循道宗和中產階級功利主義之間潛藏的密切關聯[53]。當我們想起邊沁和他對迷信那種「義正辭嚴」的痛恨時，不禁要為當時的時代精神居然會讓這兩種傳統相互接合慨嘆不已。如果說循道宗不鼓勵人們從事智性的**探究**，不過**實用**的知識在該派眼中倒是被視為正當而有益的。當然，該派看重的是**實用**。單有工作紀律是不夠的，勞工必須向更複雜世故的成就層次邁進。老派機會主義的培根式論證——亦即對大自然的研究不可能有罪，因為自然是上帝律法的可見證據——如今已為基督教的辯護辭吸收同化。於是，便產生了維多利亞時代早期的奇特現象：不奉國教派的牧師手中拿著舊約，眼睛注視的卻是顯微鏡。

在 1820 年代的工人階級文化當中，已可感受到這種接合的效應。循道宗的信徒相當贊同科學——植物學、生物學、地質學、化學、數學、尤其是應用科學——只要這些學問不要扯上政治和思辨哲學。功利主義正在建造的那個堅實的、統計學的和智識的世界，正好也和循道宗大會意氣相投。他們也編纂了他們的主日學出席人數統計表，而(我們認為)如果本廷當年曾以查德維克在計算「如何能以最少的飲食維持貧民的工作體力」的準確性，去計算精神恩典

---

53 參見上文，頁 519。

的程度，他一定會十分快樂。因此，在教育工作上，以及在神的訓誡與「具有改善作用的」知識傳布上，不奉國教派與功利主義者組成了合作聯盟。1820年代已經確立了這種聯盟的著述形式，其中，道德訓誡（以及諸如潘恩在他無人探視的臨終病榻上爛醉如泥的記載）與一則則關於委內瑞拉的植物群、里斯本地震的死亡統計、烹煮蔬菜的食譜以及水力學的註記，同時並存：

> 每一物種……需要不同種類的食物……林奈指出，母牛食用二百七十六種植物而排斥另外二百一十八種；山羊食用四百四十九種而排斥一百二十六種；綿羊食用三百八十七種而排斥一百四十一種；馬匹食用二百六十二種而排斥二百一十二種；而品味甚於上述動物的豬隻，則只食用七十二種植物，其他一律排斥。然而由於造物者的無限慷慨，使得所有這些數量無限的有知覺生靈，都因祂的慷慨而得到充分的供應和滋養！「所有的生靈都眼巴巴地望著祂，祂則張開手臂，滿足每一種生靈的需要。」[54]

而且，在1820年代，政治經濟學已經成爲道德學和實用知識的第三位夥伴，以說教的方式談論上帝的賜與和亙古不變的供需法則。資本的品味甚至比豬隻還好，它只選擇勤勞和服從的工人，其他一律

排斥。

因此，循道宗和福音主義對於由勞動人民明白表述出來的文化，並沒有多少積極的智識貢獻，雖然我們可以說他們的確提高了工人追求**資訊**的熱誠。(阿諾德後來將不奉國教派的傳統視為根深柢固的非利士傳統〔Philistine〕，並對「優美與靈光」〔sweetness and light〕漠不關心。)而第二點有待商榷的，是有人將工匠世界的節酒莊重歸因於循道宗。節酒莊重事實上顯然是激進派和理性主義騷動本身的產物，而且在許多方面是源自老反對派和雅各賓的傳統。這麼說並不是表示沒有酩酊大醉的激進派，或是沒有紊亂失序的示威活動。伍勒只是好幾個據說是好酒貪杯的激進派領袖之一，而我們在前面也已談到，倫敦的酒店和蘭開郡的地下酒館是激進派重要的集會場所。但是激進分子確實致力於讓人民免除「暴民」的污名，而他們的領袖也不斷設法表現出莊重節酒的形象。

此外，還有其他的動機讓他們特別強調這點。比方說巴斯國會改革聯合會(Bath Union Society for Parliamentary Reform，1817年1月成立)所通過的一條會規，就非常典型：

> 我們強烈建議會員，不要把錢花在酒吧裡，因為花在那兒的錢一半都成了政府的稅款，用來供養那些腐敗的蛆。[55]

戰後那幾年，杭特和柯貝特大力呼籲民眾不要使用任何上稅的物件，並特別宣揚喝水的好處遠勝於烈酒或啤酒。柯貝特認為，循道宗(唯一)可以稱讚的地方就是該「派」強調節酒，他說：「我認為醉酒是

---

[55] H.O. 40.4.

使這個社會陷於災禍、痛苦和犯罪的絕大根源。」[56] 這並不是柯貝特一貫的口氣；在其他時候，他也會替工人嗟嘆啤酒的價格過高。不過在大多數地方，都可看到一種普遍的道德拘謹。尤其是在工匠或熟練工人的意識形態當中，這些人必須在非技術工人的狂潮裡，穩住他們的地位。我們可以在卡萊爾對他剛邁入成年階段的記載中，看到這種端正自持：

> 那時我是一個平凡、積極而勤奮的人，早晚都在工作……只要踏出工場，再沒有比回家和我的妻子和兩個孩子在一起更令我快樂。我始終非常痛恨麥酒館……我認為一個人……若不把每分錢都花在正確的地方，他就是個傻蛋。[57]

他經常會錯過用餐時間，然後「帶著一些六便士的出版品回家，準備晚上閱讀」。這種美德最可讚揚和最感人的形式，可見於洛維特的《生活與奮鬥……麵包、知識和自由的追求》（*Life and Struggle. . .in Pursuit of Bread, Knowledge and Freedom*），這個書名本身，便扼要說明了我們想要敍述的一切。

在共和主義者和信仰自由派之間，這種傾向因為他們所遭受的攻擊而更為強化。由於效忠政府派的嘲弄文章和教會的佈道，皆公開指摘他們是各種罪惡的可恥典型，因此他們努力想表現出，他們除了有非正統的意見之外，還有無可非難的品格。他們反駁效忠派口中的革命法國傳奇，因為效忠派將革命法國形容成嗜血竊賊的廚

---

56 *Political Register*, 13 January 1821.「禁酒運動」可追溯到戰後的這類禁酒戰役。
57 See Wickwar, op. cit., p. 68.

房，這些竊賊把妓院當成他們的理性殿堂。他們對於有關不正當的性行為、財務的處置不善，或缺乏家庭美德之類的指控，尤其敏感[58]。卡萊爾在 1830 年發表了一本訓誡小書——《道德家》(The Moralist)，而柯貝特的《給年輕人的勸告》(Advice to Young Men)，則是一本針對同樣主題——勤勞、堅忍和獨立——的著作，只不過更發自內心、也更容易閱讀。理性主義者更急切想要反駁的，當然是所謂的拒斥基督教信仰必將導致道德全面解體的指控。除了沃爾內那本深具影響力的《帝國廢墟》之外，他的《自然律》(Law of Nature)也被譯介到英國，並印製成論文小冊，該書以對話的形式，論證可敬的美德必須依照社會功利的法則加以奉行：

> 問：為什麼你說婚姻之愛是美德？
>
> 答：因為夫妻恩愛的結果，也就是和諧和團結，將在他們的家庭內部，建立許多可以使它富裕和生生不息的習慣……

該頁的大半篇幅都在申述這個意旨。而有關知識、自制、克己、清潔和家庭美德的那幾章，讀起來也很像維多利亞時代的學校規章。如果在性關係這個主題上出現一些非正統的說法，比如說歐文派的公社主義，它也往往是帶有典型的清教徒式的熱誠[59]。1820 年代早

---

58 Cf. T. Frost, *Forty Years' Recollections*, p. 20。該書在有關 1830 年代反歐文派宣傳的討論中指出：「原告和證人最常用的手段之一，就是指稱一個被控竊盜、遺棄妻子或其他任何犯罪的被告，『是社會主義者』；而所有關於這類案子的報告，旁邊都註有『受到歐文學說的影響』……」

59 例如哈德森（William Hodson）在《社會拓荒者》(*Social Pioneer*, 20 April 1839)中所說的：「先生，請容我陳述……我對這個〔婚姻〕問題的看法……在他們

期，有一個非常小型的新馬爾薩斯團體，以相當大的勇氣在工人之間宣傳避孕知識，因為他們深信「勤奮階級」唯一可以提高其物質和文化水準的方法，就是限制他們自身的人口數。普雷斯和他的夥伴如果知道有人認為這些方法助長了性自由和個人自由，肯定會大吃一驚[60]。

輕浮或享樂主義與激進派或理性主義者的性情格格不入，就像它們之於循道宗信徒一般，而這又令我們聯想起雅各賓分子和自然神論者從老反對派那裡繼承了多少豐富的傳統。然而單從文字記錄和演說者的個人形象據以判斷，很可能過於強烈。在實際的運動中，歡樂之情不斷闖入，不但霍恩的情形如此，在赫瑟林頓、洛維特和他們那個圈子也越來越是這樣，這些人比他們的導師卡萊爾來得溫和、幽默，比較善於回應大眾，比較不愛說教，但具有同樣堅定的決心。有人躍躍欲試地想要提出一種悖論，認為以卡萊爾或沃爾內為榜樣的理性主義工匠，其所表現出來的行為模式與遵奉循道宗理論的信徒一模一樣。然而在循道宗這邊，節酒和潔淨是為了服從上帝和威權，可是在理性主義工匠看來，它們卻是想要推翻僧侶統治和國王統治之勇士所必備的美德。對外行的觀察者而言，這兩者的

擁有**平等的權利**之前，不管是**男人或女人**都不會快樂，為了要成立家庭而相互結合，就像現在常見的情形，可說是購買人體的行為；它是最糟糕的一種奴隸交易……我主張所有人的結合都應該是基於感情——如果感情消失還繼續婚姻，根本是……**娼妓**的行為。」

60 See Wallas, op. cit., pp. 166-72; N. Himes, "J. S. Mill's Attitude toward Neo-Malthusianism", *Econ. Journal* (Supplement), 1926-29, I, pp. 459-62; M. Stopes, *Contraception* (1923); N. Himes, "The Birth Control Handbills of 1823", *The Lancet*, 6 August 1927; M. St. J. Packe, *Life of John Stuart Mill* (1954), pp. 56-9. 並請參見下文，頁 1093。

道德屬性似乎難以區別。不過這只是一部分的現象。因為沃爾內接下來的篇章標題是:「論社會美德與論正義」。為了拯救自身靈魂所遵循的紀律,與做為拯救一整個階級之手段的紀律,兩者之間有著極為深刻的差別。激進派和信仰自由派的工匠,其最熱忱的信念在於公民的**積極**責任。

再者,伴隨這種莊重節酒而來的,還有工匠文化對知識探究和互助等價值觀的滋養。我們已經在爭取出版自由的戰役中,看到許多知識探究的例子。自修自學者的認知理解經常是不平衡而且不自然的,然而無論如何那都是**他自己**的。由於他得自行摸索出他的智識之路,因此他不會輕易信賴:他的心智不會在正規教育的既定軌跡中移動。他的許多想法會對權威當局構成挑戰,因此權威當局必須設法壓制這些想法。於是,他願意去聆聽任何一種新的反權威的想法。這就是工人階級運動之所以不穩定的原因之一,尤其是在1825到1835年間;它同時也有助於我們了解歐文主義何以會傳播得如此快速,以及工人為何可以隨時在各種陸續提出的烏托邦公社方案中,迅速的移轉。(我們也可以說,這種工匠文化在維多利亞時代依然是一股有作用的潛在力量,因為在1820年代白手起家的工人或工匠的子女,為那個時代的智識生活注入了豐沛的活力與多樣性。)這裡所謂的互助,指的是相互學習、討論和改進。這種情形我們在倫敦通訊協會盛行的那幾年也曾看到一些。為不識字的工人高聲朗誦激進派報刊的習慣,必然會讓每一次的朗讀都發展成一次**特別的團體討論**:柯貝特已盡可能以最淺白的方式發表他的議論,而織工、織襪工或鞋匠們,則接著討論它們。

與這類團體互為表親的,是互助改進協會,不論是正式或非正式的,它們都週復一週的以求取知識為目的而舉行聚會,並由會員

擔任領導人[61]。在這類協會以及技工學社（Mechanics' Institutes）＊[12]
身上，小禮拜堂和激進派的傳統似乎形成了某種合流。但是這種共
存關係並不自在，也不總能維持和平。技工學社的早期歷史——從
1823 年倫敦學社的成立到 1830 年代——是一則意識形態衝突的故
事。站在激進派工匠或工會分子的立場，薄克白博士（Dr. Birkbeck）
和一些反對國教派教士與邊沁派專業人士，熱心協助他們建立提升
知識機構的做法，自然是非常受到歡迎。但是他們不願在有**任何附
帶條件**的情況下接受這類協助。如果說在晚近的著作中，布魯厄姆
似乎是一名偉大但投機的激進分子，不過在 1823 年的「老激進派」
眼中，他可是完全不同的人物。他們曾親眼看到他在 1817 年為間諜
制度辯護（他的辯護演說一再被柯貝特拿來炒作）；接著又看到他在
卡萊爾戰役的高潮階段，在下院起立宣稱：他對「近日的某些審判
結果感到欣慰」，並認為這些囚犯發表了「一大堆惡劣下流和罪大惡
極的東西」[62]。布魯厄姆對於技工學社的熱忱，打從一開始就足以教
他們滿心狐疑；即使普雷斯試圖充當布魯厄姆（暗地裡普雷斯其實
相當瞧不起他）與倫敦工會分子（這些人則是十分公開地猜疑他）之
間的中介人，也無法驅散這份疑慮。在有關控制權的問題、財政獨

---

61 See J. F. C. Harrison, op. cit., pp. 43 et. seq.

＊12 按：一種以教育手工業工人為宗旨的志願組織，盛行於 1820 到 1860 年間
的英格蘭和美國。最理想的這類學社應該包括有圖書館、博物館、實驗室，
以及關於各種應用科學和技術訓練的課程。1823 年由薄克白博士成立的格
拉斯哥技工學社，可說是這類學社的典範，薄氏並於該年前往倫敦協助成
立倫敦技工學社。這類學社通常與各地的實用知識傳布協會有所合作。

62 See Wickwar, op. cit., p. 147，並參看普雷斯的評語：「**做得好，偽君子；你
根本不配稱為基督徒。**」

立的問題,以及這些學社是否該就政治經濟學的課題進行辯論(以及如果應該辯論,又該辯論**誰**的政治經濟學)的問題上,他們都發生過嚴重的衝突。布魯厄姆和普雷斯在最後一項衝突中擊敗哈吉斯金。至於在前兩項衝突中, 薄克白因爲急切想要籌措經費以擴充學社的設備,於是否決了羅柏森(Robertson)、哈吉斯金和嘉斯特的建議。羅柏森等人認爲,如果這項計畫不要進行得那麼如火如荼,單憑工匠本身就可以籌措到足夠的經費, 並擁有整個學社的控制權。

這兩項失敗以及布魯厄姆在 1825 年開始講授政治經濟學的課程,意味著學社的控制權已落入中產階級支持者的手中, 他們的意識形態也主宰了教學大綱的政治經濟學。《行業報》在 1825 年把這所倫敦學社視爲一項失敗,因爲它依靠的是「富貴人士」:

> 當它剛成立的時候, 倫敦的技工之間爲它興起一股強烈而普遍的感情, 我們完全相信, 如果這種感情不曾喪失……技工本身可以而且也一定會提供能確保它臻於最輝煌成功的所有花費……

外郡的技工學社, 其歷史就比較多樣。在里茲(如哈里森博士所示), 這所學社是由中產階級的贊助人, 尤其是不奉國教派的製造業者所掌控; 在布拉福和哈得茲菲, 有一個時期它是控制在激進派工匠手中。1820 年代中期以後的普遍趨勢, 是工匠的習俗讓位給下層中產階級, 以及正統的政治經濟學進入教學大綱。但是直到 1830 年代,這個運動看上去還是不夠正統(因爲它有一群顯赫的功利主義派和神位一體派的贊助人),許多英國國教派和循道宗的牧師依然與它保持距離。1826 年時, 一名約克郡的國教派牧師, 認爲這些學社是

普遍選舉權和「普遍信仰自由」的經銷處，並將「迅速墮落成雅各賓俱樂部，進而成為不滿情緒的溫床」。1830 年代早期，一名助理牧師抨擊來斯特技工學社的管理制度，說它將這所學校引入邪路，成為一所「傳播不信上帝、共和主張，和平等學說的」學校。該校圖書館所訂閱的書報，包括了卡萊爾的《鐵手套》[63]。

我們先前談過 1820 年代的**工匠**文化。「工匠」一辭是我們目前所知的辭彙中最正確的一個，不過仍只是近似而已。我們提過在此不適合使用**小資產階級**(該辭通常都帶有輕蔑的味道)文化，而說它是「工人階級」文化顯然又言之過早。但是說到工匠，我們必須了解該辭的社會文化背景，它的一端關係到倫敦的造船匠和曼徹斯特的工廠作業員，另一端則涉及沒落工匠和廠外代工。對柯貝特來說，這些人都屬於「職工和勞工」，或者更簡單的「人民」(the people)。他在 1820 年寫信給蘭達夫主教：「我認為閣下假設人民，或你喜歡稱之為『庶民』的人，**無法了解論證**，是一項天大的錯誤」：

> 我向閣下保證，人民根本不喜歡簡單的小故事。他們也不喜歡誇飾的言語或不嚴謹的斷言，在過去的十年間，他們的心智經歷過了一次非常重大的革命……
>
> 請允許……我說……我確實知道，在此時此刻，這個階級的

---

63 See especially J. F. C. Harrison, op. cit., pp. 57-88, 173-8; *Mechanic's Magazine*, 11 and 18 October 1823; T. Kelly, *George Birkbeck* (Liverpool, 1957), Chs. V and VI; E. Halévy, *Thomas Hodgskin* (1956), pp. 87-91; Chester New, op. cit., Ch. XVII; *Trades Newspaper*, 17 July 1825; F. B. Lott, *Story of the Leicester Mechanic's Institute* (1935); M. Tylecote, *The Mechanic's Institutes of Lancashire and Yorkshire before 1851* (Manchester, 1957).

人民比社會上的其他階級都更開明⋯⋯他們比國會議員和內閣
大臣都更深入未來——他們在知識的追求上有一項有利條件
——他們不必向特定的利益負責，也因此，他們的判斷不會受
到偏見和自私的蒙蔽。此外，他們可以完全自由的相互溝通。
一個人的想法可以在另外一個人的腦海中產生另一種想法。觀
念的討論不會因為錯誤的驕傲或錯誤的敏感而產生猜疑。因此，
他們很快就能找到真理。[64]

什麼樣的討論，什麼樣的真理？

二、威廉・柯貝特

　　從戰爭結束到改革法案通過那段期間，柯貝特的影響力可謂如
日中天。說他絕非一位條理清晰的思想家，並不表示他不具備強烈
的智識影響力。這樣的激進派智識文化是由柯貝特**創造**出來的，不
只是因為他提供它最原創的想法，也是因為他樹立了可以讓織工、
教員和造船匠共同參與討論的語調、風格和論證。他從千絲萬縷的
委屈和利害關係中，汲引出一種屬於激進派的輿論。他的《政治記
事週刊》好比一個傳播媒體，為生活經驗南轅北轍的工人們，提供
一個交換意見的共同管道。

　　如果我們能少看他的想法，多看他的語調，我們就能看出這點。
想要做到這點的辦法之一，是拿他的作風和黑茲利特做比較，黑茲
利特是中產階級激進派中最「雅各賓」的一個，也是這麼多年以來，

---

64 *Political Register*, 27 January 1820.

與工匠積極參與的同一運動最接近的一個。黑茲利特把他的刀口對準公債所有人和坐領乾薪的官員：

> 正統政府（如我們願意奉承的那樣）並不是另一種異教神話。它們不像黛爾芬（Delphin）版的奧維德（Ovid）《變形記》（Metamorphoses）*13 那麼便宜，也沒那麼耀眼。他們事實上是「待懲罰的神祇」，但是在其他方面又像是「我們虛弱的人類」。他們吃的不是珍饈美饌、瓊漿玉液，而是靠地上的普通水果維生，不過他們得到的是其中最大和最好的一份。他們喝的酒是葡萄釀的；他們流的血是他們臣民的血；他們制定的法律不是用來規範他們自己；他們投票通過稅收，然後將之吞食殆盡。他們和我們有一樣的欲求；但因為他們擁有買賣特權，於是便非常自然地先拿公家的蓄存來養肥自己，完全不在乎其他的後來者怎麼想……我們這些政府貧民把手伸到每一個人的盤子裡，每天都吃得豪奢不已。他們住的是華廈，坐的是四輪大馬車。不論馬爾薩斯先生怎麼說，他們的馬群消耗了我們的農產品，他們的狗群則飽食可以養活貧民子女的食物。他們每年花費我們的大筆金錢在衣著和家具上，在星形勳章、嘉德勳章、藍勳帶和大十字勳章上，在早餐、午餐和晚餐上，以及晚餐、午餐和早餐上。這些所得稅英雄，皇室費名流，和宮廷托缽聖人（百

---

*13 按：羅馬詩人奧維德最著名的詩作。共計十五冊，內容取材自希臘和羅馬的各種神蹟式轉化變形的傳說，由開天闢地開始，一直到詩人的時代，一共包括了二百五十多個傳說故事。

合徽章幫＊14），他們的自然和非自然需求，就和這世上的其他人一樣，只不過昂貴許多⋯⋯你會發現留他們一個星期比留他們一個月更容易；而且當你最後從「正統」的美夢中醒來時，你可能會對著卡力班(Caliban)＊15 喊道：「天啊，我真是個大傻瓜，竟把這個酒醉的怪物當成神。」[65]

　　黑茲利特的感性是複雜而可敬的。他是少數幾個感受到法國大革命全面衝擊的知識分子之一，他雖然排斥啓蒙運動的天真，卻重新肯定**自由**和**平等**的傳統。他的文體不只在每一點上都顯示出他在與柏克、柯立芝和華滋華斯(以及更直接的《布萊克伍德》和《四季評論》〔Quarterly Review〕＊16）競美，還顯示出他了解他們的力量所在，並分享他們的部分回應。即使是在他最投入激進派新聞業的那段期間，他的言論對象也不是他那個時代的大眾文化，而是文雅文化。他的《政治論文集》(Political Essays)可能是由霍恩出版[66]，但是在下筆之際，他腦中所想的並非霍恩的讀者，而是希望這篇文章能讓騷塞侷促不安，讓《四季評論》發怒，或甚至讓柯立芝為之語塞。

　　這麼說絕沒有吹毛求疵的意思。黑茲利特的涉獵之廣，以及他對這場具有歷史意義的**歐洲**衝突的信念之深，讓平民激進派在時空

＊14 按：compagnons du lys，百合徽章為法國波旁王室的家徽，此處引申靠王室吃喝享樂的特權人士。

＊15 按：莎士比亞《暴風雨》一劇中的畸形怪獸。

65 "What is the People?", from *Political Essays* (1819), in *Works*, VII, p. 263.

＊16 按：在倫敦出版的托利黨刊物，相對於屬於輝格黨的《愛丁堡評論》。

66 霍恩在他的廣告中表示：「發行人發自誠心地肯定，在本書中清楚表達的思想，比當今其他作者的作品更原創也更公正。」

兩方面都顯得相對狹隘。這是一個角色的問題。柯貝特絕不可能寫出這樣的東西。他不可能承認(即使是做爲比喻之辭)，我們會**願意**奉承正統；他不可能接受「舉世的」標準，就算黑茲利特是爲了懲罰而假設它們存在；他絕不會寫出「**我們**這些政府貧民」，因爲他用盡心力地想要讓他的讀者把公債經紀人和有司官僚看成**他們**；因此，他也絕不可能寫出「貧民子女」這麼有距離感的詞句——他可能會用(對他的讀者)「**你們的**子女」，或是舉一個特殊的例子。他也不大可能會寫出：「他們每年花費我們的大筆金錢」，他一定會寫出一個明確數字，就算那個數字有問題。「這些所得稅英雄」倒是有點像柯貝特會玩的**取綽號伎倆**[67]，不過從黑茲利特口中說出，還是帶有幾分人民的貴族之友的口氣(就像韋爾克斯和柏戴特一樣，會在最緊要的時刻，吸一撮鼻煙，然後泰然自若地在下院揮出致命一擊)，換做是柯貝特，根本不會有那些挖苦前的虛僞禮數——他會用連雪萊都望而生畏的直率(「柯貝特的鼻煙，報復」)，直接挑名道姓，**敎區牧師**馬爾薩斯、**博爾頓**的福來契和**當權者**等等。

　　這也是語氣的問題。不過單單是語氣，柯貝特的政治重要性就已顯露過半。黑茲利特的文體是屬於散文家的文雅文化，有連續而合律的節奏，以及對仗的句法。然而就算把《走馬農村》算進去，我們也很難把柯貝特歸類爲散文家。事實上，黑茲利特那種引經據典和精心鋪陳的風格，反而很容易招惹工匠的敵意，因爲那是屬於他們無法接觸到的那種文化。如果要柯貝特描寫那些坐領乾薪的官

---

[67] 比較柯貝特的 「捻線爵爺(Seigneurs of the Twist)，珍妮紡紗機君王(Sovereigns of the Spinning Jenny)，和偉大的紗線自由農(great Yeomen of the Yarn)」。

員，他的措詞大概會是這樣：

> 官位和恩俸有各種小大，由**一年二十鎊到一年將近三萬鎊或四萬鎊**！……有些官吏，單是他們**每個人**的收入，就足以養活**一千個家庭**……關於這個題目，普雷斯敦先生……他是 **國會議員** 而且擁有大量地產，表示：「每個五口之家，即使是最窮苦的勞工，一年大概都要繳交至少**十鎊的間接稅**，這個金額是他每週七先令的工資總額的一半以上！」可是那些厚顏無恥的錢奴竟然還敢叫你們**暴民、賤民、豬衆**，還敢說你們的意見一文不值……[68]

這段文字的每一句都鏗鏘有力，它和文學無關，而與一般人的實際經驗有關。甚至連普雷斯敦先生都是**刻意安置的**。柯貝特把演講的節奏帶回到散文當中，而且是那種激烈辯論的有力演講。

讓我們再看一篇他的文章，內容是大家都很熟悉的主題——評斷教士不應根據他的職業，而應根據他的行動：

> 國教會與循道宗大會這個完美的行動聯盟，至少可以說是有點不幸。宗教不是抽象概念。它不是什麼形而上的東西。它的作用就在於影響人們的行為，除此之外別無用處。它是為了對人們的行動有所影響。它必須對人們的事務和境況發揮良好的影響。現在，如果國教會……[69]

---

68 "Address to the Journeymen and Labourers", *Political Register*, 2 November 1816.

69 Ibid., 27 January 1820.

在這樣的文句中(這個例子是隨手從一本《政治記事周刊》上面摘錄下來的,而且幾乎在每一本《政治記事周刊》裡面都可找到同樣的例子),柯貝特和他讀者之間的關係簡直是伸手可及。它是一種論證。其中有一個命題。當柯貝特寫到「形而上的」這個字的時候,他會抬頭想想他的讀者,不知道他們懂不懂這個字的意思。於是他開始解釋這個辭彙。他會重複用最淺白的用語來解釋。然後他會再重複一次,但是這回他擴大了這個辭彙的定義,使它具有更廣泛的社會和政治意含。在完成這些短句之後,他接著開始繼續闡釋。我們可以感覺到引文中的「現在」一辭,指的是:「如果你們大家都接受我的意見,那麼讓我們一起繼續……」

我們不難發現,柯貝特有一些非常愚蠢和矛盾的想法,而且有時會以似是而非的論證來恫嚇他的讀者[70]。然而,除非能了解柯貝特的態度對於其讀者所產生的深遠的(真正深遠的)民主影響,否則這類說明根本不具意義。潘恩是這種語調的先驅;不過柯貝特有長達三十年都是以這種語調對他的讀者發表言論,一直到全國各地的工人都以同樣的語調談話和論辯為止。他理所當然地假定每一位公民皆具有理性的本能,因此藉由眾人皆能理解的論證,就能使事務獲得解決。他在 1802 年寫道:在過去的十年間,

我對(人們)發表的每一句話,沒有一句不是建立在**事實**和我

---

70 效忠政府派的新聞媒體,特別喜歡列舉柯貝特自相矛盾的地方。同樣的,柯貝特那群極端激進派的對手,也基於完全相反的立場這樣做,參見 Jones, *Vindication of the Press, against the Aspersions of William Cobbett, including a Retrospect of his Political Life and Opinions* (1823)。

先前所發表過的最佳論證之上。我所討論的主題通常都具有最錯綜複雜的本質……我從不設法去吸引人們的好奇心或遷就人們的想像力。所有的一切都是訴諸讀者的理解、認識和公斷。

當然，柯貝特並非眞的不曾玩弄「吸引人們好奇心」的伎倆。就算他是以平等的態度對待他的讀者，但是他對內閣閣員、主教和貴族可就沒這麼客氣。（他在一封公開信中劈頭寫道：「韋伯福斯，在虛僞做作的小册子裡，我讓你排在我前面。」）此外，我們還應該再加上另外兩種手段。一是透過親切而實際的比喻，通常是取材自農村生活。在這方面，他擁有極佳的準確度，總是都能讓他的所有讀者心領神會。在他手中，這類比喻並不是修飾用的，或只是附帶一提。他會把它們放在手中把玩，精心地加以部署以便推衍他的論證，然後記下它們。我們可以舉一個柯貝特的著名例子，他把布魯厄姆和溫和派改革者形容成稻草人（hshoy-hoys）──「我現在告訴你們這是爲什麼」：

　稻草人是用稻草或其他的東西做成的假男人或假女人，它們被紮在一根棍子上，插在田裡……手上塞著一根棒子或一把槍。豎立這些稻草人的目的，是爲了趕走小鳥，不讓牠們傷害穀物或種子，有時則是要嚇唬牠們，不讓牠們啄食櫻桃或其他水果。人民希望能改革國會，而長久以來……一直有一小群人公開聲稱他們渴望進行國會改革。他們不斷提案、演講、成立分部，目的是要讓人民始終心懷希望，因爲如此一來就可以讓人民不時保持安靜。他們從來不指望**成功**，因爲一旦成功他們就沒有希望再得到報酬，但是他們娛樂了人民。那些派系集團當然知

道他們圖的是什麼，雖然在他們的虛偽做作下，外人很難看清他們的居心，不過這一點也沒打斷前者大肆劫掠的歡快。這種情形就像農田果園裡的小鳥和稻草人一樣。最初，小鳥以爲稻草人是**眞的**男人或女人，只要牠們這麼認爲，牠們就不敢竊食農作；但是，在牠們用敏捷的銳眼觀察了一陣子之後，牠們覺察到那個稻草人根本動也不動，於是牠們完全不在意它，因爲它對牠們的妨礙並不比一根杆子大。這些政治稻草人也一樣，但是……他們**確實會造成危害**……我記得一個例子……可用來清楚說明這種政治詐騙的作用。小鳥對我位於波特來菜圃裡的蕪菁種子造成極大的破壞。我對我的管家説：「豎一個稻草人吧！」他回答説：「老爺，那**沒什麼用處**。」……他告訴我説，有一天他在他鄰居莫瑞的菜圃中，看到一隻麻雀，口銜一個**豌豆莢**，大剌剌地站在**稻草人的帽子**上，他簡直把那兒當成餐桌，從容地把豆子啄出來然後吃掉。那裡給牠很大的安全感，因爲牠可以清楚瞧見周圍有沒有敵人接近牠，這是牠停在地面上所沒有的優勢，因爲敵人隨時都可攻牠個出其不意。我們的政治稻草人的作用正是如此。農業上的……稻草人只能欺騙劫掠的小鳥一陣子，但是卻可以持續不斷地欺騙那些豎立它們並倚賴它們的農人。這些人不再每天早起，用火槍彈藥突擊那些劫掠者，反而相信那些可憐的稻草人，並因此失去他們的穀物和種子。人民正是這樣，他們是所有政治稻草人的受騙者。在蘇福克和其他東部諸郡，農民把這種人稱爲 mawkses。[71]

---

71 *Political Register*, 1 September 1830. See G. D. H. and M. Cole, *The Opinions of William Cobbett*, pp. 253-4.

我們從這樣的文章中讀到些什麼？就某一方面，它是篇想像力豐富的天才作品。這個類比在開始的時候有點生硬，政治和農業的確是走在同一條輻合線上，但是我們覺得有點牽強。然後，在「敏捷的銳眼」那裡，這兩條論證接了頭，並以萬鈞的力道迸出辯論的火花。柯貝特半開玩笑的說，那個畫面變得有點超現實主義——布魯厄姆的帽子上站著一隻麻雀，改革者拿著火槍和彈藥，一旁是蕪菁種子和鄰人莫瑞（他或許再也不會出現）。從另一個角度看，英國政治傳統的這一部分是多麼的了不起！它不止是論戰，它同時也是政治理論。柯貝特用勞工或工匠都能了解的字眼，為一種非常英國式的改革主義的調節作用，做了一番定義。此外，他還闡釋了前後超過一個世紀的其他黨派和其他時代的 mawkeses。

另一種手法我們前面已經提過[72]，就是將政治問題個人化（personalisation）——完全擬聚到波特來的柯貝特這個人身上。但是，就算柯貝特是他自己的主題，他也是以異常客觀的態度在處理這個主題。他的自我主義已超越自身的層次，進入到一個讀者感受不到柯貝特的自我的境界，讀者感受到的只是一種直言無諱的理智、一種就事論事的敏銳觀察，而這正是他在眾人鼓勵下的自我認同。他要讀者不要**看**柯貝特，而要和柯貝特**一起看**。這種態度的成功，可以從他的《走馬農村》看出一斑，不管是他同時代的人還是一代又一代的後世人，都可在他與農場裡的勞工談話、走馬鄉村，或停下來餵飼馬匹的時候，感覺到他的存在是那麼的栩栩如生。由於他是那麼陶醉於所有令他快樂的事物，因此他的氣憤就顯得格外真誠。在潭特登（Tenterden）——

---

[72] 參見上文，頁 885-6。

　　那天下午十分晴朗，當我爬上到丘頂進入街道時，人們恰巧從教堂裡出來，朝他們的住家走去。那幅畫面真是賞心悅目。**衣衫襤褸者不進教堂**。簡言之，展現在我眼前的是這個市鎮的華服和美麗，我也看到許許多多非常非常漂亮的女孩，看到她們盛裝出席。我記起了考省(Pays de Caux)*17 的女孩子，真的，我覺得潭特登的女孩很像她們。她們沒道理不像，因為海的另一端就是考省，就在這兒的正對面。

或是，在索立郡(Surrey)的一個村落裡，他拿該村的不虞貧窮，來對比普遍存在於其他地方的貧困：

　　當我從亞普華森(Upwaltham)朝伊斯特丁(Eastdean)走去時，我向路旁的一位年輕人打招呼，他正和其他掘蕪菁的工人靠在樹籬旁吃早餐。他拿著食物朝我跑來，我很高興看到他的食物包括一大塊自家做的麵包和一片不小的**培根**……告別的時候，我對他說：「那麼你經常吃得到培根囉？」「哦，是的！先生，」他很用力的說，而且還把頭斜了一斜，好像是說，「我們**必須**有而且**一定會有這個**。」我很高興看到幾乎每一個勞工家裡都養有一頭豬。他們的房子相當不錯、十分溫暖，而他們的菜圃是我在英國看過最好的。多麼不一樣啊，上帝！這個鄉村和附近那些腐敗的地方，**大貝德文**(Great Bedwin)和**格瑞克雷**(Cricklade)，真是有天壤之別。在一堆**冷馬鈴薯中**，這個人能吃到什麼樣的

---

*17 按：應為今日法國的加萊海峽省(Pays de Calais)，該省與英國的肯特郡隔多佛海峽相望，潭特登即位於肯特郡南方。

早餐？他吃這樣的食物有體力**工作**嗎？能在潮濕的天氣中**工作**嗎？可惡！任何讓勞工活得跟豬一樣的社會，根本都不該存在。

「考省……就在這兒的正對面」，「這個鄉村」、「這個人」──不論他身處何處，柯貝特總是會藉由他的直接觀察，他的夾議夾敍、詳細鋪陳，以及那個地方的真實血肉，來驅使他的讀者認同他的立場。「立場」(standpoint)是一個非常貼切的辭彙，因為柯貝特正是將自己穩穩地置身在某個真實的定點──在他位於波特來的農場，或是進入潭特登的道路上──然後再由他所感受到的證據推展出他的整體結論。甚至在他流亡美洲期間(1817-19)，這種地理感的傳達依然相當重要：

> 由我房間的一側望出去，可以看到一座農場圈欄，裡面滿是草料，牛、羊、豬，和許許多多的家禽，圈欄後方，流淌著薩斯克漢那河(Susquehannah)，這條河比泰晤士河還寬，上面散布著無數島嶼，面積從四分之一英畝到五、六英畝不等。從我房間的另一側，我看到一片四十五英畝大的果園，種滿蘋果和桃樹，果園位在狹窄的山谷中，兩側山壁的高度大約四分之一哩，形狀宛如屋脊，山牆的部分向河流綿延。昨夜天雨，並在凌晨前開始結冰，樹上掛滿了一顆顆冰凍的水珠，這會兒，如同英國5月般明亮的陽光，讓這些冰珠閃耀成數不清的晶瑩鑽石。

然而，當他因為布蘭雷斯等人遭到處決的消息深受震動之際，上述的地理環境更加激化了他的強烈情感。在一封給杭特的信中，他寫道：

親愛的杭特，如今我的腦海裡淨是華山獵場(Waltham
Chase)和波特來公地裡的那些茅頂小屋，此刻我心情激動的程
度遠超過以往任何時候，我寧願和英格蘭人住在那些最簡陋寒
酸的小屋，勝於和非英格蘭人主宰並實際擁有以上描述的一切。
如同我在離開英國時所說的，我還是要說，我對其他民族的喜
愛永遠及不上我對英國人民的感情。

如果說柯貝特從改革運動的奮鬥中創造出某種殉道史和妖魔
學，那麼他本人就是這個神話的核心人物。不過在我們指控他太過
個人、太過虛榮之前，最好先停下想想。因為這個神話同時要求我
們把威廉・柯貝特視為一個普通的英國人，一個極端好鬥、極端堅
持，但並不特別有才能的人——這樣的一個人物，是讀者可望企及
的，也是蕪菁田裡的雇工或是索塞克斯(Sussex)某個村落小旅店女
主人的兒子(如果時來運轉)可能變成的：

女店主派她的兒子去給我拿一些奶油，他是個小伙子，很像
我在他那個年紀時的樣子，打扮也很像。他穿了一件應該是藍
色的寬鬆罩衫，因為時間久了有點褪色，還有幾塊新的補釘……
這件罩衫讓我憶起許多對我而言非常重要的往事。我敢說這個
男孩將在畢林斯樹林(Billingshurst)或差不多這樣的地方，找到
他的舞台。如果不是因為某個機緣將我帶離了類似的場合，今
日不知有多少飽受我嘲弄和折磨的惡徒和愚人，可以在夜晚高
枕無憂，白天無畏橫行！

他對於窮人的同情永遠是一副「如果不是上帝的恩寵，現在躺在那

兒的就是威廉‧柯貝特」的調調。他的裝模作樣是爲了顯示他比他
實際的樣子來得「平常」(normal)。他永遠不會讓他的讀者忘記，他
曾經耕過田，也曾經當過普通的士兵。在他發達之後，他喜愛的不
是新聞記者的裝扮(他假裝他不是)，而是過時的紳士農(gentleman-
farmer)的裝扮。根據黑茲利特的描述，他穿著「猩紅色的絨面背心，
口袋的蓋口向下垂擺，和上個世紀紳士農的習慣如出一轍」；至於在
班福筆下，他「穿著藍色外套，黃色天鵝絨背心，黃褐色的緊身短
褲和長統靴……他完全裝扮成他始終想要做的那種人——一名英國
紳士農」。關於虛榮這個部分，黑茲利特對柯貝特的性格做了番極爲
透徹的陳述：

> 他的自我中心主義相當可喜，因爲裡面沒有裝模作樣的成分。
> 他之所以要以自己爲例子並不是因爲缺乏寫作的素材，而是因
> 爲發生在他身上的一些情形正好最足以說明這個主題，而他這
> 個人是不會爲了拘謹避嫌而放棄現成的最佳案例。他實在太喜
> 歡他自己和他的主題。他不會把他自己擺在主題之上，然後說：
> 「先讚揚我吧」，而是會把我們放在他的處境，讓我們看清楚他
> 所做的一切。沒有……抽象、無意義的自滿，沒有偷偷摸摸地
> 藉由別人的嘴來讚美他自己：一切都是清清楚楚、光明磊落。
> 他明明白白地寫他自己，威廉‧柯貝特，將他自己盡可能地赤
> 裸呈現在讀者面前——簡言之，他的自我中心已經填滿了他的
> 所有性格，根本容不下多少虛榮。[73]

---

73 *Political Register*, June 1817, 11 April 1818, 2 October 1819; *Rural Rides, passim*;
Bamford, op. cit., p. 21; Hazlitt, *Table Talk* (1821).

　　以上是比較寬宏大量的文學評價。不過政治評價勢必就要嚴苛一些。民眾激進主義在語調和文體上的重大改變——以潘恩和柯貝特之間的對比爲例——(再次)是由黑茲利特率先指出：

　　潘恩偏好將事物還原到最初的原則，偏好宣示不證自明的眞理。柯貝特則喜歡用細節和在地的情形來麻煩自己……潘恩的作品很像是針對某項新計畫的政治算學導論，柯貝特的著作則像是記流水賬，從年頭到年尾所有發生過的大小事情和麻煩問題，統統記得一清二楚。

這種政治的個人化——在他小屋花圃中的**這個**勞工，在國會下院發表的**這篇**演講，**那個**迫害的例子——很適合給政治意識剛剛覺醒的讀者進行實際探討。它同時也有一種投機的價值，因爲，藉由將注意力固著在偶然的瞬間和特定的委屈，以及藉由避開理論上的絕對性，它可以讓保皇派和共和黨、自然神派和英國國敎徒，同時投身於一個共同的運動。但是這種論證也可能被推得太遠。潘恩的《人權論》已經在識字不多的讀者群中得到同等的回應，並激發出一種更具原則性的民眾權利理論；而一些更富理論的期刊在同一時期的獲得成功，也證明當時有一個足以領會政治學精髓的工人階級大眾存在。事實上，柯貝特助長了反智主義的產生和茁壯，而這種理論的投機主義(戴著「實用」〔practical〕經驗主義的假面)直到今日依然是英國勞工運動的一個重要特色。

　　「我記得我母親有閱讀柯貝特《政治記事周刊》的習慣，並說她不了解爲什麼大家要說它那麼多壞話；她看不出裡面有什麼不好的東西，但是卻發現許多好東西。」[74] 詹姆斯·華森的母親是一名敎士

人家的家僕兼主日學教師。霍恩在 1817 年寫道:「柯貝特先生的《每週政治小册》,

> 應該裝訂起來, 和《英國史》、《天路歷程》、《魯濱遜飄流記》
> 和《年輕人的知識書》(*Young Man's Book of Knowledge*) 放在同
> 一個書架上。王國境內的每一棟小屋和廚房的藏書中, 少了它
> 就稱不上完備……

它應該像《管家指南》(*Housekeeper's Instructor*) 和布肯(Buchan)的《家用醫學》(*Domestic Medicine*)「那麼普遍常見」[75]。事實上, 後來的發展的確也相去不遠。伍勒或卡萊爾可能曾經以他們那種比較複雜事故和智性的態度, 表現出城市工匠的激進主義, 但是在 1816 年時, 只有柯貝特能夠成功地將織襪工和織工引進同一段對話。

他從托利主義轉向激進主義的怪異方式, 說明了他在立場上的某種投機。他有辦法規避掉戰爭期間的反高盧與反雅各賓偏見。他有辦法斷絕他和法國大革命以及潘恩之間的關係, 就好像他們的防衛與他無關似的。最後(如他自己大方承認的), 他甚至還逐漸接受了許多潘恩的論點。但是他對雅各賓死硬派拒絕承認任何形式的傳

---

74 W. J. Linton, *James Watson*, p. 17. 比較下面這段說法:「我在父親家中唯一看到的一些書籍, 除了聖經和幾本破舊的學校課本之外……就是幾本不連號的柯貝特《政治記事周刊》。」(T. Frost, op. cit., p. 6)

75 Horn's *Reformist's Register*, 5 April 1817(論柯貝特離英赴美)。不過, 也請參考伍勒的憤怒回答:「我們還真的希望, 柯貝特先生的寫作主題……能局限在一些只能……騙騙燒飯女僕和洗碗傭人的東西。」(*Black Dwarf*, 9 April, 1817)

承原則這點，始終抱持閃避的態度，因此他可以讓人們以爲他既是激進派改革者又是憲政主義者。在〈致職工和勞工書〉中，他警告讀者應該防範那些「會勸誘你說，因爲事情在誤導之下已背離了它們眞正的目的，因此在我們的**憲政**和**法律**中，已不存在**任何好事**的人。如果眞是那樣，漢普敦爲什麼還會戰死沙場，而席德尼又爲何會死在絞刑台上?」美國人即使在脫離英國之後，依然小心地保存了「大憲章、權利法案、人身保護令」以及習慣法的主要部分：

> 我們需要**大改變**，但我們要的**不是任何新改變**。改變是爲了適
> 應時代和環境，基本大法也應該是如此，而且必須是如此，否
> 則混亂將接踵而至。

即使是在他(晚年)敦促人民強力抗拒新濟貧法的同時，他也是打著維護憲政權利和神聖習俗的旗幟。他對待理性主義者的態度，同樣也混合了激進主義和傳統主義。他支持他們有權發表反基督宗教的言論，並爲之大力辯護。但是，當卡萊爾進一步犯下(在柯貝特看來)重大的瀆神之罪——卡氏將《共和分子》的日期標示爲「那名木匠妻子之子」*18 的 1822 年——時，他卻搬出了暴民法則。「如果這件事發生在美國，」(他怒吼著)

> 你……立刻會被覆上一層焦油和羽毛，然後……**光著屁股被丟
> 到火車上**，直到火車把你帶到某個森林或沼澤的邊緣，讓你一個
> 人在那兒好好想想(再不必謙虛客氣)，該如何爲造物者創立

---

*18 按：聖母馬利亞爲木匠約瑟之妻，這種說法等於否認耶穌的神性。

一個嶄新的政府和宗教。[76]

在我們的歷史上，幾乎沒有另一位作家像柯貝特那樣，曾以那麼大量而強烈的文字來攻擊英國國教派牧師(尤其是農村牧師)。然而，他又經常爲了不曾嚴肅討論過的理由，聲稱自己不僅效忠國王(在卡洛琳王后騷動事件中，他差一點就推翻了國王)和憲法(他的信徒在1819和1832年險些摧毀憲法)，而且還效忠英國國教會。他甚至偶爾還會寫出這樣的文字：「我們有責任憎惡土耳其人和猶太人」，因爲基督教是「法律的重要內涵」。

這樣的投機心態使得柯貝特主義發展不出任何有系統的政治理論。而他的經濟偏見也是這種規避的一部分。正如他在政治上的攻擊並非針對某個**制度**甚或某個「正統」的批判，而是對「老腐敗」的砲轟，他在經濟分析上，也把問題縮小成反對某些特權階級的**寄生狀態**。他無法容許所有權成爲批判焦點，因此他只能(不斷反覆地)詳細述說他的妖魔學，在其中，人民的不幸是由稅收、國債、紙幣制度，以及一大群靠這三種制度自肥的寄生蟲──公債持有人、官吏、股票經紀人和收稅員──所引起。我們並不是說這種批判沒有事實根據──不管是嚴重剝削的稅收模式，或是東印度公司和各銀行的寄生活動，都有足夠的弊端讓柯貝特發火。但是，一如他的典型作風，柯貝特把偏見鎖定在小生產者、小店主、工匠、小農、和消費者的委屈上頭。他把注意力由地主或工業資本家身上移開，轉而集中到中間人頭上──那些壟斷市場、從人民的匱乏中獲利、或靠著不勞而獲的收入(但與土地和工業無關)爲生的代理商或經紀

---

[76] *Political Register*, 2 February 1822.

人。這種論點同時是經濟性的，也是道德性的。人有權擁有財富，但前提是必須要讓別人**看到**他們辛苦工作。除了領乾薪不做事的冗員之外，柯貝特最痛恨的就是貴格派的投機商人。

他不但缺乏理論，在有關政治策略的直接影響上，有時也像是胡鬧一通，而他在公私的往來上，也絕不像他要求別人的那樣正直。至於他身爲一名政治領袖的失敗，則不完全是他的責任。他原本就是新聞人，而非政治領袖或組織人，是因爲環境的偶然（實際運作的政治組織被判爲非法），才迫使他成爲政治領袖，因爲他（就像在這個處境下的其他人一樣）不希望看到這個運動走上他所指定的方向之外。當我們把這所有的——和其他的——過失計算進去，很容易就會將他低估成一名懷舊的浪漫主義者或一名土霸。

然而把柯貝特判定爲「一名眞正的托利黨人」，就像我們經常看到的那樣，事實上也沒什麼幫助。理由之一是我們充分檢視過的——他語氣中的民主特質。他與他讀者間的關係是那麼的親密：我們必須記住，他一直持續不斷地與他的讀者談話。他在改革集會上向他們致辭。他進行「巡迴演講」。即使他人在美國，他的郵件量依然十分龐大，蘇格蘭機工的代表和移民美國的改革者，依然在薩斯克漢那河畔等候他。他騎馬下鄉去了解人們想些什麼、談些什麼。因此，我們不應把柯貝特的想法視爲單向的宣傳家言論，而應看成是他的讀者和他之間的熾熱交流。「我一直說，我從人民那裡……得到的光，十倍於我傳遞給他們的」：

　　一個致力於教導這類人民的作家，不僅可不斷從他們的掌聲以及他們對他辛苦的回饋中得到鼓舞，還可不斷從他的思想在他們心中所產生的新想法中，得到協助。就像燧石和鋼鐵接觸

時所產生的火花。[77]

看他如此這般地剖析其思想成形過程中的辯證本質，真是非常感人！因爲柯貝特的思想不是一個體系而是一種**關係**。因爲很少有幾個作家這麼願意做其讀者的「傳聲筒」。我們的確可以把柯貝特的天才當成他所代言的那個運動的指標。在危機的時代，他有這個運動的光亮熾熱。當這個運動疲弱之際，他也變得異常暴躁古怪：他的風格成了呆滯的燃燒。這種情形一直維持到他的晚年，當他的讀者轉變時，他也隨之轉變。

這便是威廉斯所謂的，柯貝特的「異常可靠的本能」(extraordinary sureness of instinct)。可是，是關於**什麼**的本能？首先，它是一種揭露改變中的生產關係之**實**(real)質的本能，他一方面用它來批判理想化的舊日家長制，一方面則藉以非難每一個個別勞工皆有其價值的主張，這種主張當然絕非保守的。其次，柯貝特是「生而自由的英國人」的化身。他聚集了十八世紀傳統的所有活力，並以新的重點將之帶入十九世紀。他的觀點大致最接近**小生產者**的意識形態。他盡其一生所支持力挺的價值觀(在他能充分控制他的偏見的時候，他的作品最爲精采)，是堅定不移的個人主義和獨立的價值觀。他悲嘆小農和小手藝人的沒落，悲嘆這個國家的資源被結合成「一大堆、一大堆」一樣的東西，悲嘆織工失去了「他們在獨立時代所培育出來的坦率和勇敢」[78]。憎恨擁有大地產的釀酒業者和不在地

---

[77] *Political Register*, 27 January 1820.

[78] *Political Register*, 30 January 1832. See also R. Williams, *Culture and Society* (Pelican edn.), pp. 32-4.

貴族的小農，請願抑制工廠制度成長的小織布商，發現中間人正在接受政府契約或獨佔最佳市場的小裁縫或製靴匠——這些都是他最自然的現成讀者。他們和他一樣，對於「投機買賣」和「商業制度」抱持廣泛敵意；但是(和柯貝特一樣)他們還不至於對財產權有任何激進的批評。

如果只是這樣，那麼柯貝特可能只會成為小資產階級的政治發言人。但是他的讀者——激進運動本身——帶他繼續向前。「我們每天都在朝著那樣的狀態前進，其中除了兩個階級之外別無他物——**主子**和**鄙賤的依賴者**。」當柯貝特在思考工匠和棉紡紗工人的地位時，他是從被迫淪為工人階級的小雇主的經驗去推想。在他眼中，曼徹斯特的工廠無產階級並不是一個新族類，而是失去其獨立和權利的小生產者。正因如此，工廠的工作紀律對他們的尊嚴可說是一種冒犯。他們有權反叛，如果他跟他們處於同樣的地位，他也會反叛。至於童工，那簡直是「違背天理」。

他對農場勞工的態度就有點不同。雖然他努力試圖了解一個屬於商業和製造業的社會，但是在他心目中，政治經濟學的基本模型仍是取自農業。在這方面，他所接受的社會結構是一個地主、好佃農、小土地持有人和勞工都能各司其職、各有其位的社會，而其中的生產和社會關係是由某種相互的義務和道德約束力所主導。在他為自己的地主行為進行辯護時，他舉了一個在波特來農場過著退休生活的老農場雇工的例子：

> 這名老工人不必付我租金，當他死的時候我在他的墓上放了一塊墓碑，記下他曾是一位誠實、有技巧和勤勞的工人；而且只要我在波特來一天，我每個禮拜都會給他的寡婦一先令。[79]

在此，他和那些比較仁慈的鄉紳沒有什麼差別，他的確常悲嘆這些鄉紳的消逝。但這並不是柯貝特的全貌。他還有一句令人不太舒服的句子：「任何讓勞工活得跟豬一樣的社會，根本都不該存在。」**任何這樣的社會都不該存在**——他據以批判社會的試金石，正是勞動人民的境況。當他判斷他們的境況已瀕於無法忍受之際，例如在勞工反叛或新濟貧法實施期間，他便會主動而積極地挑戰既定的社會秩序：

> 上帝讓他們在這塊土地上生活；他們和你們同樣有權居住在這塊土地上；他們有絕對的權利可以從土地上得到供養，以做為他們勞力的交換；而如果你們無法自己管理你們的土地，只能靠著榨取他們的勞力來換取生活，那麼就把土地交給他們吧……80

這是在他死前不到六個月所寫的。

這就是為什麼柯貝特(和他的朋友費爾登，1832年後成為奧爾丹選區的國會議員)幾乎成為工人階級代言人的原因。一旦勞動人民——就柯貝特而言，是勞工；就費爾登來說，是工廠童工——的真實境況被當成其他所有政治權宜措施的**唯一**檢測標準而非**其中一項**檢測標準，那麼我們便會得到近似於革命的結論。在那種看似「懷舊」的「貧民的歷史權利」的觀念(柯貝特、歐斯特勒和卡萊爾分別以不同的方式為其代言)中，其實隱藏著一股正在成熟中的**新**主張：

---

79 *Twopenny Trash*, 1 October 1830.

80 *Political Register*, 28 February 1835.

社會對貧困無助者的救濟不屬於慈善事業,因爲那是後者的權利[81]。柯貝特厭惡慈善施捨和道德解救之類的「安慰制度」,而他撰寫《基督新教「改革」史》的主要目的,就是要爲他的社會權利觀念提供歷史支持。中世紀教會所持有的土地原本就是貧民的託管物。這些土地後來雖然遭到不當的盜用或分散,窮人還是可以向它們提出所有權的要求,(在柯貝特看來)而且這項權利也曾在舊濟貧法的仲裁下得到承認。這些法律的廢止構成了一連串強盜行爲的最後一環,窮人的權利就是這樣被騙光的:

> 這些權利包括,居住在我們出生的這個國家的權利,靠我們出生其上的土地維持生活的權利(以我們適當而辛勤的勞動做爲交換),當我們陷於窮困痛苦時,可由土地上的生產獲得充分解救的權利,不論這種窮困是由於疾病、衰老、年長或失業……千年以來,窮人的種種需求都是以什一稅做爲救濟。當什一稅被貴族階級奪取自肥,或完全給了教區牧師之後,這類需求便由土地供應,以做爲被取走之物的補償。補償的費率是由濟貧法規定。取消這類費率等於是違背協議,這項協議給了地主收取租金的權利,也給了窮人在需要時可從土地上獲得救濟的同樣等權利。[82]

以這種歷史神話——亦即假設教會和紳士與勞工之間曾有過某

---

81 See Asa Briggs, "The Welfare State in Historical Perspective", *Archiv. Europ. Sociol.*, II (1961), p. 235.

82 *Tour of Scotland (1833)*, cited in W. Reitzel (ed.), *The Autobiography of William Cobbett*, pp. 224-5.

種中世紀的社會契約——來證明新的社會權利要求有其正當性，就像以阿弗列大帝的自由憲法和諾曼奴役的理論來證明新的政治權利要求有其正當性一樣。依照這種看法，地主對其土地的保有權並不是絕對的權利，而須視他們是否有履行社會義務而定。不管是柯貝特或費爾登，最初都不曾假設工人有任何權利可以沒收地產或資金；但是他們兩人都認爲，如果現有的財產關係遭到違犯，那麼勞工或其子女要求獲得凡人皆有之財產(而非補救)的主張，不管多麼激烈，都是可以討論的。(就費爾登而言，這意味著他——蘭開郡的第三大「捻線爵爺」——願意與多爾蒂共同爲爭取八小時工作制而發起大罷工。)

柯貝特的試金石同時也是一道無法橫越的障礙，阻擋在他那種政治理論與中產階級功利主義者的意識形態中間。如果馬爾薩斯的結論引導出向外移民或限制窮人結婚的說教，這塊試金石會說它們是錯的。如果「蘇格蘭哲學家」和布魯厄姆只會破壞舊濟貧法所保障的窮人權利，讓織工陷於挨餓，並認可工廠雇用童工的行爲，那麼這塊試金石就會宣告他們是狡猾的歹徒。有的時候，它比較不像是一種議論，而是一種斷言，一種詛咒，一種感情的迸發。但這樣已經足夠了。在防止激進分子與憲章主義者不至淪爲功利主義者和反穀物法聯盟的應聲蟲這點上，柯貝特做得比其他作家都來得多。他孕育了一個階級的文化，他知道它的毛病所在，只是無法理解它的補救之道。

三、卡萊爾、韋德和嘉斯特

但是我們不能忘記柯貝特政治書寫的前後矛盾、恐嚇、反智主

義、對國王和國教的公開效忠、理論上的投機主義，以及彎來扭去。看在比較能言善道的激進分子眼裡，這些弱點實在再明顯也不過。早在 1817 年，他已遭到其他期刊的猛烈攻擊。到了 1820 年，許多激進派工匠已不再認爲柯貝特是一位眞正的思想家，雖然他們還挺喜歡他的滔滔雄辯。他們繼續閱讀他的作品，但也開始接觸其他期刊。在 1817 到 1832 年間，這些次要期刊當中有許多具有原創性而且高要求的想法，這些想法模鑄了 1832 年後的工人階級政治意識。工人可以從下面這四種流派中做一選擇：潘恩－卡萊爾傳統；工人階級功利主義者和《蛇髮女怪》；以嘉斯特的《行業報》爲核心的工會分子；以及與歐文主義有關的各種團體。

我們已經探討過第一種流派的主要理念庫——《人權論》，以及該書在卡萊爾的出版自由大戰中的卓越貢獻。這個流派和潘恩之間的淵源非常明確。該派不只把潘恩視爲感謝的對象，更是當成學理上的正統：

> 單是潘恩的著作，便構成任何值得稱之爲激進改革之事物的標準。凡無法達到潘恩的整體政治原則的人，都不能稱爲激進派改革者……沒有共和形式的政府，便不可能有激進改革。[83]

我們可以從奇爾坦憲章派支部的一次會議記錄中，感受到信守潘恩學說者的力量和忠誠。奇爾坦支部的主席是一名老鐵匠：

> 有天晚上……有人談到湯姆·潘恩。主席立刻跳了起來，他

---

[83] R. Carlile, *An Effort to set at rest. . . the Reformers of Leeds* (1821), p. 7.

憤怒的大叫：「我不會坐在這個位子上，聽人侮慢這位偉人。記住，他可不是什麼職業拳手。不准再說湯姆‧潘恩，請說湯瑪斯‧潘恩先生。」[84]

對世襲原則和「哥德式」迷信遺風的不妥協敵意，以及對平民的公民權利的大膽肯定，都是該派的優點。但是在英格蘭，至晚到了 1820 年代後期，這種潘恩—卡萊爾傳統已經出現了某種刺耳與不真實的味道。當我們想到，在工業革命不斷推展下的英格蘭的真正權力結構，想到貴族特權和商業及工業財富的錯綜糾結，**打倒貴族**（a bas les aristos）的呼聲就顯得沒那麼有力。而理性主義者對「教權分子」的諷嘲謾罵，說他們是受僱來為特權說話的辯護士和設計來奴役人民的無知密使，也完全無法切中要害。這些砲轟可能有稍微擊打到喜歡獵殺狐狸的農村牧師或兼任治安法官的教士，但是對於已積極投入國立小學的福音派與不奉國教派的牧師而言，卻宛如過耳之風。該派的論辯往往是以抽象的概念傳布，無法像柯貝特那樣**攫獲人心**和**吸引目光**。卡萊爾筆下的「僧侶」被形容成在「淫亂……與酒醉」的空檔忙著「下跪、收取什一稅、朝聖、伏魔、撒水、畫十字、執聖事、洗禮、割禮和胡言亂語」[85]。雖然卡萊爾比其他激進分子都更了解英國的監獄，他還是不斷拿它們和巴士底獄混為一談。如果喬治四世**真的**被蘭達夫主教的腸子絞死[*19]，那當然是一場

---

84 W. E. Adams, I, op. cit., p. 169.

85 Philanthropus, *The Character of a Priest* (1822), pp. 4, 6.

*19 按：見上文，頁 894，間諜卡梭曾在一次革命派的集會上表示：「願最後一任國王被最後一名僧侶的腸子絞死。」

勝利，但不是他所認為的勝利。他還是得去料理最後一位市府參事和最後一位在地牧師。

和所有的教條主義者一樣，他有時也會設法操縱現實，以便驗證他的各種學說。他不斷以新的挑釁去餵養他的迫害者：

> 由於我認為當今大多數的牧師都是迫害英國人民之利益與幸福的暴君和敵人，因此我也敢大膽的宣稱，如果有人在他們的不公平管制下，痛苦到不惜犧牲自己的生命而誅殺他們，我將會彈起我的七絃琴為他吟唱讚美詩。

但是，如果這名誅殺暴君者試圖聯合他人共同行動，就表示他「缺乏道德勇氣」，他應該要有隻身赴難的決心：「我譴責為這樣的目的與人聯合。」[86] 而這一段文字也引領我們看出他的其他弱點。首先是他那種不負責任的個人主義。這是他可能會發表的一種煽動言詞，但是他只**當**它是一種煽動言詞（如同他所發表的其他例子），而完全不考慮其後果。就像其他將自己的想法化為正統的人一樣，他所做的不只是傳遞他的導師的觀念。他**藉由**將它們轉化成主義信條而僵化它們；他擷取潘恩思想的某個部分（個人權利信條），而忽略其他。然後進一步將他擷取的部分無限上綱，變成**極端的**個人主義。

每一個公民都不必服從權威，並應該當它根本不存在。他自己的確這麼做，並準備接受這麼做的後果。但是他主張公民只須對自己的理性負責；他不必和別人商量,甚至不必和他自己的黨派商量,

---

86 *Republican*, 19 January 1821. 卡萊爾也重新出版了塞克斯比(Saxby)的〈殺人不要謀殺〉(Saxby, "Killing No Murder")。

也不必服從他們的裁決。事實上，黨派觀念是令人作嘔的。理性的力量是他所承認的唯一組織者，而新聞出版業則是唯一的倍速器：

> 當潘恩所定下的政治原則為大多數人民所熟知，實踐它們所需要的一切條件便會自動出現，居時密謀和代表會議將完全變成多餘……以本國目前的情況，人民唯一的真實職責就是個別去認識他們的政治權利……在這段過渡時期，每一個人都應該讓自己做好萬全的準備，成為一名武裝的個體，不與其鄰居建立關係或討論商量，一旦環境需要他便能拿起武器，保護他已經擁有的自由和財產，阻擋任何暴虐者的侵犯……讓每個人盡其職責，而且公開地盡其職責，不必參照其鄰居的作為……

他將民眾知識的力量稱之為「探求原理」(zetetic principle)：

> 因此，讓我們設法求知，因為我們可證明知識就是力量。是知識的力量抑制了內閣和法庭的犯罪；知識的力量必定也會終止血腥戰爭和軍隊蹂躪的可怕後果。[87]

第一段文字是寫於 1820 那個黑暗的年頭。當時卡萊爾在某種程度上是急著想要保護激進分子，讓他們遠離那種很容易遭到臥底教唆者滲透的組織。但是在這段文字中看不到任何具體的事物──「自由」、「知識」、「血腥的戰爭」、「內閣和法庭」。而這段文字也顯示出他對其讀者的誤解甚深：「讓每個人盡其職責……不必參照其鄰居

---

87 *Republican*, 4 October 1820, 26 April 1822; see Wickwar, op. cit., pp. 213-15.

的作為……」難道他不知道工人階級激進運動的本質，就在於每一個工人會「與他的鄰人商量」嗎？沒有這種商量，他的零售商不會挺身而出，他的鄉下代理人也不會堅守他們的崗位。他之所以看不清事實的關鍵，也可從下面這句話窺見：「保護他已經擁有的自由和財產，阻擋任何暴虐者的侵犯……」因為這不僅是潘恩的學說，也是洛克的學說。

此刻我們的腦中不禁又浮現出「小資產階級個人主義」這個辭彙。而如果我們想設法拋卻與它有關的不良聯想，看看卡萊爾的例子將會有所幫助。在他內心深處所想像的典範人物，或許是小雇主、製帽商、製刷匠和書商；我們在卡萊爾身上看到的不只是小資產階級的缺點，也看到他們在這個騷亂時代的力量所在。如果畢維克年輕一點，他很可能讀過《共和分子》。卡萊爾一直在做的，便是利用資產階級對王室權力的嫉恨，去保衛他們的政治和財產權利，並將這些權利延伸到蕭爾迪奇的製帽商或伯明罕的玩具製造商和他的工匠身上。

就新聞出版和言論的權利這點，其結果和柯貝特的民主語調一樣富有戲劇性。但是就政治和經濟理論而言，它的立場卻不是貧乏就是虛妄。洛克式意識形態的力量，在於「資產階級**是**擁有龐大財產之人」這一事實；要求終止政府的管制或干預，（對他們而言）是一種解放的要求。但是製帽商的財產很少，而他工匠的財產甚至更少。要求取消政府的管制，等於是把整個駕馭權拱手交給他們的強大競爭者（或「市場力量」）。這個道理是這麼的明顯，以致卡萊爾和柯貝特一樣，只能被迫把尸位素餐者、官吏和貪食稅收者視為妖魔仇敵。迫害小雇主的最大邪惡，必然是稅收。政府一定要越小越好，而且這個小政府還必須是便宜的。

　　這已經近似無政府主義，但卻是最負面和最防衛性的一種無政府主義。每一個人都必須享有思考、寫作、貿易或攜帶槍枝的自由。前兩者是他最關注致力的重點，新聞出版自由對他而言已不再是一種手段，而是目的本身。《人權論》第二部分所提出的社會計畫展望，是這位導師的著作對他影響最小的部分。他是一個白手起家的人，看不起軟弱無能者；他是一個自修成功者，不耐煩那些不好好把握機會追求自我改進的人。他爲了打開「理性」之門而繫獄，如果工人們還不肯成群結隊地穿過這座理性之門，那就是自作孽不可活了：「我知道，對大多數的技工來說，麥酒館的魔力是無法抵擋的。」[88] 他是個屬於少數派的人。

　　他的理性主義就像他的政治理論一樣，是由否定所構成。他樂於暴露聖經的荒謬，和發表聖經中淫穢的段落。他在《道德家》一書中所提出的正面美德初階，（如我們所看到的）看起來像是一個不大熱心的理性主義者在爲一個資產階級的顧家男子做辯護。他對詩歌(或任何具想像力特質之事物)所表露的「單一視界」，其狹隘程度一如邊沁。雖然他盜印了《該隱》(Cain)*[20] 和《審判的景象》，但他強調，他這麼做不是「爲了讚揚這些著作，而是因爲我看到我的敵人在毀滅它們」。他說他所讀過的那六章《唐璜》(Don Juan)*[21]，「照我看來**只是枯燥無味**，對人類毫無好處」。(他似乎沒有注意到

---

88 *Republican*, 23 August 1822.

*[20] 按：拜倫的詩劇作品(1821)。描寫惡魔路濟弗爾帶領該隱穿過幽靈界的情景，暗喻知識之樹不一定是幸福之樹。此種意含顯然與卡萊爾「知識就是力量」的認知大相逕庭。

*[21] 按：拜倫的諷刺史詩(1819-24)，共計十七章，以華麗嬉笑的表現手法諷刺種種虛僞自負的社會弊端，全詩充滿了機智、刺激、感人及殘忍的情節。

其中的機智所在）：

> 我不是詩人，對詩歌的欣賞也僅止於它理應與散文共有的那
> 些特質——以實用知識教導人類的力量。[89]

「照我看來⋯⋯」——這句話提醒了我們，自修自學者的文化
也可能是反文學藝術的。知識分子的民主正處於淪爲巴多羅買市集
的危險。每個人都可以在這個市集裡擺上一個攤子，大家的意見一
樣值錢，即使是最怪異的餘興表演——無頭女人和可憐的跳舞老熊
——也一應俱全。工匠無意間走了進來，付了幾個便士，立刻有人
鼓勵他們擺起自己的攤子，他們連當這行的學徒都還不夠格，就開
始高談闊論。那些經過苦其心智才得以在同一個市場販賣其作品的
人——哈吉斯金或湯普森、奧布萊恩或布瑞——必定常常詛咒那些
在他們周圍大吼大叫的頑固小販。

類似這樣的批評相當多，它們很足以解釋十九世紀理性主義好
戰傳統的刺耳程度。不過，在做了這麼多批判和說了上述種種之後，
我們必須指出，是卡萊爾創立了這個市場。這麼說並不誇張。他的
出版品是一個市場——他出版了潘恩、沃爾內、帕默、霍爾巴赫和
其他許多人的著作。他也開設了口頭辯論市場。他在 1830 年成立了
「圓廳」，塑造出倫敦工人階級運動的辯論就是在此進行。該會的討
論記錄定期發表在卡萊爾的《激勵者》(Prompter)上面。這份期刊應
該改名爲**推動者**(Promoter)才對，因爲卡萊爾實際上所扮演的正是
這樣的角色。他是「自由思想」這場演出的主持人，而且他比任何

---

89 See Wickwar, op. cit., p. 272.

人更有資格擔任這項職務。他四處網羅可以吸引群眾的明星演員。資深的雅各賓派外科醫生瓊斯，當時依然擁有一些徒眾。但是他最大的成功，是他捧紅了羅伯・泰勒牧師(Reverend Robert Taylor)，一名叛教的英國國教徒和前任的王室教堂牧師。他穿著全套的牧師禮服，以無神論的講道攻擊「自私和邪惡的僧侶」。泰勒牧師是一位熱心和學者型的人物，曾經繫獄，並曾出力讓「神聖的王后陛下，十八個世紀的**無知**」更形不堪。但是他那種使用了大量的語言學批判的講道，對聽眾而言實在太過濃豔和怪異，就像無頭女人。「圓廳」的另一件展示品也是如此。「錫安」華德(Zion Ward)是邵思寇派的衣缽繼承人，他對啟示錄和宗教改革的狂言雄辯，讓聽眾為之意亂情迷。儘管有這些吸引人的展品，卡萊爾的報告卻顯示，每週前來參與宗教辯論的人數正在不斷下降(1831年8月)。與此同時，圓廳在每個星期三晚上都租給另一個新租戶做為活動場地——全國工人階級聯盟。讓(再度入獄的)卡萊爾有點生氣的是，這個聯盟竟然提議**組織**新一回合的出版自由之戰：「拒付印花稅大戰」。他寫道：「我與任何組織皆無關聯，也不尋求……這類組織的任何協助。」就像其他的個人主義者一樣，他的自我中心壟斷了奮鬥目標，他憎恨別人把這個構想當成他們的。「小心政治俱樂部，」他在一個月後寫道。他對俱樂部、協會，甚至工會和互助會，都抱持深惡痛絕的反感。「第一次法國大革命的每一種恐怖行為，幾乎都是源自政治俱樂部……我宣判它們都是可鄙的組織，卑劣、妄動、毫不足取。」隨著爭取改革法案的抗爭一週激烈過一週，他也發表了關於防禦工事、手榴彈和強酸劑的資訊：「**讓每一個人自我組織**。」不過全國聯盟繼續在圓廳集會，而其中許多最受人矚目的領袖——華森、赫瑟林頓、洛維特、克里夫、希伯特(Hibbert)——都曾是卡萊爾的同志，他們

早已將他遺忘，不過仍堅持他的第一原則：「自由討論是唯一必要的憲法──是憲法的唯一必要法則。」[90]

漢娜・摩兒和蘭達夫主教，以及韋伯福斯和循道宗大會爲期二十年的說教，大大增強了激進分子反教權壓迫的能力。《蛇髮女怪》可以理所當然地寫道：「謙和、文雅的摩西，將卑鄙、污穢的以色列人帶出埃及。

我們不會説摩西和穆罕默德是同樣狡猾的大騙子。我們不會説大祭司亞倫之於摩西的必要性，就像塔里蘭(Perigord Talley-rand)一度之於拿破崙那般。我們不會説約書亞是和老布呂歇爾(Blucher)與蘇瓦洛夫(Suvaroff)同樣殘暴的軍事惡棍[*22]；也不會説發生於迦南的野蠻行爲和屠殺罪行，其駭人程度比發生在這二十五年間的革命戰事還要恐怖十倍……[91]

---

90 *Republican*, 11 July 1823; *Devil's Pulpit*, 4 and 18 March 1831; *Prompter*, 30 August, 31 September, 15 October 1831; *Radical*, 24 September 1831; H.O. 40. 25.

*22 按：亞倫是摩西和米利暗的兄弟，在埃及時，他是摩西的代言人，曾在法老面前行神蹟，並降瘟疫於埃及，逼使法老釋放希伯來人。塔里蘭(1754-1838)，法國外交家，前後經歷過七個政權，是當時最具影響力的政治家。拿破崙擔任第一執政期間，塔里蘭是他最得力的外交操盤者，但兩人的關係在拿破崙稱帝之後開始惡化，塔里蘭於1807年辭去外長一職，並著手策劃波旁王室的復辟。布呂歇爾(1742-1819)，普魯士陸軍元帥，對抗拿破崙戰爭的主要領導人。在滑鐵盧會戰重挫法軍右翼之後，曾下令無情地追殺傷亡慘重的法國軍隊，並在佔領巴黎之後展開瘋狂報復。蘇瓦洛夫(1729-1800)，俄國陸軍元帥，是俄國最偉大的軍事家之一，但也以屠殺佔領地的居民享有惡名。

91 *Gorgon*, 24 April 1819. 雪萊在1818-19年撰寫《獲釋的普羅米修斯》

然而事實上，這**正是**《蛇髮女怪》想要說的。在這點上，它觸及到卡萊爾的傳統，而這兩者也因它們與功利主義的密切關係而有所關聯。在卡萊爾身上，這點再明確也不過，甚至詩歌都必須是**實用**的和可以傳授**知識**。《蛇髮女怪》的思想歷史就比較精采。它的意圖非常明顯，希望有效地接合邊沁學說和工人階級的經驗。它不僅是單純地想要將中產階級功利主義者的構想傳遞給工人階級讀者(如果普雷斯當初真的掌握住它的編輯方向，他就會這麼做)。《蛇髮女怪》的編者(1818-1819)韋德，原先是一名羊毛分類職工，他是個很有原創性也很用功的人，不會輕易改變他的想法。給他提供建議的人一個是普雷斯，一個是嘉斯特，我們在下面會看到，嘉斯特對正統政治經濟學的拒斥程度，就和普雷斯的質問程度一般強烈。結果是，《蛇髮女怪》似乎不怎麼接受這些構想，反倒是不斷與其角力。它問道：在工人階級的經驗脈絡中，功利主義**派得上用場**嗎？

普雷斯的影響相當重要，我們必須設法更了解這個人。在本書的各個章節我們一直都有留意到他，因為他是一名(倫敦通訊協會、西敏區激進主義和廢除結社法案的)檔案保管人和歷史學家，而且他的偏見導致了極大的誤解。他從馬褲職工的出身，一路攀升到富有的小店主和雇主、邊沁和穆勒父子的親信，以及國會議員的顧問。從 1800 年代初期，他開始把重心放在為工匠和中產階級搭建溝通的橋梁。他曾支持蘭卡斯特派的興學運動和技工學社；他也相當關心莊重自持的高尚工匠和他自我改進的努力。但由於他顯然是費邊傳統的開山始祖之一(而華拉斯等人也未加批判地接受這點)，因此我

─────────────

(*Prometheus Unbound*)時，將詩中一位不知名的革命女神命名為「demogorgon」(魔王之意)，我們很好奇其中有無任何的理念關聯。

們不該只把他看成是中產階級的一名「著迷者」，也不應假定他無力堅守最不妥協的立場。在思考與表達自由這點上，他依然是半個雅各賓派；他曾協助《理性時代》在英國發行，而儘管他日漸認爲卡萊爾是個「盲狂者」，但他依然在卡萊爾的早期奮戰中提供諸多協助。我們已經看過他對 1817 和 1819 年鎮壓行動的憤怒，也看過他爲工會權利所投下的巨大心力，雖然他爲工會分子奮鬥的熱誠，奇怪地結合上麥卡洛克的政治經濟學。在思想方面，到了 1818 年，他已完全爲費邊所擄獲：他**學習**邊沁和老穆勒的學說而不是質疑他們，在他自己的書寫中他幾乎沒增加任何東西，除了他辛苦收集的那些可用做例證的事實之外。但是在政治方面，他的力量完全來自他自己。他不僅給了功利主義者一個西敏區的國會席次(該席次是在他的操控之下)，還給了他們一塊進入激進派手藝人和工匠世界的敲門磚。這樣的一個人物可以在意識形態上和政治上同時發揮這樣的作用，其本身便是一種前所未有的現象。

　　普雷斯對《蛇髮女怪》的主要貢獻，是他收集了許多與倫敦各行各業(尤其是裁縫一行)有關的事實資料[92]。韋德爲這份期刊定下了調子和重點。韋德是所有的激進分子(普雷斯除外)當中，敎人印象最深刻的事實調查者。他的《黑皮書》遠勝於其他激進派的同類調查。我們可以看出，韋德深受邊沁派吸引的地方，在於他們的扎實研究，以及他們對改革的實際細節的關注——包括法律、獄政和敎育。打從一開始，《蛇髮女怪》便對民眾激進主義的主流修辭表達

---

[92] 參見上文，頁 354-6。我們不清楚韋德對於普雷斯的筆記究竟是全文照登，還是有經過編輯整理。普雷斯雖然有協助《蛇髮女怪》的出版，但從未和韋德見過面，他曾說：這份刊物「並不完全是我會喜歡的那種出版品」。See Wallas, op. cit., pp. 204-5.

了強烈不滿。一方面，它猛烈砲轟「憲政傳統淵遠流長」這種似是
而非的論調——這種論調最常出現在《黑矮人》當中，卡賴特少校
依然在其中緬懷賢人會的時代，並延續諾曼奴役的理論：

> 我們真心認為，最足以推動改革目標的做法，莫過於在我們
> 思考這個主題的時候，徹底排除與先前的社會狀態有關的種種
> 引喻……

韋德指出，從「美好的舊時代」衍生出來的種種論調，竟然會是出
自工人階級改革者的口中，實在不可思議。因為大多數「被耙掃到
一塊的**古老傳說**」，都是用來**對抗**勞動者的**高壓立法**的重要來源。難
道改革領袖(他問道)——

> 少了發霉的羊皮紙、黑體字和拉丁引句，就沒有別的東西可
> 以攻擊古老的衰敗市鎮販賣體系嗎？難道在我們的財政狀況、
> 我們過時的紙幣制度，和我們的貧民人數裡面，沒有——

可以評論和控訴的東西嗎？但是，如果說他拒斥這種似是而非的訴
諸先例，他同樣也拒斥潘恩對「與生俱來之權利」的信念。如果說
潘恩的論點指的是所有的男人都**與生俱來的**擁有投票權利，那麼我
們如何能否認女人也應有相同的權利？對韋德(和柯貝特)來說，這
是個**反證論法**。精神病患和濟貧院的院民之所以無法擁有投票權(就
像婦女一樣)，是基於明顯的社會利益原因；而這似乎是工人階級激
進分子(或至少是他們當中的男性那半)可以用來支撐其訴求的最穩
固基礎：

公衆的利益是社會的唯一和終極目標；我們永遠不會認爲，任何可能違反它的與生俱來或法令規定的要求，是神聖或有價值的。[93]

以這樣的基礎爲投票權的要求進行辯護並不困難。困難的地方在下面。韋德神采奕奕地全神貫注於社會改革和工會組織。如果功利主義想要延伸爲工人階級的意識形態，那麼它就必須具有某種社會結構和政治經濟學的理論。該如何決定什麼是最大多數人的最大好處？可不可能對雇主有用的東西對工人而言卻是一種壓迫？韋德的社會結構理論是印象派的和衍生式的，但至少比柯貝特的「老腐敗」或「衰敗市鎮販賣體系」的修辭來得具體。他將社會劃分成寄生階級和生產階級。第一類團體涵蓋了：(1)上等階級，包括教會界和司法界的顯要人物以及貴族；(2)「中等階級」，包括效忠政府的教區牧師、稅收委員、稅務部官員。他認爲這些人是屬於腐敗的一群。第二類「生產階級」的涵蓋範圍相當廣泛，甚至包括專業人士和雇主在內，但是他特別強調的是「那些其勞動結果導致社會財富增加的人，例如農夫、技工、勞工等等」。在這群人底下，是一些「難以歸類的人」，包括貧民和政府債權人：

> 勤奮階級可以比擬爲土壤，一切萬物都是從中演化生產而成；其他階級則可以比擬做樹木、豆苗、野草和蔬菜，由土壤表面……吸收養分……

---

93 *Gorgon*, 20 June, 18 July, 22 August 1818.

一旦人類達到「幾近可臻於完美」的狀態，屆時就只有勤奮階級應該繼續存在：「其他階級大多是源自我們的罪惡和無知……他們沒有工作，他們的名分和職責將在新的社會狀態中結束。」[94]

在這點上，韋德求助於普雷斯，而《蛇髮女怪》也開始以每週專欄的方式，報導工人階級的情況。我們不清楚究竟是哪隻幕後之手最具影響力。一方面，它大力強調勞力是價值的來源，這項強調或許還受到李嘉圖《經濟學原理》（*Principles of Economics*）的強化，該書於前一年問世[95]。《蛇髮女怪》寫道：「在本國，勞力是過剩產品，也是我們出口的主要商品。

> 在四種主要的製造業中，亦即棉、亞麻、布料和製鐵業中，平均而言，原料的成本可能不到其價值的十分之一，其餘十分之九的價值是由織工、紡紗工、染工、鐵匠、刀剪匠和其他五十多種從業人員的勞力創造出來的……這些人的勞力構成了本國的主要交易品。是靠著買賣英格蘭職工和勞動者的骨血，我們的商人才得以賺到他們的財富，而我們的國家才得以贏得它的榮耀……

這段話十分動人但不精確。它讓我們想起，將勞力視為所有價值之源的觀念，不僅見於塞爾華的《自然權利論》，也見於柯貝特 1816 年的〈致職工和勞工書〉。我們可以感覺到，當柯貝特在寫這篇文章的

---

94 *Gorgon*, 8 August 1818, and *The Extraordinary Black Book* (1831 edn.), pp. 217-18. See also A. Briggs, "The Language of Class in early 19th-century Britain", *Essays in Labour History*, p. 50.

95 Ricardo is cited in *Gorgon*, 26 September 1818.

時候，浮現在他腦海的，是他自己的農場，以及忙著照顧家畜、耕
作和整修建築物的農場雇工。韋德（或普雷斯）所看到的，則是手藝
人和廠外代工、羊毛分類工或裁縫，這些人拿到某種形式的原料，
然後以他的勞力或技巧，處理這些原料。原料只佔價值的十分之一，
其餘則是勞力和技巧[96]。

　　但是在《蛇髮女怪》的同一篇文章裡面，作者又立刻以政治經
濟學的陳腔濫調教訓工會分子。勞力的報償是由供需律所決定。「職
工工資的增加，將伴隨著雇主利潤的相對減少。」當勞力的價格上漲
時，會帶動「將資本逐出該種行業的趨勢」。而且（完全一副普雷斯
在協助廢止技工法規時的口氣）——

　　　不管是雇主或職工，在任何情況下都應**個別**而非**集體**行動。
　　當任何一方求助於**非自然**或**人為**的權宜之計時，他們將會導致
　　不自然的結果。

才剛被韋德從前門擋在外面的自然律理論或權利理論，又被普雷斯
從後門迎了進來。因為到了這個時候，只要想到中產階級功利主義，
幾乎不可能不聯想到馬爾薩斯和正統的政治經濟學：最大多數人的
最大幸福這種學說，只能用人口「律」和供需「律」來加以解釋。
如果功利主義真的打進工人階級的意識形態，結果只會讓工人階級
成為雇主階級的俘虜。

---

96 Ibid., 12 September 1818. 關於本章約略談到的勞力價值理論的源始，參見 G.
D. H. Cole, *History of Socialist Thought, The Forerunners* (1953); A. Menger, *The
Right to the Whole Produce of Labour* (1898); R. N. Meek, *Studies in the Labour
Theory of Value* (1956).

不過，這件事並沒這麼容易解決。1818 年 9 月、10 月和 11 月，《蛇髮女怪》仔細探討了倫敦某些行業的境況，包括裁縫、活字鑄造工、配鏡師和排字工人[97]。同時，它又主導了一場捍衛曼徹斯特棉紡紗工的行動，當時這群工人的罷工，正遭到效忠政府人士和新式中產階級激進報章(尤其是《泰晤士報》)最猛烈的攻擊。如果與前二十年不管是有組織或無組織行業的工資價格做比較，下面這個結論都無可避免。不論是「自然的」或「人為的」，結社都是**有用的**：

> ……過去我們一直以為，雇主和工人的成功興盛是共榮共享而且不可或分。然而事實並非如此，而且我們可以毫不遲疑地說：一般工人情況**惡化**的原因，以及不同職工階級的不同惡化程度，完全取決於下面這種現象在他們之間的成熟程度，法律說這是一種犯罪——也就是「結社」。工人的境況一點也不取決於雇主的成功或獲利，而是取決於工人的**操控**本領——或說為他們的勞力**強索**較高價格的本領。[98]

根據普雷斯在 1814 和 1824 年所採取的論調看來，這段話不可能是普雷斯的意思[99]。如果能看到嘉斯特佔上風，實在是太美妙了，不過韋德也可能會被他的兩位顧問撕成兩半。隨後，韋德果然採取了中產階級功利主義的意識形態，而他廣受歡迎的《中產階級和工

---

97 關於該刊物的某些發現，參見上文，頁 351。

98 Ibid., 21 November 1818.

99 普雷斯向工匠與技工特別委員會報告說：「沒有其他政治經濟學原則比工資政治經濟學原則更站得住腳：工資的增加必定來自利潤。」(*First Report*, 1824, p. 46)

人階級史》(*History of the Middle and Working Classes*, 1835)，也一如慣例地混合了激進政治學和正統經濟學，外加他辛勤編纂的事實。然而，就《黑皮書》的作者和《蛇髮女怪》的編者而言，這是一本教人失望的作品。

嘉斯特的歷史就不太一樣。他和恆生與多爾帝，是在這段期間竄起的三個真正傑出的工會領袖。他們是來自經驗非常不同的行業，因此各有各的獨特貢獻。恆生代表的是廠外代工的奮鬥，他接觸搗毀機器運動的外圍，組織他們的非法工會，分享他們前進的政治激進主義，並設法執行或制定有利於他們的保護性立法直到1824年。棉紡紗工出身的多爾帝，得以將更多的心力投注在如何加強勞工本身的能力，透過結社來改善他們的景況或改變整個制度。到了1830年，他已成為北方工人的偉大運動的靈魂人物，帶領他們追求總工會、工廠改革、合作組織，以及「全國性改造」。嘉斯特是來自一個規模較小但擁有高度組織的技術行業，他一直很關心組織的問題，以及倫敦和全國**各行業**之間的相互支援。

嘉斯特是一名造船匠，於布里斯托完成學徒訓練，並在1790年左右來到倫敦。在他「三十或四十年」的泰晤士生涯中（他在1825年時表示），有二十八年是花在一個叫做戴浦福(Deptford)的造船所，他是這家造船所的「領班」，手下有十六個左右的工人：「我在那兒協助建造了不下二十到三十艘軍艦……商船除外。」早在1793年，這些造船工就已組成聖海倫娜互助會(St. Helena Benefit Society)——「這條河上沒有加入的人不到十個。」這個互助會以失敗收場，但是1802年發生了一次造船工罷工，並在嘉斯特的領導下另組了橡樹心互助會(Hearts of Oak Benefit Society)。這個互助會異常成功，它不僅提供了疾病、死亡和意外的一般福利，還撥出經費興建了十

三所用來收容退休造船工的安養院。1824 年 8 月，當泰晤士造船工
儉約工會成立時，嘉斯特是該會的第一任幹事。當時他必然也已五
十五歲左右[100]。

結社法案廢除後，造船工與他們的雇主展開了一場激烈異常的
鬥爭，因為雇主們在 1825 年遊說國會議員通過新的反工會立法[101]。
這起事件讓嘉斯特和他的工會成為眾人矚目的焦點。不過在此之前，
他在倫敦的工會圈內早已備受尊敬。我們先前已經提過他與《蛇髮
女怪》的關係，而他也是在同一段時間因為試圖（在倫敦和曼徹斯特）
籌組「慈善大力士」（第一個涵括所有行業的總工會）而聲名大噪[102]。
到了 1818 年，嘉斯特顯然已經是一個以上的倫敦「行業」委員會的
首腦人物。此外，在 1819 到 1822 年間，倫敦工人階級的激進主義
也發生了有趣的變化。1818 年，當杭特於彼得盧事件後凱旋回返倫
敦，負責籌備盛大歡迎式的委員會，其成員主要是些老雅各賓派、
專業人士、小雇主和幾名工匠，其中最有名的代表人物包括華笙醫
師、瓊斯、伊文斯和西斯托伍德。可是到了 1822 年，當杭特從伊爾
奇斯特監獄返回倫敦，負責迎接他進京的，卻是代表「有用階級委
員會」（The Committee of the Useful Classes）的嘉斯特[103]。從這個
時候開始，倫敦工人階級激進主義取得了新的信服力量：我們更容
易看出它的力量究竟是來自哪些產業。我們可以在嘉斯特的委員會
裡看到初期的「行業會議」。1825 年，隨著結社法案的廢止以及該法

---

100 *Trades Newspaper*, 31 July 1825.

101 See the Hammonds, *The Town Labourer*, pp. 138-40.

102 Ibid., p. 311; Webbs, *History of Trade Unionism*, pp. 84-5; Wallas, op. cit., p. 189; G. D. H. Cole, *Attempts at General Union*, pp. 81-2.

103 Hunt's *Address to the Radical Reformers*, 9 December 1822.

案可能重新生效的威脅，工會界覺得它們已強大到足以成立它們自己的《行業報》[104]。

《行業報》的座右銘是「幫助你的每一個鄰人」。它的重要性不僅在於它理出了工會運動力量的頭緒[105]——在此之前，研究者必須從法庭和內政部的文件陰影中辛苦搜尋——也在於它表明了中產階級功利主義與突然冒現的「工會理論」之間的全面決裂。這兩者的衝突相當明顯。就好像《蛇髮女怪》的正統部分由普雷斯和韋德繼續堅持，而關於結社價值的非正統主張，則成為嘉斯特新冒險事業的基礎。有些論戰尤其是針對普雷斯而來，而且經常是出以令人遺憾和不夠公正的態度；而這也有助於解釋，為什麼在普雷斯本人有關這些年的記載中，很少提到嘉斯特和倫敦工會。事實上，這樣的論戰在前一年就已經開打，戰場是伍勒的《黑矮人》，那也是該期刊的最後一年[106]。論戰的導火線是馬爾薩斯主義和政治經濟學的正式結合——這場婚禮已經在老穆勒的著作中隆重舉行過。這對新人大膽地表示，失業問題[107]是自然產生而非人為造成，它是起因於人

---

104 籌劃這份週報的，是「那些聚集在倫敦的工會鎮代表和郡代表，他們是為了監看結社法案最新的調查進展」。行業本身捐助了一千鎊來創辦這份週報，而除了造船工外，鋸木匠、箍桶匠、木匠、女鞋匠、船縫填塞工和絲織工，似乎也和該報的創辦有直接關聯。這份報紙是由行業委員會主導。

105 參見上文，頁 331-2。

106 參看有關人口問題的論戰，這項論戰始於 1823 年 11 月 12 日，並持續了好幾期。

107 有一項廣為周知的傳說，說是「失業」一詞在 1820 年代是不存在的。這個傳說或許是源自楊昂(G. M. Young)的不智陳述，他在《維多利亞時代的英格蘭》(*Victorian England*, Oxford 1936, p. 27)一書中表示：「失業問題不在維多利亞早期的改革者受命思考的範圍內，大致是因為他們沒什麼可說

口「過剩」，因此是無法解決的；因為無法解決，它就成為決定工資
價格的基本因素，不論技術工人可以如何藉由限制外人進入他們這
行來保障自己的特權地位，大多數的工人都會發現，供需自然律將
會使供過於求的服務日漸廉價。

關於這一點，柯貝特早已發出強烈否定(「**教區牧師**馬爾薩斯！
蘇格蘭哲學家！」)。《黑矮人》提出了更有力的論證。「就業的數量是
無限的，」他寫道：

> 我在這個其長襪行銷全世界的大製造業國家裡，看到許多無
> 襪可穿的男男女女……單是讓英倫三島的人民都能夠如願以償
> 的有好的衣著可穿，其國內消耗量就會是今日的十倍之多。

他的結論是(在回答普雷斯的反對意見時)：「想要讓人類的境況得到
改善，不在於減少他們的數目，而在於增進他們的才智。」[108]

這場論戰繼續延燒到《行業報》的創刊號，該報的首任編輯是
先進的激進分子羅柏森，他是倫敦技工學社的開創者，也是哈吉斯
金的同僚[109]。該報社論反對麥卡洛克的意見，因為麥氏採納馬爾薩

的。」對此他還加了一個來源註腳，「我在 1860 年代以前未曾觀察到這種情
形。」事實上這段陳述是錯的。(布穀鳥通常都是在《泰晤士報》宣布牠們到
來之前的好幾個星期，就已抵達英倫三島。)在 1820 年代和 1830 年代的工
會、激進派和歐文派的著作中，都可看到「失業」、「失業者」和「失業情形」
這樣的字眼。「維多利亞早期的改革者」的禁忌，必須從其他方面加以解釋。

108 *Black Dwarf*, 3 and 31 December 1823.

109 曾有些人指出，編者的責任僅限於對出版的文字做專業上的校訂，因此我假
　　設——也許是錯的——最初的幾篇社論是出自嘉斯特之手，他當時是行業

斯的理論，並勸告工人：「限制你們的人數，以免造成勞力的供過於求。」嘉斯特寫道：「這是在密謀推翻自然、推翻道德，和推翻快樂。」因為想要達到這種限制的可行辦法，不外乎不結婚、不享受婚姻的樂趣，或是使用避孕藥。如今，普雷斯已成為馬爾薩斯立場的忠實支持者，並以在工人階級之間從事宣傳為己任，但由於他對於工人的禁慾能力沒有信心，遂進一步以廣發傳單的方式，教導工人節育的知識[110]。普雷斯還設法在《行業報》的專欄中為麥卡洛克辯護。

如果說普雷斯曾經為了最錯誤的功利主義理由而參與了這場勇敢的行動，那麼嘉斯特也從兩方面對他施與猛烈攻擊。一方面，他暗示普雷斯擁護一種「難以啟齒」和不道德的主張，那種主張簡直噁心到極點。(我們應該記住，當時各界對避孕一事的反應幾乎如出一轍，我們沒有理由不認為嘉斯特是真的深感震驚。)另一方面，他開啟了一場遠為重要的批判：

> 如果馬爾薩斯、麥卡洛克、普雷斯等人的說法可信，那麼工人階級只要考慮如何最有效地限制他們的數量，就可以一舉解決他們的所有困難……馬爾薩斯等人……將整個事情簡化成技工和他們的戀人或妻子之間的問題，〔而非〕雇工與雇主之間的問題——技工和穀農與壟斷者之間的問題——納稅人與抽稅者

管理委員會的主席。要斷定刊登在《窮人守護者》和歐文派報章上的文章究竟是出自何人之手，也有類似的困難。

110 See F. Place, *Illustrations and Proofs of the Principle of Population* (1822). 並參見上文，頁 1045。

之間的問題。[111]

這段話十分清楚。嘉斯特排斥了訴諸「自然」和自我調節的政治經濟學模型，這個模型如果未加限制，對雇主和受雇者的有利程度基本上是不相軒輊。然而他認為利益對抗是無可避免的，而其解決或調解都必然是力量較勁的問題。資方的利益很可能是勞方是壓迫。這套形塑工人階級理論的想法，隨即又得到了重要的智識強化。1825 年，哈吉斯金 (以「一名勞工」的筆名) 發表了《勞方反對資方請求抗辯書》(*Labour Defended Against the Claims of Capital*)。哈吉斯金是一名領半薪的退休海軍上尉，曾和嘉斯特一塊在技工學社任職，教授政治經濟學。1825 年下半年，《行業報》選刊了該書的大半內容，該報還以一系列的社論對該書提出和善但並非不加批判的歡迎。嘉斯特在哈吉斯金的特許下，摘錄了其有關勞工價值理論的基本原理：「**唯一**可以說是具有儲聚性的東西，是**勞動者的技巧**」：

　　歐洲所有的資本家，以及他們所有的流動資金，都無法供應他們自己一個星期的衣食……[112]

哈吉斯金的原始社會主義理論尤其適用於倫敦各行業的經驗——他的理論大部分也是源自這種經驗。面對立法威脅的死灰復燃，他以堅決的常識性論證為工會主義辯護：「結社本身並非犯罪，相反

---

111 *Trades Newspaper*, 17, 24, 31 July, 11 September 1825. 普雷斯似乎曾協助過《行業報》的一位失敗對手，這份敵對刊物是 *Artizan's London and Provincial Chronicle* (1825)。

112 *Trades Newspaper*, 21 and 28 August 1825 et. seq.

的，它是社會凝聚的原則。」他尤其將矛頭直接指向做為企業家和中間人的資本家：

> 在生產食物者和生產衣著者之間，在製造工具者和使用工具者之間，資本家插了進來，他既不製作也不使用它們，但是卻將兩者的產品全部盜爲己有……他漸漸而成功地巧妙滲入到他們之間，靠著他們與日俱增的生產勞力的滋養而不斷茁壯，並盡可能將他們雙方分得遠遠的，好讓他們彼此都看不清供應來自何方，而只能透過資本家取得。在他剝削雙方的同時，又因爲他是如此徹底的阻斷了他們彼此的視線，以致他們還深信自己是因爲他才得以活命。

在資本家發揮積極的技術或管理作用時，他是具有生產性的，這時的他也是一名勞動者，並應爲此得到報償。但是當他做爲一名中間人或投機者時，他就只是個寄生蟲：

> 爲提高工資而成立的結社，不管多成功、多廣布，都不會造成其他傷害，除了減少那些靠利潤和利息爲生者的收入，這些人根本無權享有任何的國民生產，但是他們卻習於享有。

哈吉斯金並沒有提出另一項替代**制度**(頂多是，就戈德溫派的觀點，廢除所有的制度)，而且他似乎刻意規避了財產權的問題。他鼓勵發動有組織的壓力，動員工人階級的所有力量，動員他們的智識和道德資源，去沒收資本主義闖入者的所有財富。這場介於資方和勞方，以及「誠實勤勞」和「閒散放蕩」之間的戰爭，將持續不斷的打下

去，直到工人得以獲得其自身勞力的所有產出，直到「**工人**可以比他踐踏的泥土和他操作的機器更受尊敬」。

四、歐文主義

《勞方反對資方請求抗辯書》的出版，以及《行業報》對它的歡迎，代表的是「勞力經濟學派」（labour economist）或歐文派與一部分工人階級**運動**的第一個明確的接合點[113]。哈吉斯金當然是有受到歐文的引導，但是就算歐文、格雷（Gray）、派爾（Pare）和湯普森從未寫過任何東西，哈吉斯金的作品也一定會導出下面這個進一步的問題：如果資本大體是勞力的寄生蟲，那麼勞力不是可以乾脆廢了它，或代之以另一種新制度？甚至從功利主義的角度，也有可能在奇怪的轉折下導出同樣的問題：如果可以用來評判社會制度的唯一標準是**實用**，又如果這個社會的最大多數人是辛苦的工作者，那麼顯然沒有任何對於習俗的尊敬或中世紀的觀念，應該阻止我們去設計出最有用的**計畫**，讓大眾得以交換和享受他們自己的產品。因此，歐文派社會主義永遠包含了兩種從來不曾完全熔接的成分：一是啓

---

[113] 在接下來的這幾頁，我並不冀望能重新檢視歐文或「勞力經濟學」的思想。我的目的只是想就理論如何衝擊到工人階級的經驗，以及新構想如何在這個過程中贏得青睞或產生改變這兩點，說明一二；換句話說，我關心的是這些構想的社會學而非其本體。關於哈吉斯金，參見 G. D. H. Cole's edition of *Labour Defend* (1922) and E. Halévy, *Thomas Hodgskin* (1956, trans. A. J. Taylor)。關於歐文和勞力經濟學學者的簡明討論，參見 H. L. Besles, *The Early English Socialists* (1933), Chs. IV and V；內容較全面的綜述，則見 G. D. H. Cole, *History of Socialist Thought*, I, *The Forerunners*, and M. Bee, *A History of British Socialism*, Part III。

蒙時代的博愛精神，根據實用和慈善的原則擘畫出「全新的制度」；二是部分工人的經驗，他們從歐文派的思想中揀取觀念，然後將之改編或發展成適合他們的特殊脈絡。

新拉納克(New Lanark)＊23的歐文的故事，不但大家耳熟能詳，甚至已成爲一則傳奇。他是家長制工廠主人和白手起家工人的典範，致力於以他的慈善提議遊說歐洲王室、朝臣和政府；他碰到禮貌性讚許和實際挫折時的激昂語調；他對各階級的宣傳以及他的千禧年文告；某些工人對他的構想和承諾日漸增高的興趣；早期實驗公社的興起與沒落，尤其是奧必斯頓(Orbiston)；他的離英赴美以進行更多建立公社的實驗(1824-29)；歐文主義在他離英期間所得到的長足支持，湯普森和格雷等人對其理論的補強，歐文主義受到部分工會分子的採用；金恩博士(Dr. King)以其《合作者》(Co-operator)在布萊頓所做的倡導(1828-30)，以及合作貿易實驗的廣泛試行；某些倫敦工匠(其中最著名的是洛維特)在推動合作原則的全國性宣傳(英國促進合作知識協會)時所展現的積極主動(1829-30)；以及歐文返國後所掀起的狂潮，當時他發現自己幾乎已成爲某個運動的領導人，而這個運動最後將催生出全國大團結工會(Grand National Consolidated Trades Union)。

這是一個不平凡的故事，可是其中有些部分卻有幾分**非如此不可**的味道。我們可以從家長制的傳統開始探討起。我們必須了解，

＊23 按：歐文從其岳父手中購下的四座紡織工廠的所在地，位於蘇格蘭。該工廠大約雇用了二千名員工，其中有五百名是來自格拉斯哥和愛丁堡的窮人小孩。歐文接手之後，推行了一連串改善勞工住屋、爲兒童設立學校、停止雇用十歲以下的童工、建立合作社以合理的價格販賣商品給員工……等措施。

在新拉納克所推行的偉大實驗，同樣是為了因應勞工紀律問題以及
如何讓難以駕馭的蘇格蘭勞工適應新式的工業工作模式等困難，這
些困難我們已經在先前討論循道宗和烏爾博士的時候提到過。「在那
個時候，蘇格蘭的下層階級……對陌生人有強烈的偏見……」，「因
此受雇於這些工廠的工人，也對新來的經理抱有強烈的偏見……」：

> 他們幾乎集一整個社群的所有邪惡於一身，但美德卻寥寥可
> 數。偷竊、銷贓是他們的本事，懶散、醉酒是他們的習慣，虛
> 假、欺騙是他們的調調，為了俗事和宗教爭吵不休則是他們的
> 日常生活內容，他們只有在與雇主進行熱烈而有系統的對抗時，
> 才會團結一致。

這些出現在《新社會觀》（*A New View of Society*, 1813）書中的看法，
與新式的紡織廠主人或鐵工廠廠長的經驗十分雷同。他們的問題都
是如何灌輸年輕人「專心、敏捷和秩序」。歐文值得欽佩的地方在於，
他沒有為了達到目的而選擇循道宗式的精神恐嚇或監工罰款式的紀
律。但是我們一定要牢記，歐文的後期社會主義仍保有它最原始的
印記。他被指派的角色是社會主義的仁慈「父親」：在戰後時期獲准
進入朝廷和內閣（直到他因失言遭到罷黜——他以慈愛的寬容態度
表示，所有普獲接受的宗教都是不合乎理性而有害的）的慈善家歐文
先生，毫無困難地融入那個與工人階級交談對話的「慈善的歐文先
生」。一方面，他可說是功利主義的**極致表現**，把社會當成一個巨大
的工業圓形監獄般進行規劃；可是在另一方面（最仁慈可敬的一
面），他卻是工業版的韓維，盡心為兒童設想，希望看到他們快樂，
並為剝削他們的做法痛心疾首。然而工人階級那種「靠它自己的自

力救濟以達到它自己的目標」的前進觀念，卻是歐文異常陌生的，
儘管他在 1829 到 1834 年間曾實際被捲入到這類運動當中。這一點
可以從他所有著作的語氣中看出。(他在 1817 年表示)他希望「重振
下層階級的道德」。在早期歐文派著作中最常看到的字眼，除了「慈
善的」(benevolent)，就屬「爲他們提供」(provided for them)的出
現頻率最高。教育應該「讓年輕人牢牢養成可促進個人與國家之未
來幸福的想法和習慣；而欲達成這樣的目標，唯一的辦法是將他們
調教成理性之人」:

第四——要讓這些工人及其家人享受到價廉物美的 **住所、食
物、衣著、訓練、教育、職業和管理**，最好的安排是什麼?[114]

這種語氣在歐文與民眾激進主義和工會運動之間造成了幾乎無
法跨越的鴻溝。歐文在戰爭剛結束那幾年(於他的《自傳》中)寫道:
「這個時候的作業員和工人階級，對於我以及我的所有看法和目的
都是陌生的。」「他們那些主張民主和錯誤觀念的領袖，告訴他們說
我是他們的敵人，說我想在這些團結一致、互助合作的村落中讓他
們淪爲奴隸。」不過就當時的情況看來，這種說法沒什麼好奇怪的。
慈善家歐文先生是在戰後蕭條的絕望年代走進他們的世界。當時的
失業和苦難程度教許多士紳驚駭不已，他們同時也對失業民眾的暴
亂情緒深感不安。尤有甚者，當時的濟貧稅已上升到超過六百萬鎊，
但農業生產卻從戰時的繁榮景象急速下滑。貧民是有礙觀瞻的，是

---

114 R. Owen, *A New View of Society and other Writings* (Everyman edn.), pp. 74.
260.

罪惡的淵藪，是國家的沉重負擔和可怕的危險。各個評論專欄充斥著呼籲修正濟貧法的討論，它們的目的全是爲了追求更好的經濟。歐文先生(他位於新拉納克的廣大產業，已成爲當時上流社會的時髦旅遊景點)卻在這個時候提出一個好得不能再好的計畫。他提議把貧民安置在「合作村」中，只要從稅收中撥出一筆創村資金，他們就可以在那裡**自給自足**，變得「有用」、「勤勞」、「理性」、自律和節制。坎特伯里大主教喜歡這個構想，西德茂斯勳爵也針對這個構想和歐文先生展開密切討論。1817 年夏天，歐文在倫敦的報章上發表了許多談論貧民賑濟的公開信。他在一封信中寫道：「西德茂斯勳爵應該會原諒我，因爲他知道我無意開罪他。他的脾氣是有名的溫和寬厚……」這封信發表於潘垂吉起義和奧利佛身分曝光前兩個星期。

這項計畫有幾分馬爾薩斯的味道，和某些治安法官(例如那些名不副實的「諾丁漢改革者」)正在進行的那些嚴苛實驗也有點類似，他們已經在著手實踐查德維克式的經濟型濟貧院計畫。儘管歐文本人的確(如同某些激進派願意承認的)是發自內心的疾民所苦，但如果他的計畫想要爲政府所接受，勢必就得走上這個方向。柯貝特公開指摘歐文的「合作村」是「塞滿窮人乞丐的平行四邊形」，有人指控柯氏太過「偏頗」，不過他們這話恐怕說得太快。「合作村」不僅是柯貝特最厭惡的那種充滿恩賜、施捨的「安撫制度」，而且他的直覺很可能是對的——如果官方**眞的會在** 1817 年採納歐文的想法，那麼原本局限於濟貧院的「生產性就業」(productive employment)很可能會向外延伸。柯貝特所表達的不過是激進派的普遍反應。薛文寫道：他所提議的機構將變成「監獄」、變成「一個奴僕的社會」：

> 照我看來，歐文先生的目的是想讓英國蓋滿濟貧院，好培養

出一個奴隸社會，並藉此讓人民中的勞動分子完全依賴有產業的人過活。[115]

在一次於「倫敦市酒店」舉行的擁擠集會中，歐文試圖說服激進派贊成他的提議，可是激進派的領袖們——卡賴特、伍勒、魏斯曼——輪番以類似的說法反對他。當瓊斯表示大家至少可以仔細看看這項計畫的內容時，立刻遭到眾人的高聲喝止，並指控他叛黨變節[116]。

這場辯論只是徒然暴露出雙方的弱點。一方面，歐文的腦袋確實少了根筋，而那根筋正好是多數人的政治反應中樞。《新社會觀》的其中一篇題獻給攝政王，另一篇卻題獻給韋伯福斯*24。十五年後，他的報紙《危機》(Crisis)盲目地駛進 1831 和 1832 年水域，而且還載滿了關於合作大會和史來斯維特(Slaithwaite, 位於哈得茲菲)貿易商店的報告，絲毫未察覺到英國**事實**上已處於革命危機一觸即發的狀態。少了這根筋也有它可愛的一面：當歐文發現王室是一種不合理的制度而主教是一種昂貴且不必要的對中世紀無知的獻禮時，他立刻毫不遲疑地向當時的在職者指出這點，深信他們會了解他「無意冒犯他們個人」，而且他們會適時地屈服於理性的勸說而自廢武功。但是對 1817 年的「老激進派」而言，這可是一點也不可愛。在激進派這邊，他們的弱點是缺乏任何建設性的社會理論，他們有的只是一堆修辭，將所有的弊端全推給稅收和尸位素餐者，並認為

---

115 Sherwin's *Political Register*, 26 April, 9 August, 20 September 1817.

116 See *Independent Whig*, 24 August 1817. 在 1817 到 1819 年間，曾經給與歐文有利發言條件的激進派報刊，只有短命的《人民》(*People*)和曾經派遣一名通訊員到新拉納克的《獨立輝格》。

*24 按：這兩人是政治上的死對頭。

改革是糾正一切的萬靈藥。

　　黑茲利特對於《新社會觀》的回應最爲複雜，顯示出在他心中，挫敗的雅各賓正在與柏克的勢力奮戰：「爲什麼歐文先生要把『新』字用黑體排在他的改革計畫廣告的最前面？」「慈愛世人的信條，以及對於眞理全能和人性可臻於完美的信念，並不是新的，而是『古老、古老』的，歐文先生。」

　　難道歐文先生不知道，同樣的方案、同樣的原則，同樣動機和行動的哲學……美德和快樂的哲學，已在 1793 年蔓延開來，在國外喧騰，在酒吧裡談論，在口耳間私語，在四開本和十二開本、在政治論文、在戲劇、詩篇、歌曲和小説中發表──它們走進法院、爬進教堂、登上演説台、鑽進大學課堂……這些「新社會觀」深入詩人的心靈和玄學家的腦海，佔據了男孩和婦女的幻想，並轉變了幾乎整個王國的頭腦？但是有一個頭腦是它們始終沒有佔領的，而這個頭腦又再度把全王國的腦袋轉了一圈……？

於是拒斥(黑茲利特嘲弄說)它就好像**哲學**被逐出這個國家：

　　被迫避難到新拉納克工廠，在那兒隱匿了二十年，在高尚業主的默許下，與短麻屑和紡錘爲伍；從那裡，他讓我們知道它再次爬上白廳的階梯，像滿月的春潮般，浮在爲波旁王室復辟所流下的鮮血上，接受貴族、紳士、韋伯福斯先生和攝政王的恩庇，而所有的被統治者就像所有的大人物一樣，他們的最高原則是眞理，最高希望是人類的幸福！我們不會相信這種牛皮，

我們已經是老鳥，沒那麼好騙……

　　黑茲利特的見解真是鞭辟入裡。歐文的確不是現代社會主義理論家的開山祖師(哈吉斯金比他更有資格)，而是十八世紀理性主義者的最後傳人之一——他是戈德溫*25，如今從新拉納克出發去爭取「工業革命董事會」的董事長一職。在成就斐然的「實務人」的新偽裝之下，他得以進入那些老哲學家飽受惡言相向和驅趕的地方。「來自遙遠的克萊德河(Clyde)*26畔這個身分，賦予他無可抗拒的自動推進力量」：

> 　　我們了解，他可以接觸到擔任公職者、國會議員、貴族和上
> 流人士。他來……是為了擊碎他們的所有建制，不管新的舊的，
> 教會或政府的……他憑著口袋裡的證件安安靜靜地走進他們
> 的房舍，讓他們心甘情願地讓他在他們目前素餐的位置上，蓋
> 立起無數的「工業之屋」……

　　黑茲利特繼續說道：「我們並不希望他改變語調。」然而他又以不可思議的準確性，預言了如果他不改變的可能後果：

---

*25 按：戈德溫(1745-1836)，英國政治哲學家，是當時英國文壇的重量級知名
人物。以《政治公義探究》一書立足西方思想史界，其思想為十八世紀人
性本善與人類至善論的極致。戈德溫雖闡述了烏托邦的理想世界，但他的
思想並未傾向社會主義或經濟集體主義，而是強調理性、博愛與教育和環
境。

*26 按：蘇格蘭第三大河，新拉納克及位於該河岸。

　　他的方案到目前爲止都頗受寬容，因爲它們是那麼的遙遠、空幻和不切實際。不論是大人物或凡夫俗子，他們對新拉納克的一切都毫不在意，也不想花腦筋去研究那裡的工人上床時是喝醉的或清醒的，少婦們是在婚前懷孕或是婚後懷孕。拉納克是遙遠的，拉納克是不重要的。我們的政治官員一點也不擔心他所談論的那個完美的改革制度，而且與此同時，他在國會的反改革辭令⋯⋯也給了他們一個實際有利的轉移目標。然而，一旦歐文先生說他曾在某個貧苦村落中推行過的善事，有日漸普遍的危險時⋯⋯他希望得到高層恩庇的夢想就將破碎⋯⋯一旦他的《新社會觀》擁有像《政治公義探究》(*Enquiry Concerning Political Justice*)那麼多的學徒，我們就將看到潮流的逆轉⋯⋯在這三個王國的轄下各地，他都將被標上雅各賓分子、平等派分子和煽動者的記號；他的朋友將紛紛走避，他將成爲他敵人的笑柄⋯⋯然後他會發現，要讓人類了解他們自己的利益，或了解那些統治他們的人根本只顧自己的利益⋯⋯並不像想像中那麼容易或那麼安全。[117]

　　歐文的贊助者在他身上驚見到的特質(黑茲利特對於這一點也頗有見解)，是那種純粹的宣傳熱誠。他和卡萊爾一樣，深信「理性」可藉由它自身的擴散而繁殖倍增。他花了一筆小錢將他的「信函」郵寄給全國各地具有影響力的人物，然後又將一大筆錢投入實驗公社。到了1819年，他的贊助者已對他感到厭倦，而他也逐漸將說話的對象特別轉向勞工階級。長久以來他一直相信工人是環境的產物，

---

[117] *Examiner*, 4 August 1816; see *Works*, VII, p. 97 et. seq.

他對他們「粗俗凶殘的性格」深感痛惜，因此有人（例如蕭〔Shaw〕）認為他之所以成為社會主義者的最主要理由，是因為他渴望掃除他們。但是他的思想在此發生轉折，並產生了重大後果。如果工人是環境的產物，那麼西德茂斯勳爵和大主教自然也是環境的產物——這個想法可能是他在一次不愉快的工廠晤談之後，於公園散步時想到的。他在一篇〈致工人階級〉的文章中傳達了這個想法（1819）：

> 打從嬰兒時代，大人……便教你們輕視和憎恨那些在態度上、語言上和情操上和你們不一樣的人……這些憤怒的情感必須取消，爾後真心關懷你們真正利益之人，才能將權力交到你們手中……你們將會清楚覺察，憤怒並沒有合理的存在理由……環境的無窮多樣性是你們無力掌控的，是它讓你們成為今天的樣子……同理，你們其他的同胞也是被他們同樣無力控制的環境塑造成為你們的敵人及惡劣的壓迫者……他們的外表雖然華麗，可是境遇卻往往讓他們承受比你們更大的痛苦……當你們藉由行為表現出任何企圖以暴力強奪他們的這種權力、這些報酬和特權的慾望時——他們必然會繼而以嫉妒和仇視的情感對待你們，這不是很明顯嗎……？

「不管是富人和窮人，統治者和被統治者，只有一項利害是真的」——組成一個新的合作社會。但是富人和窮人一樣，因為都是環境的產物，看不出自己真正的利害所在。（從歐文著作中「突然射出的強光」，有可能摧毀他們的「初生視力」。）工人（或曾經見到過理性之光的人）應該放棄階級鬥爭。「這種無理性和無用的鬥爭非停止不可」，**前衛先鋒們**（藉由模範公社的建立和宣傳）會開拓出一條道路，

讓工人階級可以直接**繞過**富人的財產權和影響力[118]。

不論歐文多麼可敬,他都是一個荒謬的思想家,而儘管他有異於常人的勇氣,他卻是個有害的政治領袖。在歐文派的理論家中,湯普森比較理智清晰也比較具有挑戰性,而格雷、派爾和金恩博士等人,則具有更堅實的現實意識。他的著作中沒有任何關於社會變遷和「革命性實踐」的辯證過程:

> 唯物論的信條是:人是環境和教養的產物,因此改變過的人必定是另外的環境和改變過的教養的產物,這種說法忘記了環境的轉變正是由人所造成的,而教育者必定先是受教育者。因此,這種學說最後必然會將社會分成兩部分,其中一部分高聳於社會之上(例如歐文的社會)——

這是馬克思的費爾巴赫第三論。如果照歐文的說法,社會的性質是「環境的無窮多樣性」的不由自主的產物,那要怎樣才能改變它?答案之一是教育,這是歐文派傳統中最具創造性的影響力之一。但是歐文知道,在「環境」改變之前,他不可能影響一整代人的教育。因此解決的辦法必須繫於心靈的突然轉變,或千禧年式的躍進。他那種極端嚴酷的環境論和機械唯物論,意味他注定要絕望或是宣揚一種世俗的千禧年學說。

慈善家歐文把邵思蔻的斗篷披在自己的肩上。這位咆哮者的語調,不僅引起黑茲利特的注意,也引起其他同代人的關注。在薛文的《政治記事》上,一位撰稿人將歐文比喻為邵思蔻:

---

118 See Owen, op. cit., pp. 148-55.

> 她一下就迷惑了千萬人心，告訴他們示羅即將降臨這個世界，
> 世上所有的國家都將團結在和平君王的旗幟之下；告訴他們
> ……刀劍將被鎔鑄成犁頭。[119]

恩格斯和馬克思也曾討論過這個問題，而晚近在學術圈所公布的發現，也不是最原創的[120]。歐文在 1820 年承諾要「**讓繁榮幸福降臨全國**」，而他所許諾的公社，更是不下於「天堂」。到了 1820 年，一個歐文派協會正在倫敦組成，而一份為其期刊——《經濟人》(*Economist*)——打廣告的傳單宣稱：

> 豐饒將覆滿這塊土地！──知識將增進！──美德將彰揚！
> ──幸福將為人們感受、獲得和享有。

歐文常用工業革命期間生產技術的突飛猛進做類比。他說：有些人「忘記了，是現代發明使一個工人可以在一點蒸汽的協助下，完成一千個工人的工作」。難道知識和道德就不能以同樣的步調改進？他的信徒們也採取同樣的比喻：

> ……建造一部偉大的社會和道德機器，讓它以史無前例的精確和迅速，生產財富、知識和幸福……

---

119 Sherwin's *Political Register*, 20 September 1817.

120 然而，請參見恩格斯在《反杜林論》(*Anti-Duhring*, 1817; Lawrence & Wishart, 1936, pp. 287-96) 中對歐文的大力讚揚：「一個擁有近乎童稚般單純性格的人，又同時是一名天生的人類領袖。」

一位《經濟人》的投書者指出：「你們文章中所瀰漫的歡樂和狂喜語調，眞正是最具傳染性的」。

這個倫敦協會的會員都意識到——

> 如果他們繼續留在他們目前的住所，彼此……相隔遙遠，他們的目標進展必然會相對不完美。

他們秉著會讓我們回想起早期摩拉維亞兄弟會的熱誠，在礦泉場(當時已非公眾集會場所)買了一些新房子，並設立了一間敎室和一個公共食堂。《經濟人》和其他早期雜誌，登滿了各式各樣如何籌募資金的空論——如果假定(奇怪的假定)倫敦市的工人階級有五萬戶，要是把他們全都組織起來，他們每年就會有平均每戶五十鎊的收入，或二百五十萬鎊的總收入。奧必斯頓的公社成員率皆加入了所謂的「天啓社」(Society of Divine Revelation)。當歐文於 1830 年從美洲返國並發現自己成爲一個群眾運動的領袖時，這種彌賽亞語調已具備了世俗宗教的力量。1833 年 5 月 1 日，歐文在全國公平勞力交易所(National Equitable Labour Exchange)發表演講，「公開廢除這個世界的舊制度，並宣布新制度的開啓」。不僅獲利動機將爲合作所取代，個人主義的邪惡將爲相互依存的美德所取代，而且**所有**現存的社會安排，也將爲農工混合的村落聯邦所取代：

> 我們……拋棄由〔局部〕利益所孕生的所有安排，例如大城市、市鎮、村落和大學……
>
> 在一個理性的社會中……找不到任何法院以及與法律相關的所有手續和愚行。

到現在為止，這世界仍舊「處於一片漆黑」。對於未知「力量」的所有儀式性崇拜，「非但無用而且危害甚深」。婚姻被視為「只是情感的結合」。「不管是男性或女性，其獨身禁欲一旦超過自然設定的期限，就不再是美德」，而是「違反自然的罪行」。新社會將和古希臘、羅馬一樣，在智力和體力之間，在體能的娛樂和教養之間，提供一種平衡。所有的公民都將擯棄野心、嫉妒、羨慕和其他種種邪惡：

> 今天，我在此向全世界宣布，充滿光明希望的千禧年，在理性的原則和貫徹始終的實踐基礎上，正式開啟。[121]

這篇文告可能會讓今日的某些婦女合作基爾特（Women's Co-operation Guilds）深感震驚。乍看之下，它也不像是工人可以接受的意識形態，形塑他們的經驗一直是本書的研究主題。可是，如果我們更仔細觀察，我們便會知道，促使歐文學說迅速傳布的，並不是某種精神狂亂或「集體妄想狂」。首先，打從1820年代晚期開始，**歐文主義**與歐文的著作和文告已經是完全不同的兩回事。正是因為他理論的不夠精確，提供了一種另類社會制度的意象，從而使這些理論得以適用於不同的工人群體。從歐文派的著作可以看出：工匠、織工和技術工人選擇了其中與他們自身苦境最有關係的部分，然後透過討論和實踐加以修裁。如果說柯貝特的作品是他與讀者之間的一種關係，那麼歐文的作品就是散布於工人當中的意識形態原料，

---

121 *Economist*, 4 August, 20 and 27 October 1812 *et passim.* 這篇千禧年文告，我根據的是奧布萊恩版的 *Buonarroti's History of Babeuf's Conspiracy of Equals* (1836), pp. 438-45。

由他們自行製作成不同的產品。

其中以工匠的例子最爲清楚。《經濟人》的編者在 1821 年時坦承，他的讀者群中只有極少數的工人階級。但是我們對於在倫敦礦泉場建立公社的「合作與經濟協會」的最初成員有些認識，因爲他們曾發函給貴族和士紳，請他們贊助購買該會的手藝品。他們提供的服務包括雕刻鍍金，製造鞋靴，販售五金器具（包括爐架和爐灶）和刀剪，製作布料，縫紉剪裁，製造家具，賣書和裝禎，水彩畫、絲絨畫，以及透明的風景窗簾。這表示他們是工匠和自營身分的手藝人，這種人在倫敦和伯明罕這兩個規模最大的合作中心四處可見。這類努力（有好多種，有些甚至早於歐文時代）的精神，充分展現在《經濟人》的一封投書當中：

> ……工人階級只要盡力發揮他們的 **男子氣概**，就不須乞求任何 **其他** 階級的絲毫幫助，單是他們內部……就有充沛異常的資源。[122]

這不是歐文的語調。但這無疑是我們在追蹤工匠的 **政治激進主義** 時，一再碰到的語調。個人主義只是他們的一部分願景；他們同時也繼承了長久以來的依存傳統——互助會、行業俱樂部、小禮拜堂、閱讀和社交俱樂部、通訊協會或政治聯合會。歐文教導人們，獲利動機是錯誤和不必要的，這點相當契合手藝人的習俗觀和公道價格觀。而歐文也和柯貝特、卡萊爾、哈吉斯金一樣，主張資本主

---

[122] 關於礦泉場實驗的簡短敍述，參見 *Economist*, 13 October 1821, 9 March 1822。 See Armytage, op. cit., pp. 92-4.

義者的功能大致是寄生性的，而「體力勞動如果運用得當，將是一切財富之源」，這點又深深切中工匠或小手藝人師傅對轉包商和中間人的不滿。歐文教導人們，應該以**人類勞力的自然標準**做為「價值的**實際標準**」[123]，而產品的交易價格應該根據它們所體現的勞力多寡而定，這點則與鞋匠、家具精木工和製刷者的願景若合符節，這些人往往是住在同一條巷弄，並不時交換彼此的服務。

誠然，歐文大多數構想的源頭都可在工匠的實際作為中看到，這些作為若不是早於他的寫作時間，就是與他的作品無關[124]。不僅互助會有時將其活動範圍延伸到興建社交俱樂部或救濟院，許多前歐文時代的工會，還曾在罷工期間雇用自己的會員並銷售他們的產品[125]。工匠是慢慢失去他做為自營工人或同時為數名雇主工作的身分，而在簽訂各種契約時，他多半都可得到其他擁有不同技巧的手藝人的協助。頂蓬市場(bazaar)及其數以百計的小貨攤，原是一種行之久遠的習俗，但是在戰爭結束之際，突然出現了一些新的頂蓬市場，並引起慈善界和歐文派圈子的注意，在這些地方，每段櫃檯(按

---

[123] See "Report to the County of Lanark" (1820), in Owen, op. cit., esp. pp. 261-2.

[124] 早在 1796 年，就有人試圖成立一個英國博愛協會(British Fraternal Society)，目的是要結合互助會的資源以及通訊協會的組織方式。該會源自史匹塔菲的織工社群，它的建議包括：給付年老及失業工人救濟金；協會應該雇用本身的失業工人；絲織工、裁縫和鞋匠的團體，應該互相交換產品。See Andrew Larcher, *A Remedy for Establishing Universal Peace and Happiness* (Spitalfields, 1795) and *Address to the British Fraternal Society* (1796).

[125] 例如，菸斗製造業職工協會在 1818-19 年進行了為期十一週的罷工之後，開始自行摸索製造，城裡的「一個朋友」為「我們介紹了一家工廠」。See *Gorgon*, 6 and 13 February 1819.

呎計)都是按週、按天, 甚至按小時出租的。各種商品都可在此銷售,
甚至連藝術家也可在此展覽他們的作品, 而我們可以把正在爲「獨
立」奮鬥的手藝人和「閣樓老闆」, 想像成佃戶[126]。到了 1827 年,
又出現了一種新的頂篷市場, 它可說是倫敦各行失業工人的產品交
易中心——這些失業的木匠、裁縫和鞋匠等, 由工會提撥經費購買
原料讓他們製作[127]。

　　因此, 在 1832-33 年成立於倫敦和伯明罕的「公平勞力交易所」,
以及它們的勞力券和小產品交易, 並不是妄想先知憑空變出來的戲
法。如果我們把 1832 年 10 月帶到利物浦合作大會交易的產品列成
一張清單, 我們同樣可以看到這群人。來自雪菲爾的是刀剪和咖啡
壺, 來自來斯特的是長襪和蕾絲, 來自哈得茲菲的是背心和披肩,
來自羅奇德爾的是法蘭絨。還有來自巴恩斯來的尿布, 哈里法克斯
的呢子, 肯達的鞋子和木屐, 以及柏卡克(Birkacre)的印刷物。伯明
罕公平勞力交易所的一位發言人說, 他那個地區的人們「不知道該
拿他們的鐵製品、銅製品、鋼製品和漆器怎麼辦」——爲什麼他們
不拿來交換蘭開郡的棉織品和來斯特的長襪? 提議將其商品帶到伯
明罕交易所交換的一長串行業, 在「Bs」方面包括鞋油匠、懸鐘匠、
樺條掃帚匠、鈕扣和修整匠、吊帶製造匠、銅匠、製刷匠、烘焙師、
風箱匠、床架匠、製籃匠。在「Ss」方面有草帽和軟帽製造匠、天秤

---

126 J. Nightingale, *The Bazaar* (1816). 特別受到推薦的, 是位於蘇活廣場五號,
　　當年才剛開幕的「新市場」(New Bazaar), 荷本區的「蜂窩市場」(Beehive
　　Bazaar)也有被提及。

127 *Co-operative Magazine* (1827), pp. 230-1, cited in S. Pollard, "Nineteenth-
　　Century Co-operation: from Community Building to Shopkeeping", *Essays in
　　Labour History*, p. 87.

製造匠、爐灶架製造匠、織絲工、鐵匠、錫匠，以及文具商。沒有（也不太可能會有）鍋爐製造工、鼓風爐工人或營建商；造船匠或棉紡紗工；礦工或工程師[128]。

這張清單不僅包括小雇主和工匠，也包括一些廠外代工。由於他們的處境(織工和織襪工)異常絕望，因此歐文主義只是他們在1830年代牢牢抓住的幾個解決辦法之一。在哈得茲菲或巴恩斯來附近，勞力交易所的吸引力就沒這麼直接。原因很清楚，在以織造爲主要生產的地區，以及有數以百計的就業和半就業人口以「飢餓工資」從事織造的地區，並不存在明顯的交易市場。因此，北方人從一開始就只能將希望寄託在全國性的合作計畫之上。一位哈里法克斯的合作者寫道：「如果我們的伯明罕友人保證會穿我們的衣料，

> 我們就答應用他們的刀叉切我們的牛肉和臘腸(如果我們買得起)，用他們的湯匙來喝我們的清湯和燕麥粥；而如果我們的倫敦同志也願意這麼做，我們就會以最快的速度在頸子上圍上他們的絲巾。[129]

我們發現，在蘭開郡和約克郡，新「制度」的**一般理論**發展得最爲快速，根據這個理論，全國性的公平交易可望發生，而建立公社的「烏托邦」實驗也可望得到最堅定而實際的支持。成立於1830年的曼徹斯特和薩爾福合作知識促進協會(Association for the Promotion of Co-operation Knowledge)，立刻贏得民眾支持。織工們希望在合

---

[128] *Crisis*, 30 June, 27 October, 8 and 15 December 1822.

[129] *Lancashire and Yorkshire Co-operator*, No. 2. (date unidentified)

作當中找到可與動力織布機競爭的力量。《聯合行業合作雜誌》
(*United Trades' Co-operative Journal*) 寫道：社會罪惡的一大原因，正
是——

　　來自我們的國內、社會和商業事務的錯誤安排，這種安排造
　成機器與人力競爭，而非與人力合作。

《蘭開郡和約克郡合作者》(*Lancashire and Yorkshire Co-operator*) 寫
道：「我們可以持平而論，社會所承受的所有悲苦，大多是由於財富
分配不公。」[130] 在這些擁有悠久的工會運動和互助傳統的地區，合作
運動提供了一個可以讓理性主義者和基督徒、激進分子和政治中立
派攜手共事的場域。這個運動也喚起了自我改進和提倡教育的傳統，
提供閱覽室、學校和巡迴講師。到了 1832 年，全國可能已建立了五
百個合作社，並擁有至少二萬名社員[131]。

　　歐文(雖然生性樂觀，但是奧必斯頓和「新和諧」*27 的失敗多少
還是有點挫折)如今正在等待大筆的資金援助，以便展開進一步的實
驗冒險；可是許多重要城鎮——從布萊頓到巴卡普(Bacup)——的
合作者，正迫不及待地想要靠他們自己的力量採取行動。1832 年的

---

130 1830 年 3 月 6 日；1831 年 11 月 26 日。See A. E. Musson, "The Ideology of
　Early Co-operation in Lancashire and Cheshire", *Transactions Lancs & Cheshire
　Antiq. Soc.*, LXVII, 1957.

131 S. Pollard, op. cit., p. 86.

*27 按：奧必斯頓和新和諧(New Harmony)是歐文創立的兩個公社，前者
　(1826-27)位於新拉納克，後者(1825-27)位於美國印第安那州，兩者皆以
　失敗收場。

利物浦大會紀錄,讓我們看到長篇福音演說與下面這類插曲的對比:

> 1825 年 5 月,來自哈里法克斯的代表威爾遜說:他和其他的八個人每人繳了一先令,並⋯⋯開始在一條陋巷的小房子裡做生意。他們的人數日有增加;⋯⋯如今已值二百四十鎊,並開始爲他們的一些會員找工作。(**聽著,聽著。**)[132]

這種小合作社與千禧年計畫並列的現象,是 1829 到 1834 年間合作氛圍的基調。(這種現象同樣也見於各式各樣的特殊委屈和組織——它們曾一度短暫支撐起全國大團結工會。)

在哈得茲菲和哈里法克斯附近,合作思想在織工間迅速擴張,他們希望合作商店可以爲織工購買經線和緯線,然後銷售成品,跳過雇主這層。合作者也可以利用每週一便士的累積資金,去雇用失業的社員。不過最足以表達這些動機的,莫過於 1832 年在本寧山織工村落瑞朋登所成立的一個合作社的規則:

> 由於這幾年發生在勞工階級身上的驚人改變⋯⋯由於凌駕在手工之上的機器的競爭和增加,再加上其他種種勞工階級尚無法控制的因素,究竟什麼樣的計畫可以改善他們的境遇,可說莫衷一是,令有志者如墜五里霧中⋯⋯
>
> 藉由資本的增加,工人階級可以改善他們的境遇,只要他們**團結一致**、並肩奮鬥;這裡的團結指的不是罷工或爲工資而走上大街,而是像一家人一樣,開始爲我們自己努力工作⋯⋯

---

[132] *Crisis*, 27 October 1832.

　　我們向大眾推薦的合作計畫並非空想，而是確實在王國境內的不同地區正在實踐的；我們都是靠土地生產過活的人，以勞力交換勞力，這是所有合作社的目標。我們勞工做一切的工作，並生產所有能使生活舒適的東西；──那麼，我們為什麼不為自己工作，努力改善我們的境遇？

基本原則

　　第一：勞力是一切財富的來源，因而，工人階段創造了一切財富。

　　第二：工人階級雖然是財富的生產者，卻非最有錢的人，而是社會上最貧苦的一群，因此，他們的勞力無法得到公平的報償。

合作社的目標包括：所有社員互相保護對抗貧窮，「並透過一筆共同資本贏得獨立」。實踐這些目標的方法包括：每週繳交定額的共同基金，將資本運用到行業上，在「環境許可的情況下」雇用合作社社員──

　　最後：根據互相合作、財物共有，以及同甘共苦的原則，共同生活。[133]

　　這不僅是將歐文的學說轉放到織工村落體系。這些構想乃是根

---

[133] J. H. Priestley, *History of Ripponden Co-operative Society* (Halifax, 1932), Ch. IV. 我們不清楚這些規則是起於 1833 或 1839 年。

據織工自身的經驗辛苦締造出來的；其中的重點已經變了；取代彌賽亞式的激昂語調的，是簡單乾脆的：「為什麼不？」有一份主張合作的小雜誌，恰如其分地取名為《常識》(Common Sense)，它的重點是放在「貿易協會」(Trading Association)：

> 簡單的說，貿易協會的目的在於：供應其會員日常所消耗的大半食物，累積經費以租用土地耕作，並在其上成立合作公司。

從工資中累積的每週總金額，可以用來以批發價購買茶、糖、麵包或燕麥片[134]。布萊頓的金恩博士的《合作者》一書，對此有詳細說明[135]。這個想法也切合了其他需要——躲避「實物工資工廠」或奸商的需要、以低價購買主食的需要，以及避免非法摻混的需要——非法摻混的情形極其猖獗，麵粉中摻有「巴黎石膏、燒焦的骨頭，和稱之為德比白……的泥土」[136]。

但是這種想法同時也吸引了大型工業的技術和有組織工人，他們對於歐文主義的態度比較慎重。1825 年時《行業報》登了一些關於奧必斯頓的新聞，但是該報認為歐文的公社計畫「不切實際，因

---

134 *Common Sense*, 11 December 1830.

135 See S. Pollard, *Dr. William King* (Loughborough Co-operative College Papers, 6, 1959).

136 *Trades Newspaper*, 31 July 1825. 關於因為 1795 年的近似饑荒危機而成立的半合作式穀物磨坊，參見 G. J. Holyoake, *Self Help A Hundred Years Ago* (1891), Ch. XI, and J. A. Langford, *A Century of Birmingham Life*, II。在〈合作社筆記與觀察〉的手稿中，洛維特記載了在戰爭期間成立了許多合作社，特別是由消費團體組成的，洛維特同時還提到史匹塔菲的織工(Add. MSS., 27,791 ff. 245, 258)。

爲生而自由和獨立的工人，不喜歡人家告訴他們說必須吃什麼……必須做什麼」[137]。此外，可獲得經濟獨立的這個觀念，雖然讓小手藝人和廠外代工頗爲心動，但卻遭到造船匠或大規模工業工人的反對──合作村對他們有什麼用處？

然而，到了 1820 年代結束的時候，嘉斯特已經公開支持歐文主義[138]。更重要的是，曼徹斯特棉紡紗工人也在 1829 年爲期六個月的罷工之後，皈依了歐文主義。1830 年，多爾蒂率先創辦了全國勞工保護協會 (National Association for the Protection of Labour)，其機關報《聯合行業合作雜誌》很快就易名爲《人民之聲》。之後不久，另一個技術團體，營建工聯合會 (Builder' Union)，因爲他們的產品無法帶到公平勞力交易所，遂促使他們發動了所有的合作直接行動中最偉大的實驗。什麼原因造成了這種轉變？

簡單的說，到了 1820 年代晚期，合作和「勞力」經濟理論已抓住了工人階級運動的核心。柯貝特沒有提出一以貫之的理論。卡萊爾的個人主義太過拒人於千里之外。哈吉斯金雖然暗示性地點出了成熟的社會主義理論，但是他的析論卻在觸及該點之前乍然停止，因此只能和湯普森的合作理論並提。理性主義的宣傳在前十年相當有效，但也顯得過於狹窄、負面，從而引發了對比較正面和道德的教條的渴望，歐文主義正好滿足了這種需求。歐文思想的不夠精確，使得不同的智識流派可以在這個運動中同時並存。而且我們必須再次重申：歐文主義比其導師歐文本人的思想更爲健全，在智識上也更有力。對技術工人來說，這個在 1830 年開始成形的運動，似乎終

---

137 Ibid., 14 August 1825.

138 See, e.g. *Crisis*, 17 November 1832.

於給了他們長久以來的渴望一點實質的東西——全國總工會運動
(general national unionism)。由 1818 年的「慈善大力士」，到 1825
年的結社法案遊說，他們曾多次幾乎達到聯合行動的目標。在 1825
年的整個夏秋兩季，《行業報》持續報導了布拉福精梳工罷工的各個
階級，以及從全國各地湧入的支持。該報明確宣布：「這是一場由英
格蘭所有工人對抗布拉福少數雇主的戰爭。」[139] 多爾帝從 1829 年紡
紗工大罷工的失敗中得到另一個教訓：「這種情形顯示，沒有任何個
別行業足以抵抗該行業雇主的聯合力量，因此必須結合所有的行
業。」[140] 其結果之一是促成了「英格蘭、愛爾蘭和蘇格蘭紡紗作業員
協會」(Operative Spinners of England, Ireland and Scotland)，該會
於 1829 年 12 月在曼島 (Isle of Man) 舉行的首次大會，展現出令人
激賞的旺盛企圖心，克服種種組織上的困難，讓這三個不同地區的
組織團結一致[141]。在這個基礎上，全國勞工保護協會有一小段時間
總共結合了毛紡織工人、機工、陶工、礦工、營建工和其他諸多行
業，「但是在它由本城 (曼徹斯特) 向外延伸大約一百哩之後，一次致
命的打擊險些讓它瓦解崩潰」[142]。那次「致命的打擊」是起自「紡紗
作業員協會」內部的分裂和嫉妒；對於協會罷工經費的過度需索或
不合理要求；以及多爾帝不智地想要將《人民之聲》的辦公處遷往
倫敦。雖然以失敗收場，但是全國勞工保護協會卻賦予了合作構想
新的標誌；而儘管曼徹斯特的運動進入了一個反唇相譏的時期，但

---

139 *Trades Newspaper*, 11 September 1825.

140 Hammonds, *The Town Labourer*, p. 312.

141 *Report of the Proceeding of a Delegate Meeting of Cotton Spinners & c.* (Manchester, 1830).

142 *Union Pilot and Co-operative Intelligencer*, 24 March 1832.

這個運動依然得以在波特利斯和約克郡蓬勃發展[143]。多爾帝推動這個運動的力道或許過猛,但是他在歐文派構想日漸受人歡迎的趨勢中,正確地看到一種將英國有組織工人導入一場共同運動的方法。自此以後,歐文主義和總工會運動的歷史就必須合併觀察[144]。

實驗公社失敗了,只有一、兩個——例如拉拉罕(Ralahine)——取得部分成功。最具野心的一些合作冒險——如營建工——崩潰了,但依然有些小型實驗繼續在與現實奮戰。大多數 1830 年代早期的合作社和合作商店宣告瓦解,要到數年之後才以羅奇德爾為模範重新面世。位於葛雷法學院路(Gray's Inn Road)的勞力交易所亂成一團。然而在這場歐文派騷動中,沒有什麼是完全不可理解的。我們已經看到,在這場運動中,工匠、廠外代工和工會分子各有各的位置。讓它最不穩定的千禧年因素,大體有兩個源頭:慈善熱心人士和一窮二白者。關於前者,歐文主義(因為它明白表示自己並非階級衝突或沒收財產的學說)吸引了若干仁慈的紳士和教士——戈德溫派、貴格派、知識叛徒和怪人癖士。他們當中有些人對這項運動貢獻良多,例如金恩博士,以及最值得注意的威廉・湯普森。湯普森是愛爾蘭地主,著有《財富分配探究》(*Inquiry into the Distribution of Wealth*,

---

143 參見多爾帝的《窮人的擁護者》:「(協會的)管理權落入約克郡那群精力充沛、機智聰明的作業員手中,我們希望那種嚴重抵銷了本地協會之最佳影響的嫉妒和傾軋精神,得以在約克郡避免。」(21 January 1932)

144 See especially, G. D. H. Cole, *Attempts at General Union*; Postgate, *The Builders' Union*, Chs. III to V; W. H. Warburton, *History of T. U. Organisation in the Potteries* (1931), Chs. II to IV. 關於全國勞工保護協會「致命傷」的某些細節,可參見 D. Caradog Morris, "The History of the Labour Movement in England, 1825-51 (Ph.D. thesis, London, 1952)。

1824)、《有報償的勞力》(*Labour Rewarded*, 1827)，以及與惠勒合著
的《佔人類半數之婦女對佔人類另外半數之男人的控訴：控訴男人
在政治、民權和家政上置她們於奴隸地位》(1825)。另有一些人熱
心捐款，讓該運動的各種實驗得以進行。不過，在大多數的公社都
可看到一位或多位怪癖紳士，他們對如何運作集體組織的經驗全無，
以及他們的烏托邦實驗主義，在在令歐文派的工匠大為惱火。宣稱
人類必須締造一種新的社會制度是一件事，但是宣稱人類可以締造
任何一種他們喜歡的新制度則是另一件事。一位工匠社會主義者
——前史班斯派的達文波——為我們留下了一幅倫敦勞力交易所的
諷刺畫面：

> 大眾的心靈完全受到這場嶄新而不尋常的運動所震撼……會
> 議大廳的設計原本就是採用最典雅的風格……天花板有宏偉的
> 浮雕配上華麗的鍍金裝飾，大小足以容納二千人。但是這……
> 尚不足以滿足歐文先生對於美的想法。他們立起一座堂皇炫目
> 的講台，上面還放置了一架雄偉上乘的管風琴……逢上節慶夜
> 晚……走廊上的昂貴希臘式燈柱將大廳照耀如白晝。十數種樂
> 器同時響起，紳士淑女們和著最甜美的旋律歌唱著……
>
> 節慶以簡短的致辭拉開序幕，致辭的主題是社會之愛、慈悲
> 世人，以及合作的好處……致辭之後緊接著是一場音樂會，然
> 後是舞會……
>
> 整整一星期，每一條通往交易所的大道幾乎都被經常聚集在
> 那兒的群眾擠得水泄不通——有些人是受到這個新奇機構的吸
> 引，有些人是來看它的作業進展……有的人是來存貨和交易
> ……可是老天！大家很快就發現那些漂亮的勞力券……絕對不

可能普遍流通，物品也無法供應，這場全國或說全世界有史以
來最不尋常的偉大運動，將以全面失敗收場。然而，這種制度
所根據的原則卻是無可責難的，並應受到一般人的珍視⋯⋯

這段記載中的歐文，是皮考克在《克羅契城堡》(Crotchet Castle)中
嘲弄的那個歐文。歐文派的許多冒險都過度誇張，並在這種浪費、
慈善和計畫不良的混亂中結束。如果說歐文是歐文主義最偉大的宣
傳家，那麼他也是它最糟糕的敵人。如果勞力交易所是由洛維特這
樣的人負責掌理，結果一定大不相同[145]。

這種千禧年不穩定性的另一面，主要是直接來自貧民的千禧年
思想。如同法國大革命時期，在改革法案及其後續餘波的亢奮中，
我們看到一種彌賽亞運動的復興。當時，邵思蔻運動向有許多支派，
它們所採取的奇特和反常形式[146]，需要的或許是心理學家而非歷史
學家的更多注意。不過在此，我們可舉三個例子來說明這種持續的
千禧年不穩定性。

第一個例子是1829到1836年間，「錫安」華德吸收到大量的皈
依徒眾。華德是一名跛足的鞋匠，也是邵思蔻派的傳人之一。華德

---

145 關於湯普森，參見 R. Pankhurst, *William Thompson* (1954)。關於勞力交換
的說法，參見 R. Podmore, *Robert Owen* (1906), II; G. D. H. Cole, *Life of
Robert Owen* (1930), pp. 260-6, and Lovett, op. cit., pp. 43 ff. 達文波的敘述
見 *National Co-operative Leader*, 15 March 1851。

146 See T. Fielden, *An Exposition of the Fallacies and Absurdities of that Deluded
Church generally known as Christian Israelites or "Johannas". . .* (1850). 該書對
於這個虔敬的姊妹會的「神祕」入會儀式和紀律，有詳細的說明：「那個女
人抓住那名屈身男子的私處⋯⋯她用一隻手抓住他，另一隻手鞭打他⋯⋯」

原是一名狂熱的循道宗信徒，他透過高超的寓意技法確定了自己的「示羅」身分，並由年老的邵思寇親自宣布他的降臨。不久之後，他逐漸相信他就是基督（先前曾經是撒旦），整部聖經都是爲他報喜的比喻預言。（講述基督生平的新約聖經是一部錯誤報導——如果救世主曾經來到，「爲什麼沒有人得救？」）華德的妄想狂最不尋常的地方（除了它那超現實的唯我論外）在於：第一，它的支持理論是援引自卡萊爾和自然神派；其次，他將他的彌賽亞感染力直接指向強有力的激進主義。他的徒眾在南華克、哈克尼和華渥斯（Walworth），以及查山、諾丁漢、伯明罕、德比、柴斯特菲和里茲日益增多——這些地方有許多是舊日邵思寇派的根據地。他在巴恩斯來向全體教士發動攻擊，並得到了如雷的掌聲，他說：「上自大主教下迄最低階教士，全都是聖經裡所說的假先知。」這個說法越來越成爲他的預言主調：「神權伎倆已破，其顛覆指日可待！」國王「必須將賜給主教們的巨額薪水，花在公益的事務之上。」他創辦了一份週刊，名曰《基督的審判寶座》（*The Judgement Seat of Christ*）——這可能是有史以來唯一一次，有人把一份民眾雜誌的每週編輯工作派到基督頭上。整個 1831 年夏天，他的演講每每吸引了數目龐大的聽眾，經常把卡萊爾圓廳的二千個座位擠得滿滿的：

> 注意：彌賽亞的著作在⋯⋯黑修士路的圓廳出售。星期四晚上七點三十分和星期日下午三點，在圓廳佈道。

1832 年初，他在德比被判處瀆神之罪（「主教和教士都是宗教騙徒，根據英國法律應處以體罰」——這當然是危險論調還用說？），和另一位預言同道一塊關了兩年。雖然疾病纏身加上局部麻痺，他依然

持續傳播他的福音直到 1837 年逝世爲止[147]。

第二個例子是奇言異行的「威廉‧柯特耐爵士」(Sir William Courtenay)或所謂的 J‧N‧湯姆(J. N. Tom)。當他在 1832 年以一身東方裝扮抵達坎特伯里時,簡直教當地人大吃一驚,謠傳他家財萬貫,並在大選中不可思議地贏得了四百張選票,在他被判處僞證罪後,他出版了《獅子》(Lion)一書,指出:

> 威廉‧柯特耐爵士……耶路撒冷國王,阿拉伯王子,吉普賽國王,他的國王和國家的辯護者……如今關在坎特伯里的市立監獄。

湯姆是一名葡萄酒商,來自邵思蔻的大本營——英格蘭西部,曾經有一小段時間是史班斯派信徒。他的《獅子》同時指摘不信者和敎士:

> 一切邪惡均根植於教會
> 利慾! 利慾!! 利慾!!!
> 上天保護寡婦、孤兒和苦難者。

從監獄和瘋人院獲得釋放之後,他落腳於坎特伯里附近的村落農家。1838 年 5 月,他開始在村落周圍走動,騎著馬,佩著手槍和短劍,

---

147 G. R. Balleine, *Past Finding Out*, Ch. XI; ed. H. B. Hollingsworth, *Zion's Works* (1899), I, pp. 300 ff.; Zion Ward, *A Serious Call: or The Messiah's Address to the People of England* (1831).

身後還跟著五十到一百個手持短棒的勞工。畫著一頭怒獅的藍白旗幟飄揚在長竿上，旗幟下面繫了一塊麵包。據說湯姆對其徒眾朗誦了雅各書第五章：

> 嗐！你們這些富足人哪，應當哭泣、嚎啕，因爲將有苦難臨到你們身上……
>
> 工人給你們收割莊稼，你們虧欠他們工錢，看哪！這工錢在呼叫……

婦女們尤其相信他有神奇的力量。日後有一位勞工說：「他愛威廉爵士，

> 他用這樣的態度對他們説話，而且一直讀著聖經，他們不把他當尋常人看，並願意爲他欣然赴死。

和北方的歐斯特勒與史蒂芬斯(Stephens)一樣，他公開抨擊新濟貧法，說它違反神的律法。最後，官方派了一名警官去逮捕他，可是柯特耐(或湯姆)卻殺了這名警官。然而勞工並沒有因此棄他而去。五十多名勞工和他一起撤退到布連森林(Blean Wood)，在濃密的樹叢下等待軍隊到來。湯姆向他們展示了他手腳上的印記，並宣稱說如果他遭到殺害他將會復活：

> 這是審判的日子——是千禧年的第一天——今天，我將把王冠放在我的頭上。看呀，和你們在一起的人比參孫更偉大！

他答應賜與他的徒眾土地——可能是每人五十畝。當士兵接近時，他吹起號角，並說他聽到耶路撒冷已有一萬人準備好隨時聽他指揮。最後，雙方開打——這或許是自 1745 年來，發生在英格蘭土地上最孤注一擲的戰爭。肯特郡勞工用他們僅有的短棒去迎戰槍砲和刺刀：「我這輩子從未見過比這更大的決心，」一位目擊者表示：「我這輩子從未見過任何攻擊我們的人比他們更猛烈、更瘋狂。」結果是一名軍官被殺，柯特耐和他的十一或十二名徒眾也命喪黃泉。死亡人數超過潘垂吉或彼得盧[148]。

布連森林事件，比較屬於更古老而非新興的文化模式。它是最後一次的農民反叛。有趣的是，聖經基督徒派或「咆哮的」歐布萊恩派在肯特擁有一個強大的根據地，在這個工人的精神世界充滿了地獄之火和啓示錄的暴虐意象，而他們的眞實世界又充滿了貧窮與壓迫的時代，教人吃驚的是，這類爆發的頻率居然沒有更爲頻繁。第三個例子——這個例子可以讓我們更親近歐文主義——是 1830 年代晚期到 1840 年代，摩門教（Mormon）宣傳在英國工業地區所得到的熱烈回響。短短幾年就有數千人皈依受洗，並有數千名這樣的「末世聖徒」（Latter-Day Saints）由利物浦出航到「錫安城」（City of Zion）。最初的皈依者「主要是製造業者和其他異常貧窮……的織工，他們大部分連套可以領洗的像樣衣服都沒有」。他們有許多人在得到路費的接濟後，徒步推著手推車一路由康索布拉夫市（Council

---

148 P. G. Rogers, *Battle in Bossenden Wood* (1916), pp. 4, 96; *An Account of the Desperate Affray in Blean Wood* (Faversham, 1838); *Essay on the Character of Sir William Courtenay* (Canterbury, 1833); *The Lion*, 6 and 27 April 1833; *Globe*, 1 June, 10 August 1838.

Bluffs, 位於美國愛荷華州)走到鹽湖城(Salt Lake City)[149]。

　　這些例子在在強調了：認爲 1830 年代的英國人可以完全接受世俗意識形態，顯然是言之過早。我們先前討論的激進文化，是技術工人、工匠和若干廠外代工的文化。在這個文化下方(或與它共存)，有一些比較隱晦模糊的回應層次，諸如歐斯特勒和奧康納這類具有奇理斯瑪魅力的領袖人物，可以吸收到他們的部分支持。(在憲章運動中，像洛維特這樣的人始終無法與北方那些「一臉鬍渣、身著亞麻夾克的工人」取得一致的看法和策略。)這種不穩定性，在新理性主義與較古老的循道宗或浸信會模式彼此侵犯的地方，或是在同門思想產生內部衝突的地方，表現得更爲明顯。然而，反對國教派和理性主義似乎稍微安定、馴服了南方工匠的性格，而在戰爭期間循道宗模式享有支配力量的那些地區，其情緒能量似乎也處於蓄積或壓制狀態。到了 1830 年代，不管任何時候，只要在北方工人階級的文化表面隨便挖上一鋤，激情似乎就會從地下汩汩湧出。

　　因此，歐文主義也聚集了一些這樣的激情。由於歐文和他的講師們預言「繁盛將無所限制」，於是在他們周圍自然會聚集許多以色列子民。對公社的渴望重新復甦，而理性的語言也轉化爲兄弟之愛。在這樣一個萬般騷動的時期，道德律廢棄論也伴隨著和它同樣神祕的性解放世俗觀念，在某些歐文派的公社主義者間重新復活：「只要你們彼此相愛，」錫安華德對他「小禮拜堂」裡的年輕人說道：「就可在任何時候不顧任何法律不經任何儀式地同居在一起。」(華德也有建立一個「陸上殖民地」的計畫，「凡願意離開世俗的人，都可在此像一家人般生活在一起」。)此外，對貧民而言，歐文主義觸動了他

---

[149] See Armytage, op. cit., Part III, Ch. 7, "Liverpool: Gateway to Zion".

們深埋在心坎的某個夢想——有那麼一天，他們會在無意中因為奇
蹟出現，而再度**與土地相關**。

我們認為，在 1830 年代，有許多英國人都認為工業資本主義的
結構只完成一部分，它的屋頂還是空的。歐文主義只是一種巨大但
旋生旋滅的衝擊，它激起了勞工階級的狂熱，因為它擘畫出一個迥
然不同的結構願景，說只要大家團結一致、立定決心，就能夠在幾
年甚至幾個月的時間蓋好這棟建築。奧布萊恩在 1833 年寫道，它的
目的——

> 可以說是崇高無比，亦即——為生產階級確立他們對自己辛
> 勞成果的完全主權……它是社會的徹底反轉，是一種完全顛覆
> 現有的「世界秩序」的巨變，是工人階級所期待的。他們渴望
> 生活在社會的頂層而非底層——或更正確的說，生活在一個根
> 本沒有頂層或底層的社會。[150]

回顧歷史，我們很容易把這種精神視為天真或「烏托邦」。然而，我
們沒有絲毫權力可以用我們的學術優越感來論斷它。窮人的貧困是
那麼的絕望至極，不管是什麼樣的社會願景，只要能讓他們將智識
文化與希臘羅馬時代的體育追求交融混合，而且還能讓他們**吃得飽**，
這個社會就是具有吸引力的。再者，歐文主義和早期引發千禧年衝
動的教條有一項重大差別。對歐文派而言，千禧年不會憑空來到，
它必須要靠他們自己的努力**創造出來**。

---

150 *Poor Man's Guardian*, 19 October 1833. See M. Morris, *From Cobbett to the
    Chartists* (1948), p. 87.

我們可以將歐文主義的所有流派，全都匯聚到這一點上：工匠
夢想阻斷市場經濟；技術工人渴望總工會運動；慈善士紳想望一個
理性而有計畫的社會；貧民盼望擁有土地或天堂；織工希望成為自
營者；而他們所有的人，都幻想一個平等友愛的社會，居住在其中
的人們將以互助取代侵略和競爭。摩里斯(Maurice)在1838年寫道：

> 當窮人說，「我們也想要承認情況就是這樣，我們想要丟棄所
> 有看不到的信仰，這個世界就是我們想要居住的唯一的家」，這
> 話可能會讓所有聽者大吃一驚……不過無論如何……使歐文先
> 生的枯燥理論帶有一點生命力假象的，正是「我們想要」……[151]

「我們想要」(we will)，正是工人趨於成熟的證據，因為他們逐
漸覺察到他們做為一個階級的利益和渴望。不管是他們對資本主義
做為一種制度的批評，或是他們提出「烏托邦」構想做為一種比較
合理的替代制度，都沒有什麼不理性或瘋狂無知的地方。在辛勤的
工人眼中，「瘋狂的」不是歐文，而是當時的社會制度，因為這個制
度讓蒸汽和新機器明目張膽地取代和貶低勞工，讓市場可以「溢滿
貨物」，但織工卻必須赤裸雙足地織布，鞋匠必須無衣禦寒地製鞋。
這些工人的親身經驗讓他們知道歐文是頭腦清楚的，因為他說：

> ……當前的社會安排是有史以來最反社會、最不智，和不合
> 理的；在它的影響之下，人性最超絕可貴的品質被從根壓抑，

---

151 F. D. Maurice, *The Kingdom of Christ*, cited on Armytage, op. cit., p. 85.

並用最不自然的方法導出最有害的習性……152

　　歐文主義的觀點絕非保守後退的，它是第一個能掌握到這個時期的大眾想像力的偉大社會學說，而肇始這個時期的，是對蒸汽的巨大生產力和對工廠的接受。問題的重點並非機器，而是獲利動機；不是工業企業的規模，而是對企業背後的社會資本的控制。營建工匠和小雇主既憎恨這種控制，也憎恨營建雇主或承包商獨吞了大半利潤，他們不認爲解決的辦法在於增加小企業者的人數153。反之，他們希望營建業所牽涉到的技術合作，可以反映在社會控制的合作上。諷刺的是，一個不時被假定爲其力量來自「小資產階級」的運動，竟會以有史以來最熱切的精神，企圖開拓出新形式的社群。侯利歐克在多年後寫道：「早期合作社所渴望追求的，是……一種共產主義的生活。『社會主義者』……希望能建立自發、自足和自治的工業城市，所有勞工都可公平地分享他們創造出來的財富。」154 那些只能在這類失敗的實驗中看到愚蠢的人，或許太過相信，「歷史」曾告訴他們那只是死路一條。

　　歐文主義不合理的地方(或帶有貶意的「烏托邦」的地方)，在於宣傳活動缺乏耐性、太過相信可藉由演講和小册擴散理性，以及不夠注意方法的運用。尤其致命的是，歐文完全不肯面對政治勢力的現實，並企圖略過財產權利的問題。例如，他認爲透過教育以及在合作村落內部成立工廠和商店，合作性社會主義就可以直接取代

---

152 Owen, op. cit., p. 269.

153 See Postgate, op. cit., pp. 72-3.

154 See S. Pollard, op. cit., p. 90.

資本主義，既不會費事，也不會有衝突。《經濟人》急切地向他的讀者保證：合作沒有「**一律壓平**的傾向」。它的目的是「**提升**眾人」；它的財富不會是取自當前的財富擁有者，而會是「**新產生的財富**」[155]。華靈頓的一名神職人員宣布：「我們……不是以平等派身分前來，我們來此不是爲剝奪任何人的財產。」[156] 1834 年，在歐文派運動的最高潮，頒布了一份「人權憲章」(Charter of the Rights of Humanity)：

> 所有的個人目前所擁有的財產，所有在舊社會的習俗和慣例下所取得和擁有的財產，在它不再有任何使用或交換價值之前……都是神聖不可侵犯的。[157]

這就是歐文主義之所以無效的弱點所在。即使是史班斯派的博愛主義小團體，在戰爭結束之際，也看得出社會主義需要沒收大地主的財產。史班斯曾在他的《返社會於其自然狀態的回復者》(*Restorer of Society to its Nature State*, 1800) 中，寫道：

> ……在我們尚未推翻目前的土地財產制度以前，期望再度看到小農場，或期望在飽受壓榨苛斂的貧民之外看到任何東西，未免太過天眞。因爲他們現在所承受的精神和權力壓迫，比以往所知的程度更爲徹底……因此，除了全面摧毀這些參孫的權

---

[155] *Economist*, 11 August 1821.

[156] A. E. Musson, op. cit., p. 126.

[157] O'Brien, op. cit., p. 437.

力之外別無他法……想要讓世界再度成爲一個值得居住的地
方，非得完全根除目前的土地持有制度。

正是這點特別觸怒了英國的統治者，就在西德茂斯針對開明的歐文
先生的建議進行討論的同時，他們卻把溫和的伊文斯——《以基督
教政策拯救帝國》的作者——不經審訊地關了一年。這一年，史班
斯派的最後成員之一，有色裁縫魏德本，爲一本印刷粗糙的小刊物
《無望之望》（The "Forlorn Hope"）促銷：

歐文先生……將會發現，低層階級十分相信他是地主和內閣
大臣的工具……[158]

史班斯派和1817年的舊激進分子對歐文的評斷是錯誤的；而史班斯
和伊文斯對農業社會主義的執迷，顯然也不足以解決工業英國的需
要。但是史班斯派至少願意針對所有權和階級權利的問題提出質疑。

由於歐文拒絕正視這兩個問題，他遂得以對政治激進主義抱持
一貫的冷淡態度，並屢屢讓這個運動走上虛幻之路。合作運動以這
種博愛主義者和工人階級激進分子同時並存的方式，持續進行了好
幾年。然而到了1832年，諸如赫瑟林頓、奧布萊恩和華森這類人士，
卻提出相當不同的重點，並反對歐文那種拒斥所有政治手段的做法。
對他們而言，歐文主義始終是一個強大而且具有建設性的影響力。
他們從它那裡學會將資本主義視爲一套**制度**，而非一團各自獨立的
事件。他們已超越了柯貝特對舊時代的鄉愁，並培養出擘畫未來的

---

[158] The "Forlorn Hope", or a Call to the Supine, 4 and 11 October 1817.

自信心。他們已理解到教育的重要和環境因素的影響力。他們也從湯普森和安娜・惠勒那裡，學到應該維護關於女權的新要求。自此之後，資本主義社會已經沒有任何東西是**給定的**和必然的，沒有所謂「自然」律的產物。凡此種種都在赫瑟林頓的遺囑中有所表達：

> 這些是我在辭世前夕的看法和感覺，我這一生，一直在與一個競爭、搶奪和自私的制度相糾纏，有苦惱折磨，也有喜樂歡欣。根據這個制度，身為萬物之靈的人類的道德和社會期盼，被不斷的辛勞和體力剝削抵銷殆盡；根據這個制度，所有人都被訓練成奴隸、偽君子或罪犯。因此，我衷心服膺偉大而善良的羅伯・歐文的學說。

五、「一種機器」

「在某些方面，這兩個人〔歐文和哈吉斯金〕所造成的禍害是無可估量的。」普雷斯如此寫道[159]。這些「禍害」是寫於 1831 至 1835 年間。而這段時間也是本書的研究界限，因為我們可以說這個時候的工人階級不再是正在形成，而是已經形成。跨過這個門檻，也就是從 1832 跨到 1833 年，等於是跨進一個處處都可感受到工人階級存在的世界，從英格蘭的每一個郡份，到英國人生活中的大部分領域。

我們可以從兩方面來觀察勞動人民的新階級意識。一方面，他們意識到分處於各行各業和不同技能層次的工人之間，有著利害與共的關係，這種意識具體表現在許多制度性的形式上，並且以前所

---

[159] Add. MSS. 27,791 f. 270.

未有的規模表現在 1830 至 1834 年的總工會運動上。在 1780 年的英格蘭，這種意識和這些制度尙處於零碎狀態。

另一方面，他們也意識到，他們做爲工人階級或說「生產階級」的共同利益，是**相對於**其他階級的共同利益；而在這種意識當中，要求另一種替代**制度**的主張正在成熟。但是這個階級意識的最後定義，卻大體是中產階級對工人階級力量的回應結果。這條分界線是在 1832 年的選舉權資格中小心翼翼地劃製出來的。這可說是英國獨有的發展特色，我們原以爲會看到一個日漸蓬勃的中產階級改革運動，後面拖著一根勞動階級的尾巴，一直要到日後由工人階級發起一場獨立的騷動，才算大功告成，可是事實的發展過程卻正好相反。法國大革命的榜樣開啓了三種同步進行的過程：土地和商業貴族驚慌失措的反革命回應；工業資產階級的退縮和適應現狀（在有利的條件下）；以及民眾改革運動的快速激進化，直到那些強韌到足以熬過戰爭壓迫的雅各賓核心人物，主要都是些小雇主、工匠、織襪工、剪絨工和其他工人。1795 年之後的二十五年，可以視爲「長期反革命」的年代，因此激進運動大體上還能維持既有的工人階級性格，並以前進的民主「民粹主義」（populism）做爲運動理論。然而工廠主人、鐵工廠廠長和製造業者，幾乎不可能會樂見這樣一種運動贏得勝利。因此英國中產階級的意識形態便顯得特別壓迫和特別反平等（戈德溫爲邊沁所取代，邊沁爲馬爾薩斯、麥卡洛克和烏爾博士所取代，而這些人又爲貝恩斯、麥考萊〔Macaulay〕*28 和查德維克所取

---

*28 按：麥考萊(1800-59)，英國史學家、文學家和政治家，是維多利亞早期的代表人物之一。在政治上麥考萊主張漸進式改革，以英國國會制度做爲匡正政治反動與革命的工具。

代）。於是，爲因應「老腐敗」的明顯不合理而採取的溫和改革措施，就在舊秩序的頑抗和製造業者的怯懦之下，**確實耽擱了**下來。

1832 年的改革法案危機——或說得更精確點，自 1831 年初延續到 1832 年「五月天」（days of May）的一連串危機——幾乎將上述各點一一呈現。這場騷動係起自「人民」，並立刻對改革需求的急迫性表現出無比驚人的一致意見。從某方面看，英格蘭無疑正在經歷一場長達十二個月的危機，而且在這段期間革命隨時可能爆發。這場騷動的擴延迅速,暗示出人民對於各種形態的體制和半合法騷動，早已深具經驗：

> 人民行事的有條不紊，他們的堅定毅力，和他們的活動與技巧，在在震撼了他們的改革敵人。各行各業、各形各色的人們，都在各自的城鎮教區集會商討；職工匠人在他們的俱樂部裡集會，而沒有任何行業俱樂部或協會組織的普通工人，也在聚會……

這是普雷斯對 1830 年秋天的記載。他又寫道（1831 年 2 月）：

> ……然而在同一個街坊的各個地區之間，卻連最起碼的溝通也不需要；每個崗位的人民似乎都知道自己該做些什麼……[160]

1831 年 3 月，國王的私人祕書向葛雷抱怨說：那些人數越來越多的

---

[160] Add. MSS. 27,789. 關於這種自發組織的簡便性，參見 Prentice, op. cit., pp. 408-10。

示威參與群眾,「絕大多數都是最低下階級」。這場規模盛大的示威活動,總計在 1831 年秋天到 1832 年 5 月之間,動員了十萬名以上的伯明罕和倫敦居民走上街頭,其中,工匠和勞工又佔了壓倒性的多數[161]。

1831 年 3 月,葛雷略帶怒氣地寫信給國王:「我們並未引爆改革的激情,在我們就職之初,它已精氣飽滿、蓄勢待發。」*29 然而從另一方面,我們也可看出爲什麼在這段危機重重的十二個月,革命事實上是不可能爆發。這件事的原因有幾個。一是工人階級激進運動的力量本身;二是中產階級的領袖們——布魯厄姆、《泰晤士報》和《里茲信使報》——巧妙地運用工人階級的威脅,磋商出除了**舊體制**的死硬派外眾人都能接受的撤退路線;三是輝格黨和稍具妥協態度的托利黨人體認到,雖然布魯厄姆和貝恩斯只是在敲詐他們,但是如果無法達成協議,那麼中產階級改革者可能無法繼續控制他們背後的強大騷動。

工業資產階級打從心底期盼革命不致爆發,因爲他們知道一旦革命爆發,立刻就會啓動一連串戲劇性的激進化過程,屆時,杭特派、工會派和歐文派的領袖將在所有的製造中心贏得日益強烈的支持。《窮人守護者》寫道:「中產階級和小雇主正在運用『革命』的威脅」,然而——

　　一場狂暴的革命不僅是那些以此爲威脅的人辦不到的,也是

---

161 See Jephson, *The Platform*, II Ch. XV.

*29 按:葛雷於 1830 年以輝格黨領袖的身分出任英國首相,他在 1832 年的改革法案騷動中贊成放寬投票權限制(但不支持成年男子普選)。

他們最害怕的；因爲他們知道，能促成這樣一場革命的人，只會是那數以百萬計的窮人和賤民，這些人如果眞的被逼上這步，除了可利用它來爲中產階級和小雇主謀利之外，也會利用它來爲自己謀利，如此一來……他們寶貴的財產權就會面臨危險：我可以保證，一場狂暴的革命絕對是他們最害怕的事……[162]

中產階級的改革者以非常熟練的技巧在兩面同時作戰。一方面，《泰晤士報》挺身而出，扮演民眾騷動的實際組織者：「我們相信，聯合王國境內沒有任何一個郡、一個鎮、或一個村落，不願爲改革發起集會請願……」它甚至激勵人民，他們「負有在全國各地組織政治會社的神聖職責」。它支持——如同貝恩斯在歡聲雷動的里茲群眾面前所做的那樣——會直接導致革命的強迫做法，包括到銀行擠兌、拒絕付稅，以及武裝政治聯合會的成員。另一方面，1831 年 10 月發生在諾丁漢、德比和布里斯托的暴動，凸顯了政治聯合會在伯明罕模式中的雙元功能：

這些聯合會的目的在於推動改革目標，保護生命和財產安全免受規劃詳盡但不按牌理的暴民攻擊，以及對抗寡頭政治的有系統暴虐以維護**其他**重要利益……[163]

這些中產階級煽動者在他們的背包裡面放了一枝特製警棍。托

162　1 October 1831.

163　*The Times*, 1 December 1830, 27 October 1831; see Jephson, op. cit., II, pp. 69, 107. 在布里斯托暴動期間，政府被迫呼籲布里斯托政治協會的領袖出面恢復秩序。See *Bristol Mercurty*, 1 November 1831; Prentice, op. cit., p. 401.

利黨員有好幾次試圖智取他們，這些托利黨員鼓勵獨立的工人階級
改革運動，做出會讓布魯厄姆和貝恩斯大驚失色的舉動，以逼使後
者轉而求助於「老腐敗」。當全國工人階級聯盟提議在倫敦發起一場
示威遊行，以爭取成年男子普選權和抵制輝格黨版的改革法案，國
王本人寫道(1831 年 11 月 4 日)：

> 朕絕不認爲經由集會考慮的措施會太過猛烈和……引起反
> 對，因爲朕相信這些意見和目的的表達，可以提供我們一個……
> 抑制政治聯合會進展的機會……164

英國各地的中產階級和工人階級改革者，競相設法取得對這個
運動的控制權。在最初階段，一直到 1831 年夏天之前，中產階級激
進派始終佔居上風。七年之前，伍勒曾經以一篇悲傷的幻滅宣言結
束了《黑矮人》的壽命。當時(1824 年)沒有「公眾全心致力於國會
改革目標」。一度曾大聲要求改革的眾多人民，如今在他看來，只不
過是在「大聲要求麵包」；而活躍於 1816 到 1820 年間的演說家和新
聞記者，也只不過是「在社會發酵過程中冒出的泡沫罷了」165。許多
1820 年代晚期的工人階級領袖，也和伍勒有著同樣的幻滅之感，並
接受了他們的宗師歐文的反政治立場。一直要到 1830 年夏天，隨著
農業勞工的「叛變」和法國的七月革命，民眾的改革潮流才開始轉
回到政治騷動一途。而從這個時候開始，死硬派(威靈頓公爵、貴族、

---

164 Cited in Jepson, op. cit., II, p. 111. 事實上，全國工人階級聯盟的示威活動，
　　最後還是以妨害治安爲名遭到禁止。它其實在太過危險，不宜輕試。

165 Final Address, prefacing *Black Dwarf*, XII (1824).

主教)對**任何**改革措施的誓死抵拒，也決定了他們的行動策略，那就是利用民眾騷動來驅退葛雷和羅素(Russell)＊30，並支持一個對大多數人都沒有什麼好處的法案(中產階級激進派充分利用了這一策略)。

於是，1816-20 年(事實上還包括 1791-94 年)的力量配置，亦即民眾對於改革的要求與卡賴特少校的成年男子普選權政綱相呼應的配置，於焉破碎。1831 年 11 月，葛雷在下院宣布:「如果有人認爲這次改革將導致更進一步的措施，

> 他們就錯了；因爲沒有人比我更堅決反對每年改選國會、普選權，和祕密投票制度。我的目的不是贊助，而是打消這樣的希望和計畫。

激進派老將早就清楚看出這點，他們那些能言善道的發言人，大多數一直到「五月天」的最後關頭，仍對這份輝格黨版的法案深表不屑。一名馬克茲菲的激進派宣稱:「只要壟斷和腐敗的制度依然存在，他究竟是被市鎮販子、妓女販子或乾酪販子統治，又有什麼屁差別?」[166] 杭特也以普雷斯頓國會代表的身分(1830-32)，表達同樣的意見，只不過措辭稍微文雅一些。艾德蒙茲是一位機智勇敢的激進派教師，曾在新堂丘(Newhall Hill)主持伯明罕戰後的第一場大規模

＊30 按: 羅素(1792-1878)，英國十九世紀最偉大的開明貴族之一。1813 年以輝格黨人身分進入下院，致力推動擴大公民權和消除宗教的不容異己。羅素在 1830 年參與起草輝格黨版的國會改革法案，該法案擴大了中產階級的選舉權限，1832 年通過的國會改革法案就是以此爲本。

[166] *Poor Man's Guardian*, 10 December 1831.

示威(1817 年 1 月)，他宣稱：

> 我手上没有房屋——但是把我逼急了，我是不介意手上有柄
> 毛瑟槍。那些只要法案不管内容的人，根本不把我喬治‧艾德
> 蒙茲當成公民！喬治‧艾德蒙茲看不起那些只要法案不管内容
> 的人，應該把他們以頭號盜國者的罪名給砍了。[167]

這也是倫敦激進派工匠菁英的立場，他們加入全國工人階級和
其他聯盟(National Union of Working Classes and Others，按：即前
文所提的全國工人階級聯盟)，赫瑟林頓的《窮人守護者》(無疑是
到當時爲止英國最好的一份工人階級周刊)在 1831 到 1832 年間，定
期報導了該聯盟於圓廳舉辦的每週辯論會。出席這些辯論會的包括
赫瑟林頓本人(未繫獄期間)、洛維特、華森、嘉斯特、才高命薄的
希伯特和老班保(班福和米契爾的同事)。班保如今正竭力推動他的
「全國大聖節」(Grand National Holiday) *31 或全月總罷工，藉由這
項運動，生產階級將可取得全國政府和資源的控制權[168]。這些辯論

---

167 G. Edmonds, *The English Revolution* (1831), p. 5. 艾德蒙茲在後來的憲章運動
中，將扮演積極活耀的角色。

*31 按：即班保於 1830 年代致力推動的全月總罷工運動，班保認爲長達一個
月的總罷工，將可引爆一場起義並導致政治制度的根本改變。班保之所以
採用「聖節」(Holiday/holy day) 一辭，是因爲那個月將是一段「最神聖的
日子，因爲眾人將全心奉獻於推動幸福和自由」。在哈爾尼(G. J. Harney)的
協助下，班保極力爲該運動奔走宣傳，並決定在 1839 年 8 月 12 日發起總
罷工，可惜兩人在起事前八天遭到政府逮捕，計畫終告流產。

168 See. A. J. C. Ruter, "Benbow's Grand National Holiday", *International Review
of Social History* (Leiden), I, 1936, pp. 217 et seq.

越來越關注階級的定義。曾經和赫瑟林頓共同發動「拒付印花稅」抗爭的卡本特(William Carpenter)，提出一個與眾不同的意見。他認為應該把輝格黨版的法案當成「楔子」般予以支持。他抱怨《窮人守護者》把「中等人士」(middle men)和「中產階級」(middle class)當成「同義詞」，但是複數的中產階級(middle classes)「並**不**是一個與你們有著不同利害的階級。他們和你們是**同一個**階級；一般說來，他們也是**工作**或**勞動**之人」[169]。在這整場危機中，此一爭論始終持續不絕。這項法案通過之後，《窮人守護者》做出了如下結論：

> 改革法案的促成者並無意顛覆或甚至修改我們的貴族體制，而是想藉由中產階級對次貴族階級的強化來鞏固它們……輝格黨和托利黨的唯一差別是：輝格黨願意給點虛名來保住實質，托利黨則是連虛名都不肯給，因為像他們那麼愚蠢的人，百姓們根本不會買虛名的賬而會直搗現實。[170]

我們無法確定圓廳那些好鬥的歐文派人士，究竟可以代表多少工人階級的意見。剛開始他們代表的只是工匠中的知識分子。然而他們的影響力卻迅速增加，到了 1831 年 10 月，他們已經有能力組織一場人數將近七萬人的大規模示威運動，許多示威者都圍著象徵成年男子普選權的白圍巾；到了 1832 年 3 月，更有將近十萬人參與他們反對全國齋戒(National Fast)的示威活動。普雷斯認為圓廳派

---

[169] W. Carpenter, *An Address to the Working Classes on the Reform Bill* (October 1831). 同時參見《窮人守護者》隨後的反駁。

[170] *Poor Man's Guardian*, 25 October 1832; see A. Briggs, *The Age of Improvement*, p. 258.

(其中有許多人被他形容成「凶殘的」)構成了中產階級策略的最大威脅,而他那部關於改革法案危機的歷史手稿(後來的歷史家都太過倚重這部手稿),大部分都花在描述那些無恥的伎倆,他試圖利用那些伎倆來限制圓廳派的影響力,並以該派的對手——全國政治聯合會——取而代之。威靈頓公爵本人將這場對抗看成是當權派與圓廳派之間的競逐,好比是兩軍「對壘」。讓這位軍事將領頭痛不已的是,他無法在這兩支軍隊中間放上一條河流,並在橋上部署足夠的哨兵和哨崗。敵人已經進駐到他陣營內部的敏感部位[171]。

然而,1831 年 10 月的遊行列,似乎主要是由「小店主和高級工匠」所組成。雖然參加的人數很多,可是比起伯明罕大遊行卻是相形見絀,而伯明罕的總人口還比不上倫敦。倫敦工匠雖然終於建立起一個團結而且能言善道的領導階層,但是他們與倫敦的勞工大眾以及低賤行業的工人之間,似乎仍舊隔著一道鴻溝。(這個問題將在倫敦的憲章運動歷史上一再出現。)韋克飛(Edward Gibbon Wakefield)在他那本粗鄙下流、危言聳聽的小冊子裡,以誇張可笑的手法描繪這種現象。他認為圓廳派是「亡命之徒」和理想主義者,他們的危險性在於他們有能力釋放出犯罪階級的毀滅精力,這些「社會的奴隸」擠聚在果園街、西敏區和白禮拜堂等地的僻巷中。在這些地方,有數以千計毫無政治意識(但有危險性)的「賣蔬果的、趕牲口的、宰牛隻的、買廢馬的、賣死屍和狗肉的、混江湖的、做磚的、掃煙囪的、掏糞的、掃地的等等」。他對圓廳那群歐文派社會主

---

171 See J. R. M. Butler, *The Passing of the Great Reform Bill* (1914), pp. 292-3, 350; Add. MSS., 27,791 f. 51; Memorandum on "Measures to be taken to put an End to the Seditious Meetings at the Rotunda", *Wellington Despatches*, second series (1878), VII, p. 353.

義者的態度模稜兩可。一方面，他們大多是「持重之士，以勤勞自給」——因爲他們的優異才能而有別於那些危險的階級。另一方面，他們也有許多是「四海爲家、無牽無掛的單身漢，可以放火燒了倫敦而不必惦記家裡有無助的親人」：

> 他們的舉止文雅而不粗野，不過碰碰他們的癢處看看——你只要說你認爲刺激競爭是生產財富的必要手段，他們要不是輕蔑地掉頭就走……就是會目光炯炯地瞪著你，說你是拿政府薪水的扯謊者。任何帶有妥協意味的事情，甚至比堅決的反對更會惹惱他們。

他說(頗有幾分眞實)，許多人「都備有武器」：

> 如果倫敦百姓眞的發動叛亂，他們肯定會站在最危險的位置，帶領著叛賊、暴民，爲他們指出最有效的辦法，即使死神選中他們，他們也會高呼反抗而死。

「如果我們必須有一場革命，這些人便是我們的革命戰士。」[172]

這幅畫面稍嫌誇大，但也並非完全失眞[173]。就官方(不論是輝格黨或托利黨)看來，危險的確是存在於工匠社會主義者和「犯罪階

---

[172] E. G. Wakefield, *Householders in Danger from the Populace* (n. d. October 1831?).

[173] 雖然洛維特和他那個圈子認爲應該在不動用武力的情況下施加最大的壓力(並與普雷斯保持某種關係)，但是其他人，包括班保和希伯特在內，都已在爲武裝戰鬥做準備。

級」之間的可能連結。不過，倫敦的無技術民眾和工匠是生活在兩個截然不同的世界——前者的世界極端艱難、無識無文、風俗敗壞、疾病叢生，而這些慘況又因為 1831-32 年那個冬天的霍亂爆發而益發加劇。在此，我們看到一個在人口急速成長時期擠滿了無數移民的大都會的所有典型問題，無隔宿之糧的不安全感[174]。

　　無技術工人既沒有發言人也沒有組織(除了互助會)。他們很可能追隨一位紳士的領導，也同樣可能聽從一位工匠的指揮。然而肇始於 1831 年 10 月的那場政治危機是那麼的劇烈，劇烈到足以粉粹牢牢包裹住他們的生活的宿命、服從和需要的外殼。該月發生於德比的暴動、諾丁漢城堡的被劫，以及布里斯托的大規模騷亂，在在顯示出社會底層有一股深刻的騷動止在汨竄，觀察家焦慮地預測，倫敦東城的暴亂將隨之而起。

　　伯明罕的政治聯合會是一個可接受的模型，是《泰晤士報》會讚許的，因為當地的工業環境有利於仍然由中產階級牢牢掌控的民眾改革運動。伯明罕的激進運動歷史與北密德蘭和北方的發展迥然不同。在它那種小規模的工業體系當中，並不存在足以支撐搗毀機器運動的基礎，而被人尊稱為政治聯合會之「父」的艾特伍，是在 1812 年因為領導小雇主與工匠聯合反對緊急敕令而初露頭角。在

---

174 普雷斯經常表示，倫敦百姓在舉止和道德上已有相當程度的改進，我們不知道這種說法究竟是真有其事，還是徒然反映出工匠和無技術工人之間的鴻溝日漸加深，反映出普雷斯本人的經驗圈子日益狹窄，以及貧窮日益從市中心推向東邊和南邊。關於都市成長和道德敗壞這整個問題(以及它的「生物學」基礎)，參見 L. Chevalier, *Classes Laborieuses et Classes Dangereuses a Paris Pendant La Première Moitié Du XIX Siècle* (Paris, 1958)，該書提供了許多有關倫敦境況研究的新方向。

1817 到 1820 年的黑鄉地區，無疑有許多「肢體派」的激進團體，但是——不論是由於幸運或良好的判斷——它們始終未像潘垂吉和格蘭吉荒原事件那樣，因任何失敗的行動而暴露身分[175]。如同布瑞吉斯教授(Professor Briggs)曾經指出的：由於工業革命為伯明罕帶來的「是生產單位的數目增加而非現存企業的規模擴大」，艾特伍才得以在 1830 年「協調和團結」各種「不滿的經驗」。這裡的技術工人很少為機器所取代；無數的小工坊意味著社會傾斜的幅度較緩，而工匠仍有可能爬升為小雇主；碰上經濟蕭條，雇主和職工同樣受苦[176]。因此，伯明罕的階級對立比起曼徹斯徹、新堡和里茲都來得緩和。在整個「改革法案」危機期間，艾特伍以「如此溫厚的態度」控制了伯明罕聯合會，（奧布萊恩日後回憶說）「以致製造便宜貨的作業員似乎真的相信，他們在『改革後』的國會裡面，就算沒有實際上的代表，也會有**實質上**的代表」。奧布萊恩這位以嚴格著稱的批評家，又極力讚許道：

　　改革法案的贏得勝利，這個團體的功勞勝過其他任何團體。它在最緊要時期，以井然有序的行動擴大組織並號召盛大的民

---

[175] 我們很難完全否認奧利佛對於他在伯明罕所接觸到的種種事件的詳細記載 (Narrative in H.O. 40.9)。同時參見內政部證據，H.O. 40.3 and 6。

[176] 參見柯貝特的憤怒評論：「你們以為那些大製造業者、商人和銀行家之所以高聲要求**改革**，是因為它們改變心意，決定愛護**民眾的權利**！呸！……〔財務原因〕迫使他們提高工資；他們付不出這筆錢，也負擔不起**什一稅和一般賦稅**……於是，他們變成了**改革者**；於是，他們用他們那貪婪的雙臂摟住了女神的細腰。」(Political Register, 17 October 1831.)

眾集會，使這項議案沛然莫之能禦。[177]

在里茲、曼徹斯特和諾丁漢這類重鎮，中產階級改革者的處境就難過許多。在曼徹斯特(和倫敦一樣)，立場對立的政治聯合會同時並存，而且從 1831 年 10 月起，一直是由支持成年男子普選權的聯合會居於上風。在博爾頓，上院拒絕通過改革法案的同一個月，政治聯合會也為了這個問題發生分裂，其中人數最多的一派(支持成年男子普選權)，組織了一場六千人的示威遊行，遊行旗幟上寫著：「打倒主教!」、「推翻上院議員!」[178]。在密德蘭和北方，類似事件重複了不下十餘次。多爾蒂在 1832 年 1 月寫道：「隨便走進一條有幾名工人聚集的巷弄或酒吧，

然後聽他們講上十來分鐘……你會發現他們的辯論主題十之七八都是那個嚇人的問題：**究竟是攻擊富人的生命還是財產比較有利?**[179]

的確，在 1831-32 年的那個冬天，《窮人守護者》對這項法案及其相關程序的揶揄奚落，開始帶有一些學術味道。圓廳派將這份法案形容成陰謀圈套(以及對激進運動的背叛)無疑是正確的。但是老腐敗抗拒**任何**改革的那種幾近於新石器時代的倔強態度，卻讓整個

---

177 *Destructive*, 2 February and 9 March 1833; A. Briggs, "The Background of the Parliamentary Reform Movement in Three English Cities", *Camb. Hist Journal*, 1952 p. 293, and *The Age of Improvement*, p. 247.

178 W. Brimelow, *Political History of Bolton* (1882), I, p. 111.

179 *Poor Man's Advocate*, 21 January 1832.

國家在毫無預謀的情況下迅速陷入革命邊緣。《窮人守護者》遲了好久才終於調整它的戰術，出版了一本從馬賽龍上校(Colonel Macerone)的《人民防衞指導》(*Defensive Instructions for the People*，一本巷戰手冊)中摘錄出來的精華本[180]。5月間，改革法案終於在上院獲得通過，在之前那段「英格蘭憂懼震悸的十一天裡」，普雷斯可說是全程屏息以待。在法案通過的那晚，他回到家中寫下這段文字：

> 我們正處於一個全面叛亂的時刻，如果威靈頓公爵真的成立一個政府，那麼「當權者」和人民就會成為問題的核心。

屆時，「主要市鎮都將搭起壁壘——紙幣也將停止流通」，如果革命真的爆發，它「將是一場全民行動，其規模之大將是前所未有。」[181]

在 1831 年秋天和那個「五月天」，英國差點就要爆發革命，如果革命真的啟動，很可能會在急速激進化的情況下，成為 1848 年革命和巴黎公社的先聲(如果我們將合作理論和工會理論的同步前進考慮進去)。巴特勒(J. R. M. Butler)的《偉大的改革法案的通過》(*The Passing of the Great Reform Bill*)，讓我們注意到這場危機的嚴重性，但是他的研究也有其貧弱之處，因為他未能充分覺察出整個局勢的潛在可能，例如他對全國工人階級聯盟的評論：

> ……它那傲慢的愚蠢……令明智之士作嘔，例如，伯斯納綠地分部竟然呈請國王廢止上院，又如芬斯百利小組竟力勸下院

---

[180] *Poor Man's Guardian*, 11 April 1832.

[181] Add. MSS., 27,795 ff. 26-7.

> 沒收一百九十九名貴族的財產……[182]

我們需要的是比這更不自滿的評估。事實上,革命之所以沒有爆發,部分是因為激進傳統中有著深厚的憲政主義成分(柯貝特是該派的發言人,力勸大家接受半塊麵包)[183];部分則是因為中產階級激進分子的政治技巧——他們十分準確地提出一套增強而非弱化政府和財產權的妥協方案,以對抗工人階級的威脅。

輝格黨領袖認為,他們的職責在於找出方法「讓多數人歸附於財產和好的品級」。葛雷說:「最重要的一點是,聯合社會上的中等和高等階級,以愛護和支持國家的體制和政府。」[184] 我們可以拿貝恩斯在 1831 年所主持的一項調查,來證明輝格黨是如何小心翼翼地劃出這條界線,該項調查的目的是要找出「里茲城裡擁有十鎊財產的戶主人數和其社會地位」。調查結果以信函的方式告知羅素勳爵,這封信函應該被當成改革法案危機的經典文獻之一。貝恩斯手下那批選舉學運動先驅,

> 一致表示:在十鎊財產的資格限制下,所有符合資格的人,

---

182 Butler, op. cit., p. 303.

183 參見格拉斯東(Gladstone)的評述:「我向一名工人解釋……那句成語,改革就是革命……我說,『嗨,看看外國革命』,我指的當然是法國和比利時革命。那名工人冷冷地看了我一眼,然後說……『去他所有的外國!老英格蘭和外國有什麼關係』;我從低下之人那裡學到的寶貴教訓,還不止這一次。」J. Morley, *Life of Gladstone* (1908), I, p. 54.

184 See A. Briggs, "The Language of 'Class' in Early 19th-century England", op. cit., p. 56.

沒有一個不會安全而明智地行使他的投票權。他們同時驚訝地發現，符合這項投票資格的人竟是如此之少。

羅素詢問他們，擁有十鎊財產的戶主與其他人口之間的比例如何？這些調查員回報說：

> ……在以工人階級為主的地區，五十名戶主當中沒有任何一個可擁有投票權。在以商店為主的街道，幾乎每一名戶主都有投票權……豪百克鎮區有一萬一千位居民，其中主要是工人階級，但也有若干工廠、染房、酒吧和體面的住宅，這個鎮區一共只有一百五十位選民……在馬歇爾公司的工廠中工作的一百四十名戶主中，只有**兩人**可以有投票權……在豪百克的威蘭父子公司所雇用的一百六十到一百七十名戶主中，**沒半個人**有資格。在機器製造商泰勒和渥茲華斯所雇用的一百名最高級的技工戶主中，只有**一人**有投票權。整體而言，工人階級能因為這份法案而獲得投票權的比例，不會超過五十分之一。

然而即使是這麼低的數字，也已經是高估了。根據政府在 1832 年 5 月接獲的報告顯示，里茲(總人口十二萬四千人)只有三百五十五名「工人」可以獲得投票權，其中一百四十三人是「書記、倉庫管理人和監工等等」。其餘的二百一十二人是擁有特權地位的工匠，每週的收入介於三十到四十先令[185]。

這樣的調查結果無疑讓內閣相當放心，他們原本還考慮是否要

---

[185] Baines, *Life of Edward Baines*, pp. 157-9.

將十鎊的資格限制提高到十五鎊。普雷斯寫道:「大多數人民都相信:國會將通過改革法案,要是法案遭到否決,他們就會靠自己的肢體,取得遠多於這些法案所包括的權利……」[186] 正是這種「遠多於此」的威脅,在 1832 年同時威嚇到托利黨和輝格黨,並促成土地財富和工業財富之間,以及特權和金錢之間的和解,這種和解一直是英國社會長久以來的一種結構配置。在貝恩斯和科布登(Cobden)[*32] 高舉的大旗上,寫的不是**平等**和**自由**(更不是博愛),而是「自由貿易」和「緊縮開支」。布魯厄姆的修辭是財產、安全和利益。在改革法案交付二讀時,布魯厄姆在演講中指出:「如果有暴民,

　　一定也有人民。我在此說的是中產階級──那些數以萬計的可敬之士──這個社會上人數最多和最富有的階級,因為,如果你們這些貴族的所有城堡、莊園、養兔權和狩獵權,以及廣大的土地,全都拿去拍賣,然後以五十年的年租收入賣出,那麼當這些產業由那些中產階級的巨額財富打平之後,它們的價格將會以不成比例的方式飛快成長。這些中產階級也擁有最純正的英格蘭性格,冷靜、理性、聰慧和誠實……我懇求你們,不要激動,你們這些愛好和平但也勇敢果決之人……身為你們的友人,身為我階級的友人,身為我國家的友人,以及我君王的忠實僕人,我勸告你們盡最大的努力保全和平,並支持和延

---

186 Add. MSS., 27790.

*32 按: 科布登(1804-1865),英國政治家兼改革者,農家出身,以經營白棉布起家。致力於推動自由貿易主義,並成為反穀物法聯盟的發起人之一。

續我們的憲法……[187]

法案通過之後，貝恩斯轉而以褪盡修辭的文字，直接道出中產階級的要求：

> 如今要採摘改革的果實。廢除巨型的商業和農業壟斷。改革英國國教會……即刻打開關閉的法人組織。緊縮支出並加強經濟。打破奴隸的桎梏。[188]

工人階級激進主義的要求，就沒有這麼清楚的陳述。我們可以從全國工人階級聯盟的機關報《窮人守護者》中，引述一段最低限度的政治綱領：

> 根除窮凶惡極的貴族政治；建立共和政體，也就是由普遍選舉權選出代表的民主政治；消滅世襲的官職、名銜和優遇；廢除……長子繼承制；……建立廉價而迅速的司法行政；廢除狩獵法；終止惡劣的報紙稅……解放我們的猶太人公民同胞；在愛爾蘭推行濟貧法；廢除侵犯財產的死罪刑罰；將主教的收入撥爲濟貧之用；廢除什一稅；教派自行支付其僧侶或牧師的薪金；「國債」並非國家的債務；解散暴政的工具——士兵；成立國民軍。[189]

---

[187] See J. R. M. Butler, op. cit., pp. 284-5.

[188] Baines, op. cit., p. 167

[189] Cited in A. L. Morton and G. Tate, *The British Labour Movement* (1956), p. 59 and attributed (erroneously) to *Poor Man's Guardian*, 3 March 1831.

　　這是雅各賓主義的舊綱領，自 1790 年代起就幾乎未曾修改過。（由洛維特和華森於 1831 年 11 月起草的全國工人階級聯盟宣言，開宗明義的第一條便是：「所有財產〔凡誠實取得〕都是神聖不可侵犯的。」[190]）然而在不同地區和不同工業內部，卻依據各自的最大委屈而滋生出其他「遠多於此」的要求。在蘭開郡，多爾帝和他的支持者主張：「普選權不過是一種授與每個人得以保護其自身勞力不遭他人侵沒的權力。」[191] 歐文派、工廠改革者和「肢體派」革命分子，例如難以羈束的班保，則繼續提出更進一步的要求。不過到了最後，爭執的內容總算是成功地局限在布魯厄姆和貝恩斯的期盼範圍。（如同雪萊在 1822 年所預見的，）這是一場「血與金」(blood and gold) 的鬥爭，最後，血與金達成妥協，聯手排除了平等的要求。因為從法國大革命爆發到改革法案通過這段期間，我們看到英國中產階級的「階級意識」正式形成，它比其他任何工業化國家都更保守，更謹防遠大的理想主義目標，也更狹窄自私。於是，在維多利亞時代的英格蘭，中產階級激進派和理想主義知識分子，遂不得不在「兩個國家」中間擇一而居。基於榮譽，許多個人寧願被稱為憲章分子或共和分子，也不願被視為特種警察。但是這些人士——從華克萊(Wakley)、新港的佛洛斯特、鄧孔伯(Duncombe)、歐斯特勒、瓊斯、費爾登、羅勃茲(W. P. Roberts)，一直到羅斯金(Ruskin)和威廉‧莫里斯(William Morris)——始終只是憤恨不滿的個人或知識分子的「喉舌」。他們代表的全然不是中產階級的意識形態。

　　貝恩斯在他與羅素的通訊中，提出了一個幾乎有如數學般精確

---

190 See Lovett, op. cit., I, p. 74.

191 A. Briggs, op. cit., p. 66.

的階級定義。1832 年的選舉權資格限定, 已經像是一枝無法擦拭的鉛筆, 生硬粗魯地在社會意識中劃出一條清楚的界線。此外, 這些年間又出現一位重要的理論家, 清楚道出了工人階級的苦境。彷彿天生就注定他應該是一名愛爾蘭知識分子, 心中交織著對英國輝格黨的懷恨, 以及英國極端激進主義和歐文派社會主義的經驗。詹姆斯‧奧布萊恩(James "Bronterre" O'Brien, 1805-64), 愛爾蘭酒商之子, 都柏林三一學院的優秀畢業生。他在 1829 年來到倫敦, 研習「法律和激進改革」:

> 我的友人送我來學法律, 我自己則喜歡激進改革……雖然我在法學方面一無進展, 可是在激進改革方面卻有長足進步。如果說國王學院打算明天設立一個教授激進改革的講座(這當然不大可能), 我想我一定會是候選人之一……我感覺我血脈中的每一滴血, 都是激進之血……[192]

改革法案危機期間, 他負責主編《密德蘭代表》(*Midlands Representative*), 之後, 他移居倫敦, 接下《窮人守護者》的主編工作。

在談到改革法案時, 他寫道:「我們預見, 它的效應將是讓許多中產階級人士與工人階級分離開來, 這些人**原本**是比較傾向與人民而非排斥他們的貴族階級採取一致行動。」[193] 在他為布納羅提的平等派密謀史撰寫的引言中, 他打了一個比方:「吉倫特黨人會將選舉

---

[192] *Bronterre's National Reformer*, 7 January 1837. 奧布萊恩事實上已在都柏林擁有執業律師的資格。

[193] *Destructive*, 9 March 1833.

權延伸到小中產階級身上(就像我們英國的輝格黨人藉改革法案所做的一樣),以便更有效的壓制工人階級。」「在所有的政府中,中產階級的政府是最暴虐和最無情的。」[194]

　　這是他經常反覆討論的主題。輝格黨政府的每一項新行動,都會重新燃起他的怒火——愛爾蘭強制法案(Irish Coercion Bill),十小時法案的遭到否決,對工會的攻擊,還有濟貧法修正法案。他在1836年寫道:「改革法案通過之前,

> 原本還以爲中等階級對勞工懷有某種共同體的情感。如今這個幻想已然破滅。它在愛爾蘭強制法案通過時已經奄奄一息,飢餓法案(Starvation Law)的頒布更讓它徹底斷氣。在肮賣利潤的立法機關手中,工人將再也無法冀望正義、道德或憐憫。[195]

他是中產階級文化的逃兵,特別喜歡嘲諷自己的階級,模仿他們在客廳閒聊時對僕人階級的品評:「〔中產階級的〕消遣和嗜好基本上是會讓人變得庸俗低下。他們的生活必然淨是狡猾投機……

> 這兩個階級從來不曾也永遠不會有任何共同的興趣。工人想的是盡可能少做點事,多拿點錢。中產階級想的則是讓他們盡可能多出點力,然後讓自己少付點錢。他們的利害根本截然相反,就好比兩頭互鬥的公牛。

---

194 O'Brien, op. cit., pp. xv, xx. 關於奧布萊恩, 參見 G. D. H. Cole, *Chartist Portraits* (1914), Ch. IX; T. Rothstein, *From Chartism to Labourism* (1929), pp. 93-123; Beer, op. cit., II pp. 17-22。

195 *Twopenny Despatch*, 10 September 1836.

他以傲人的天分，試圖將極端激進主義和歐文主義這兩個傳統搓捻成一種革命的社會主義，他的目標是政治革命、廢除有產階級，和一個歐文式的公社網絡：

> 我們必須來一場騷塞所謂的「革命中的革命」，就好像羅伯斯比和桑茹斯(St. Just)在 1794 年初於法國計畫的那樣；也就是說，完全顛覆現有的財富分配的制度……財產——財產——這是我們必須對準的目標。沒有財產制度的改變，就不會有改進。

這樣的一場革命，(他希望)將在贏得成年男子普選權後，立即到來，不用武力：「現有的不平等係源自**少數人的法律**；藉由多數人的法律，它們自將毀滅。」[196]

今日的歷史學家當然不會接受奧布萊恩這種大而化之的說法，籠統地將改革法案之後的輝格黨政府與「中產階級」的利益混為一談[197]。(老腐敗的生命力遠超過奧布萊恩的想像，廢除穀物法抗爭的漫長曲折就是明證。)更何況，選擇這樣一位(中產階級出身的)理論家來做為工人階級新自覺意識的代表，也不太適當。然而在這段時間，奧布萊恩絕不是這個運動的邊緣怪人。做為《窮人守護者》和其他雜誌的編者，他擁有數量龐大而且與日俱增的工人階級讀者；他甚至還在日後得到憲章運動「導師」的尊稱。他的作品是貫穿 1830

---

[196] *Destructive*, 9 March, 24 August 1833; *People's Conservative; and Trade's Union Gazette*, 14 December 1833.

[197] 當憲章分子和某些中產階級成員在 1840 年代出現某個結盟的機會時，奧布萊恩本人逐漸後悔當年不該那麼激烈地排斥所有的「中產階級」(Beer, op. cit., II, p. 126)。

年代早期眾多騷動的中央主軸，爲古老的民主要求、(反新濟貧法和
支持工廠改革的)社會騷動、歐文派公社實驗，以及工會的工團主義
(syndicalism)奮鬥不懈，並提供一個聯繫的核心。就像戰後那幾年的
柯貝特和伍勒一樣，奧布萊恩也是他那個時代的權威代言人。

當然，就大多數工人而言，對於改革法案的幻滅很少會出以如
此理論的形式。臘腸好不好要吃了才知道。在接下來的里茲大選中，
我們就可以看到幾個具體而微的「吃」。先前已運用他的影響力使布
魯厄姆當選約克郡國會議員的貝恩斯，此刻正爲了輝格黨的利益而
支持馬歇爾(Marshall)和麥考萊(或所謂的「麥克活力先生」〔Mr.
Mackholy〕，這是一名輝格黨的小店主跟班在他日記中所用的稱
呼)。馬歇爾是里茲勢力最大的雇主之一，麥考萊則是制定改革法案
的意識形態家中最得意自滿的一個，他將托利黨的「實質代表權」
(virtual representation)信條，以新的說法重新包裝：

> 高等和中間階級是天生就代表人類。他們的利害可能會在某
> 些事項上與較他們貧窮的同代人相牴觸，但卻是符合未來千萬
> 世代的永續利益。

他嘆息道：「財富分配不均的事實每個人都看得到，然而可以證明這
種不均實乃各階級利益之所繫的理由，卻不是人人都能了解。」馬歇
爾先生不是像麥考萊那樣的理論家，但是，如果我們可以相信某份
激進派選舉傳單的說法，他認爲每週十二先令的工資對一個有家室
的工人已經夠好了，工人階級如果想要改善他們的生活，最好是移
民海外，而──

在馬歇爾先生的工廠裡，一個九歲的男孩會被剝得精光，然
後綁在一根鐵柱上飽受皮條的無情鞭打，直到昏厥爲止。[198]

另一方面，托利黨推出的候選人是薩德勒，他是十小時運動在
國會方面的主要代言人。兩年前，歐斯特勒和縮短工時委員會發起
了激烈的反童工運動。震動人心的「約克朝聖之旅」，發生於前一年
4月；而在改革法案危機的那幾個月，十小時騷動(如同歐文派騷
動)始終不曾斷續。因此在這場選戰中，歐斯特勒自然是會支持薩德
勒而反對曾在《里茲信使報》上爲工廠主人委婉辯護的貝恩斯。大
家也認爲柯貝特會選擇同樣的立場。事實上，從柯貝特批評貝恩斯
的措詞看來，那個時代的誹謗法還眞是夠寬容的：

這個布魯厄姆養的**大說謊家**……他一直用盡心計的想要讓至
少一名國會議員，在下院中對公共自由做出比任何其他五十位
議員更嚴重的傷害：這個驕傲、自負、貪婪和沒有原則的膨風
仔，過去二十年來一直在約克郡招搖行騙……[199]

於是，一個由托利黨和激進派組成的聯盟，必然力挺薩德勒。而大
部分不奉國教派的「老闆族」(shopcrat)，則必然會將選票投給「我
們的鎮民馬歇爾先生和蘇格蘭人麥克活力先生」(如同我們那位日記
作家所寫的)：

---

[198] J. R. M. Butler, op. cit., pp. 262-5; *Cracker*, 8 December 1832.

[199] *Political Register*, 24 November 183. 柯貝特想起的是前約克郡議員韋伯福斯。

……至於薩德勒，他從來就沒有幹過什麼好事，將來也不可能……因爲他總是在發明一些事情，貽害里茲鎮的居民……他是最初推動改良法案(Improvement Act)的人，這個法案花了居民好幾千鎊，而且負擔主要是落在小店主和我所謂的中間階級的人民身上……沒錯，他也是我們治安法官黨(Magestrate Party)的一員，但是他這部分也做得不好……[200]

里茲的工人階級激進分子，維持了他們獨立的新聞出版和組織。他們宣稱：里茲的工人「不論消息好壞都動員出席；……不論時機合適與否都立即到場」，可是如今卻被那些在他們的五月天大集會上發表演說並承諾不改革就革命的人給背叛了：

馬歇爾先生和麥考萊先生也許……對任何種類和任何程度的改革，包括教會和政府的改革，都十分友善；他們或許也贊成廢止除了他們自己之外的所有工廠主人和官吏的壟斷；但是請里茲的工人們記住，如果支持他們，等於是把立法的權柄交到自己的敵人手上。

此外，激進分子還宣稱，以往貴族勢力所採用的那類舊式的賄選和影響手段，如今已換上新的狡猾包裝，成爲製造業勢力的操控伎倆。儘管工人沒有選票，業主還是強迫工廠工人在選舉造勢大會上表態支持馬歇爾和麥考萊，以抵銷十小時示威爲薩德勒帶來的聲勢：

---

[200] MS. Letterbook of Ayrey (Leeds Reference Library).

我們可以指定一打以上的工廠，要它們的所有工人依照命令於星期一到活動場集合，表態支持橘軍的候選人……違者立即革職……在活動場上，他們各就各位，像羊群般被牢牢圈住，圍在他們四周的是監工、書記或其他部下，以便執行賬房的最高指示。

最後，選舉造勢大會演變成暴動，歐斯特勒和支持十小時運動的工人「用飛橘鋪成厚厚的骷顱頭像，並在上面大做晨禱」。當薩德勒敗選的結果揭曉，馬歇爾和麥考萊的芻像隨即在市中心遭到焚毀，1792年時，效忠政府派人士曾在同一地點燒了潘恩的芻像[201]。

1832年的這場里茲選舉，不只具有地方意義。它還成爲全國各地工廠改革者的關注焦點，爲薩德勒在北方各城鎮收集到數以千計的支持簽名。新的氛圍在1832年後已確然成形。在每個製造業地區，都可找到上百個經驗證實這種新的階級意識——這個改革法案曾如此精心地藉由其自身條款定義出來的階級意識。是這個「改革過的」下院，在1834年對多契斯特勞工處以流放（「對所有有組織工人的一記重擊」）[202]；也是這個「改革過的」下院，發動了以「文件」和停工粉碎工會的戰役，這場戰役的強度和重要性（不管在政治和經濟上），至今仍太不爲人所了解。針對雇主們的宣言，約克郡工會頒布了它們自己的版本：

---

201 *Cracker*, 8, 10, 21 December 1832. See also A. Briggs, "The Background of the Parliamentary Reform Movement in Three English Cities", op. cit., pp. 311-14; E. Baines, *Life*, pp. 164-7; C. Driver, *Tory Radical*, pp. 197-202.

202 賴德（里茲毛呢織工，並於日後成爲憲章運動的傑出領袖）講詞，收於 *Leeds Times*, 12 April 1834。

> 我們不止聽到雇主們的戰爭吶喊，還聽到戰爭的浩劫；反對
> 自由的戰爭；反對信念的戰爭；反對公道正義的戰爭；以及師
> 出無名的戰爭……

一名里茲的工會主義者宣稱：「那些過去姑息政治聯合會的人，因為當時他們可利用它們來達成自己的目標，正是如今致力粉碎工會的人」：

> 不過就在前些日子，工人們還為了推動改革法案的通過，在
> 韋克菲耳舉行了一場人數眾多的西來丁集會。那些如今極力想
> 打倒工會的同一群人，在當時卻利用工人的數量優勢，動員他
> 們實現一場政治改革，那群人相信這是他們從貴族手中贏得改
> 革的唯一可能。沒想到如此這般贏得的改革，卻成為那群人強
> 化腐敗和壓迫力量的終極手段。[203]

從 1832 年到憲章運動期間，工人運動的發展路徑並不是在「政治」和「經濟」騷動之間隨意擺盪，而是筆直的朝著一個單一目標前進，許多同時發生或互有關聯的運動，全都匯聚到這個目標點上。這一點就是選舉權。在某種意義上，憲章運動並非始於 1836 年的「六點」[*33] 聲明，而是始於改革法案得到國王欽定的那一刻。許多外郡的政治聯合會非但沒有解散，還立刻著手組織反「老闆族」選舉權

---

203 *Leeds Times*, 12, 17, 24 May 1834.

*33 按：指由洛維特草擬的人民憲章中的六點要求：成年男性普選權、無記名投票、國會每年改選、取消議員的財產資格限定、議員有給制，以及平均劃分選區。

的騷動。1833年1月，《工人之友》正式發表聲明，宣布中產階級激進主義的堡壘已遭到猛烈攻擊。「……縱有**鈔票商人王朝**(RAG MERCHANT MONARCHY)的種種反對和詭計，密德蘭工人階級聯盟依然在這個地區所有英勇但先前遭人誤導的民眾支持下，正式組成。」[204] 伯明罕激進主義的標準意識形態，亦即聯合雇主和職工合力反對貴族體制、銀行、國債和「紙幣制度」，如今已開始崩潰。有一段時間，甚至連艾特伍本人也支持新潮流，其中有部分是為了向他先前曾許下諸多承諾的群眾表達輸誠之意。1833年5月，新堂丘上再度進行了一場盛大的示威運動，據說參與群眾共有十八萬人之多，整個會場瀰漫著──

> ……一股普遍的懷恨情緒，懷恨那群把他們當成主要奪權工具的黨徒，現在他們聚集在這裡，表達他們對這些人的背叛行徑……的厭惡之情。

來自瓦沙的煤礦工人、渥維安普敦的鐵匠，以及達德雷的廠外代工，大大壯實了這次的示威陣容。使伯明罕成為憲章運動首府的激進化過程，已然開始[205]。

然而這場重新登台的騷動，其訴求內容「遠多於」選舉權本身所含括的，這也是官方為什麼非得予以否決的原因。(1833年的伯明罕已經不再是1831年的伯明罕，如今它是公平勞力交易所、社會主義派的營建工聯合會總部，以及《拓墾者》〔*Pioneer*〕雜誌編輯部的

---

204 *Working Man's Friend and Political Magazine*, 5 January 1833.

205 *Report of the Proceedings of the Great Public Meeting*, 20 May 1833.

所在地。)在 1830 和 1840 年代工人的心中，選舉權所具有的重要象徵意義，是我們很難領略的，因為我們的雙眼已經被一個多世紀以來的「國會兩黨政治」薰得模糊不清。首先，選舉權意味著**平等**：公民權、個人尊嚴與價值的平等。一位小冊子作者寫道：「應該有代表是**工人**，而不是磚瓦、水泥和塵土。」他悲嘆許多「悲慘的、所謂『生而自由』的英國人，根本不具有人類理應在政治社會中享有的最寶貴權利」[206]。艾德蒙茲寫道：「是我們，百萬的工人，

> 從不稀罕小表演、市長大人一分錢偷窺孔、華而不實的加冕禮，以及任何這類全國性的蠢事。讓那些俗麗的演員自己去享受他們的樂趣吧。

「數以百萬計的英國人，就像古代的野蠻愛爾蘭人一樣，被侮慢地排除在社會政府的欄柵之外已經太久了，

> 我現在說出我那數百萬沒有代表的同胞的想法，這些十九世紀的野蠻英格蘭人、這些生而自由的奴隸的想法。[207]

不過在歐文派和憲章運動那些年，選舉權要求也意味著其他更進一步的要求：它是工人階級對他們的生活和勞動條件取得**社會控制**的一種新方式。起先，將工人排拒在選舉權的範圍之外，不可避免地引起了工人階級對所有形式的政治行動的相對排斥。歐文對此

---

[206] "I.H.B.L.", *Ought Every Man to Vote?* (1832).

[207] G. Edmonds, *The English Revolution* (1831), pp. 5, 8.

早已做好準備，他向來就對政治激進主義冷漠以對。但是，在後 1832
年轉向總工會運動的過程中，這種反政治偏見並不是最安靜的，而
是備戰、好鬥乃至革命性的。想要解釋這幾年間政治思想的豐富面
貌，我們必須進一步研究總工會運動的歷史，乃至憲章運動的早年
發展，不過這些都已超出本書的研究範圍。在這幾年，班保在工業
地區推銷他的「全國大聖節」觀念；在這幾年，印刷工人布瑞利用
對里茲工匠的演說推動哈吉斯金的構想，並在日後集結成《勞工的
冤屈和勞工的補償》（*Labour's Wrongs and Labour's Remedies*）；在這
幾年，營建工聯合會和全國大團結工會興起又衰敗；也是在這幾年，
多爾帝和費爾登成立了「全國新生協會」（Society for National Regen-
eration），並發動總罷工以爭取八小時工作制。歐文派公社主義豐富
的觀念和實驗，預示了兒童照顧、兩性關係、教育、住宅和社會政
策上的進展。這些構想不僅是在有限的知識分子間流傳，有一度，
甚至連營建工、陶工、織工和工匠，都甘願冒著生計受損的風險進
行實驗。如雨後春筍般大量冒現的報刊雜誌，有許多是以真正的工
人階級做為目標讀者，並對他們提出各種嚴格的要求。即使是科登
峽谷（Colden Valley）這個孤立於約克郡和蘭開郡之間的本寧山小聚
落，該地的絲織工廠裡依然找得到歐文派雜誌的讀者。

在此，我們或許可以稍微提兩個在這些年間一再出現的主題。
一是國際主義。誠然，這是舊日雅各賓遺產的一部分，但也是激進
分子從未忘記的一部分。1817 年，當奧利佛隨著里茲修絨工曼恩以
及另一名革命分子徒步前往刺山里斯集合時，他從他們的談話中發
現：「最近從巴西傳來的消息，似乎讓他們比以往任何時候都懷抱了
更大的希望。」[208] 柯貝特則是永遠會找出時間在他的雜誌中加上這
樣的最新消息：

> 我只有這一點篇幅可以告訴你們，**比利時**的人民，那些**老百姓**，已經**擊敗了荷蘭軍隊**，荷軍之所以攻打他們，是爲了逼迫他們**繳交巨額的稅款**。這是個天大的好消息。[209]

1830 年的法國革命 *[34] 對人民造成了巨大衝擊，不僅驚顫了倫敦的激進分子，連偏遠工業村落的工人階級改革者也深受震動。工人階級報刊密切追蹤著波蘭獨立抗爭的相關發展；希伯特等人則在圓廳對里昂織工的失敗叛亂投下同情之票，並將他們比喻成史匹塔菲的織工。在歐文派的運動中，這種政治傳統一直延伸到社會和階級的團結。1833 年，一份「由大不列顛暨愛爾蘭生產階級」致「歐洲大陸與南北美洲之政府和人民」的宣言，是這樣開始的：「人類大家庭的工人……」到了同一年年底，英格蘭、法國和德國的工會分子，已經開始在商討建立跨國聯盟的相關問題[210]。

　　另一個主題是工業工團主義。在馬克思還不過十幾歲的時候，資本主義和社會主義政治經濟學對於英國工會分子的爭奪戰，已經（至少是暫時）分出勝負。得勝的是哈吉斯金、湯普森、摩里森(James Morrison)和奧布萊恩；失敗的是老穆勒和普雷斯。「何謂資本?」《拓墾者》的一名作者問道。「是儲備的勞力!」麥卡洛克喊道。「……它

---

208 Narrative of Oliver, H.O. 40.9.

209 *Two-penny Trash*, 1 October 1803.

*34 按：指法國七月革命，巴黎市民在印刷工人的發難下，起而推翻日漸專制的查理十世，並擁護贊成憲政體制的奧爾良公爵路易腓力即位，開啓所謂的七月王朝。這場革命對歐洲各地的民主派人士深具鼓舞作用，革命風潮一時瀰漫歐洲各地。

210 See, e.g., *Destructive*, 7 December 1833.

是儲備自什麼人的什麼東西？儲備自可憐人的衣著和食物。」[211] 於是，以往被「侮慢地排除在社會政府的欄柵之外」的工人，如今已一步步地發展出工團主義的理論或所謂的「反向共濟會制度」(inverted Masonry) [212]。「一名營建者聯盟的會員」寫道：「工會不僅將發動減少工作、提高工資的罷工，

> 他們還將以**廢除**工資做爲終極目標，讓自己成爲自己的雇主，並爲彼此而工作；勞力和資金不但將再也不可分離，而且還將牢牢地聚合在男女工人的手中。

工會本身可以解決政治權力的問題；可以組成勤奮階級的「國會」，代表直接來自工坊和工廠：「各個分會將代表由地方派到地區，再由地區派往全國大會。這個國會將立即實施普遍選舉權、每年改選，和取消財產資格條件。」[213] 這個構想又(在《拓墾者》中)發展出一個所謂的行業院(House of Trades)：

> 它必須補目前下院之不足，並根據各工業協會的組成行業的意願，去指導國家的商業事務。然後我們將可藉由這個優勢地位，進而追求到普遍選舉權的理想。它將從我們的分會開始，延伸到我們的總工會，進而掌握對商業的管理，最後吞沒整個政治權力。[214]

---

211 *Pioneer*, 13 October 1833.

212 *Man*, 13 October 1833.

213 *Man*, 22 December 1833.

214 *Pioneer*, 31 May 1834.

　　這個夢想才剛剛建好，就立刻在 1834 和 1835 年的慘敗中破滅。當工人們好不容易喘過氣來之後，他們再度回到選舉權路線，將它視為比較實際可行的政治權力敲門磚。他們的確失落了某些東西；但是憲章運動始終沒有完全忘記它對社會控制的關注，選舉權只是為達到這個目的的手段罷了。這些年的發展路徑已超出典型的工匠觀點，從渴望「靠著他的辛勤汗水」取得獨立生計，轉換成一種新的願景，這種願景更能適應新的生產方式，並試圖運用階級的集體力量讓環境更具人性化——藉由這個公社或那個合作社，藉由這種箝制市場經濟盲目運作的手段，藉由這項法律的頒布，以及那種賑濟貧民的措施。但是在他們的願景中，就算不總是可以清楚看出，至少也是隱含著一個危險的信條·生產絕不可為了追求利潤，而必須基於**實用**。

　　這種集體自覺的確是工業革命最偉大的精神收穫，較古老以及在許多方面較容易理解的生活方式的瓦解，必須和它放在同一個天平上相衡量。1832 年的這個英國工人階級，或許是一種獨一無二的構成物。資本累積的緩慢性，意味工業革命的開端可以遠溯到幾百年之前。從都鐸王朝開始，這種工匠文化便隨著每一個階段的技術和社會變遷而漸趨複雜。德蘭尼（Delaney）、德克（Dekker）和那許（Nashe）*35，溫斯坦利和李伯恩，班揚和狄福——全都曾對它有過發言。在經過十七世紀的經驗充實之後，工匠文化帶著我們先前描

---

*35 按：德克（1572-1641），英國劇作家和散文家，其膾炙人口的不朽喜劇《鞋匠的假日》，對十七世紀的都市生活有極其鮮活的描繪。那許（1567-1601），英國諷刺作家，伊莉沙白時代最有趣的人物之一，曾代表英國國教派與清教徒展開激烈筆戰。最著名的作品是以歹徒為題材的《不幸的旅人》。

述過的智識和自由意志論傳統走過十八世紀，並在互助會和行業俱樂部中建立出他們自己的依存傳統——這些人並不是在一代人的時間就從鄉民過渡到新興工業市鎮。他們是以能言善道、生而自由的英國人身分，承受工業革命的折磨。那些被關進監獄的人，可能比判處他們的法官更熟悉聖經；而那些被流放到范迪門之地的人，可能會請求他們的親戚將柯貝特的《政治記事周刊》寄給他們。

　　這或許是英國有史以來最傑出的大眾文化。它含括了形形色色的豐富技藝，金屬工人、木材工人、紡織工人、陶瓷工人等等，少了這些工人所承繼的原始工具的「神祕」和高超智巧，工業革命的發明根本不可能跨過其最初的製圖階段。這個屬於匠人和自修自學者的文化，培養出許許多多素質優異的發明家、紡織家、新聞記者和政治理論家。我們很容易將這個文化說成是保守落後的。這段由工匠和廠外代工掀起的長達五十多年的大騷動,其主要的目標之一,的確是**抗拒**淪爲無產階級。當他們知道這個目標確定落空之後，他們再次於 1830 和 1840 年代重新出擊，試圖追求一個嶄新而且只存在於想像世界中的社會控制形式。在這所有的過程中，做爲一個階級的他們，不斷遭受到其自身社會的抑制和隔離。但是反革命強力鎮壓的結果，只是讓他們在半合法的地下組織中變得更加堅決。只要統治者的壓力稍有鬆懈，他們就會從小工坊或織工村落, 高舉著他們的新要求走出來。統治者說他們沒有權利，但是他們知道自己生而自由。義勇騎兵撞散他們的集會，他們依然贏得公開集會的權利。小冊子的作者被打入大牢，他們就在牢裡編輯小册。工會分子被判監禁，他們就用樂隊和工會旗幟的盛大行列護送他們入獄。

　　這樣的隔離打壓，使他們的機制有股不凡的強韌堅毅。階級也因之在英國人的生活中取得罕見的共鳴：所有的一切，從他們的學

校到他們的商店，從他們的小禮拜堂到他們的娛樂，都可轉化成階
級的戰場。這個印記一直留存到今天，只是局外人未必都能了解。
如果說在我們的社交生活中幾乎沒多少**平等**的傳統，那麼在工人的
階級意識中便幾乎沒有什麼**順從**的傳統。摩里森在 1834 年寫道:「我
們是孤兒，社會的私生子。」[215] 這裡的語調不是自棄而是驕傲。

這些年來，工人們一次又一次地這樣說著，因此「他們希望把
我們當成工具」，或「裝備」或「機器」。1835 年，一個負責調查手
搖織布機織工的國會委員會，詢問一名織工證人，其他織工對「改
革法案」有什麼看法:

> 問: 自這項改變發生之後，工人階級是不是對國家的制度更
> 為滿意?
> 答: 我不認為他們是。他們認為改革法案的目的是把中產階
> 級和上等階級一塊送進政府，然後把工人階級交到政府手
> 中，當成某種機器，隨政府愛怎麼用就怎麼用。

這些工人在他們的日常生活中四處都會撞見功利主義，他們設
法阻止它，但不是盲目的阻止，而是帶著智慧和道德熱情。他們對
抗的不是機器，而是工業資本主義內在的剝削和壓迫關係。同樣是
在這段期間，功利主義的浪漫主義批評派，選擇了一條與工人階級
平行但全然不同的路徑。布萊克之後，再沒有人同時熟悉這兩種文
化，也沒有任何天才可以向彼此解釋這兩種傳統。是頭腦不大清楚

---

215 *Pioneer*, 22 March 1834; see A. Briggs, "The Language of 'Class' in Early Nine-
teenth Century England", loc. cit., p. 68.

的歐文，試圖揭示「新的道德世界」，但華滋華斯和柯立芝已隱退到他們自己的幻滅堡壘。因此這些年有時所展現的，並非一種革命挑戰，而是一種反抗運動，在這個運動中，浪漫主義者和激進派手藝人同樣都反對「貪得無厭者」的報喜。因爲這兩個傳統無法匯聚，於是某些東西就此失落。我們無法確定究竟失落了多少，因爲我們也是失落者。

然而，勞動人民不應只被視爲永恆的失落大眾。他們也曾花了五十年的時間，以無與倫比的不撓精神灌漑了「自由樹」。我們要爲這些年的英雄文化感謝他們。

後　記

　　本書的第一版出版至今(1968 年)已有五年，但這樣一段時間對於重大的看法轉變，顯然還太短。因此我在這個新版本裡只做了最小幅的修正。我更正了某些錯誤和不當之處，刪掉一些冗贅的行句，並試圖澄清〈農場勞工〉一章的相關論點——該章的內容尚不足以清楚闡明其題旨。

　　〈水準與經驗〉是另一個顯然也討論得不夠充分的章節。該章是針對一場特定的歷史論辯——「生活水準論辯」——而該論辯的主張，正是晚近歷史編纂學吸收消化的對象。如今看起來，該章的內容似乎讓我顯得心胸狹窄，因為其中幾乎沒提供多少資訊或分析。對於極度複雜和不斷推陳的人口統計學研究，我的評論自然是相當淺薄，而那些希望能就這個主題或其他諸如健康、住宅和都市成長有所認識的讀者，他們最常求助參考的經濟史家的作品，卻又是該章批判的主角。但是無論如何，我們至今依然可以從這家或那家既定的經濟史學派當中，看到有人把經濟成長的意識形態奉為圭臬，以致有將學說降為宣傳口號的危險。有鑑於此，我決定讓該章繼續存在，以**做為**一種強烈批判的論點。

　　至於本書的其他部分，我依然秉持護衛的立場。當然，我承認其中有許多嚴重的疏漏。工匠和廠外代工是本書的鎂光燈所在，但是另外兩端的其他人物卻顯得面目模糊。責備我不夠了解早期工廠工人、礦工、鋼鐵工人、工程師和營建業，以及運輸工人，確實十分公允[1]。另一個同樣公正的批評，是我對「庶民思想中有關愛國狂熱、仇視外人和尊敬大人物的那些面向」[2]著墨太少。我對這兩方面的描寫都很有限，不過我們可以在一些扎實的作品中——包括《技術勞工》——找到上述某些第一類工人的清楚面貌，以及第二類面向中的幾乎所有細節。我不僅對早期的工廠工人介紹不足，對於英國水手的沸騰情感、支持反法宣傳的激昂聽眾、大城市的犯罪次文化、小型工業和礦業孤立區的褊狹心態，以及某些鄉村地區根深柢固的順服心理，也都陳述不多。我們需要對這所有種種了解更深。然而再多的知識，也無法推翻有一種階級運動在 1830 年代冒現的事實。這些認識只會讓這場公眾運動的冒現擺脫掉諸多不相干的因素；而這麼多的社會抵抗，也只會讓這項運動顯得更加不凡。

　　本書面世之初，在學術圈引起相當廣泛的批評意見。各方的批評直指向三個主題：對循道宗的處理；對 1811 至 1819 年這段期間的處理；以及一般的方法論問題，特別是有關社會階級的分析。

　　關於第一個主題的批評，如果批判者的內容能夠更精確的話，討論起來會更容易些。丘里（R. Currie）和哈特威（R. M. Hartwell）先

1 J. D. Chambers, "The Making of the English Working Class", *History*, 1 June 1966, p. 187.

2 Geoffrey Best, "The Making of the English Working Class", *History Journal*, VIII, 1965, p. 278.

是相當有效地抨擊我對循道宗全國性成長幅度的誇大。然後他倆接
著以荒謬的語句指稱我應該會對循道宗的復興運動深表歡迎，因爲
它可做爲「一種反革命的工具」。他們（如同數位驚駭不已的評論者）
著魔於「精神手淫」（psychic masturbation）這個隱喻，在四個段落裡
面連續引用了三次，卻從未提及其上下文和該隱喻試圖闡明的問題
（循道宗信徒表現在日常生活中的謙遜壓抑，恰與他們在皈依、講道、
愛宴、懺悔、精神日誌和小册上所流露的原始情感主義形成強烈對
比）[3]。錢伯斯（Chambers）教授的荒謬誇大也不遑多讓，只是出以更
譁眾渲染的方式。在他的筆下，我認爲：

> 循道宗信徒……是眞正的革命受挫者；因爲無法在街壘巷戰
> 中效死，轉而成群投入禮拜堂；因爲渴望噬飲資產階級的鮮血
> 不成，轉而呼求羔羊之血。[4]

事實上，循道宗造成的直接政治影響，只是我在撰寫第二章和
第十一章時的次要關懷。我眞正想要從循道宗的經驗裡面——特別
是在 1780 至 1820 年間——探求的，是**有關於**：爲何那些先前被較
理性的反對國敎派敎會離棄或極力抗拒這類敎會的勞動人民，會接
受這個激情的路德敎派。有太多關於循道宗的作品，全都假設我們
知道循道宗爲何物，進而滔滔談論該派的成長率或其組織結構等問
題。然而我們無法從這類作品中推溯出循道宗經驗的特質。此外，
在這樣一個基督敎和非基督敎的史家都能心平氣和地致力於建立數

---

[3] R. Currie and R. M. Hartwell, "The Making of the English Working Class?",
Economic History Review, 2nd series XVIII, no 3, December 1965.

[4] Chamber, op. cit., p. 186.

量或組織分析的領域，如果一個人想要評估的是「經驗」，他們之間的對話自然更爲困難。對話當然應該繼續[5]，但是，到頭來，我們還是得問：我們研究的究竟是一種眞正的精神經驗，或它只是被理解爲另一種心智力量的精練物或替代物？

我(旣然我不是基督徒)的關注重點在於，過渡到成熟的工業社會所引發的文化衝擊。循道宗教義做爲工作紀律之載具的功能，在福音教派中普遍可見，但沒有其他教會像它展現得這麼淸楚[6]。先是衛理派，接著是原始循道宗，它們一再試圖與古老的、半異教的大眾文化進行全面而徹底的對抗，對抗它的歡會、它的消遣、它的飲酒，以及它那種流浪漢式的快樂主義。

偏見與偏見自然是環環相生。由於與循道宗有關的論述絕大多數不是遺憾辯白就是平淡無奇，益發讓我的更正顯得咄咄逼人。我們可以同意一位循道宗歷史學家的說法,他說禮拜堂的生活的確(爲許多地方的許多人)提供「孤寂者與不安者一整套私人社會關係的網絡」[7]。然而我們也應該允許那些發現自己快被這個網絡窒息的人發言，窒息他們的，是其敎友的「無知，他們對其他非同道的痛恨，他們的偏執褊狹，以及他們在講壇上所施展的那些可恥的行騙花招」[8]。

---

5 可以在文學批評的領域找到共同的基礎。

6 我曾在《過去與現在》的一篇文章中做過更廣泛的討論，參見 "Time, Work-Discipline, and Industrial Capitalism", *Past and Present*, December 1967。

7 John Walsh, "Methodism at the End of the Eighteenth Century", in *A History of the Methodist Church in Great Britain*, eds. Rupert Davies and Gordon Rupp (1965), I, p. 311.

8 Mrs A. Mathews, *Memoirs of Charles Mathews, Comedian* (1838), I, p. 39. 關於這

從好幾位批判者的評論中，可以看出他們對維多利亞時代小店主奉行的衛理主義的熟悉程度，甚於同一時期那種極易迸發的情感主義。因此丘里和哈特威斷言：「越熱中信仰復興運動的循道宗信徒，在政治上也越激進。」然而在 1815 年之前，我看不到什麼證據可以支持這項說法。康瓦耳的錫礦工（堪稱所有衛理派團體中最熱中信仰復興運動的一群）並不激進，威爾斯跳躍者（Welsh Jumpers）亦然──至少就我所知是如此。再一次，他們斷言：「循道宗不是也從來不曾是『千禧年教派』。」這當然不是我的重點。不過，我們不但可以在循道宗的活躍地區附近找到企求千禧年的騷動情事，而且從布勞特斯的時代到錫安華德的時代，這類情事還一再上演。

這類騷動也可能是政治性的。我警覺到，繼「阿列維論點」（Halévy Thesis，循道宗阻止了革命的發生）之後，似乎有一個「湯普森論點」（循道宗信徒的擴張是反革命的結果）就要被拱成辯論的主軸。辛默法耳布小姐（Miss Himmelfarb）甚至哀嘆道，「掀起一場重要歷史論戰的大好時機」，就這樣白白錯過。霍布斯邦博士曾經表示，「循道宗乃隨著激進主義的前進而前進」，而我則認為，「信仰復興運動很可能是在『政治』或現世的願景轉趨失敗的那一點上，開始接手」，對於我倆的不同看法，她以刻意沉默的態度，認為那是馬克思主義者「結成統一戰線對抗共同敵人」的具體陰謀[9]。

事實上，我們的謹慎態度是基於比意識形態陰謀更為簡單的理由：我倆都意識到證據的不夠充分。信仰復興運動並不是一個可以

方面的證據非常充足，必要時我將提出更多實例。比較輕鬆的反循道宗文學作品，可參見 A. M. Lyles, *Methodism Mocked* (1960)。

[9] G. Himmelfarb, *Victorian Minds* (New York, 1968), pp. 292-9.

用單一解釋一體全包的現象。一旦有一丁點浮動不穩的跡象出現，任何微不足道或驚天動地的事件都可能讓它整個引爆——里斯本大地震、黑死病、饑荒、全國性危機、戰爭、在地坑災，或(某個村落的)某個個人的突然死亡。它可能是由傳教士的福音運動從外部點燃，也可能是在教會內部進行，這些教會可能會在每一次的世代交替之後，亦即每一輩的年輕人繼承了其父母對教會的情感許諾之後，周期性地搬演著自發性的信仰復興。此外，不同的脈絡也需要不同的解釋方法。循道宗的歷史可以劃分爲好幾個截然不同的階段，我們必須分辨其中的差別所在，至少不能將下面這幾個時期混爲一談：衛理親自牧靈時期，情緒亢奮的戰爭時期(這些年間的某些特色，在鄉村和礦業地區延續了相當長的一段時間，特別是在原始循道宗社群)，以及晉升至社會體面人物和陷入教派紛爭的節制謹嚴時期。

就特定時期而言，我的關注重點是放在中間階段，這段時期正好適用於我所謂的「絕望的千禧年運動」。十九世紀循道宗信徒的成長率，在這幾年達到最高潮[10]。1791 至 1835 年間的信仰復興運動，有時看似與政治紛擾關係密切，有時則否。在憲章運動之前一直頑強抗拒信仰復興運動的康瓦耳循道宗信徒[11]，就不符合我的「論點」，他們那場最大規模的 1814 年信仰復興，看不出有任何明顯的政治關聯[12]。不過另一方面，1821-22 年發生於斯洛普郡工業區的信仰復興

---

10 See Robert Currie, "A Micro-Theory of Methodist Growth", *Proceedings of the Wesley Historical Society*, XXXVI, October 1967, p. 66.

11 See Brian Harrison and Patricia Hollis, "Chartism, Liberalism and the Life of Robert Lowery", *Eng, Hist., Rev.*,LXXII, 1967, p. 508.

12 十九世紀初衛理派的官方教會之所以反對信仰復興運動的發展，主要不是顧慮其政治後果(當時這點尙不明顯)，而是因爲「信仰復興的精神有助於強化

運動，就與我的論點若合符節：該場復興運動緊接在由煤灰山暴動(Cinderhill Riots)掀起的政治和工業激情之後，在那場暴動中，有兩名礦工遭義勇騎兵殺害，一名礦工(因參與暴動)遭到處決[13]。

就一般的面向來說，我們處理的是關係(relationships)——以及精神層面的騷動——這個領域是如此的晦澀難解，以致我們的看法始終跨不出假設的階段。拿破崙戰爭期間，正好也是三場重大的糧食危機時期，是戰爭謠傳頻仍的時期，也是國王薨逝的時期。1798那個偉大的福音年——該年的信仰復興運動已衝破循道宗的堤防，漫淹至其他教派——正是接續在 1795-96 年的糧食危機、1797 年的海軍兵變之後，以及法國入侵的傳言甚囂塵上之際[14]。在同一段期間的威爾斯——當時威爾斯跳躍者正陷入歇斯底里的發作期——我們也觀察到，有關「愛爾蘭人即將吹著鹽製號角登陸並吃掉他們」的謠言，正傳得沸沸揚揚[15]。

教會的離心力，進而使教會陷入分崩離析的境地」，參見 M. S. Edwards, *The Divisions of Cornish Methodism, 1802 to 1857* (Cornish Methodist Historical Association, 1964), pp. 15-16。感謝南安普敦大學的魯耳先生(Mr John G. Rule)提供我許多關於康瓦耳循道宗的資訊和洞見。

[13] Barrie Trinder, *The Methodist New Connexion in Dawley and Madeley* (Wesley Historical Soceity, West Midlands, 1967), pp. 3-5.

[14] See D. J. Jeremy, "Local Crisis between Establishment and Nonconformity", *Wilts. Archaeological and Nat. Hist. Magazine*, LXI, 1966, pp. 63-84. 不奉國教派(主要是獨立教派，但也包括循道宗和浸信會)在 1797-99 年的維特郡出現「驚人的擴張」，在這三年，維特郡和波克郡新登記的聚會所總共有一百一十五處，相較於先前六年的八十處，以及之後八年的一百一十二處。

[15] William Sampson, *Memoirs* (Leesburg, V, 1817), pp. 57-9. 「政治」一詞對於這些年間的期盼和憂慮，顯然太過狹隘。因此，在 1802 年因德斯巴德遭逮捕而掀起的西來丁騷動期間，有一位觀察家注意到，婦女之間「……有一種

至於 1816-18 年發生於東密德蘭的原始循道宗信仰復興，則爲所謂的「霍布斯邦論點」提供了證據。1817 年 6 月 5 日，也就是潘垂吉起義的前四天，一位諾丁漢郡的治安法官滿心憂慮地致函西德茂斯，向他報告數千名「咆哮者」在公地、荒地和巷弄裡舉行聚會的情形。會中聽不到任何煽動性的口號，「但是有鑑於他們當前的心理亢奮狀態，以及下層階級普遍充斥著不滿情緒的此刻，我們不禁認爲這類集會實在具有高度的危險性。」[16] 然而，在一個暴亂屢起屢敗的時期，究竟在哪一點上，所謂的「湯普森論點」才會啓動？1817 年的信仰復興在前一年就已開始醞釀，那是經濟危機爆發的一年，是人身保護令中止的一年，是請願及漢普敦俱樂部這類「合法的」改革路徑挫敗的一年，也是東盎格利亞勞工叛變遭到鎮壓的一年。而在潘垂吉起義之後，信仰復興運動的規模與範圍甚至更大。

我的論點從不是爲了解釋普世或立即的事例。我只是建議，如果將這段時期視爲一個整體，那麼這種情感的福音主義與伴隨而來的「心理的亢奮狀態」，可以看成是一種絕望的千禧年運動。例外當然是存在的，而且在 1832 後，我們已進入另一個不同的領域，儘管霍布斯邦和胡代已經找到一些重要的證據，可證明在 1830-31 年的勞工叛變失敗之後，信仰復興運動依然在南部和東部持續發燒[17]。在這個例子中，我們應該將信仰復興運動視爲一種替代物，將人們

普遍的預期心理，她們知道情況不該如此。那種心理像是要迎接基督復臨，那個時刻就將來臨，那個日子就在眼前」，參見 Fitzwilliam Papers, J. Beckett, 22 November 1802, F. 45(d)。

16 Thomas Beaumont to Sidmouth, 5 June 1817, H.O. 42.166.

17 E. J. Hobsbawm and G. Rudé, *Captain Swing: the Agricultural Labourers' Rising of 1830* (1968).

的精力從關懷「現世」導向渴求另一個世界，只是鄉村禮拜堂的自我訓練以及它對順服心理的抵拒態度，使它變成下一代鄉村激進分子與工會分子的崛起溫床。我們不該倒果為因。

丘里和哈特威認為我的「擺盪」(oscillation)理論——「一種介於政治與宗教之間，亦即社會進程的正極與負極之間的平民擺盪」——站不住腳：

> 湯普森並未說明擺盪的情形：是全體人民先全部擺盪到政治行動的一端，然後在行動失敗之後，接著全部擺盪到宗教那端？還是人民當中的一部分人擺盪到政治行動的那端，然後因為前者的受挫，導致另一批人擺向宗教那端？……不管是上面哪一種情形，都應該會在循道宗身上留下某些痕跡才對。

答案當然是兩者皆是。我們可以從個別擺盪者的生平中找到這類證據，包括一些著名的能言善道之士，諸如巴克(Joseph Barker)和古柏。不過更簡單的答案是：這些擺盪者就是「流動選民」(floating voters)，他們可能會在此時成群走向禮拜堂，也可能在彼時追隨雅各賓或激進派的中堅分子。當那些中堅分子正好又是擺盪者本身(衛理派或原始循道宗的平信徒宣道師)的時候，他們的政治亢奮便與福音主義亢奮達到結合，而這，的確在循道宗身上留下了某些痕跡，特別是在(這個時期的)西來丁地區。在彼得盧餘波時期以及格蘭吉荒原起義的準備期間，西來丁一位深感驚恐的教士寫信給西德茂斯：

> 我發現那群叫做循道宗信徒的人們，大部分都與**激進派**沆瀣一氣；他們經常在夜晚假宗教祈禱之名於鄉間的某些小屋舉行

集會，但是……在這些聚會中，他們卻持續閱讀諸如伍勒和柯貝特等人的作品。他們還在這類聚會中擬定計畫，準備透過結社的力量提高製造業工人的工資。[18]

這類時刻通常都如曇花一現。正統衛理派有無數懲處異端的方法，以及壓迫會眾返回寂靜主義的手段[19]。循道宗正統教會在這些年間所表現的保守主義極其明確，所幸這點如今已沒有爭議。肯特博士(Dr John Kent)並不喜歡某些循道宗批評家的說法，然而他卻肯定了下面這項研究結果：

> 某些批評家……表示，衛理教派應該曾經對勞工階級的願景表現過更多的同情。這種說法似乎是在暗示，在1830年代沒有任何正派的基督教徒曾經是托利黨人。[20]

至於「正派的基督徒」在1830年代的所作所為應該如何，以及**哪一種**的基督徒是所謂的正派基督徒，這類爭議就不是我這個非基督徒

---

18 Rev. T. Westmorland, Vicar of Sandal, nr. Wakefield, 10 December 1819, H.O. 42.200. 在理查・李(Richard Lee，1817年福來館暴亂的起事者之一)的起訴書中指出，他經常在「禮拜堂有機可趁」之時，特別是人民走出禮拜堂的時候，吸收他的革命成員(T.S. 11.4134(2))。一般都相信，「咆哮者」在1819年曾宣講「舉世萬物皆平等」的喜樂，參見 *Champion*, 25 July 1819。

19 不過我們必須指出，衛理派的成長率在1816-17年開始出現下滑，並在1819-20年表現出嚴重的衰退，這與原始循道宗的成長和其他團體的叛離脫不了關係，參見 Robert Currie, op. cit., pp. 70-1。從這個角度往下推論，丘里和哈特威認為信仰復興教派同時也是最激進人士的看法，也許是正確的。

20 John Kent, *The Age of Disunity* (1966), p. 133.

的史家能夠置喙的了。

　　這本書中最受質疑的地方，莫過於我認為有一個連續不斷的地下傳統，貫穿了 1790 年代的雅各賓騷動和 1816-20 年的各項運動。丘里和哈特威表示這個觀念「無法證實」，錢伯斯則認為我「走火入魔」、「異想天開」。事實上，我認為當初我對地下運動的描述還太過節制。「聯合英格蘭人」在 1797 至 1798 年的蘭開郡，其活躍程度遠超過我在書中所指出的；而負責指揮彼得盧屠殺的教士海依，也曾因為在 1801 年於薩多渥斯附近的山地追捕到大批的雅各賓謀叛群眾，而獲記大功一次[21]。1801 年發生於蘭開郡的鼓動事件，其規模遠大於 1802 年約克郡的「黑燈」，得以掀起這波鼓動的背景，無疑是因為他們與織工的結盟，然而與此同時，仍有一股隱晦不明的密謀活動在暗中進行著。有一項「指揮這起任務、以免它因挫敗而中斷」的計畫，在四處傳送著。每個城鎮的改革者，都在某個約定的夜晚，於下半夜派一名鼓手走遍大街小巷發出作戰訊號。等受到戰鼓驚嚇的軍隊一離開他們的營地，立刻會遭到改革者的包圍並解除武裝，改革者接著「守住每一條巷尾，讓自由的旗幟飄揚天際，並嚴令任何人皆不得搶奪人民的財物」[22]。

　　這裡的確有某種「異想天開」的成分，但並非出自我的杜撰。德斯巴德密謀(如今我確信)的根基之穩與郡際串聯之廣，都超過我當初的說法[23]。至於存在於 1801-2 年密謀、搗毀機器運動和 1817 年

21　W. R. Hay, 4 May 1801, H.O. 42.62.

22　Ibid,. folios 214, 298. 這項「計畫」的其他樣本，也可在約克郡找到。

23　柯班教授(Alfred Cobban)於他去世前不久，在胡代教授的建議下，將他所收集的有關德斯巴德案件的檔案交給我，其中有許多資料可證明該密謀的真實性，我希望日後能將這些發現公諸於世。

事件之間的微細關聯，暫時還只能說是「無法證實」。潘錐爾是這類關聯人物之一：他是 1798 年遭到逮捕的倫敦通訊協會委員會的成員之一；有一小段時間他和賓斯一起被關在格洛斯特監獄[24]；在德斯巴德事件中幸運逃過一劫[25]；曾涉入礦泉場事件[26]；並在 1817 年將米契爾介紹給奧利佛。潘錐爾的確告訴過奧利佛，他「與德斯巴德事件牽連甚深，並因此而熟識約克郡和蘭開郡的那些人。是他們自己這樣告訴我的」[27]。

我沒有在這類關聯上下太多工夫（雖然我向細心的讀者們暗示過[28]），因為我不想把屬於極少數人的痼疾式叛亂傳統，當成整個解釋的關鍵。這類關聯在在地層次上的重要性更甚於全國性層面：在各個城鎮的工會領導分子和 1816 年的改革者中，都可看到一小撮 1790 年代的老雅各賓派。即便如此，這個有趣的歷史問題也不應被放在密謀這個層次。我們該問的是，何以那些在 1795 年備受主流孤立的人物和理念，會在二十年後得到如此廣泛的支持？

針對我對這段時期的處理，批評最力的是邱奇（R. A. Church）和夏普曼（S. D. Chapman）的〈恆生和英國工人階級的形成〉

---

24 *Leeds Mercury*, 27 November 1802.

25 他告訴奧利佛，他之所以能逃過一劫應該歸功於士兵們的團結一致：當他和士兵們一起遭樞密院傳喚時，「那些確實認識他的士兵，皆宣稱他們在此之前從未看過他」（奧利佛口述，H.O. 40.9）。

26 Examination of Robert Moggridge, May 1817, in H.O. 40.10。該份審訊內容指出，潘錐爾是史班斯派的一分子。

27 Examination of Oliver by Ponsonby and Bathurst, 15 June 1817, H.O. 42.166. 線民桑斯特（Sangster）在 1817 年寫信給西德茂斯，將潘錐爾形容成「另一個福克斯」（equal to Guy Fawkes），參見 H.O. 42.163。

28 參見上文頁 690，834，844，940。

(Gravener Henson and the Making of the English Working Class)[29]，該文旨在質疑我對諾丁漢郡搗毀機器運動的分析。邱奇和夏普曼是兩位嚴肅的歷史學家——即便帶有些許意識形態成見——並擁有相當豐富的諾丁漢研究史料。他們對織襪業和蕾絲業的了解十分透徹，並在研究中大量採用恆生 1817 年後不為人知的傳記資料。儘管如此，他倆對諾丁漢搗毀機器運動的說法依然不能說服我。

邱奇和夏普曼在下面這幾點上與我意見相反。我曾指出(頁759)，「在諾丁漢，搗毀機器和訴諸憲制這兩種抗議，呈現出一種有趣的擺盪，而且至少到 1814 為止，這兩者很可能都是由同一個工會組織所指導，在這個工會裡面，搗毀機器派和訴諸憲制派(也許是由恆生領導)或許各有不同的方案。」他倆將這個非常保留的說法，轉譯成：

> 這段話意味著，恆生的組織在白天努力疏通憲制渠道，夜晚則致力工業破壞，這種看法顯然需要仔細深究。

仔細深究的結果，將會發現這兩個命題並不一致。人們有可能分享某種共同文化和某種程度的共同利益；有可能彼此告知彼此的戰術；有可能在同一個酒館聚會或為同一個委員會服務，並先成為某個組織的顧問，然後又為另一個提供建言；也有可能在大致不破壞彼此忠誠的情況下過日子。但是邱奇和夏普曼不會接受上述任何一種假設。在他們眼中，搗毀機器運動和憲制改革派的戰略是全然

---

[29] In *Land, Labour and Population in the Industrial Revolution*, eds. E. L. Jones and G. E. Mingay (1967).

背道而馳的。他們認為前者是破敗村莊落魄工人的典型:

> 搗毀機器分子的根據地在鄉村地區,在阿諾德、巴斯福、巴威爾(Bulwell)、索頓和易克斯頓(Ilkeston)這類孤立村莊,這些地方從事的是比較低級和工資低廉的手工產業。

他們認為這些村民粗魯、暴戾、沒有組織,而且憤世嫉俗。可是恆生和憲制主義者就完全不同,

> 他們的根據地在諾丁漢及(範圍較小的)來斯特,這些地方從事的是較為高級和工資優渥的織襪產業。

這裡的框架織襪工是溫和派的激進市民,他們不需要「訴諸面具和鐵鏈(mask-and-hammer)的政治」:

> ……戰爭為國家帶來了種種可能的限制,在這種情況下,工人階級的看法就像社會上的其他群體一樣,都可找到表達的管道,而透過報紙的讀者投書專欄,他們的委屈和渴望將成為公眾討論的主題。

就算憲制派和暴力派之間真有任何關聯,也一定是出於意外和偶然:「當掌握在恆生及其城鎮同志手中的既有領導權失敗或無法贏得信任時,鄉村的織襪工就開始搗毀框架。」

這所有的一切都很理性。邱奇和夏普曼像典型的黑領教士那樣,把歷史看成是一大群具有理性的人們,各自根據他們的智慧做出最

好的表現。當諾丁漢的框架織襪工因結社法案繫獄,他們是「暫時失去自由」;當恆生發言支持改革並反對中止人身保護令時,他「攻擊貴族操控下院的席次」;他身爲小雇主的經驗「擴大了他的政治眼光」,並給了他「新的視野」(反對他們當中的憲章分子)。唯一不具理性的,就是搗毀機器分子。

他們認爲我是被兩項誤解引至錯誤的方向。我們將分別檢視之。首先,我指出搗毀機器運動在 1812 年 2 月突然於一夕之間讓位給訴諸憲制的「框架織襪工聯合委員會」,其轉變之突然,「讓我們無法不相信這個新委員會至少有部分是在前搗毀機器分子的指揮之下」(頁 788,759)。我爲這項轉變歸納出三個戰略原因,其中之一是搗毀織襪機得判處死刑的法案,如今已列入國會議程。邱奇和夏普曼傾向於認爲這些事件之間沒有任何關聯,而且他們注意到,「籌組委員會的決定是在 1812 年 2 月 11 日,換句話說,是在該項法案交付一讀之前。」[30] 這個說法是正確的,但是讀者卻無法從他們的口氣和他們沒有提供的資料中,猜出這其間的差距只有**三天**[31]。即使在這個理性的時代,死刑法案也不會突然從天空中掉下來。如果邱奇和夏普曼願意去查查英國國會議事錄,他們就會發現,利物浦勳爵在 2 月 4 日便已宣布他們即將採取的措施(屆時「必然將向國會申請某些額外的權力」)[32],那是在框架織襪工委員會成立前一個多星期。二十世

---

[30] Ibid., p. 135, note 6.

[31] 「請求對破獲或損傷任何織襪或蕾絲框架者處以更具嚇阻性的懲罰」法案,於 2 月 14 日獲准排入議程;同天提出並交付一讀;2 月 17 日付委;18 日報告;20 日交付三讀;並在 3 月 20 日(於上院修正後)獲得國王認可,參見 *Commons Journals*, LXVIII。

[32] *Hansard*, XXI, cols. 602-3, 671. 宣布框架織襪工委員會成立的第一份正式聲明,刊登在 2 月 14 日的《諾丁漢評論》上,並有恆生的署名。

紀的歷史學家可能會搞不清什麼叫「額外的權力」，但是 1812 年的框架織襪工絕對心知肚明。政府已經爲他們意圖採取的措施遊說了好一陣子[33]，如果說他們的意圖無人知曉，那才眞會敎人跌破眼鏡。從新委員會本身的文件中可以確定，它希望能延宕這項法案的通過[34]；而內政部文件似乎也可證明，搗毀機器激進派的擁護者也密切關注著這起事件的發展[35]。

因此，死刑法案和委員會組織之間的關係，就在邱奇和夏普曼的「深究」之下，獲得確定。當然，這並不能證明憲制主義者與搗毀機器分子之間有直接的磋商情事。這便是我的第二項誤解：雖然有許多與恆生同時代的人相信他與搗毀機器運動有所關聯，但從他日後的陳述札作爲可以看出事實並非如此[36]。事實上，我也傾向這種看法，而且還表示過(雖然邱奇和夏普曼略而不提)：認爲他是前搗

---

33 因此，諾丁漢的皇家軍事首長新堡公爵(Duke of Newcastle)，才會在 2 月 5 日寫道：他認爲政府打算以死刑來對付搗毀機器者的做法，「十分高明」，參見 Newcastle to Ryder, H.O. 42.120。

34 委員會最早收到的信件之一，是來自諾丁漢的國會議員寇克，他在信中回覆委員會的請求，表示他將盡力拖延國會議程，希望能爭取到十至十二天的時間，好讓委員會能提出證據，參見 Records of the Borough of Nottingham (1952), VIII, p. 138。

35 比方說一封 1812 年 2 月 22 日署名爲雪塢林「盧德」將軍的信件，一開始便寫道：「我一直耐著性子在看，國會會不會通過任何相關措施來減緩任何一種困苦，但是和解之手已經縮回，而我可憐的苦難故鄉，也失去最後一線希望之光。」

36 邱奇和夏普曼暗示(op. cit., p. 138, note 2)，我在引述費爾金的意見時，刻意刪去他提及恆生沒有參與搗毀機器運動的段落，企圖歪曲證據。我之所以沒有引述，一方面是因爲那與正文無關，二方面是有關恆生是否有與該運動串謀這個問題，正反兩方的意見都很多，因此我決定兩邊皆不引述。

毀機器分子的說法,「幾乎可以確定是不實謠傳」,雖然他無疑知道搗毀機器運動的歷史(頁 707)。

這個問題原本就遠比邱奇和夏普曼想像的複雜。而他們所提出的證據觀點,更是讓自己陷於剪不斷理還亂的窘境,因爲這些證據有時拐彎抹腳[37],有時薄弱不堪[38],且往往是沒有價值的[39]。沒有人認爲恆生會在夜晚塗黑臉孔、帶著鐵鎚外出。重點是:他是否曾經(在 1811-12 或 1814 年)同意派遣其他工人外出?他有沒有替他們籌集經費或在戰術上協同行動?

我依然小心謹慎地秉持如下看法:至少從 1812 年 2 月開始,他一直運用他的影響力去勸阻追隨他的織襪工,不要採行搗毀機器的手段。這是他自己在十二年後提出的說法[40],而這項說法本身,等於

---

37 比方說他們拿兩位在 1812 年造訪諾丁漢的倫敦治安法官的證詞,來質疑 1811 至 1817 年間所有市鎮和郡縣的治安法官的說法。他們對諾丁漢鎮參事寇丹(Coldham)的證詞不屑一顧,儘管他曾出任織襪工「祕密委員會」的幹事,理由是「他沒有從事織襪業的經驗」(pp. 138-9, 139 note 5)。在治安法官方面他們也沒處理好。那名將恆生形容爲「明智之士且非常健談」的「倫敦治安法官」,事實上是諾丁漢織襪商胡雷(James Hooley),他曾自願提供宣誓口供,指證恆生積極從事謀叛活動,參見 Hooley to Sidmouth, 8 April 1817, H.O. 42.163。

38 他們似乎太過相信每一項否認與搗毀機器運動有關的證據,甚至包括恆生從監獄中寫給西德茂斯請求釋放他的信件(p. 140)。就算有人認爲他的確和他們有關,你想他會承認嗎?

39 在恆生那部佚失的搗毀機器運動史出土之前,有關諾丁漢搗毀機器運動的主要資料來源,依然是收藏於英國檔案保存局的大批文件,然而邱奇和夏普曼所引用的這類文件,似乎每一則都是從二手研究得來:包括哈蒙德夫婦、達爾華、派特森和我。

40 See Church and Chapman, op. cit., p. 140.

是承認他過去一直處於坐而言的範圍之內。當然，在他接下來爭取
國會救濟的戰役期間，阻止任何「違法亂紀」的行為自然是首當其
衝的第一要務，同時，我也傾向於大致接受他在寫給西德茂斯的信
中所提出的說法(儘管這封信是在那樣的情況下寫成)，亦即當他們
的法案(在 1812 年 7 月)遭到否決之後，他曾致力於安撫織襪工的情
緒：

> 我盡力安撫諾丁漢公眾的情緒……並成功地讓他們冷靜下
> 來，但是我所採取的做法是，建議工人透過結社手段來攻擊某
> 些雇主，以便尋求糾正……這種做法確實可惡，但是在當時那
> 種群情沸騰的情況下，這是唯一可能的權宜之計。[41]

他的說法和寇丹在一份機密報告中所陳述的內容相當吻合，該份報
告是寫於 1812 年 6 月，也就是恆生的法案遭到否決之前。3 月份正
式通過的死刑法案，已經「阻斷了我們的消息管道，就算還沒關閉
的那些，也擠不出多少消息」：

> 我相信國會中的那項議案〔亦即框架織襪工法案〕與框架織
> 襪工的利益攸關重大，而那些近來蠢蠢欲動，甚至願意在有必
> 要時採取更可怕的極端手段(在有必要時繼續維持恐怖政策)的
> 人，如今也願意暫時按兵，等待法案順利在國會中通過。

然而寇丹害怕，工人們可能會立刻發起一場全面性的和平騷動：

---

41 Henson to Sidmouth, Cold Bath Fields, 10 June 1817, H.O. 42.166.

　　與此同時，我不得不贊成**那些盧德將軍支持者**〔黑體部分被劃
掉，改成框架織襪工〕的政策，他將他們所有的苦難都歸咎於
他們雇主的作爲，以及那些騙來的財貨……42

　　恆生和寇丹兩人都在 1812 到 1813 年致力疏導狂烈的反叛浪
潮。就算恆生是一位憲制主義者，這個身分還是次於他身爲框架織
襪工領袖的角色。如果他要抑制搗毀機器分子，就必須證明他的方
法能夠奏效。既然請求國會通過法案這個方法已經失敗，他乃接著
提出成立「聯合協會」的建議。但是寇丹同樣知道，「憲制主義者的」
戰略——儘管不合法，但依然是在結社法案的控制之下——可以遏
止搗毀機器運動。唯有這點可以解釋，何以聯合協會能夠取得這麼
大的成功。

　　即便如此，有關恆生立場的種種疑雲，並未一掃而空。如同邱
奇和夏普曼指出的，曾在 1824 年——也就是這些麻煩已成過往雲煙
之後——與恆生有過晤談的普雷斯，似乎認爲他就是「盧德國王」43？
框架織襪工委員會(恆生的確在 1812 至 1814 年間受雇爲該會的全
職組織者44)持續支持搗毀機器運動這隻右臂，以便在憲制運動這隻
左臂太過軟弱時可以伸出援手，這種猜測依然有可能成立。我們當
然是有證據的，直到 1817 年，恆生和繼任他的委員們始終不斷爲入
獄的搗毀機器分子籌集資金並尋求法律援助45。邱奇和夏普曼辯稱，

---

42 Coldham, 2 June 1812, H.O. 42.123.

43 British Museum, Add. MSS. 27, 809, f. 17-18.

44 J. T. Becher, 24 May 1814, H.O. 42.139.

45 一封由恩菲爾(H. Enfield)寫於 1816 年 10 月 21 日的信件指出(H.O. 42.
154)，檢舉支付實物工資的雇主，並不是(如同邱奇和夏普曼在頁 136 中指出

如果恆生真的涉入其中，必定可以在他的通訊文件中找到相關證據。但是恆生實在太過機伶，完全沒有留下任何簽名，以免成為死刑罪的共犯。不過政府在 1817 年 4 月攔截到一封有趣的信件，發信者是恆生的同僚安德森(Anderson)，收信者是避居加萊的英國框架織襪工，信中懇請對方雇用「一名非常有用的年輕人……一個擅於經紗織網的好手」，這名好手顯然是某位搗毀機器運動的司法難民。信中繼續寫道：

> 我有一些非常不好的消息要告訴你我們送了一份請願書給政府希望拯救那些在來斯特受苦受難的可憐人。我們派恆生和羅賓遜(Wm Robinson)去送請願書。當他們到那時他們抓了恆生……

顯然，通訊雙方對遭處決的搗毀機器分子都很熟悉(「逃兵小山姆」等等)，而且該信的結尾這樣寫道：「恆生先生和夫人以及我們全體在此敬上。」[46]

經過「仔細深究」，我們對恆生與搗毀機器運動的確切關聯依然沒有定論。但是在這所有的證據當中，沒有一項可以證實邱奇和夏普曼的如下論點，亦即諾丁漢的工人比他們的鄉下表親來得溫和，並對搗毀機器運動充滿敵意。如同他們指出的，這種區分的「社會和政治意涵」，「直到目前為止都備受忽視」[47]。忽視的情況的確很嚴

的)恆生的「私人」戰役。募捐活動是由委員會負責組織，募得之經費用於工會開銷、起訴雇主，以及為入獄的搗毀機器分子打官司。

46 J. Anderson to Wood (of Calais), 16 April 1817 in H.O. 42.163.

47 Op. cit., p. 140.

重。對那些把一大堆治安法官、士兵和同時代觀察家的看法完全置
諸腦後，並不斷對「諾丁漢織襪工的團結性、他們的拒絕提供消息、
他們爲搗毀機器分子籌募的援助，以及他們那種壓抑的激進主義」
散播偏見言論的歷史學家，上述忽視的情形實在再明顯也不過。很
可能一直忽視這個簡單道理的，正是邱奇和夏普曼。

　　諾丁漢遭到破壞的框架織襪機之所以比偏僻村落來得少，是因
爲城鎮工人的組織比鄉村地區強大。他們的工作和收入情況比鄉村
來得好，而他們所提出的要求，也可以較快速地施加在雇主頭上[48]。
在那些由提袋襪商主導和製造廉價裁接襪的偏僻村落和工業內地，
威脅它們地位的情況確實越來越嚴重。村落之所以成爲戰場所在，
是因爲它們介於組織與非組織的邊界。

　　類似的情形也可見於西來丁的搗毀機器運動。在里茲沒有任何
搗毀機器的事件發生，原因純粹是該地的修絨工組織異常強大，也
沒有可以搗毀的機器。爆發衝突的地方，再一次是出現在內地，是
史班谷地以及哈得茲菲附近地區。甚至在作坊內部都可看到這種衝
突。以邁樂工作的烏德作坊爲例，華刻(後來變成線民)因爲不是織
布商「協會」的成員而無法在里茲工作，但是「在搗毀機器運動開
始之前很久」，他就知道「協會」的存在：「該會募集了大筆資金，
並花在倫敦的國會法案上頭。」可是另一方面，海義(James Haigh)一
直是工會成員，直到四年之前才退出。此外，一項有關該作坊的研
究，立刻就可推翻那種粗糙的經濟主義——它一度見於通俗的馬克
思派論述，如今則托庇在正統經濟史家的作品中——亦即工資越低

---

[48] See J. L. and B. Hammond, *The Skilled Labourer* (2nd edition 1920), pp. 262, 264-5.

和處境越貧困的工人，態度也越好戰。事實上，邁樂是作坊老闆的
繼子（華刻抱怨說：「他的地位比我高，而且從來不屑與我爲伍」），
每週的工資高達三十五先令，沒有家累，而且據說已有一百鎊的存
款[49]。這和我曾經充分討論過的看法如出一轍：搗毀機器運動的領
袖正是出自那些認爲其整體地位岌岌不保的特權工人。

因此，我們不需要用邱奇和夏普曼的論點來理解諾丁漢搗毀機
器運動的第一階段。不過在國會戰役於 1812 年夏天失敗之後，他倆
的論點就比較有助於我們了解。城鎮工人與內地有組織工人之間的
協同合作，已經因爲過度拉扯而宣告斷裂[50]；同時在法案失敗之後，
改以新形態出現的工會，也不斷被逼退回它的城鎮基地[51]。

這場驅動的失敗可能使得鄉村勞工更鋌而走險或更灰心喪志，
但這與城鎮工人的溫和理性一點關係也沒有。邱奇和夏普曼質疑我
認爲恆生「分享了搗毀機器運動」「前進的政治激進主義」這項說
法[52]，理由是（如果我們在上面提過的）諾丁漢市民的看法「可找到表

---

49 Examinations of Walker and Haigh before Joseph Radcliffe in K.B. 8.91, folios
11, 153, 192, 198.

50 參見上文，頁 845-8，以及 *Records of the Borough of Nottingham*, VIII, p. 148。

51 在法案戰役期間，鄉間地區也發起了支持請願的連署活動：諾丁漢鎮內的連
署人數爲二千六百二十九人，鄉郡地區有二千零七十八人，參見 *Records*, VIII,
p. 144。但是在「聯合協會」於 1813 年舉行的第一屆年度大會上，來自鄉間
的支持已大幅滑落，各鄉鎮的會員人數分別是：諾丁漢，一千四百五十五人；
蘭布雷(Lambley)，五十九人；巴斯福，七十二人；易克斯頓，九十五人；索
頓和曼斯菲德，七十九人（鄉郡總人數，三百零五），參見 H.O. 42.139。

52 Op. cit., p. 137. 我的確切說法是（參見上文頁 1089），恆生「代表的是廠外代
工的奮鬥，他接觸搗毀機器運動的外圍，組織他們的非法工會，分享他們前
進的政治激進主義，並設法……制定有利於他們的保護性立法」。這裡的「他
們」顯然指的是廠外代工，而非搗毀機器運動。

達的管道……透過報紙的讀者投書專欄」。這種缺乏歷史想像力的表現實在教人氣餒。對我們這些 1960 年代坐在資深教師休息室的人，或許可以滿足於偶爾投書給《泰晤士報》這種應景的「管道」，但是對生活在 1811 到 1820 年代的英格蘭人民，他們的委屈可沒這麼容易滿足。很可能（如同那兩位作者不客氣地指出）我們對「典型的〔勞動人民政治態度〕的了解，並不如我們以爲的那樣清楚」[53]。但如果最主要的原始資料，也就是內政部文件中的相關報告，繼續受到漠視，我們就只好長期滿足於微不足道的知識和時髦的不可知論。

我當然不認爲，這些年間「失序地區」的平民激進主義只局限於某種經濟定義下的勞動階級，更不可能是工人當中最貧困的那些。手藝人、小雇主和專業人士等等，都曾在騷動中發聲。普雷斯在事隔多年之後，還依然用「寡廉鮮恥」和「卑鄙謀殺」等字眼來形容戰後政府[54]。此外，我曾詳細指出，密德蘭的搗毀機器運動比約克郡和蘭開郡更局限於工業目標。但是，這並不會減低下面這項事實的確切性：諾丁漢搗毀機器運動是產生於一個普遍瀰漫著激進騷動與激進期盼的大環境。1812 年 5 月，也就是邱奇和夏普曼認爲諾丁漢工人正全神貫注於溫和的憲制抗爭之際，首相遭到刺殺的消息「在民眾這邊引起歡欣鼓舞的反應」，大家競相以「歡呼、煙火，和……搖旗打鼓等方式表示慶祝」[55]。當時的場面之混亂，已到了非得出動軍隊和宣讀暴動法案才有辦法平息的地步。

恆生本人有參與這場激進運動已經是無庸置疑，至於他是否直

---

[53] Op. cit., p. 161.

[54] Britism Museum Add. MSS. 27, 809ff., 69-70.

[55] Coldham, 14 May 1812, H.O. 42.123.

接涉入 1816 至 1817 年的事件，相關證據仍充滿矛盾衝突，有待進一步釐清。當時有許多惡意的匿名毀謗者，想盡辦法要「告發」他。其中一人在 1817 年指稱，恆生和他的六名「漢普敦俱樂部夥伴⋯⋯膽大妄為的程度⋯⋯更甚於攔路搶匪」[56]。同一年，一名等待處決的搗毀機器分子薩維吉，也曾為了保住自己一命而指控恆生 (參見上文頁 812)。不過他的證詞最多也只能把恆生與卡賴特少校、柏戴特和班保扯上關係，而且其內容實在是太過加油添醋 (「薩維吉聽到恆生說，大概再過一到一年半，德比的兵站就會被攻下」)，不足採信[57]。

　　恆生從牢裡獲釋之後，便與框架織襪工徹底分道揚鑣，不管是在實際作為或政治價值觀上皆如此。邱奇和夏普曼的研究對於了解他的後半生十分有助益。但是某個個人的轉變，是無法推翻 (如同他們似乎相信的) 有關搗毀機器運動或工人階級的整體看法。這種在看法上和社會身分上的轉變，並非全無跡象。在恆生的人生發展中，有一個教人哀嘆的地方。像他這麼精明能幹、才智不凡的人物，經常會無法克制他對其同伴的鄙視：他在 1812 年 5 月寫信給委員會的一名夥伴，「該死的行業，他們是這個世界上最落後推諉，最**不求上進**的族類⋯⋯如果這個行業裡有哪個人拒絕善盡職責，讓這項恢復其行業的條款順利完成，我會立刻打得他滿地找牙。」[58] 如今，他的

---

56 Anon. (Sam Weller?), dated Nottingham, 15 June 1817, H.O. 42.166.

57 聽取薩維吉口供的治安法官，認為他是「一個受過教育的明智之士⋯⋯很適合在手工業委員會裡擔任領導人物」。在他口供中提到的那些人，有些事實上是漢普敦俱樂部的成員。由於這份供詞是在攸關生死的情況下產生，其真實性教人高度懷疑，參見 deposition of Savage, 8 April 1817, and C. G. Mundy to Sidmouth, 4 April and 17 April 1817, H.O. 42.163。See also H.O. 40.10.

58 *Records*, VIII, p. 147.

策略失敗，他越來越像是一個孤立、頑固的傢伙，甚至點像是「沒有知識又特愛發牢騷的水手」(sea-lawyer)。他受到那些先前他所效勞者的質疑[59]，到了 1825 年，他顯然已失去其影響力。也許是因為這種拒斥，更加強化了他對激進派和憲章派年輕一代領導者的抨擊。

我非常仔細地針對邱奇和夏普曼的論述提出反駁，而這麼做是有原因的。哈蒙德夫婦在他們生前，對他們的批評者太過溫文沉默，而在那之後，他們死了。於是有超過二十年的時間，歷史界的意識形態學派得以不斷在文章和研討會中攻擊所謂的「多愁善感分子」。沉默應對的結果，讓他們被批評為散漫粗率：只要擺出一副專業的惡相，提出一些反多愁善感的苛刻說法，就可以遮掩學術上的任何漏縫。

但是我既不溫文，也還沒死掉。如果我回應的口氣過於嚴酷，那也是為了歷史學界本身著想。無論如何，務必讓辯論存在。但讓這些辯論是針對確切的歷史學證據，而非為了捍衛既定的意識形態前提。恆生的問題具體顯示出某個方面的證據複雜性。我絕非認為我在這本書中所揭露的全都是真相，尤其是它所探觸的問題如此之多，又如此複雜。我所做的，只是篩舉出英國檔案保存局裡數以千計的文件中的數百份罷了，至於其他疑點，唯有等待我尚未接觸過的在地資料獲得研究之後[60]，才有辦法澄清。沒有任何單一的歷史學

---

59 參見 1819 年 5 月 4 日一名間諜的報告，內容是有關諾丁漢框架織襪工的一場露天聚會：「恆生在場——他們當中有些人明目張膽的向其他人表示，他們懷疑恆生是叛徒。他們說：『小心他變成奧利佛』。」H.O. 42.187.

60 潘垂吉革命一百五十周年委員會所進行的種種活動，正是這類在地研究的傑出示範，該委員會邀集許多圖書館學者、檔案學者和歷史學家，揭露並收集關於這起事件的重要新資料。

家有辦法包攬這個領域的所有問題，不論多麼粗略都不可能。唯有在歷史學家針對所有可得的證據進行過許多更仔細也更有耐心的研究——諸如以「恆生和英國工人階級的形成」為題的研究——之後，我們才能得到更全面的理解。

邱奇和夏普曼以一些意識形態的說教，結束他們對我的攻訐：

> ……當某些工人史家在撰寫「單數的工人階級」，撰寫該階級的基準典範和價值觀時，他們所寫的其實是複數的工人階級這個整體當中非無知無覺的那群人的行為和態度，他們有意或無意地將這群人的行為態度等同於單數的工人階級整體：於是乎，「複數的工人階級」乃等同於「單數的工人階級」。我們有理由問道：將這些經證明只有某些少數人持有的看法奉加在那些無動於衷的沉默大眾身上，是否合理……[61]

（我特別喜歡那句充滿違警法庭味道的「有意或無意」，後面接著「我們有理由」……）既然其他批評者也以類似的意圖在這個一般性的領域上打轉，那麼我不妨利用最後的篇幅，來談談這些範疇和方法的問題。

他們指控的重點是，我將階級觀念硬套在證據之上，而不願從「多元社會」的角度進行觀察。丘里和哈特威表示，誇大民眾騷動的規模，正是我所採取的做法之一：

> 例如，他指出 1832 年在伯明罕新堂丘舉行的示威（頁 909），

---

[61] Op. cit., p. 165.

「據說參與群眾共有十八萬人之多」（而且湯普森先生並未質疑該數字）。就算「來自瓦沙的煤礦工人、渥維安普敦的鐵匠，以及達德雷的廠外代工」真的「大大壯實了這次的示威陣容」，這個數字也太過荒謬。1831 年時，伯明罕、達德雷、瓦沙和渥維安普敦的所有人口加起來，也不到十四萬人。湯普森先生所指稱的群眾聚會人數，許多都有類似的誇大情形……

　　既然他們並未提出其他具體的誇大事例，我們不妨就來看看這個例子，雖然這場示威（1833 年非 1832 年）在書中只是附帶一提，而且我也無意去質疑或肯定這個數字的真實性。我手上有另一份收藏於紐菲德學院（Nuffield College）的人口統計資料，上面顯示，1831 年的伯明罕人口已超過十四萬人。如果我們把伯明罕、達德雷和瓦沙這三個自治城和渥維安普敦鎮區的所有居民加總起來，我們得到的數字是二十萬九千八百二十七人；如果我們把這幾個市鎮的濟貧教區算進去，人數就變成二十八萬四千八百六十三人；如果我們再把西布朗維奇聯合教區（Union of West Bromwich，包括文斯百瑞）和斯陶爾布里基聯合教區（Union of Stourbridge，包括哈爾索溫〔Halesowen〕和提普頓〔Tipton〕）加上去──而且根據報紙報導，這兩區皆具有高度代表性──數字就竄升到三十六萬零三百九十人。這些地區還只限於一般的人口流動範圍，如果要的話，還有更多外圍地區可以算進去（根據媒體報導，科芬垂、渥立克、萊明頓〔Leamington〕和提克斯伯里等地，都有派代表團參加）。

　　儘管如此，十八萬這個數字，或說這個地區的半數人口，似乎靠不太住。它可能還不夠「誇大」，如果丘里和哈特威願意更仔細地檢視一下那些飽受蔑視的「文學」資料。這場示威（其主要的訴求之

一是要求閣員下台)是全國的關注焦點，並受到政府的嚴密監視。這是伯明罕教區所組織過的示威活動當中，擁有完善計畫和充分宣傳的例子之一，每個會場都搭起了講台和扶架，鄰近地區的代表團隊伍則在組織人員的護衛下由騎馬工人領頭前進。對一般大眾而言，這個場面既壯觀，又充滿節慶氣氛：《泰晤士報》報導說，新堂丘看起來宛如「一場盛大的歡會」；「……我們一點也不懷疑，伯明罕及其鄰近地區的虔誠民眾，把這場示威看成是一次偉大的……創造聖節之舉」。會場周圍擺滿各種食物攤子：薑汁啤酒、佐餐麥酒、柳橙和餅乾。每一篇報告(特別是敵對立場的報紙)都提到人數眾多的婦女和小孩。所有的第一手報導，從《艾瑞斯伯明罕公報》(Aris's Birmingham Gazette)到《泰晤士報》，一致認為這場示威「規模驚人」，不過在確切的估計數字上，各方的意見並不一致。改革者宣稱有二十三萬人；持敵對與懷疑立場的《泰晤士報》則指出，整個場地可以輕易容納十五到二十萬人，「密密麻麻的民眾」擠滿山丘的「每個角落」，形成「一片汪洋人海」，它估計參加者有七到八萬人，但不清楚婦女和小孩是否計算在內。

　　十八萬看起來依然很多，但並非「誇大」。無庸置疑，示威主辦者當然會傾向誇大，而反對一方則傾向低估。如果我的批評者願意提高他們的數字，我也十分樂意把從民眾那邊得來的數字打點折扣。但根本的重點是：我有不斷誇大民眾運動的規模嗎？這些運動真的只有少數人關心，而「無動於衷的沉默大眾」皆置身事外嗎？在此我不禁要懷疑，丘里和哈特威太過習慣於比較既定化的政治類型，以致無法理解這個時期那種非常不同的模式，在這個騷動的浪頭，民眾的支持已整個被喚起。在這樣的時刻，不只有數以十計，而是有數以百計甚至數以千計的民眾，隨時準備徒步到好幾哩外去聆聽

某位演說家(或佈道者)。1801 年，敎士海依在巴克頓堡(Buckton Castle)，「一處地勢高聳，位於蘭開郡、約克郡、柴郡和德比郡交界處的所在」，發現數千名群眾，其中有些人必須在清晨四點從諸如曼徹斯特(十二哩遠)和斯塔克港(九哩遠)這樣的地方走來[62]。1817 年，有數以千計的織工和紡紗工做好準備，打算從曼徹斯特進軍倫敦；歐斯特勒的約克「朝聖」隊伍，已證實有好幾千人；蘭開郡和約克郡的憲章分子在黑石稜(Blackstone Edge)舉行大會，該地距離任何一個城鎮都有數哩之遙。在這個民情亢奮的年代，如果集會的地點選在人口稠密的市鎮地區——例如新堂丘示威或 1839 年在皮普綠地(Peep Green)舉行的憲章派大會——參與的群眾肯定會「數量驚人」。想要爲這個模式找到類似的比較，或許可以去看看近年發生於亞非兩洲的民族主義集會。

這並不表示，改革者始終擁有群眾的堅定支持。領導者可能發現自己在一夜之間徒孫盡散(例如恆生)；而即便像嘉斯特這麼堅韌不撓的人——他持續鼓吹騷動達四十年之久——也可能會在 1830 年代早期發出這樣的吶喊：「通往英國工人腦袋的唯一路徑，就是經過他的腸子……柏克把他們叫做豬眾，實在不算過分，因爲只要把豬餵飽，你就可以對牠爲所欲爲。」[63] 雖然這也是羅斯托(W. W. Rostow)和《經濟史評論》某些撰稿者對英格蘭民眾歷史的看法，但它並非事實的全部。從這段時期到憲章運動期間，民眾的政治願景一直高懸在起義叛亂的水位。丘里和哈特威以及其他批評家，認爲我所描述的並非一個階級的運動，而只是一小群工匠的激進行爲，這

---

[62] W. R. Hay, 4 May 1801, folios 11-15, H.O. 42.62.

[63] Gast to Place, British Museum Add. MSS. 27, 829 f. 20.

些工匠與「勞動窮人」根本不能相提並論[64]。「湯普森先生的工人階級……在長達八百五十頁的說明之後，依然是一則神話，一則十足的想像建構，和一堆理論式的假定。」

事實是否如此，必須請我的讀者自行判斷。我已試圖區辨不同團體——工匠、廠外代工和苦力——之間的不同經驗，也試圖說明他們是如何漸漸擺脫順服和褊狹的舊日模式，轉而從階級的角度行動、思考和感受。也許要拿出某種像會員證那般清楚的證明，丘里和哈特威才肯確信他們的階級身分。然而，既然階級關係和階級意識是屬於文化形構，它們就永遠不會有那麼清楚的定義或證明。歷史是沒有起點終點的。這段「形成」時期的果子，是結在超出本書討論範圍的憲章主義年代，在那時，有好幾個團體找到它們的共同機構、綱領、行動類型和思想模式。儘管如此，各個團體之間的不同外貌並未就此泯除，而且即便在 1839 年，它們依然可以在共同的運動中感受到這份緊張。隨著憲章運動的失敗(以及導致這場失敗的因素)，這些團體之間的關係再次斷裂，而新一階段的階級關係和機制也再次展開[65]。

在這個雙重「形成」的時期究竟發生了什麼事。首先，是民眾的性格意向出現了重大轉變，這種轉變不僅可在少數的急前鋒身上看到，也見諸於全體民眾。積極的少數(最主要的，當然是工匠和廠外代工)發現自己不再受困於教會和國王的打手，也不再被群眾的冷

---

64 Currie and Hartwell, op. cit., pp. 638-9. 我無法理解，為什麼他們認為我「不喜歡工匠」。

65 我在下文中，對這個問題有更全面的討論，並嘗試澄清我對「階級」的看法，參見 "The Peculiarities of the English", *The Socialist Register, 1965*, edited Ralph Miliband and John Saville (1965)，特別是頁 357-8。

漢吞噬。這種轉變並不是在所有地方同步發生。在倫敦是 1795 年[66]，在諾丁漢是 1796 年[67]，伯明罕大約是在同一年[68]，新堡一直拖到 1819 年才出現[69]，至於梅西爾的轉變，則是在 1831 年隨著暴力的浪頭一起迸發[70]。

其次，自 1816 年開始，先是在少數地方的少數人心中，然後很快就在廣大地區的眾多人身上，我們看到了理念結果，行動展開，各種組織的實驗也紛紛嘗試，它預示了 1830 年代的發展，也顯示出工人已進入到與其他社會團體發展關係的新境界，並正在建立新一波的團結。

這有部分是**士氣**的問題。在其最簡單明瞭的層次，它意味著個別的工人可能已產生一種自覺，不只是參與偶發的群眾騷動的自覺，而是為爭取其階級目標持續投身運動的自覺；它也意味著他們已培養出一股自信，讓他們得以和對手的有形和無形資源相抗衡。1817

---

[66] 一名特派員在 1798 年 3 月 17 日的《黃銅小號》(The Brazen Trumpet) 上指出：「……在今日，集貪婪、怠惰與傲慢於一身的教士們，再也無法」像 1792 年那樣，「雇用暴民去達成他們的目的」。「黑暗時代已經慢慢結束。」

[67] J. F. Sutton, The Date-Book of Nottingham (Nottingham, 1880), p. 212.

[68] See R. B. Rose, "The Origins of Working-Class Radicalism in Birmingham", Labour History (Canberra), November, 1965, pp. 6-14; Victoria County History, Warwickshire, VII (1964), pp. 284-5.

[69] 參見上文頁 971。我不接受麥寇德在〈泰因河畔的不滿與彼德盧事件〉(N. McCord, "Tyneside Discontents and Peterloo", Northern History, Leeds, II, 1967, pp. 91-111) 當中所提出的論點，他認為幾乎沒有什麼證據可證明礦工支持「激進的星期一」。他對證據的看法太過狹隘，而對這些證據的處理也太過選擇性。我曾在上文中例舉了一些相關反證。

[70] See G. A. William, "The Insurrection at Merthyr Tydfil in 1831", Trans. Hon. Soc. of Cymmrodorion, 1965, pp. 222-43.

年3月，一名參與毛毯織工大進軍的成員，在前往倫敦的途中於德比郡的艾斯本(Ashburn)被捕，官方在他的口袋中發現下面這張紙條：

父親和母親：

我在今天晚上到抵達這個鎮，我希望整晚都能停在這個鎮。情況亂七八糟，他們准許我們有些人進入這個鎮，有些人則被他們留在外面——在我們走來的一路上，都有軍隊監視，有好多人又回去了……我們看得很清楚，他們決心要阻止我們，我們有一大堆人已經被關進附近所有城鎮的監獄，我們遭到射擊——他們的子彈在我們頭上飛來飛去，但是事情還是照常進行……

「告訴所有的人，」信的結尾寫道：「我的精神和以往一樣高昂，雖然我不知道，不過我可能會在十分鐘後被關進牢裡，但我是一個真正的改革者，而且我不怕別人知道。」71 這就是我所謂的新的階級自信。

至於階級的理論定義，我只能重複我在另一篇文章裡所寫的：

那些停掉時間機器，然後趾高氣昂地帶著一大堆概念零件下到引擎室去檢查的社會學家，告訴我們他們根本找不到可以被標示和分類為單數階級的地方。他們只能找到一大群有著不同職業、收入、身分地位和其他條件的人們。他們當然找不到，

---

71 Jonathan Hutton, 11 March 1817, H.O. 40.5.

因爲階級本來就不是這個機器的某個部分，而是**這部機器的運作方式**，一旦它啓動的話；它不是這個利益或那個利益，而是利益之間的**摩擦**；它是運動本身，是熱氣，是隆隆噪音。階級是一種社會和文化形構(經常在尋找機制性的表達)，它無法以抽象或抽離的方式定義，而只能以和其他階級之間的關係來定義；而且最終，這個定義還必須透過時間這個媒介——亦即，行動和反應，改變和衝突。當我們在談論**單數階級**的時候，我們想的是一個非常鬆散的人群組合，他們擁有同樣的利害關係、社會經驗、習俗傳統和價值體系；他們擁有做爲一個階級的**行爲傾向**；他們是以他們對其他階級團體所展現的行動和意識來定義自己。但是階級本身並不是一個事物(a thing)，它是事物的形成(a happening)。

這本書就是試圖去描述這個事物的形成，這個自我發現和自我定義的過程[72]。

渥立克大學，1968 年 5 月

---

[72] "Peculiarities of the English", op. cit., p. 357.

引 用 資 料 附 註

　　我以選擇性的方式引用手稿資料，特別是那些在我看來有助於重新檢驗某些既定說法的資料。國家檔案保存局中最有價值的文獻包括：內政部文件(Home Papers, H.O.)，特別是第四十和四十二輯；樞密院文件(Privy Council Papers, P.C.)中無數有關倫敦通訊協會、糧食暴動之類的資料；以及財政部法律顧問文件(Treasury Solicitor's Papers, T.S.)，該文件有時還包括檢察官準備用來反駁政府犯人的證詞(線民報告、宣誓作證和截獲信件)。我同時也參考了大英博物館典藏的普雷斯收藏手稿(Place Collection)，並發現最有用的普雷斯「自傳」，倫敦通訊協會紀錄簿和書信簿，哈代、李其特、雷馬特和奧克斯雷對於倫敦通訊協會歷史的相關筆記，普雷斯對史班斯生平的記載及他有關 1816 至 1820 年的筆記，還有洛維特對「全國工人階級和其他聯盟」這個組織的記載。在文中我已解釋過，何以在採用普雷斯的相關資料時必須特別謹慎。

　　費茲威廉文件(Fitzwilliam　Papers)是卷帙浩繁的溫特渥斯(Wentworth)收藏的一部分，目前妥善保管於雪菲爾公立圖書館的參考室。其內容包括費茲威廉伯爵擔任西來丁皇家軍事首長期間的

部分公務通信，以及來自約克郡治安法官和其他線民的報告。我援引了其中的 F44、F45 和 F52 輯，分別是有關 1790 年代早期、1801 至 1803 年和搗毀機器運動的資料。雷德克利夫文件 (Radcliffe Papers) 包括部分由約瑟夫·雷德克利夫爵士保存的通訊紀錄，他是一位極端積極的哈得茲菲治安法官，他的爵士封號，正是爲了褒獎他成功地將約克郡的搗毀機器分子送上法庭。這些手稿目前屬於其後人雷德克利夫上尉 (Captain J. B. E. Radcliffe, M. C.) 所有，保存於哈洛蓋特的魯汀園 (Rudding Park, Harrogate)，並列入國家檔案登記處的編目。框架織襪工委員會文件 (Papers of the Framework-Knitters' Committee) 在 1814 年遭到查封，如今收藏於諾丁漢市立檔案局。該文件的起訖年代爲 1812 至 1814，許多有價值的部分已選錄於《諾丁漢自治市紀錄，1800-1832》(Records of the Borough of Nottingham, 1800-1832, 1952) 一書。以上是本書所採用的主要手稿。

書中所引用的較罕見宣傳小册和期刊等，大多是大英博物館和曼徹斯特的約翰·里蘭茲圖書館 (John Rylands Libary) 的館藏。想要對本書所討論這五十年的所有報刊進行逐一檢視，實非我能力所及，因此我再次以選擇性的方式參酌對照，以期對某特定問題或特定時期有更清楚的了解。我最常參閱的報刊包括：柯貝特的《政治記事周刊》、《泰晤士報》、《里茲信使報》和《諾丁漢評論》，有時也參酌其他的外郡報紙。至於在雅各賓派、激進派、工會分子或歐文派的各種期刊方面，我主要的查考對象如下：

關於 1790 年代：義頓的《民享政治》(Politics for the People)、《愛國者》(The Patriot，雪菲爾)、塞爾華的《論壇報》(Tribune)、《內閣》(The Cabinet，諾威治)、佩里的《百眼巨怪》(Argus)、《慈善家》(The Philanthropist)、《道德與政治雜誌》(The Moral and

Political Magazine)、《劍橋情報員》(The Cambridge Intelligencer)、《雪菲爾彩虹女神》(The Sheffield Iris)。(不過，1790年代最有趣的作品多半是出以宣傳小冊而非期刊的形式。)

關於拿破崙戰爭和1816-20年：福勞爾的《政治評論》(Political Review)、朋恩的《理性人》(Reasoner)、《阿弗列》(The Alfred)、《獨立輝格》(The Independent Whig)、霍恩的《改革者記事》(Reformist's Register)、薛文的《共和分子》(Republican)、薛文的《政治記事》(Political Register)、《黑矮人》(Black Dwarf)、《「無望之望」》(The "Forlorn Hope")、《除根之斧》(The Axe Laid to the Root)、《人民》(The People)、《政治觀察者》(The Political Observer)、《立法者》(The Legislator)、《不列顛人》(The Briton)、《達蓋特快遞》(Duckett's Despatch)、《蛇髮女怪》(The Gorgon)、《黑皮書》(The Black Book，最初以期刊形式發行的部分)、《檢查者》(The Examiner)、《鬥士》(The Champion)、《自由之帽》(The Cap of Liberty)、《梅杜莎》(The Medusa)、《曼徹斯特觀察者報》(The Manchester Observer)、《白帽子》(The White Hat)、《神學彗星》(The Theological Comet)、《毛毯織工》(The Blanketteer)、卡萊爾的《共和分子》(Republican)、《伯明罕視察者》(The Birmingham Inspector)、《杭特致激進派改革者》(Hunt's Addresses to Radical Reformers)。

關於1820年代到1830年代早期：《經濟人》(The Economist)、《技工雜誌》(The Mechanic's Magazine)、《行業報》(The Trades Newspaper)、《工匠的倫敦和外郡記事》(The Artizan's London and Provincial Chronicle)、卡萊爾的《推動者》(Prompter)、柯貝特的《二便士垃圾》(Two-Penny Trash)、《魔鬼講壇》(The Devil's Pulpit)、《人民之聲》(The Voice of the People)、金恩博士的《合作者》(Coopera-

tor)、《常識》(Common Sense)、《工會領航員》(The Union Pilot)、
《蘭開郡和約克郡合作者》(The Lancashire and Yorkshire Coopera-
tor)、《窮人的擁護者》(The Poor Man's Advocate)、《西來丁之聲》
(The Voice of the West Riding)、《窮人守護者》(The Poor Man's
Guardian)、《工人之友》(The Working Man's Friend)、《激進改革者》
(The Radical Reformer)、《世界公民》(The Cosmopolite)、《爆竹》(The
Cracker)、《危機》(The Crisis)、《破壞》(The Destructive)、《人民的
保守者》(The People's Conservative)、《人》(The Man)、《拓墾者》
(The Pioneer)、《工業權利的先鋒》(The Herald of the Rights of
Industry)。還包括(後期)《布朗特的全國改革者》(Bronterre's National
Reformer)、《社會拓墾者》(The Social Pioneer)、《十小時擁護者》(The
Ten Hours' Advocate)、《勞工》(The Labourer)、《北方之星》(The
Northern Star)、《給人民的筆記》(Notes to the People)。

　　第一部部名頁上的圖片,是由倫敦通訊協會發行的紀念幣正反
圖紋。許多這樣的紀念幣之所以鑄造發行,是爲了向判處哈代、涂
克、塞爾華以及義頓等人無罪釋放的陪審團致敬,此外,史班斯也
鑄造了許多這類錢幣。第二部部名頁上的木刻圖樣,一般認爲是蘭
開郡搗毀機器分子祕密聚會(1812年)的入場憑證。第三部部名頁的
插圖,是克魯克香克對彼得盧勝利者的諷刺畫,取自霍恩和克魯克
香克合作的《掌摑史洛普》(1822年)。

　　最後,我必須(像所有研究這段時期的學子一樣)在此對以下這
些權威性的二手著作深致敬意,感謝它們帶給我的啓發。艾斯平諾
的《英國早期工會》(A. Aspinall, The Early English Trade Unions,
1949)對結社法案強制執行期間的內政部文件資料,做了極其出色的
選錄。柯爾和費爾森的《英國工人階級運動:資料選摘》(G. D. H.

Cole and A. W. Filson, *British Working Class Movements: Select Documents*, 1951)，提供了豐富的原始資料選錄；而摩里斯的《從柯貝特到憲章分子》(M. Morris, *From Cobbett to Chartists*, 1948)，則是一部濃縮過的選輯。無法取得柯貝特《政治記事周刊》原本的學子(人人文庫版的《走馬農村》很容易找到)，可以藉助下面這兩本作品的傑出編選：柯爾夫婦的《威廉‧柯貝特的見解》(G. D. H. and M. Cole, *The Opinions of William Cobbett*, 1944)和瑞澤爾的《一位農家子弟的發達》(W. Reitzel, *The Progress of a Ploughboy*, 1933)。傑佛生的《論壇》(H. L. Jephson, *The Platform*, 1892)和華拉斯的《普雷斯傳》(G. Wallas, *The Life of Francis Place*, 1898)，都從普雷斯的手稿中徵引了長篇大段的內容，且通常未加任何批判。哈蒙德夫婦的《技術勞工》(*The Skilled Labourer*, 1919)和《村落勞工》(*The Village Labourer*, 1911)，依然是舉足輕重的傑出作品(他們的《市鎮勞工》〔*The Town Labourer*, 1917〕甚至更敎人印象深刻)。喬治博士的《十八世紀的倫敦生活》(M. D. George, *London Life in the Eighteenth Century*, 1930)、克拉凡的《近代英國經濟史》(J. H. Clapham, *Economic History of Modern Britain*, Cambridge, 1927)、韋布夫婦的《工會運動史》(S. and B. Webb, *History of Trade Unionism*, 1894, revised 1920)和平契貝克的《勞動婦女與工業革命》(I. Pinchbeck, *Women Workers and the Industrial Revolution*, 1930)等書，也都具有一定的參考價值。關於民主派和激進派的早期歷史，至今尚無夠分量的著作，目前最值得推薦的可能依然是魏奇的《國會改革的起源》(G. S. Veitch, *The Genesis of Parliamentary Reform*, 1913)——不過魏奇筆下的英格蘭雅各賓分子，實在太過虔誠也太過篤信憲政主義。關於這兩派的較後期歷史，可參考韋克華的《為自由和出版而戰》(W. D.

Wickwar, *The Struggle for the Freedom of the Press*, 1928)以及巴特勒的《國會改革法案的通過》(J. R. M. Butler, *The Passing of the Great Reform Bill*, 1914)。(馬柯比的《英格蘭激進主義, 1786-1832》〔S. Maccoby, *English Radicalism, 1786-1832*〕一書雖然相當有趣，但因該書過度專注於國會內部的運作過程，無法對本書所欲檢視的相關問題提供助益。)班福的《一個激進分子的人生轉折》(Samuel Bamford, *Passages in the Life of a Radical*, Heywood, 1841)和洛維特的《生活與奮鬥……麵包、知識和自由的追求》(William Lovett, *Life and Struggles…in Pursuit of Bread*, Knowledge, and Freedom, 1876)——兩書都有新近的版本——可說是每個英國人的基本讀物。想要從更宏觀的架構觀察這段歷史的研究者，霍布斯邦的《革命的年代》(E. J. Hobsbawm, *The Age of Revolution*, 1962, 中譯本麥田出版)和布瑞古斯的《改善的年代》(Asa Briggs, *The Age of Improvement*, 1959)分別提供了屬於歐洲和不列顛的參考架構。而阿列維的《1815 年的英格蘭》(E. Halévy, *England in 1815*, 1924)，依然是對十九世紀早期英國社會的最佳通論。

想要對這樣一本含括這麼長時期和這麼多主題的著作，做出一份完盡翔實的書目，勢必會淪為自不量力的失敗之舉。我已盡可能在全書每個段落的注釋中，列出最重要的相關二手研究，也希望我對主要一手資料的說明，能讓讀者有清楚的了解。未盡完善之處，尚祈讀者包容，並謹以史匹塔菲絲織工人的這首歌謠(摘自蕭爾的《絲織業的歷史》〔Samuel Sholl, *Historical Account of the Silk Manufacture*, 1811〕)，表達我的歉意：

我的織機歪斜，

我的捲軸蛀朽;

我的支梁踏板垮折碎裂,

我的扣板啊, 連一下也擊不動;

我的綜絖蒙塵,

我的剪刀鏽蝕,

我的機杼甲冑老舊墜搖,

我的輪子啊, 連根紗也轉不了;

我的梭棒斷, 我的眼鏡掉,

我的布匹無可救藥, 我的能力已然盡耗!

謝　辭

　　感謝允准我引用其手稿資料的相關機構和圖書館。內政部文書局(H. M. Stationery Office)主管允許我複製國家檔案保存局(Public Record Office)未出版的皇家資料。雪菲爾市立圖書館館長協助我取得費茲威廉伯爵和費茲威廉伯爵溫特渥斯地產公司的允許，複製溫特渥斯伍豪斯不動產權狀(Wentworth Woodhouse Muniments，費茲威廉文件)的相關資料。我同時要感謝大英博物館的手稿管理員(普雷斯收藏手稿)；諾丁漢市政府(框架織襪工文件)；諾丁漢各公立圖書館；里茲市立圖書館館長；雷德克利夫上尉(雷德克利夫文件)。我也要謝謝上述所有機構之圖書館館長和館員的協助，以及下列圖書館的館長和館員：曼徹斯特的約翰·里蘭茲圖書館、曼徹斯特中央參考書閱覽室、諾威治中央參考書閱覽室、里茲大學布勞特頓圖書館(Brotherton Library)，以及布拉福、哈里法克斯、韋克菲耳等地的公立圖書館，和哈得茲菲的托森紀念博物館(Tolson Memorial Museum)。第二部部名頁所翻印之搗毀機器分子「入場憑證」，版權屬皇家所有，感謝內政部文書局主管准予翻拍。

　　同時感謝以下出版公司惠允我引用該公司出版之著作：喬治·

艾倫和昂溫公司 (George Allen & Unwin Ltd, *The Protestant Ethic and the Spirit of Capitalism* by M. Weber, 1930)、劍橋大學出版公司 (*Economic History of Modern Britain* by Sir John Clapham, 1929, Volume I, and *The History and Social influence of the Potato* by R. N. Sqalaman, 1949)、牛津大學克拉倫頓出版社 (Clarendon Press, *Wilkes and Liberty* by G. Rudé, 1962)、朗文葛林公司 (Longmans, Green & Co. Ltd, *The Town Labourer*, 1917, and *The Skilled Labourer*, 1919 by J. L. and B. Hammond)、曼徹斯特大學出版社 (*Primitive Rebels* by E. J. Hobsbawm, 1959)，以及牛津大學出版社 (*The Industrial Revolution* by T. S. Ashton, 1948)。書中所引用的官定版聖經的版權屬皇室所有，相關引用內文皆獲得許可，並謹致謝忱。

英中索引

Carter, Joseph, 卡特／291,311-2

Cartwright, Major John, 卡賴特／56,72,
102,105-6,108,111,119,144,658,665,
668,714,817,819,845,859-62,865,870,
873-5,881,891,897-900,908,915,917,
923,949,962,969,972,975,1084,1101,
1139,1194

Cashman, 凱希曼／856-8,895,942

Castle, John, 卡梭／702,704,820,854,870,
885,893-6,933,1074

Castlereagh, Lord, 卡斯爾雷／629,802,
854,886,928,945,947,949,985,988,1016,
1030

Cato Street Conspiracy, 加圖街密謀／
675,690,693,704,947,977,983-98

Chadwick, Edwin, 查德維克／366,369-
72,486-7,519,1040,1100,1134

Chain-makers, 製鏈工、鏈條工／332,361

Chartism, 憲章主義／105,214,242,246,
281,314-6,334-5,396,406,409,412-4,
423,425,567-70,611,628-9,631,1024-6,
1033,1037,1155,1159-63,1166

Chatham, 查山／189,196,225,685,687,
1123

Cheltenham, 奇爾坦／1003,1033,1073

Chesterfield, 柴斯特菲／861,1005,1123

Child Labour, 童工／267,271,273,277,
338,343,358,394,407,458-60,465,469-
94,503-4,512,537,589,781,1003,1069-
70,1072,1097,1157

Clapham, Sir John, 克拉凡／264,278-9,
281,287-9,293,315,325,344,358,361,
421,425,437

Cleary, Thomas, 克里瑞／873,944

Cleave, John, 克里夫／1013,1024,1031,
1080

Cloth-dressers, 整布工人／136,831

Clowes, William, 克勞斯／457,565

Coach-makers, 馬車匠／327-8,358

Coal-heavers, 挑煤工／95,227

Coal-whippers, 卸煤工／339,439,449,626

Cobbett, William, 柯貝特／27,34,42,49,
92,103,119,212,247,276,299,302,304,
307-8,312-9,325,335,380,397,413,428,
447,450,458,487,499,552,557,562-4,
567,578,582,586,594-5,605,628-9,644-
7,651-72,693,706,777,846,853-5,859-
60,863,865-6,870,872-3,875-9,882-6,
894,897-903,905,908,910,913,915,917,
920-1,924,926,928,933-4,943-4,947-8,
951,953,975,982-4,990,996,1002-3,
1011-2,1014,1019,1023-4,1026-7,1030,
1033-4,1040,1042-74,1077,1084-6,
1092,1100,1109-10,1118,1132,1145,
1148,1156-7,1163,1167,1180

Cochrane, Lord, 柯克蘭／95,661-2,668-
9,684-5,864-5,880,900,923

Colquhoun, Patrick, 考古洪／63-6

Combination Acts, 結社法案／212,244,
266,329-31,340,355,364,394,605,608,
707,713-4,717-26,733-41,748,756,772,
774,801,848,909,1001,1082,1090-1,
1119,1185,1189

Committees of Secrecy, 國會祕密委員會
下院／(1794)6,181-2;(1799)223,230,
(1801)679,692;(1812)692,846;
(1817)692-3,708,867,900
上院／(1817)901

Comstive, William, 孔斯提夫／994

Cooper, Thomas, 古柏(憲章派)／27,312,

國家圖書館出版品預行編目資料

英國工人階級的形成 / E. P. 湯普森(Edward
Palmer Thompson)著；賈士蘅譯, -- 初版.
-- 臺北市：麥田出版：城邦文化發行, 2001
[民 90]

面； 公分. -- (純智歷史名著譯叢；
4-5)

參考書目：面

含索引

譯自：The making of the English working

ISBN 957-469-529-8 (上冊：平裝) -- ISBN
957-469-530-1（下冊：平裝）

1. 勞工 - 英國 - 歷史 2. 社會 - 英國 -
歷史

556.941   90009697